国家社会科学基金项目"企业投融资互动决策及其社会效益的实现研究"（批准号：10XGL004）

企业投融资互动决策及其社会效益的实现研究

彭程 著

中国社会科学出版社

图书在版编目（CIP）数据

企业投融资互动决策及其社会效益的实现研究／彭程著.
—北京：中国社会科学出版社，2018.1
ISBN 978 – 7 – 5203 – 1710 – 8

Ⅰ.①企…　Ⅱ.①彭…　Ⅲ.①企业—投资—研究②企业
融资—研究　Ⅳ.①F275.6

中国版本图书馆 CIP 数据核字（2017）第 314133 号

出 版 人	赵剑英
责任编辑	杨晓芳
责任校对	张爱华
责任印制	王　超

出　　版	中国社会科学出版社
社　　址	北京鼓楼西大街甲 158 号
邮　　编	100720
网　　址	http://www.csspw.cn
发 行 部	010 – 84083685
门 市 部	010 – 84029450
经　　销	新华书店及其他书店

印　　刷	北京君升印刷有限公司
装　　订	廊坊市广阳区广增装订厂
版　　次	2018 年 1 月第 1 版
印　　次	2018 年 1 月第 1 次印刷

开　　本	710 × 1000　1/16
印　　张	27.75
插　　页	2
字　　数	456 千字
定　　价	118.00 元

凡购买中国社会科学出版社图书,如有质量问题请与本社营销中心联系调换
电话:010 – 84083683

前　　言

　　投融资决策是企业财务活动的两大部分，并因此受到公司财务界的长期关注。作为企业资金运动过程中不可分割的两个方面，一方面，投融资决策应该是相互影响，共生互动的。然而，相当长的时间内，投融资决策都被单独处理。虽然，在长期反思和探讨的基础上，学者们业已形成了有关于投融资相互关系的初步认识，但是人们更多的是关注企业融资对投资决策单信道影响。另一方面，作为经济社会发展的微观主体，企业不仅反映的是少数人的利益诉求，同时也承载着社会和谐与进步的宏观使命，其发展的好坏或发展的方向深深地影响着我国诸多重要社会目标的实现。作为直接影响企业盈利能力、持续能力和发展方向的关键变量，投融资行为的优化将无疑为这些企业社会目标的实现提供有力的财务支持。有鉴于此，本书将对投融资互动关系进行深入系统的研究，并对投融资互动优化下企业可能实现的信贷违约风险改善和就业增加进行研究，最终对我国上市公司进行检验，为我国企业投融资互动优化下财务绩效与社会效益的和谐共生提出对策措施。本书的主要内容如下：

　　第一，利用实物期权方法，对企业投融资互动决策机制进行了理论分析。分析表明：①受税收利益和破产成本的影响，较低的负债融资会刺激企业的投资决策，较高负债融资则会产生抑制作用；在负债代理冲突下，股东会更加注重负债的税收利益而对破产成本予以轻视，因而会产生过度投资，过度投资会反过来减少负债融资。②资本折旧会因为折旧税盾刺激企业投资，但会对负债税盾产生替代效应，从而对负债融资产生抑制，并因此减少股东的过度投资。③历史投资会因为收入效应降低企业的破产成本，从而有利于负债融资增加，存量负债会通过破产成本抑制企业投资，并通过税收利益促进企业投资；在负债代理冲突下，若存量破产风险为零，投资后破产风险增加，此时负债会导致股东由过度投资转为投资不足；若存量破产风险非零，负债会导致股东由投资不足转为过度投资；投资不足会为企业负债融资增加创造条件，过度投资会抑制企业负债融资。④若短期负债偿还时企业无破产风险，短期负债会促进企业投资，若存在破产风险，短期负债会抑制企业投资动力；负债代理冲突下，如果企业无负债融资，股东会过度投资，但随着负债融资增加，股东过度投资会得以抑制甚至会逐渐转为投资不足。

第二，在实物期权框架下，对企业投融资互动决策下社会效益的实现进行了分析。结果发现：①新增负债融资会促进信贷违约风险的产生，而劳动力雇佣会随新增负债先增后减，而投资临界值与信贷违约风险负相关，但与劳动力雇佣正相关。②股东过度投资会进一步刺激信贷违约风险，并导致劳动力过度雇佣，投资不足会降低信贷违约风险，并导致劳动力雇佣不足。③折旧总体上会刺激就业水平，但在较低新增负债下，折旧会抑制信贷违约风险，而较高新增负债则相反。④存量负债会提高信贷违约风险，而劳动力雇佣水平随存量负债的变化按照投资前后企业破产风险不同而表现出不一样的特征，而在较低新增负债下，存量负债会因为股东从过度投资转为投资不足而对信贷违约风险的促进作用由强变弱，若新增负债比较高，情况则相反；历史投资会抑制信贷违约风险，但在较低新增负债下，历史投资会因为股东由投资不足转为过度投资而对信贷违约风险的抑制作用由强变弱，若新增负债比较高，情况则相反；如果投资前企业存在破产风险，较低新增负债下劳动力雇佣会与历史投资负相关，在较高新增负债下则相反，如果企业在投资后由无破产风险转为有风险，劳动力雇佣会随历史投资正相关。⑤若企业存在短期负债，长期负债比例会降低信贷违约风险和企业就业人数；而若短期负债偿还时企业不存在破产风险，在较低长期负债区间，长期负债会因为股东由过度投资转为投资不足再变为过度投资而对信贷违约风险的抑制作用由弱至强再到弱，企业也会由劳动力过度雇佣转为雇佣不足最后再到过度雇佣；在较高长期负债区间，长期负债会因为股东过度投资而对信贷违约风险的抑制作用变弱，而劳动力雇佣问题会变得越来越严重；若短期负债偿还时企业存在破产风险，长期负债比例会因为股东由投资不足变为过度投资而对信贷违约风险的抑制作用会由强而弱，而劳动力雇佣在较低长期负债比例下会表现为不足，在较高长期负债下则反之。

第三，实证检验了投融资决策同期互动机制。结果发现：①负债融资对投资支出具有正向作用，企业投资也会促进负债融资，而在高负债水平下这种促进作用会弱化，并且在折旧税盾替代效应下，投资在高折旧下对负债融资促进作用也会下降；短期负债会促进投资支出，但在较高破产风险下这种促进作用并未减弱。②由于负债代理冲突，若投资后破产风险上升，负债融资对投资支出具有更大的促进作用，并在股权集中背景下这种促进作用更为强烈，也就是说股东会存在过度投资问题，而折旧会抑制股东的过度投资热情，短期负债融资也会对过度投资产生抑制；过度投资会降低企业的负债融资，但在股权集中企业过度投资降低企业负债融资的现象会变弱；若投资后破产风险下降，企业会投资不足，并且股权集中型企业投资不足更明显，在投资不足情形下，投资支出对负债融资正向关系并没有变强反而变得更弱，说明投资不足并不会促进企业负债融资。

第四，实证检验了投融资决策跨期互动机制。结果发现：①历史投资支出会通过有效税率对低财务约束企业负债融资形成促进作用，但对高财务约束企业产生抑制作用。②历史投资会通过对破产风险的促进作用而对负债融资产生约束。在高成长企业，历史投资并没有借由收入效应显著降低其风险，对于低成长企业，历史投资在股权集中情形下反而会对风险形成促进作用，在其他情形下也没有形成显著的风险抑制。③存量负债会显著地降低有效税率从而对投资支出形成促进作用。④存量负债会显著增加企业破产风险，从而在总体上对企业投资形成约束；而由于低成长企业过度投资问题，破产风险对投资支出的抑制作用会下降；由于高成长企业不存在投资不足，所以破产风险不会对投资支出形成更强抑制，而股权集中型企业有可能存在投资不足，所以破产风险对企业的投资动力的抑制作用会相对减少，但破产风险对投资支出的总体作用效果依然为正。

第五，实证检验了企业投融资互动决策对信贷违约风险的影响机理。结果发现：①在总体上，新增投资和历史投资都会对信贷违约风险产生促进作用，新增负债对信贷违约风险具有抑制作用，但存量负债对信贷违约风险具有促进作用。②在股权集中企业里由于过度投资问题，企业投资支出对信贷违约风险的促进作用会变得更强，而过度投资的企业将存在较低的最优负债。③资本折旧与信贷违约风险正相关，折旧并不会降低企业信贷违约风险。④整体上，短期负债比例与信贷违约风险正相关。⑤若企业新增负债比较少，则在较低存量负债下，企业会因为过度投资而表现出更高的信贷违约风险，在较高存量负债下，企业会因为投资不足而出现较低的信贷违约风险。⑥上市公司信贷违约风险与区域商业银行不良贷款率正相关，说明通过适当的投融资互动决策并降低企业信贷违约风险能对区域金融发展产生溢出效应。

第六，实证检验了投融资决策互动机制下企业就业水平的变化。结果发现：①总体样本下，历史投资和新增投资都会促进就业人数增加，存量负债会减少企业就业，新增负债不会对就业产生显著影响，但在较高新增负债下，负债融资会对就业产生抑制，股权集中型企业会因为过度投资而产生劳动力过度雇佣。②折旧会提高企业就业人数，同时对股权集中型企业劳动力过度雇佣产生抑制。③较高短期负债融资对企业就业存在促进作用。④若投资后破产风险较低，较高短期负债比例的企业会存在劳动力过度雇佣，而较低短期负债比例的企业会劳动力雇佣不足。⑤若投资前无破产风险，存量负债不会显著抑制企业就业人数，相反存量负债会显著地降低企业的就业水平；在负债代理冲突下，若投资前存量负债比较低，较低新增负债会降低企业就业人数，若投资前存量负债比较高，较低新增负债会减少企业就业人数。⑥在高历史投资且投资前破产风险较低的企业，历史投资会促进就业增加，若历史投资比较低且投资前破产风险比较高，历史投资都会促进企业就业；在负债代理冲突下，若历史投资比较低，较低新增负债企业可能产生劳动力雇佣不足，而在较高新增负债下企业会表现出劳动力过度雇佣，若历史投资比较高，无论新增负债高低企业都会进行更高的劳动力雇佣，但并无证据表明企业存在劳动力过度雇佣或雇佣不足。⑦上市公司劳动力雇佣与区域就业水平正相关，说明通过适当的投融资互动决策并提高企业就业人数对区域社会就业产生溢出效应。

第七，相关政策建议。

本书的研究工作得到国家社会科学基金项目（批准号：10XGL004）"企业投融资互动决策及其社会效益的实现研究"的支撑；本书的编写和出版得到四川外国语大学国际商学院、重庆市重点人文社科研究基地"国别经济与国际商务研究中心"、中国社会科学出版社的大力支持，在此一并表示衷心的感谢。

　　此外，本书在研究、写作过程中参考了大量文献，由于篇幅所限，不能一一罗列，这里特向未被罗列的作者表示歉意，并向所有的作者表示诚挚的谢意。

　　由于时间仓促及作者水平有限，本书错误之处在所难免，敬望读者批评指正。

目　　录

第一章

绪　　论

第一节　问题的提出

投融资决策是企业财务活动的两大部分，并因此受到公司财务界的长期关注。毫无疑问，作为经济社会发展的微观主体，企业不仅反映的是少数人的利益诉求，同时也承载着社会和谐与进步的宏观使命，其发展的好坏或发展的方向深深地影响着我国当前诸如城乡统筹、扩大就业、改善民生、绿色低碳、社会发展等重要社会目标的实现。所以，作为直接影响企业盈利能力、持续能力和发展方向的关键变量，对于投融资决策的关注应突破以往企业经济利益最大化的单一视角，并将之融入经济利益与社会效益并举的两维度框架中，从而在为企业追逐经济利益的同时谋取诸多社会目标的实现。本书拟从企业项目投资（固定资产投资）入手，结合近年来取得的相关成果，探索能够改善投融资决策效率、增加企业价值的投融资决策互动机制，并在这种互动模式下对企业扩大就业、社会发展等社会目标的实现进行分析，从而在增进企业财务绩效和财务效率的同时为社会和谐发展提供微观分析基础。

根据新古典经济学的假设，企业一度被描述成一个充分有效率并且交易成本为零的基本微观单位，管理者所应作出的经营决策是依据其生产函数确定最优的生产产量，而并不需要考虑采购、销售过程以及货币资本的缺乏。在这样的假设下，企业是一个按照市场均衡价格组合各种生产要素进行生产，并以此追求利润最大化的经济主体（杨瑞龙、周业安，2001）。此时，企业投资决策只由其生产函数推演而出，而融资则被完全视作一个独立的外生变量。或者说，企业融资方案的选择并不会影响企业的投资价值，企业在经营过程中无须考虑融资决策。可以说，新古典经济学曾经为企业投融资决策的实践与研究提供了重要的基础，极大地提高了企业决策的科学性。然而，新古典经济学是基于经济行为主体完全理性、充分信息和完全竞争，以及资源的自由流动与同质性等假设之上，并得出了一种投融资决策相互独立的观点。事实证明，现实经济世界远没有达到上述假设条件下无摩擦的完善市场状态。Geanakoplos（1990）认为有多个原因使理论上的完全市场并不存在，其中包括交易成本、不对称信息和道德风险等。因此，投融资决策"分离假说"远非两者相互关系的真谛所在。以 Miller（1977）、Baxter（1967）、Jensen 和 Meckling（1976）、Myers（1977）为代表的学者分别从税收因素、破产成本以及代理冲突等不完善因素出发，对企业投融资决策之间的关系做了更深入的研究，并且发现在这些因素的作用下，企业价值不再独立于融资方式的选择，投资与融资决策间存在着某种直接或间接的影响关系。然而，这并未展示投融资决策间相互作用的关系。与之不同，Myers（1974）直接分析了投融资互动下的资本预算问题，并引发了广泛的讨论，如 Bar-Yosef（1977）、Ashton 和 Atkins（1978）及 Wood 和 Leitch（2004）等人的研究，从而揭开了投融资互动关系研究的新篇章。然而，这类研究者在承认投融资相互影响的内在特征以及投融资互动决策重要作用的基础上，却无意将投融资内在依存关系作为其研究的重点，而仅仅提出了一种供企业在投融资互动框架下进行投资分析的工具，例如 APV（adjust present value）模型、FPV（financing present value）模型等。正如作者本人所承认，这些模型只是希望在现有理论基础上进行部分改进，其间仍存在或多或少的缺陷。显然，在充满诸多不确定因素的企业决策中期望通过有限几个模型为企业一劳永逸地解决科学决策问题并不现实，而只有转换视角，以投融资决策内在依存关系为突破口，辅以科学的决策工具或决策模型，才能在深化决策主体对投融资决策认识的基础上，提升企业决策的科学性和有效性。鉴于这种认识，更多的文献集中于在各种不完善因素下对企业投融资互动关系的分析。以税收利益、破产成本和债务再融资成本为基础，Mauer 和 Triantis（1994）对企业投融资决策间的动态影响进行了研究，结果发现暂停和重启的运营柔性可以增加企业债务融资的能力，而由再融资带来的融资柔性对运营决策的影响并不大。然而，他们研究的焦点主要集中在经营柔性对最优动态融资政策的影响，以及融资柔性对企业投资决策的影响。在他们的研究中，经营柔性与融资柔性主要是企业特点的一种体现，从某种意义上说，这些柔性特点只是企业投资与融资决策的背景，或者说是决策所处的企业内部环境特征。有鉴于此，他们的研究并没有从投融资决策本身入手进行研究，而只是揭示企业柔性特点对投资或融资决策的影响，在给定的柔性环境下，企业投融资决策本身之间的作用关系并未得到解决。对此，彭程和刘星（2007，2009）做了一定的突破。他们在实证分析的方法下分别论证了税收利益、破产成本视角下企业投融资决策之间的相互关系。结果发现：负债融资会通过税收利益正向地作用于企业的投资决策，反过来，由于投资支出会增加企业的折旧税盾，因而会通过其"替代效应"降低负债税盾的价值，进而抑制负债融资的水平，并且投资支出也会增加经营收入水平从而促进负债税盾价值的增加，产生负债税盾的"收入效应"，最终增加负债融资水平；另一方面，负债融资会通过对破产风险的正向影响负向地作用于企业的投资决策，反过来，投资支出会负向地影响企业的破产风险，从而有利于负债融资的增加，并且在不同的企业背景下这些效应会有显著的差异。这些研究的进行为投融资互动决策的研究做了前期的铺垫，但也提出了进一步用理论模型进行科学推演论证从而得出普适性结论的诉求。与前者不同，Mauer 和 Sarkar（2005）在委托代理框架下分析了受股东债权人冲突影响负债融资会对投资决策产生的扭曲作用，并对负债融资产生的投资决策非效率进行了价值量化，深化了人们对代理成本的认识。与此同时，他们也直观地认为在这些代理成本的作用下，企业的最优融资策略会发生相应的变化，即发生在投资决策中的代理问题会相应地影响企业的最优融资策略。对于这种直观的认识，Childs 等（2005）的研究则显得更加严谨。他们的分析认为，在不同的情形下，负债融资导致的代理问题会有不一样的表现形式，当投资是将高风险资产替换低风险资产时，股东会过度投资，而若投资的资产与现有资产风险相似，企业投资是对现有资产的简单扩张，那么股东会投资不足。为了抑制企业这些投资决策的非效率，他们认为提高负债融资中短期负债的比例将是最优的选择。但是，如果反过来看，企业代理成本的减少并不一定会刺激杠杆水平的提高，因为负债水平的选择仍取决于企业的投资机会状况。显然，他们的研究比前述文献更能体现投资行为扭曲对融资决策的反作用，并且建议在考虑融资柔性的条件下，尽可能地使用短期债务以减少这种投资扭曲。但是，作为投资扭曲的对策，他们并没有回答怎样的负债量才是最优的选择，而这个问题对决策者而言也许更为关键，因为企业只有在确定了最优负债量后才能进行期限结构的选择。总体而言，诸多文献都表明，在不同摩擦因素的影响下，企业投融资决策间会产生相互连接的关系，忽略这种关系将会导致错误或低效的决策行为，从而影响企业的价值水平和效率高低（Maure & Ott，2000；Pawlina，2003；Albuquerque & Wang，2006；Shih-Chuan Tsai，2008），然而如何在税收利益、破产成本、代理成本等诸多不完善因素下进一步对企业投融资决策互动机理作出综合而又清晰的勾勒，同时通过相关指标量化互动决策下企业效率的改进仍是关乎企业发展的一个值得大力拓展的研究领域。与此同时，考虑到企业作为经济社会发展的微观主体，诸多宏观问题的解决将有赖于企业的参与和贡献，从而与企业投融资决策紧密关联。Gamba 和 Aranda（2008）在一个动态结构模型下发现，企业的信贷风险会受到投融资决策的影响，如果决策者代表的是企业的利益相关者，投融资决策会降低企业的信贷风险，而若代表股东利益则相反，并且如果此时投融资决策被同时确定，那么企业信贷风险被提升的程度将更明显。也就是说，企业投融资水平和投融资方式都会对企业的信贷风险产生作用。虽然，宏观金融的运行和发展取决于诸多因素，但一个不可忽略的重要因素则是银企之间的信用关系，企业信贷违约概率小则信用基础牢固，一个国家或地区的金融生态环境则趋于优化，此时将促进整个金融经济的良性发展。按照这个思路，若在投融资决策互动研究的基础上分析企业信贷风险的改善路径，不仅可以探寻企业微观效益的改进方式，而且可以改善企业的社会效益。除此之外，根据经济学的基本理论，每个企业都会依循某一特定的生产函数，这种生产函数通常表现为资本—劳动某种匹配关系，因此项目投资（固定资产投资）将会天然地影响企业的劳动雇佣水平。而若考虑到投融资决策的互动机制，投资支出通过与融资决策的相互影响与匹配将会对企业劳动雇佣水平产生不一样的影响关系。Anderson 和 Prezas（1998）从道德风险入手对这个问题进行分析发现，受有限责任的影响，负债增加将会导致劳动的过度雇佣，因为在高负债水平下如果未来企业不破产则增加劳动力会大量提高股东的获利水平，而若破产，劳动力增加所带来的成本也将由股东、债权人以及劳动者共同承担。由此说明，在投融资互动决策框架下进一步分析企业的就业政策将深化企业就业效应的认识，从而在宏观角度阐释企业基于就业增加的社会效益的实现路径。

有鉴于此，在现有文献基础上进一步拓宽，在多种不完善因素的综合视角下对企业投融资决策互动关系展开深入的研究，以此为基础探寻企业投融资决策互动优化的机理，并分析投融资互动决策下信贷风险改善和就业增加的实现路径，最终刻画企业经由投融资互动决策而产生的社会效益，业已成为深化决策者有关于投融资决策的认识，并在提高企业决策效率的基础上确保经济效益和社会效益兼容互长的重要课题。

第二节　研究的目的和意义

在完美市场条件假设下，企业投资决策完全取决于其技术偏好和产量需求，而与金融因素不会产生任何联系，所以认为企业投资决策和融资决策之间是相互独立的。然而，现实中客观存在并充斥于市场经济的各种交易成本和不完善因素打破了完美市场条件下投融资相互独立的理想状态，现实中存在的税收成本、破产成本会给企业价值造成相应的影响，从而对企业投资产生影响。融资决策除了能为企业提供资金来源，还会因为资本长期性契约关系为企业引入不同的产权主体（Coase，1937），从而对企业形成特定的治理效应，同时也会决定不同证券持有人之间对控制权的分配（Aghion 和 Bolton，1992），并有可能产生委托代理问题，最终对企业的投资支出产生影响。另一方面，企业投资行为的选择会形成企业特有的能力和特征，从而对融资需求和融资成本产生关键作用。所以，企业投融资决策之间存在相互作用和相互影响的内在关系，并因此共同对企业的价值和效率的高低产生作用。本书针对现有文献的不足，从税收成本、破产成本和代理冲突等不完善因素入手，构建能够描述投融资决策相互作用关系的理论模型，以此提高企业决策主体对投融资决策的认识，减少决策技术的偏误，揭示代理冲突下决策者可能存在的"有心之过"，减少企业的效率损失，并由此探索投融资决策互动优化之下能够产生的就业效应和信贷违约风险抑制效应，为企业财务效益和社会效益的兼容并长探寻出路，同时通过对中国样本进行实证研究，为我国企业投融资互动优化及其社会效益的实现献计献策。所以，本书的研究具有非常重要的理论价值和实践意义，具体可以归纳如下：

（1）有助于进一步丰富投融资决策互动机制的认识，促进公司财务理论的发展。投融资决策作为公司财务领域非常重要的两个内容，一直以来被倾注了学者们长期的关注和牵系。在长期的研究与探索中，学者们逐渐认识并厘清了投融资决策之间因诸多不完善因素而存在的紧密联系和唇齿相依的关系。在此背景下，本书在考虑税收成本、破产成本和代理冲突等因素的基础上，将投融资决策置于一个统一的框架之下进行研究，不仅深化融资行为对投资决策作用的理解，而且集中讨论投资对融资决策的反作用，在现有成果的基础上更为科学地全面刻画了投融资决策之间的互动机制，在丰富投融资决策相互关系认识的基础上，促进了投融资决策理论的深化和发展。另一方面，通过将理论结果应用于中国实证，不仅为投融资互动决策理论提供中国证据，同时开辟了从多种不完善因素整体视域下进行投融资实证研究的新思路，能有效地丰富公司财务理论的应用和发展。

（2）有助于进一步深化对投融资效益的认识，促进企业社会责任理论发展。以往有关于企业投融资决策效果的评价基本上都是基于财务绩效角度展开的，人们希望通过对企业绩效的升降来判断企业投资决策或者融资决策是否属于科学或高效的范畴，并构筑了一套比较完整的理论体系。然而，普遍认为，财务绩效只是现代企业追逐的目标之一，企业还应通过各种手段承担必要的社会责任，实现其应有的社会责任。本书希望通过对投融资互动机制的研究，一方面揭示投融资互动优化下企业能够实现的财务绩效，另一方面阐释投融资互动优化下信贷风险改善和就业增加的实现路径，最终论证企业经由投融资互动决策而产生的社会效益，能有效融合企业投融资决策与社会责任的相关研究，为企业社会效益的实现提供新思路与新视角，促进企业社会责任理论的发展。

（3）有助于完善企业投融资决策思维，改善决策效率，促进企业以及社会持续发展。传统财务理论认为投融资决策之间是相互独立的，在此理论的引导下，企业有可能在投资之时忽略融资因素的影响而产生"不自量力"的投资行为，在融资之时也许会忽略投资因素的作用而产生融资过度的问题，并因此导致企业陷入某种经营困局。本书从多种不完善因素的角度探索投融资决策之间理应存在的相互策应、相互协调的关系，对企业科学决策理念的建立和实施，并依此规避投融资相互割裂产生的风险促进企业持续发展具有非常重要的意义。另一方面，通过投融资互动机制下信贷风险改善和就业增加等问题的研究，不仅为企业投融资决策的科学性和高效性提供了支持，而且为当前"后金融危机时代"改善金融生态、促进金融发展，以及未来较长时间内我国增加就业、保障民生等宏观目标的实现开辟了新的思路，提供了微观经济理论基础，并为社会可持续发展作出贡献。

第三节　概念界定和研究范畴的约定

为了规避本书研究工作中概念混淆可能对文章严密性和科学性造成不利影响，本书将需要涉及的主要概念及其研究范畴进行如下辨析与界定。

（1）企业投资。

众所周知，企业投资的内容极其广泛，影响因素也颇为复杂。对于企业投资的研究，目前大部分学者主要聚焦于投资水平或投资时点的确定、投资结构的搭配与优化以及投资效益优化三个方面。本书主要研讨投资决策与融资决策之间的关系，而投资决策主要是集中对投资水平或投资时点的论证，而不涉及投资结构和投资收益的问题。虽然，本书会对社会效益进行讨论，但是并不会从单一的投资本身的视角予以研究。另外，对于投资的内容或投资的对象，一般分为实物投资和金融投资，而本书主要集中分析企业实物投资的行为。最后，根据投资期限的长短，企业投资分为长期投资和短期投资，由于我们主要讨论实物投资，所以分析的对象具有长期性质。所以，借鉴前人研究成果，并综合考虑本书研究目的，本书将企业投资确定为长期性实物投资水平或时点的研究。

（2）企业融资。

企业融资是为了满足企业战略调整、产业扩张、现金周转等方面的需要进行的资金筹措行为。从融资方式看，包括内源融资和外源融资两种。内源融资的资金主要来自公司内部的自由资金，是通过企业资本折旧形成现金或未分配利润累计资金。外源融资则是从企业外部投资者或机构筹措资金，主要包括债权融资和股权融资两种。其中，债权融资包括公司债券、银行借款和商业信用几种类别，其决策选择权远超内源融资。在外源融资过程中，企业不仅要解决股权融资与债权融资的选择权问题，而且还需权衡两者之间的比例问题，以此降低成本提高企业价值。并且，如果进行债权融资，不仅涉及各类债务资金的比例，而且还需要处理负债的期限结构。由此可见，外源融资的复杂性要比内源融资高，并因此吸引了学者们的持续关注。作为外源融资中非常重要的一种，负债融资不仅涉及税收利益、破产成本，而且会产生代理冲突或者治理效应，所以负债融资对于企业决策水平的挑战更大更重要，负债融资已成为一种超越科学性并充满艺术性的决策行为。所以，本书的融资决策是指负债融资决策，融资行为是指负债融资行为。

（3）社会效益。

有关于社会效益的研究，目前的文献大多是期望通过构建一个综合性的指标，从而从整体上刻画企业所承担的社会责任和实现的社会效益。这种做法有助于从一个全局的概念对企业进行评分和判别，从而为企业未来社会责任政策作出参考。然而，这种全面性的指标无法有效地揭示其具体的构成，从而无法为企业未来努力提供更为有效的指引。同时，一个综合指标只是部分二级指标以一种特定方式的组合，其科学性或有效性取决于二级指标涵盖的幅度，以及二级指标之间组合的方式或者二级指标的权重。为了给企业提供更为明确的指向，同时与投融资决策行为进行更为密切的匹配，我们将只选择部分能够反映社会责任特征同时能够与投融资行为产生直接关联的指标。具体而言，我们在本书的研究中将只选择企业劳动力雇佣和信贷违约风险两个指标，从而通过就业人数增加和信贷违约风险减少来刻画企业实现的社会效益。

第四节　研究方法和研究思路

一　研究方法

本研究的基本方法是运用委托代理理论和不完全契约理论等现代微观经济理论，在财务学、会计学、管理学、统计学、政治经济学等多门学科指导下，利用实物期权方法和博弈论方法进行数学模型的推演，结合社会调查、规范分析、实证分析、比较分析等多种研究方法对投融资决策互动机制以及互动机制下的社会效益实现进行研究。

（1）规范分析与实证分析相结合。

应用经济学领域的研究方法总体来说可以分为规范分析和实证分析两种基本的方法。其中，实证分析与规范分析是依据"是——应该是"的二分法则对经济研究方法所作的区分。规范分析主要是借助已有的、成熟的理论进行抽象的归纳和总结，并以此为价值判断基础判别经济活动或经济行为的优劣标准，并以此为标准衡量或评价经济活动或经济行为"应该是怎样"（What should be）的问题。实证分析则主要是依托现实数据，在特定统计检验方法的辅助下研究变量之间的内在关系。这种研究不受价值观或伦理观的束缚，仅对经济活动或经济行为做客观的描述和解释，主要回答"是什么"（What it is）的问题。本书首先利用理论分析的成果和自己建立的理论框架，在一系列假设条件下，采用严格的数学推导建立起企业投融资相互关系的模型。但是，这种规范研究有赖于特定的假设前提，从而使理论分析结果有可能与现实情景发生一定偏离。因此，我们需要用包括实证方法在内的其他方法进行弥补和补充。所以，本书利用中国上市公司对理论结果进行实证检验，并在实证结果分析的基础上，运用规范分析方法探讨企业应该做什么、必须做什么，最终为企业决策效率的改善，社会效益的实现和提高提供具体建议。

（2）比较和归纳相结合的方法。

在社会科学研究过程中，只有通过比较对象之间的差异，并分析导致差异的原因，这样才能把握问题的关键，并以此提出解决问题的可行方案。本书在投融资互动决策及其社会效益实现问题的研究中，将建立以实物期权为基础的理论模型，然后利用实证研究进行分析。在通过比较理论结果和实证结论之间差异的基础上，揭示中国公司相关方面存在的理论差别，进而分析相关原因，归纳总结并提出相关政策建议。此外，投融资行为以及就业和信贷违约风险受诸多因素的影响，时间不一样、行业不一样都会导致其出现不同程度的差异，通过比较这些差异，最终可以归纳出投融资决策以及劳动力雇佣、信贷违约风险等方面的一般规律。

二　研究思路

本书期望在现有文献的基础上，从税收利益、破产成本和代理冲突等视角出发，深入探讨投资支出与负债融资的相互关系以及相互作用之下产生的就业效应和信贷违约风险抑制效应。具体研究思路如图1.1所示。

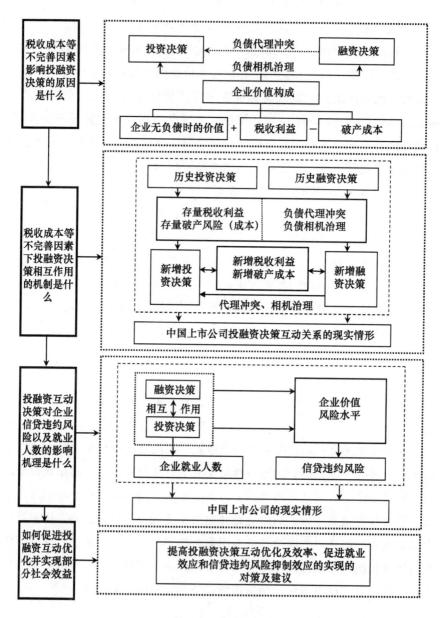

图1.1 研究思路

第五节 研究的主要内容和主要框架

本书在权衡理论的基础上，基于税收成本、破产成本等不完善因素视角，对投融资决策相互作用机制以及投融资互动机制下产生的企业信贷违约风险抑制效应和就业效应进行了深入的理论分析，同时以理论分析为指引以中国上市公司为样本进行了实证检验，进而提出了促进我国上市公司投融资决策互动优化，实现投融资决策互动优化下的信贷违约风险抑制效应和就业效应的对策性思考。主要的研究内容如下：

第一章，绪论。

第二章，文献综述与评价。

第三章，企业投融资互动决策机制的理论分析。以税收成本等不完善因素为切入点，第一，建立了投融资决策基本模型，分析了投融资决策的互动机理。模型认为，受税收利益和破产成本的影响，较低的负债融资会刺激企业的投资决策，较高负债融资则会产生抑制作用；在负债代理冲突下，股东会更加注重负债的税收利益而对破产成本予以轻视，因而会产生过度投资，过度投资会反过来减少负债融资。第二，资本折旧会因为折旧税盾刺激企业投资，但会对负债税盾产生替代效应，从而对负债融资产生抑制，并因此减少股东的过度投资。第三，历史投资会因为收入效应降低企业的破产成本，从而有利于负债融资增加，存量负债会通过破产成本抑制企业投资，并通过税收利益促进企业投资；在负债代理冲突下，若存量破产风险为零，投资后破产风险增加，此时负债会导致股东由过度投资转为投资不足；若存量破产风险非零，负债会导致股东由投资不足转为过度投资；投资不足会为企业负债融资增加创造条件，过度投资会抑制企业负债融资。第四，若短期负债偿还时企业无破产风险，短期负债会促进企业投资，若存在破产风险，短期负债会抑制企业投资动力；负债代理冲突下，如果企业无负债融资，股东会过度投资，但随着负债融资增加，股东过度投资会得以抑制甚至会逐渐转为投资不足。

第四章，企业投融资互动决策下社会效益实现的理论分析。从信贷违约风险和企业就业入手，理论分析了企业投融资相互影响下社会效益的实现。第一，新增负债融资会促进信贷违约风险的产生，而劳动力雇佣会随新增负债先增后减，而投资临界值与信贷违约风险负相关，但与劳动力雇佣正相关。第二，股东过度投资会进一步刺激信贷违约风险，并导致劳动力过度雇佣，投资不足会降低信贷违约风险，并导致劳动力雇佣不足。第三，总体而言，折旧会刺激就业水平，在较低新增负债下，折旧会抑制信贷违约风险，而较高新增负债下则相反。第四，存量负债会提高信贷违约风险，而劳动力雇佣水平随存量负债的变化按照投资前后企业破产风险不同而表现出不一样的特征，而在较低新增负债下，存量负债会因为股东从过度投资转为投资不足而对信贷违约风险的促进作用由强变弱，若新增负债比较高，情况则相反；历史投资会抑制信贷违约风险，但在较低新增负债下，历史投资会因为股东由投资不足转为过度投资而对信贷违约风险的抑制作用由强变弱，若新增负债比较高，情况则相反；如果投资前企业存在破产风险，较低新增负债下劳动力雇佣会与历史投资负相关，在较高新增负债下则反之，如果企业在投资后由无破产风险转为有风险，劳动力雇佣会与历史投资正相关。第五，若企业存在短期负债，长期负债比例会降低信贷违约风险和企业就业人数；而若短期负债偿还时企业不存在破产风险，在较低长期负债区间，长期负债会因为股东由过度投资转为投资不足再变为过度投资而对信贷违约风险的抑制作用由弱至强再到弱，企业也会由劳动力过度雇佣转为雇佣不足最后再到过度雇佣；在较高长期负债区间，长期负债会因为股东过度投资而对信贷违约风险的抑制作用变弱，而劳动力雇佣问题会变得越来越严重；若短期负债偿还时企业存在破产风险，长期负债比例会因为股东由投资不足变为过度投资而对信贷违约风险的抑制作用会由强变弱，而劳动力雇佣在较低长期负债比例下会表现为不足，在较高长期负债下则反之。

第五章，企业投融资决策同期互动机制的实证检验。以理论为基础，实证检验了投融资决策同期互动机制。结果发现：第一，负债融资对投资支出具有正向作用，企业投资也会促进负债融资，而在高负债水平下这种促进作用会弱化，并且在折旧税盾替代效应下，投资在高折旧下对负债融资促进作用也会下降；短期负债会促进投资支出，但在较高破产风险下这种促进作用并未减弱。第二，由于负债代理冲突，若投资后破产风险上升，负债融资对投资支出具有更大的促进作用，并在股权集中背景下这种促进作用更为强烈，也就是说股东会存在过度投资问题，而折旧会抑制股东的过度投资热情，短期负债融资也会对过度投资产生抑制；过度投资会降低企业的负债融资，但在股权集中企业过度投资降低企业负债融资的现象会变弱；若投资后破产风险下降，企业会投资不足，并且股权集中型企业投资不足更明显，在投资不足情形下，投资支出对负债融资正向关系并没有变强反而变得更弱，说明投资不足并不会促进企业负债融资。

第六章，企业投融资决策跨期互动机制的实证检验。以理论为基础，实证检验了投融资决策跨期互动机制。结果发现：第一，历史投资支出会通过有效税率对低财务约束企业负债融资形成促进作用，但对高财务约束企业产生抑制作用。第二，历史投资会通过对破产风险的促进作用而对负债融资产生约束。在高成长企业，历史投资并没有借由收入效应显著降低其风险，对于低成长企业，历史投资在股权集中情形下反而会对风险形成促进作用，在其他情形下也没有形成显著的风险抑制。第三，存量负债会显著地降低有效税率从而对投资支出形成促进作用。第四，存量负债会显著增加企业破产风险，从而在总体上对企业投资形成约束；而由于低成长企业过度投资问题，破产风险对投资支出的抑制作用会下降；由于高成长企业不存在投资不足，所以破产风险不会对投资支出形成更强抑制，而股权集中型企业有可能存在投资不足，所以破产风险对企业投资动力的抑制作用会相对减少，但破产风险对投资支出的总体作用效果依然为正。

第七章，企业投融资互动机制下的信贷违约风险抑制效应实证检验。在理论基础上，实证检验了企业投融资互动决策对信贷违约风险的影响机理。结果发现：第一，在总体上，新增投资和历史投资都会对信贷违约风险产生促进作用，新增负债对信贷违约风险具有抑制作用，但存量负债对信贷违约风险具有促进作用。第二，在股权集中企业里由于过度投资问题，企业投资支出对信贷违约风险的促进作用会变得更强，而过度投资的企业将存在较低的最优负债。第三，资本折旧与信贷违约风险正相关，折旧并不会降低企业信贷违约风险。第四，整体上，短期负债比例与信贷违约风险正相关。第五，若企业新增负债比较少，则在较低存量负债下，企业会因为过度投资而产生更高的信贷违约风险，在较高存量负债下，企业会因为投资不足而出现较低的信贷违约风险。第六，上市公司信贷违约风险与区域商业银行不良贷款率正相关，说明通过适当的投融资互动决策并降低企业信贷违约风险能对区域金融发展产生溢出效应。

第八章，企业投融资互动机制下的就业效应实证检验。在理论基础上，实证检验了投融资决策互动机制下企业就业水平的变化。结果发现：第一，总体样本下，历史投资和新增投资都会促进就业人数增加，存量负债会减少企业就业，新增负债不会对就业产生显著影响，但在较高新增负债下，负债融资会对就业产生抑制，股权集中型企业会因为过度投资而产生劳动力过度雇佣。第二，折旧会提高企业就业人数，同时对股权集中型企业劳动力过度雇佣产生抑制。第三，较高短期负债融资对企业就业存在促进作用。第四，若投资后破产风险较低，较高短期负债比例的企业会存在劳动力过度雇佣，而较低短期负债比例的企业会劳动力雇佣不足。第五，若投资前无破产风险，存量负债不会显著抑制企业就业人数，相反则会显著地降低企业的就业水平；在负债代理冲突下，若投资前存量负债比较低，较低新增负债会降低企业就业人数，若投资前存量负债比较高，较低新增负债会减少企业就业人数。第六，在高历史投资且投资前破产风险较低的企业，历史投资会促进就业增加，若历史投资比较低且投资前破产风险比较高，历史投资都会促进企业就业；在负债代理冲突下，若历史投资比较低，较低新增负债企业可能产生劳动力雇佣不足，而在较高新增负债下企业会表现出劳动力过度雇佣，若历史投资比较高，无论新增负债高低企业都会进行更高的劳动力雇佣，但并无证据表明企业存在劳动力过度雇佣或雇佣不足。第七，上市公司劳动力雇佣与区域就业水平正相关，说明通过适当的投融资互动决策并提高企业就业人数对区域社会就业产生溢出效应。

第九章，相关政策建议。

第十章，研究结论、局限性及展望。

具体而言，本书的整体研究框架如图1.2所示。

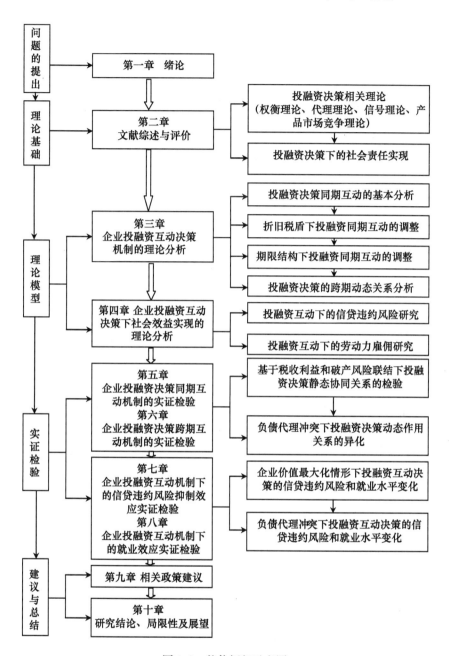

图 1.2 整体框架示意图

第六节　本书研究的创新之处

本书研究的重点和难点在于如何既广泛地吸收已有的研究成果又避免重复已有的研究，得出明确而独到的结论，提出合理可行而又关键的对策。根据已有文献与本书研究的比较，本书可能存在如下三个方面的创新：

（1）在实物期权分析框架下，以税收成本、破产风险和代理冲突等不完善因素为切入点，构建了企业投融资决策模型，分析了投融资决策因不完善因素而产生的互动机制。不仅分析了企业投融资决策因不完善因素的连接产生的同期互动关系，而且分析了不同时期投融资决策之间的跨期互动机制，不仅研究了投资支出与负债融资在数量上产生的相互影响，而且探索了投资决策与负债期限结构形成的关联。考虑到负债代理冲突，本书还研究了股东债权人利益冲突下股东产生的过度投资和投资不足问题，并发现投资决策的非效率会相应地改变企业的融资行为，从而导致融资决策的非效率。

（2）在投融资互动决策议题中植入了信贷违约风险和劳动力雇佣问题，以此分析投融资互动决策下企业能够实现的社会效益。结果发现，企业价值最大化以及股东价值最大化条件下投融资相互作用关系会对企业信贷违约风险以及劳动力雇佣产生重要的影响，选择适当的策略促进企业投融资互动优化有利于抑制企业信贷违约风险或提高企业就业水平，从而在企业获得财务绩效的同时实现社会效益。将企业信贷违约风险和劳动力雇佣问题植入投融资互动决策分析框架，开拓了企业投融资决策的理论研究视野，也为企业信贷违约风险和劳动力雇佣理论研究探寻了新的思路。

（3）以中国上市公司为样本，实证检验了企业的投融资互动机制以及互动决策下实现的信贷违约风险抑制效应和就业效应，发现了中国上市公司投融资决策之间存在的相互作用机制，并认为在一定的投融资决策互动机制下企业会具有更低的信贷违约风险，或者具有更高的就业水平，并通过对上市公司所在区域商业银行不良贷款率和劳动力就业的分析，验证了企业信贷违约风险改善和劳动力雇佣增加分别对区域商业银行不良贷款率和劳动力就业的积极贡献，检验了企业投融资互动决策下基于区域金融发展、区域就业水平角度的社会效益实现问题，实现了从企业微观决策视角实证研究宏观社会问题的一种有益尝试，并为企业探索了一个在追逐经济利益的同时谋取诸多社会目标实现的新思路与新视角。

第 二 章

文献综述与评价

    企业投资决策和融资决策作为公司财务活动的两大主体内容，在企业动态成长过程中起着非常重要的作用，其决策科学性对企业生存概率和成长潜力具有非常深远的影响。另一方面，企业社会责任的承担已经成为现代公司多方利益主体利益实现的关键环节，从而成为越来越多的企业予以重视的内容。所以，企业投融资决策以及社会效益的实现成为备受学者们关注的焦点。为了构建企业投融资互动决策以及投融资决策互动优化下社会效益实现的理论体系，本章将对企业投融资决策相互关系以及社会效益的相关文献进行系统地回顾与梳理。

第一节　投融资决策相互关系的理论研究综述

一　经典 MM 理论与投融资决策无关论假说

    最早将融资因素在企业投资决策中予以考虑的当属 Modigliani 和 Miller（1958）发表的《资本成本、公司财务和投资理论》一文。这篇具有划时代意义的论文指出，在资本市场完全竞争情形下，投资者能够实现自由套利，个人融资成本会与替代性投资机会的市场收益率相同，在不存在公司所得税和相关交易费用的情况下，对于现有股东来说，企业无论是采用股票还是债券融资方式，其融资成本不会存在差异，企业的市场现值等于未来投资产生的所有现金流量收益的现值。换言之，公司融资方式及其组合方式在资本市场完全竞争背景下对企业投资的现金收益流不会产生任何影响。也就是说，企业的投融资决策之间不存在相互关系，这一理论也就是人们广为讨论的经典 MM 理论。根据该理论观点，企业资本成本与资本结构没有关系，企业负债融资情形下的价值与无负债时相等，负债融资不会对企业的价值产生影响。所以，企业融资决策并不会对投资行为产生作用，投融资决策之间是相互独立的。

然而，经典 MM 理论中存在的诸如不存在公司和个人所得税、没有破产风险和完全的资本市场等限制性假设与现实相悖，致使投融资决策不相关的命题受到众多的质疑和非议。

二　投融资决策的相关论模型

基于经典 MM 理论中存在的诸多非现实性假设，其理论解释能力会受到很大的限制，其理论的应用性也因此受到学者们的广泛诟病。有鉴于此，随后的学者们试图从多个方面入手进一步拓展投融资决策相互关系的问题。

（1）所得税和权衡理论。

对于这一类问题的研究，学者们主要集中在资本市场摩擦因素对投融资决策的影响，其中包括公司所得税、个人所得税、财务拮据和破产成本、融资成本等资本市场外部因素对企业价值和投融资决策的影响。

鉴于经典 MM 理论中部分非现实性缺陷，Modigliani 和 Miller（1963）发表了题为《公司所得税及资本成本：一个修正》的文章，承认了企业所得税的客观存在，并认为如果存在企业所得税，公司价值和资本成本将会与企业的融资行为建立联系。当负债比例变高时，企业价值会增加。

然而，虽然调整的 MM 理论放松了所得税的假设，缩短了理论与实践的距离，但是该理论仍然无法有效解释为什么现实中企业不会广泛地使用负债融资。基于此，Miller（1977）在《负债和税收》一文中又进一步加入了个人所得税进行了讨论，提出了著名的税收均衡模型。该理论认为，最优债务融资取决于公司所得税、股票收入个人所得税和债券收入个人所得税三者的大小。

虽然，Miller 的税收均衡模型解释了前述理论无法解释的现实问题，但是它与经典 MM 理论以及公司所得税修正的 MM 理论相同，并没有考虑负债融资能够带来的负面作用，即负债融资中隐藏的风险和成本。对此，Baxter（1967）在融资结构选择的研究中引入负债融资的破产风险因素，随后，Stigliz（1969）、Kraus 和 Litzenberger（1973）、Scott（1976）等加以扩展形成了融资结构的权衡理论。根据权衡理论的观点，负债融资能够产生节税效应，但高负债水平同样会导致企业偿债能力下降，从而产生财务拮据问题。在财务拮据时，通常会导致企业大量债务到期，企业不得已采用高利率借款的形式清偿到期的债务；在供应链上下游意识到这个问题时，材料供应和产品销售都会因此受到影响，从而有可能导致企业破产；管理人员受此影响会产生大量短期行为，比如通过变卖资产等方式套现还债，减少必要的维修，降低产品质量以减少费用开销等；破产案件发生时，相应的纠纷往往导致存货和固定资产的损坏；破产案件发生时，大量律师费、诉讼费等开支会降低企业的价值。因此，一旦企业发生财务困境，即便企业没有破产，它也会产生大量的费用或成本，降低企业的价值。所以，企业不会一味地增加负债融资，而会在税收利益和破产成本的权衡之下选择最优的负债水平。所以，一个企业通常会有能够促使投资资金成本最小化的最优融资政策，从而实现企业投融资行为的内在联系。

在权衡理论的基础上，DeAngelo 和 Masulis（1980）从资本折旧税盾角度解释了公司不采取全部负债融资的原因。在他们的模型中，除了负债利息产生的税收节约，企业在固定资产投资中产生的折旧也会在税前抵扣，从而产生折旧税收节约。并且在某些自然状态下，企业经营收入有可能不能同时满足折旧的计提和利息的支付，此时两种税盾将产生替代效应。事实上，给定企业的经营收入水平，折旧计提越多，用以支付利息的收入就会减少，甚至有可能不能完全涵盖利息支付的缺口。此时，企业会丧失部分因利息带来的税盾，企业负债融资的价值也会因此减少。所以，在资本折旧税盾替代效应下，资本投资的增加也有可能不会带来企业负债的增加。

在上述研究基础上，Martin 和 Scott（1976）、Hite（1977）、Hong 和 Rappaport（1978）、Rhee 和 McCarthy（1982）、Dotan 和 Ravid（1985）以及 Dammon 和 Senbet（1988）等学者通过同时考虑企业所得税和破产成本，深入地研究了企业资本预算问题和投融资决策问题，从而突出了税收和破产因素联结对企业负债融资和投资决策之间相互关系的影响。在后来的研究中，Faig 和 Shum（1999）以数理模型为基础，评估了公司所得税对企业投资和融资决策的影响。在文章分析中，作者主要集中分析了公司所得税的不对称性、不完全的亏损递延、信用约束下的内源融资以及不同程度的投资不可逆现象对企业增量投资和进入投资决策的影响。文章研究发现，公司所得税系统的不对称问题会对企业投资决策产生非常重要的影响，并导致企业基于规模的增量投资决策以及与沉没成本相关的进入投资出现扭曲。以数字模拟为基础，文章从数量角度进行了深入的研究，并认为只要企业能够通过负债融资的方式筹措大部分投资成本，企业增量投资产生的福利性成本会比较少，如果企业投资技术具有较好的柔性，这种情况会变得尤为明显。相比而言，由于进入投资决策涉及的沉没成本，即便企业能够全部用负债融资的方式筹措投资成本并且投资技术具有较好的柔性，这种投资产生的福利性成本仍然还是会很大。此外，企业进行亏损递延的能力以及获得内源融资的能力对福利性成本的减少具有非常重要的作用。文章总体认为，只要企业能够从边际意义上增加负债融资，税收对边际投资决策产生的扭曲会比较少，而相反，税收对进入投资的扭曲会相对偏大，企业进行亏损递延和内源融资的能力对减少两种投资扭曲具有非常重要的作用。Miao（2003）着重考虑了资本结构与生产决策的相互影响，研究了税收、破产成本等财务变量和生产成本、生产率等生产决策变量对行业分布特征和公司生存概率的影响。Titman 和 Tsyplakov（2007）进一步考虑公司可以动态调整其资本结构和投资选择的可能，通过建立连续时间模型，分析了所得税率、财务危机成本、资产折旧率、交易成本等外部因素对公司投资决策和调整资本结构能力的影响。

（2）代理理论。

有关代理理论的研究主要是希望放宽资本市场的几个假设，即所有市场参与者都不能影响证券市场的价格，企业投资决策是外生的固定的，并且被所有投资者共知，企业的融资决策以及资本结构是固定的。现代契约理论告诉我们，现代企业是各种利益相关者之间缔结一系列契约而形成的一种组织。如果市场存在信息不对称以及契约不完备等问题，企业将无法使所有利益相关者的利益调和一致，而通常会表现出相互冲突的常态，而企业则是利用一系列契约框架将利益冲突的各方导向一个博弈均衡的平台。利用这些契约条件，我们可以将它们理解成一系列的委托代理关系，其中委托人和代理人的目标都是促进自身利益的最大化。根据委托代理之间主体的差异，Jensen 和 Meckling（1976）将这些委托代理关系主要分为股东与债权人之间以及股东和经理之间的委托代理问题。

1）股东债权人代理冲突下负债融资对企业投资行为的影响。

Fama 和 Miller（1972）在《财务理论》一书中指出，当一个企业存在风险负债或进行风险负债融资时，那些能够最大化企业价值（股东与债权人的财富之和）的经营决策并不能够同时使股东财富和债权人财富实现最大化，所以企业外部投资者之间存在相互冲突的利益关系。学者们在后续的研究中继续深化和发展了该理论，认为受股东债权人利益冲突的影响，负债融资下的企业通常会产生投资不足、资产替代等的非效率投资行为。

投资不足假说强调的是股东与债权人在信息非对称条件下的逆向选择和道德风险行为。Jaffee 和 Russell（1976）认为之所以出现投资不足问题主要是因为股东与债权人之间就企业价值存在信息非对称而造成债务融资成本上升所致。他们指出，借贷双方之间的信息不对称主要从两方面影响企业的投资取向：一方面，若债权人能够对其在需要债务融资的投资项目的未来现金流量方面所存在的信息劣势和由此招致的借款人逆向选择风险作出理性预期，那么债权人可能会减少甚至放弃一些净现值大于零的投资项目，因而投资项目会产生资产短缺或者成本过高的现象，并因此导致企业投资不足；另一方面，在债权人对企业的现有资产和投资项目的预期现金流量缺乏充足信息的情况下，债权人只能对融资企业拟发行债券的市场价值按市场的一般均衡价格作出评估，此时，高资质企业的债券价值就会被投资者所低估，进而投资者只以低于企业债券实质价值的价格购买，换言之，这些企业的融资成本被迫上升。此时，高资质企业一方面为了在市场上与低资质企业相分离，另一方面为了避免承受额外的融资成本，它们就会被动放弃一些有利可图的投资项目，导致企业投资不足。在 Jaffee 和 Russell（1976）的基础上，Stiglitz 和 Weiss（1981）着重阐释了不完全信息条件下信贷配给是如何导致企业投资不足问题的。他们认为，一般情况下，银行的利润由贷款利率的高低和贷款违约风险的大小共同决定。倘若违约风险独立于贷款利率，而信贷需求大于供给时，提高利率可以增加银行利润。然而，他们指出，由于银行与借款厂商之间是一种委托代理关系，在不完全信息条件下，贷款事前，贷款者拥有投资项目和自身违约风险的私人信息，而银行面对按期还款概率不同的众多借款人，无法确知具体借款人的违约程度，此时提高利率会使低风险、信贷好的贷款企业退出市场，从而产生逆向选择行为；贷款事后，由于无法观测和监督贷款企业的投资行为，因而银行对企业的用款情况和还款能力存在不完全的监控，此时，提高利率会诱导贷款企业从事风险更高的投资项目，从而增加贷款违约风险，即产生道德风险行为。逆向选择和道德风险行为都提升了银行贷款的整体风险水平。有鉴于此，银行在甄别借款人并试图影响借款人行为以降低自身风险时，往往以利率作为重要的筛选和激励机制，此时银行会通过选择适当利率和配额手段拒绝一部分信贷申请，而不愿选择尽可能高的利率来满足所有信贷需求，因此市场便会出现一种以限制超额需求为特征、以信贷配给为表现形式的非帕累托均衡的状态。在这种均衡常态下，那些风险相对较高、但预期收益也比较好的投资项目将无法筹集足够的资金，从而导致投资不足的行为发生。

Myers（1977）则重点阐述了股东债权人冲突下股东决策目标异化对企业投资行为产生的客观性影响。在研究中，他将企业资产分成现有资产和成长机会两个部分，也就是说，企业的价值应该包括市场对现存资产的评估价值和对成长机会的预期价值。在这种情况下，他认为股东（或经理①）会意识到，倘若在较高负债水平下企业执行其投资机会，他们也许并不能获得相应的投资收益。因为在高负债水平下企业破产机会比较大，而在企业破产之日债权人对企业享有优先求偿权，一旦投资项目所带来的现金流入小于需要偿付的债务时，清偿债务后股东将享受不到任何项目创造的价值。所以，即使该项目能够带来正的净现值，他们也可能放弃净现值项目为正的投资，采取次优的投资策略。以此而言，债务威胁削弱了股东与经理联盟投资正净现值项目的动机，结果与低负债企业相比，高负债企业可能更不愿意开拓有价值的成长机会，导致企业投资不足。随后，他的研究引发了学者们的深入讨论，其结论得到了诸多学者如 Brennan 和 Schwartz（1984）、Mello 和 Parsons（1992）Mauer 和 Ott（2000）等的广泛支持。

与 Myers（1977）类似，Jensen 和 Meckling（1976）同样分析了股东

---

① 在 Myers 的分析中，假设经理与股东利益完全一致，两者是一个利益共同体，因而企业不存在股权代理问题，所以股东与经理在投资项目的选择上存在同样的价值取向。

债权人冲突下股东或经理①投资目标异化所导致的投资决策非效率问题，但是他们却强调，受负债代理冲突的影响，股东会产生资产替代的问题。这种资产替代假说认为，因为在负债融资的情形下，股东与债权人之间收益与风险分担存在非对称性特征，而受有限责任机制的庇护，股东会在投资决策时放弃一些低风险、低收益的项目，并将通过负债融资筹得的资金转向那些尽管成功机会甚微，但一旦成功收益颇高的项目。因为，如果这些项目投资成功，他将获得大部分的收益；而若失败，债权人会为其承担大部分的费用。

Stiglitz 和 Weiss（1981）进一步从期权的视角，论述了股东偏好高风险投资项目、提升股票价值的动机。他们认为可以把股票看作一种以企业资产为标的、债务面值为执行价格的看涨期权。一般而言，看涨期权的价值随标的资产价值的方差变化而变化，方差越大，期权价值越高。因此，若股东选择的投资项目风险越高，其投资收益的方差变化就越大，股票的期权价值也就越高，股东获取的额外投资收益也就越多。这种期权思想在后来的研究中获得了广泛的应用，如 Lelend（1998）、Mauer 和 Sarkar（2005）等。在他们的研究中，负债企业股东的资产替代问题得到了更加明确的体现。并且，Mauer 和 Sarkar（2005）还指出，由于资产替代问题降低了企业投资的风险门槛，扩充了企业的投资机会集，所以资产替代问题也表现为股东过度投资问题。

Vanden（2009）利用实物期权的方法，研究了动态环境下结构性融资对资产替代问题的影响，并认为结构性融资能够有效地解决资产替代问题。文章发现，结构性融资会引诱企业所有者最优化地选择第一最优策略即便企业所有者价值方程可能是凸性的（凹性的），而这种凸性的（凹性的）价值方程通常会导致企业对风险项目过度投资（投资不足）。在文章中，这一结论是从两个连续的时间框架下展开的：一个是建立在 Leland（1998）风险转移框架下，另一个是建立在更为一般化视角的 Green（1984）的规模报酬模型。结果表明，结构性融资的合约特性是债务发行企业动态资产波动性的核心决定因素。另外，不像非结构性融资，结构性

① 在他们的分析中，股东与经理同样具有相同的利益，企业只存在股东债权人的代理冲突。

负债的违约（转换）概率可能会在企业总资产中变得更高（更低）。结构性债权因此可以用作企业风险对冲的资产，这也解释了为什么结构性债权在投资者和第三方发行机构中备受欢迎的原因。

2）股东经理代理冲突下负债融资对企业投资行为的影响。

上述研究假设股东与经理之间是一个利益共同体，两者之间并不会存在价值取向的差异。然而，Jensen 和 Meckling（1976）指出，在两权分离的现代企业中，作为委托人的股东其目标是要求其代理人经理能够以股东利益最大化的原则进行日常经营活动，然而在经理人员不拥有或者较少拥有企业股份的情况下，经理人员的目标函数与股东的目标函数并不完全一致。经理人员为了自身利益有动机做出有损股东利益的决策行为，而信息的非对称性和契约的不完备性又为这一动机的实现提供了可能的条件。与股东相比，经理人员可能更关心企业的规模问题，因为经理人员的规模扩张战略通常会为自身带来如下效用：第一，企业的扩张不仅能扩大管理者手中的权利，同时常伴随着经理人报酬的提高。第二，多数企业用职位提升而非年终奖金的形式来激励中层管理人员，也促使企业必须不断扩张。第三，管理者为确保其职位安全性，会通过扩大公司规模、多样化经营、收购与核心业务无关的资产，以降低其职业风险。

然而，如果通过负债融资，企业会引入一种相机的治理机制，从而抑制经理人员的这种道德风险行为，具体而言，存在激励与约束两种作用方式。从激励角度而言，在企业投资总额和经理人员持股资金一定的情况下，引入负债融资可以降低企业对外部股权资金的依赖，间接提高经理人员的持股比例，使经理人员与股东的目标函数趋于一致，从而缓和经理人员与股东之间的利益冲突，降低股权代理成本；从约束角度来看，债务合同中的硬性固定偿还机制和保护性条款可以降低经理人员控制的自由现金流量，从而有效限制经理人员的非生产性消费和过度投资行为，降低股权代理成本（Jensen，1986）。另外，债务融资还被视为一种担保机制，由于经理人员的效用依赖于其经理职位，从而依赖于企业的生存，倘若企业经营不善必须破产，此时经理人员就必须承担与失去任职好处相关的一切破产成本，而破产对经理人员的有效约束取决于企业融资结构变化。随着负债比例的上升，企业的破产概率也会上升。经理人员为了避免失去自己的职位就会努力工作，约束自己，作出更好的投资决策，从而降低由于所有权与控制权分离而产生的代理成本，改善企业的治理结构（Grossman和 Hart，1986）。

Kamoto（2014）通过建立理论模型，研究了在内部融资情形下，对未来企业增长情景和风险具有消极态度和过度自信的管理者进行投资决策的互动关系。文章模型展现了持消极态度或过度自信管理者的投资门槛可能会超出或低于最大化企业价值的投资门槛，具体取决于企业内部资金的多寡。文章模型也找到了能促使管理者最大化企业价值的最优内部资金水平，从而证实管理者消极或者过度自信对于企业投资决策的影响。

（3）非对称信息理论。

这类研究主要放宽的是所有市场参与者具有同质性期望的假设，即市场参与者都拥有与价值相关的各种信息的假设条件。在竞争性市场和所有权与经营权分离的条件下，以股东利益最大化进行决策的经理不能够向竞争者泄露某些重要的战略计划和经营决策信息；而且，即使是股东也无法获得这些信息，这是因为竞争者可以通过二级市场购买股份成为公司的股东，进而获得这些信息；进一步，在公开交易的债券市场，经理也不能向债权人泄露这些信息。因此，与股东、债权人、外部投资者（潜在的新股东或债权人）相比，经理总是拥有更多有关公司战略和项目真实价值的信息，从而导致信息非对称。显然，在非对称信息情形下，企业融资会有不一样的行为特征，并因此会对企业投资行为产生不一样的影响。对于这方面的研究大致可以分为信号显示（signal model）、信贷配给（credit rationing）和融资优序（pecking order theory）三种理论模型。

Ross（1977）是首次将不对称信息引入现代企业资本结构理论研究中的学者。他假设企业管理者对企业未来收益和风险有充分信息，但投资者却处于信息非完全状态。为了实现对企业的有效控制，他们只有对管理者采取合适的激励制度。而这种激励制度的选择取决于经理输送出来的企业信息，通过这些信息他们可以间接地评价企业的市场价值。他们认为，负债比就是一种把内部信息传递给市场的信号工具。债务融资传递项目信号的基本原理为：由于债务有还本付息的现金支出压力，拥有项目未来现金流和项目风险私人信息的经理进行债务融资表明他们对项目未来收益有较高的期望，传递着经理对企业的信心，同时也使外部投资者对项目前景充满信心，所以债务融资向市场传递着项目高质量的信号，并将高质量企业与低质量企业区别开来。Besanko 和 Thakor（1987）进一步指出债务抵押（collateral in loans）是传递项目真实价值的有效信号，这是因为违约风险高意味着企业失去抵押品的可能性较高，因此，违约风险高的企业会选择利率较高但无须抵押的债务合约。

Leland 和 Pyle（1977）则认为，作为内部人的经理，其对企业的持股比例也是一个向外部投资者传递真实价值的有效信号。其原因在于：一方面，经理的持股比例越高，如果项目真实价值比较高，那么经理的财富和其个人效用增加就越多；另一方面，持股比例高会减少经理可用于分散化投资的财富，而丧失分散化投资的机会使经理财富价值变小，因此，两方面效应的相互作用使得存在一个最优的经理持股比例，使其个人效用最大化。Leland 和 Pyle 的经理持股比例信号模型预示着非对称信息会阻碍企业所有权的过度分散，并可以解释现实中许多私有企业的存在和 IPO 过程中高的经理持股比例。

Bhattacharya（1979a，1979b）提出了股利作为经理私人信息的信号模型，他认为，经理知道企业未来期望现金流的准确信息，同时，由于资质差的企业没有足够的现金支付承诺股利的可能性比较大，所以他们不得不承担高额的外部融资成本。有鉴于此，资质差的企业会无力也不愿承诺股利的支付，因此市场可以自动将其和好企业区别开来。Miller 和 Rock（1985）认为股利、股票回购、债务赎回等需要现金支出的企业政策都可以作为传递信息的有效信号，对 Bhattacharya 的模型进行了扩展。

Jaffee 和 Russell（1976）、Stiglitz 和 Weiss（1981）、Vandell（1984）等学者则认为在非完全信息的条件下，虽然银行的财富取决于利率的高低，但是由于银行无法确切地知道贷款企业的风险状况以及贷款后的用款情况，所以他们并不会完全按照利率的高低给予企业贷款，而会通过选择适当利率和配额的贷款方式。此时，信贷配给会导致有些高风险，但收益也相对不错的项目得不到应有的资金，从而导致企业产生投资不足的现象。

Myers 和 Majluf（1984）的融资优序理论认为，外部投资者获取的关于企业资产价值的信息通常比企业内部人少，此时权益价值就可能被市场严重低估。此时，倘若企业通过发行新股的方式为项目进行融资，其定价可能过低以至于外部投资者将获得超过项目 NPV 的收益，从而导致现有股东的净损失。这种逆向选择行为会使企业因无法获得足够的外部融资而放弃 NPV 为正的项目，即引发投资不足；然而，如果企业能够用一种价值不是如此严重地被市场低估的证券为项目融资，或者选择一种对内部信息不太敏感的证券融资，则这种逆向选择行为就可能避免。Myers 和 Majluf 认为，内部资金和无风险债券不涉及价值低估，因此被企业所偏好。并且，在能够确保举借风险不太高的情形下，债务融资也要优于新股的发行，因为通过债务融资，企业仅需按市场利率支付债权人利息，不会稀释股东利益，而通过股权融资会稀释已有股东的利益，所以企业会选择债务融资而不会选择股权融资。

Pinheiro（2008）建立理论模型分析了管理者两种任务之间的互动关系，即投资和信息发布之间的互动关系。文章认为管理者能够通过投资影响企业的质量，然后他们通过给投资者发布这种质量信息。在任何时候，对于企业管理者而言真实的信息发布并不是一个均衡的情况，管理者具有过度投资的动机以刺激股东。因此，潜在的市场操纵是理解企业投资政策的一个关键，那种操纵市场价格的动机会导致非效率投资。并且，管理者控制权越大，市场操纵的可能性越大，市场价格的有效信息含量也越少。当然，文章也认为外部信息公布政策能让管理人员的境况变好。

Almeida 等（2011）建立了一个理论模型分析了公司的融资和投资决策，在模型中作者假设由于信息不对称而产生的融资约束在未来会导致企业存在一种进行更短投资回报期的投资偏好，同时也偏好投资于风险较小的项目，以及利用更多可兑现资产进行投资的偏好。同时，模型也展现了这种投资于更强流动性、更安全资产的投资扭曲倾向会怎样随着企业外部融资的边际成本和内部现金流状况发生变化。文章理论与实证研究文献相一致，其中包括风险承担行为、资本结构选择、风险对冲战略以及现金管理政策等文献。例如，相较于 Jensen 和 Meckling（1976），文章认为企业在根据外部情况提高杠杆水平时可能会减少而不是提高风险水平。另外，在金融市场发展较差的经济背景下，企业不仅会选择不同的投资水平，而且会进行不同类型的投资（更加安全的、短期的项目可能会具有更低的盈利能力）。当然，文章也指出，有些理论预期还需要得到进一步的实证检验，例如模型预期投资安全性和投资流动性是可以相互替代的，财务约束的企业有可能降低流动性最强的企业投资的风险。

Clausen 和 Flor（2011）利用实物期权框架分析了信息不对称条件下企业投资决策和资本结构决策问题。文章认为，在动态分析框架下融资优序理论并不适用，尤其是他们认为企业投资时间可以视作一种总体上企业倾向于股权投资而非债权投资的观点更不科学，其根本原因在于在他们的假设中并没有考虑现有资产情况。与之相对应，Myers 和 Majluf（1984）在静态环境下认为股东会倾向于债务融资，同时也会出现投资不足的现象。投资不足会出现是因为，新项目的融资稀释了原有股东资产的价值。所以说，现有资产会对投资和资本结构决策产生决定性的影响。因此，文章在有关企业新项目投资模型中考虑了现有资产的影响，且具有充分的空间决定投资的时间和融资的方式，企业现有资产和新投资项目的质量都存在信息不对称问题。因此，优质的企业通常会通过投资时间和融资方式来揭示其质量信息。

Shibata 和 Nishihara（2015）在实物期权框架下，通过引入市场负债和银行负债过程中由于信息不对称而广泛存在的负债发行限制约束，以此研究金融摩擦因素如何影响企业的投资决策、融资决策和负债结构策略。通过模型的分析，文章得出了四个非常重要的结论：第一，当企业负债发行限制增加时，相对于银行负债，企业更愿意发行市场负债。第二，企业投资策略会与负债发行约束呈现非单调的现象。第三，负债发行限制使企业股权价值和企业投资策略之间的关系变得扭曲。第四，负债发行限制约束使债权持有人面临低风险和低收入。也就是说，负债发行限制越严重，信贷利差和信贷违约概率越低。

（4）产品市场竞争理论。

这类研究主要放宽的是在产品市场上所有市场参与者具有竞争同质性的假设，即市场参与者处于一个完全竞争的产品市场条件。最早将企业资本结构与产品市场竞争置于同一个研究框架下的是 Brander 和 Lewis（1986）。他们曾在《美国经济评论》杂志上发表了《寡头垄断与资本结构：有限责任效应》的论文，文中提出企业在产品市场上的竞争行为受其资本结构的影响，而企业在产品市场上的表现和绩效也影响着企业的资本结构决策。他们认为，在不完全竞争市场条件下，企业参与产量竞争时，债务融资会对其在产品市场上的竞争力产生促进作用，企业增加债务，提高自身产量水平，就意味着降低竞争对手的产量水平。企业债务的增加使其在产品市场上相对于竞争对手来说更具有进攻性（aggressive），这种进攻性的存在使其在产品市场竞争中处于一种动态策略优势。基于这个原因，Brander 和 Lewis 认为，企业可以借助一定的财务契约设计，以此向产品市场作出企业将要改变投资行为的一种置信承诺，从而对产品市场博弈的结果产生影响。

然而，由于 Brander 和 Lewis 仅考虑了企业融资结构选择对产品市场竞争的策略效应（strategy effect），而忽略了融资结构选择对企业内部代理问题的影响，因此受到学者们的普遍质疑。在此基础上，Bolton 和 Scharfstein（1990）提出了掠夺性定价理论。他们同样以一个两阶段博弈模型分析融资结构与企业产品市场竞争的关系，由于债务契约的固有性质造成的所有者与债权人之间的代理问题导致了企业面临一定的融资约束，而企业的融资约束又会刺激竞争企业采取掠夺性定价策略强迫企业收缩市场战线、降低市场份额，甚至最终退出市场。通过他们的分析，在产品竞争市场，假若存在掠夺性定价条件，那么企业的最优融资结构取决于降低企业内部代理成本和减轻掠夺性定价的激励措施之间的权衡。Kovenock 和 Phillips（1996）则在 Myers 和 Majluf（1984）融资优序模型的基础上建立了负债融资的"市场战略作用"模型。他们假设企业以利润最大化为目标，生产不完全竞争产品的企业之间展开价格竞争。在他们的模型中，负债的增加在降低企业自身市场竞争能力的同时，间接促进了竞争企业的发展。

虽然，上述理论模型并没有直接显示企业融资决策与投资行为之间的关系，但是他们的分析都依赖于投资的解释。企业产品市场策略的调整都会集中地反映在企业投资规模和资金投向的选择上，或者说企业产量调整就等同于投资规模或资本的调整。有鉴于此，Brander 和 Lewis 以及 Bolton 和 Scharfstein 的分析反映了负债融资与投资规模之间的正向关系；而 Kovenock 和 Phillips 的模型则反映了二者之间的负向关系。

三　相关理论的简要述评

综观企业投融资决策相关性研究的理论发展脉络，两者的关系从最初的孤立对待，到最后的相互融合，其理论成果在学者们否定与反思过程中不断地螺旋式上升。在经典的 MM 理论中，企业投融资决策是不相关的。

然而，它们的分析是建立在一系列严格的假设之上的，这些脱离现实的近乎理想式的假设严重地影响了其理论的实际指导意义，其理论结论很难得到实证经验的支持，因而其合理性和正确性受到广泛的质疑。

随着理论研究的逐步深入，人们逐渐对现实中广泛存在的摩擦因素和其他非完善因素产生了较为强烈的感知，并且对这些因素下企业的投融资行为产生了浓厚的兴趣。研究发现，税收因素、破产成本、代理冲突、非对称信息以及不完全竞争的市场状态会为企业投融资决策建立一种天然的联系。权衡理论认为，负债融资产生的税收利益会刺激企业的投资支出，但同时也会通过破产风险对之产生约束；代理理论认为，负债融资一方面会导致股东债权人利益冲突，从而产生股东资产替代（或过度投资）或投资不足的问题，另一方面也会对股东经理之间的利益冲突产生调和作用，从而约束经理的过度投资行为；信号理论则认为，融资行为的选择是企业资讯的一种外在表现，所以会因此影响企业的外部资金供给，从而对投资决策产生作用；而市场战略理论则将负债融资作为市场竞争的一种战略手段，向企业外部传递公司的战略信号，从而通过市场参与者之间的博弈行为对企业投资决策产生作用。从上述理论的发展脉络来看，代理理论、非对称信息理论等都是作为权衡理论的补充而出现的，各种理论的成功应用也是以权衡理论为基础的。事实上，无论企业代理关系如何，决策主体都会在自身特有的利益函数上充分权衡税收利益和破产成本，在不同的信息约束程度或者特定的市场竞争状况下，企业同样必须实现一种受非对称信息或市场竞争需求约束的税收、破产权衡。所以，权衡理论是现代财务理论的基石，其对投融资决策优化起着不可替代的重要指导作用。

虽然，各种理论试图从不同的视角为企业投融资决策的内在关系提供一定程度的解释，但是多数理论都只集中于负债融资对投资行为的影响，而对于投资行为如何反过来作用于融资决策，至今尚缺乏一个直接而又系统的分析。截至目前，对于投融资相互关系的研究一直游离于学者们理论探索的边缘区域，除了少数学者如 Mauer 和 Triantis（1994）从运营柔性和融资柔性的角度、Childs 等（2005）从代理冲突的角度对投融资决策互动关系作出了一定的探析，两者之间的相互作用关系以及作用机理几乎停留在感性认识的基础之上。事实上，在上述各种理论视角下，不仅融资行为会影响企业的投资行为，而且投资行为的选择显然也会对企业的融资决策产生作用,为了实现一定的融资策略或财务战略,公司有可能不会按照常规的思路进行投资。依此而言,从各个理论视角,尤其是从税收利益和破产成本的权衡视角进一步深入分析和挖掘企业投融资决策的互动关系和机理是公司财务界方兴未艾的重要课题。

第二节 投融资决策相互关系的实证研究述评

一 国外相关实证研究

关于投融资相互关系的研究,国外学者主要从负债融资对投资决策单向关系进行了实证检验,而对于投融资决策的双向影响仅少数学者有所涉猎。在此,我们从这两个方面进行综述,并且作出简要的评述。

(1) 投融资决策单向关系的实证检验。

对于投融资决策之间的单向影响关系,以往的文献主要集中在融资决策对投资支出的影响,而这类研究又主要包括两大类别,一类集中检验的是信息不对称条件下,融资约束问题对投资支出的影响,另一类则直接分析了负债融资对投资支出的影响,以检验负债融资下股东产生的投资不足和资产替代问题以及负债融资对经理过度投资行为的治理效应。

1) 融资约束与投资决策的相关检验。

Smirlock (1983) 基于文献研究结论不统一的背景,对认为投资决策不会受到股利政策影响的财务理论,即分离假说进行了实证检验。文章采用美国 1958~1977 年的上市公司数据,通过建立投资和股利决策模型,对投资决策和股利决策进行了因果检验,以此探析投资决策是否在实践中与股利决策之间存在外生关系。在他们的研究模型中,投资方程中包括若干个滞后期的股利变量,股利决策模型中也包含若干个滞后期的投资变量。文章通过对单个公司和总体样本进行检验,结果表明在实践中股利决策并没有与投资产生因果关系,从而为分离假说提供了实证支撑。

以 Fazzari, Hubbard 和 Petersen (1988) 为代表的学者认为,受信息不对称的影响,企业会产生融资约束的问题,从而会导致企业投资不足。在他们开创性的研究中,他们以股利支付率为分类变量,将整体样本分为三组,即股利支付率至少 10 年都少于 0.1 的公司划分为组 I;股利支付率在 0.1 至 0.2 的公司划分为组 II;余下的公司划分为组 III。实证结果发现，低股息支付的企业投资与内部现金流量之间呈现更高的显著正相关关系。这意味着受融资约束较严重的公司的投资现金流的敏感性相对较高。Fazzari 等认为若在交易成本和信息成本的作用下外源融资成本将高于内源融资成本，那么对于一个具有良好投资机会的企业来说，高股息支付政策并不符合价值最大化原则。如果融资约束问题很重要，那么该企业的投资对现金流将非常敏感。

然而，Kaplan 和 Zingles（1997）及 Cleary（1999）都认为以股利支付率作为融资约束的判断标准具有一定的主观性。因此，他们采用与 Fazzari，Hubbard 和 Petersen（1988）不同的预分类方法对融资约束假说进行了再检验。其中，Cleary 以公司受到内源和债务融资约束程度大小的相关历史财务数据为依据，采用多元判别分析方法使预分类方法更加具有全面性和客观性。他们的实证结果表明，投资——现金流的敏感性不是公司受到融资约束的必要条件，而且还发现，融资约束与投资——现金流敏感性之间呈负相关关系。

这些实证结论的差异引起了人们浓厚的兴趣，并因此揭开了人们从理论与实证两个角度研究融资约束与投资——现金流的敏感性之间关系的序幕。其中，Devereux 和 Schiantarelli（1990）以英国公司为样本检验公司投资的融资约束，他们发现大公司、新上市公司和成长型公司表现出更高程度的投资——现金流敏感性，说明其融资约束更大。Hoshi、Kashyep 和 Scharfstein（1991）以日本公司为样本，并将样本分成集团公司和非集团公司，以此研究企业投资的融资约束，结果发现由于非集团公司与银行的关系较弱，非集团公司受到更严重的融资约束。Kadapakkam 等（1998）将 6 个 OECD 国家（加拿大、法国、德国、英国、日本和美国）的上市公司分别采用公司市值、总资产和销售额来衡量它们的规模，就此对样本按照大、中、小规模进行分组，研究了不同规模上市公司的投资支出与内部现金流量之间的关系。结果发现，不同规模的公司在投资支出与内部现金流量之间的关系上存在显著性差异，相比小公司来说，大公司的投资支出与内部现金流量之间关系更敏感。Heitor Almeida 和 Murillo Campello（2002）通过公司外部资金的数量约束发展了融资约束模型，他们认为信贷数量约束是内生化的，信贷数量约束的间接扩大效应驱动融资约束公司投资的现金流敏感性等（Gomes，2001；Audretsch 和 Elston，2002；Hovakimian 及 Titman，2003）。

Bond 等（2003）以比利时、法国、德国和英国的制造业企业为样本，比较分析了它们的融资因素与投资决策行为之间的关系。研究发现，相比法国、德国和比利时而言，英国制造业企业的融资因素变量对投资支出规模的敏感性影响在显著性水平和相关系数值上都表现出更加强烈和有效性特征，并且这种差异不能从单纯的企业规模构成或者企业财务数据的可获得性特征加以阐释。另外，与欧洲大陆的制造业企业相比，英国制造业企业的投资支出规模更容易受到内源融资资金的约束。这从另一个侧面反映出：在为高成长性企业提供外源融资资金上，市场导向型的金融制度体系没有欧洲大陆系的金融制度体系有效。

Inessa 和 Zicchino（2006）利用向量自回归方法研究了 36 个国家企业财务状况与投资之间的动态关系。文章发现金融因素对投资的影响在金融系统相对发展缓慢的国家显得更加显著，金融因素对投资的影响也可以表明金融约束的严重性。文章强调，金融发展水平对改善资本分配和经济增长具有重要的意义，从而表明金融发展状况能影响公司的投资行为。

Caggese（2007）在考虑金融不完善性、调整成本、固定和变动资本等情形下，建立了企业投资的多因素模型。通过该投资模型，文章在一个简化的变动资本方程基础上对融资约束进行了测试。数值模拟分析发现，即便企业投资机会的估计具有较多噪声，这种测试方法仍能够准确地识别融资约束的企业。此外，这种测试在固定资本调整成本为凸性或凹性时都能很好地得以解决。

Campello 和 Hackbarth（2008）在存在融资约束的背景下分析了资产流动性对企业决策的影响。在分析过程中，企业利用实物期权框架，并假定企业投融资决策之间存在同时确定的特征。当存在金融不完善性时，具有更多有形资产的企业具有更高的信贷能力。由于投资能够扩大企业的资本基础，投资过程会产生回馈效应，即投资能够放松企业的融资约束，进而能够促进企业进一步投资，并进一步放松融资约束。文章模型构建了一个内生机制，通过这种内生机制有形资产能够随着时间变化扩大企业机会集对投资和融资的影响，这被称作企业层面的信用乘数。通过对 1971 年到 2005 年大量制造业企业的检测发现，企业有形资产确实能够增加面临融资约束企业的投资，并且负债发行活动的增加也会促进企业的投资。然而，对于不存在融资约束和虽然存在融资约束但是负债能力随资产增加较少的企业，信用乘数效应并不存在。

Guariglia（2008）利用英国 1993 年到 2003 年 24184 家上市公司为面板数据，实证研究了企业在面临不同程度的内部和外部融资约束的情形下投资对现金流的敏感性会有多大程度的不同。实证结果表明，如果按照企业可获得的内部资金水平不同进行样本划分，投资和现金流之间的关系呈现出 U 形曲线的关系。另一方面，企业对现金流的敏感性会随着企业面临的外部融资约束单调增加。将内部融资约束和外部融资约束合在一起，文章发现对那些面临外部融资约束但有相对较高水平的内部资金的企业，其投资对现金流的依赖关系会变得更强。

2）负债融资与投资支出关系的相关检验。

Stulz 和 Johnson（1985）、Berkovitch 和 Kim（1990）等就过度负债融资与企业投资行为的关系进行了深入研究。他们认为企业的过度负债融资对其投资行为的影响主要表现在两个方面：一是当企业的负债水平较高时，由于负债融资的定期偿还本息机制将使企业面临大量的现金流出，倘若企业缺乏足够的现金流支付，就会导致企业的后续融资能力减弱，从而不得不放弃部分净现值为正的投资项目，导致企业投资不足；二是企业虽然拥有净现值为正的投资项目，但该项目的净现值小于或者最多等于企业的现有负债或拟借入资金总额，此时从债权人角度来看，由于投资该项目能够获得正的收益，因此应该进行投资，然而就股东来说，投资该项目却无法获得任何正的收益，因此，即使该项目的净现值为正，股东也不一定实施，除非出于其他战略目的（Gertner 和 Scharfstein，1991；Hart 和 Moore，1995）。

Jensen（1986）分析了负债融资的相机治理效应，他认为负债的利息支出可以减少管理人员控制的自由现金流量，同时负债定期还本付息的压力会迫使管理者选择高价值的投资项目。因此，相对于股权融资，负债融资可以在一定程度上抑制管理者的过度投资行为。Smith 和 Watts（1992）认为公司负债对管理者的约束作用来自债权人，尤其是银行的监督和严厉的债务条款。债务契约中的保护性条款对于企业在投资、融资、股利分配和公司管理人员收入等方面的限制会有效影响公司管理者的投资行为。Moreland（1995）指出，债权人治理在日本和德国的公司治理模式中占有很重要的地位，银行在投、融资和公司监控方面发挥着实质性的作用。Stulz（1990）以分散股权结构公司为例，分析了负债融资对企业投资行为的影响，他指出负债融资可以减少管理者控制的资源，由此能够限制管理者的过度投资行为。基于负债融资的相机治理效应，Hart 和 Moore（1998）指出，公司治理中给予管理者的控制权可能并不重要，重要的是投资者应设计出合理的融资结构来限制管理者追求私利的行为。

Mills 等（1995）在研究负债水平与固定资产投资支出之间的关系后发现，总体而言，负债水平与企业投资规模显著负相关，而对于高负债、大规模或者高留存收益的公司来说，若企业继续提高负债水平将导致企业投资支出规模的显著性下降，而在低负债、小规模或者低留存收益的公司中未发现负债水平与其投资支出规模之间的显著性关系。

Barclay 和 Smith（1995）认为企业成长机会状况可以被看作企业投资机会的选择权，而公司价值则取决于这些选择权的执行情况。对于成长性较低的企业来说，其价值主要来自现有资产的存量，而现有资产的监督成本较低，外部利益相关者一般都愿意且容易对其进行监管，因此，这类公司的资产替代问题就不怎么严重；就高成长性公司而言，由于其可选择的投资机会较多，此类公司的价值主要来自未来投资机会，这种投资机会不易为外人所观测，所以内部利益人有较大的操纵空间，因此，容易发生股东的资产替代行为。

McConnell 和 Servaes（1995）研究了融资结构与企业价值的关系，结果发现在所有的样本年份中，融资结构对企业价值的影响具有两面性。就整体样本企业而言，负债融资的正、负效应理应同时存在，但因企业成长机会不同，其主导效应有所差异。在高成长性企业中，债务契约代理成本带来的投资不足占主导地位，导致负债与企业价值负相关；而在低成长性企业中，负债的治理效应占主导地位，负债融资有力地约束了管理者的过度投资行为，导致负债与企业价值正相关。

Lang 等（1996）以美国大型工业企业为样本进行研究发现：就整体样本而言，企业投资与负债水平之间具有很强的负向关系，并且无论企业规模的大小、财务杠杆指标如何度量以及用哪些变量来预测增长，这种关系仍然成立。随后在成长性的分组检验中，财务杠杆与企业资本性支出之间的这种负向关系对于具有低托宾 Q 值的企业来说更加强烈，但对于那些具有高托宾 Q 值的企业或那些处于高托宾 Q 值行业中的企业来说这种负向关系并不显著。由此，他们认为负债不会降低那些已知的具有较好成长机会的企业的投资支出，而对于成长机会较差的企业来说，负债发挥了投资约束作用。

Parrino 和 Weisbach（1999）运用蒙特卡罗模拟方法验证了股东与债权人之间代理冲突引起的投资扭曲行为，并且这种投资扭曲行为会导致股东与债权人之间的财富转移。他们刻画了股东宁愿放弃正净现值项目而接受负净现值项目的影响机制，同时阐明了不同企业和项目特征条件下，负债比例、债务期限、项目现金流与企业现金流的相关性、项目规模、企业所得税以及行业等因素对这种投资扭曲行为的影响。与 Gaver 和 Gaver（1993）以及 Rajan 和 Zingales（1995）等经过实证检验与传统观点不一致的是，他们认为，企业的股东与债权人间的代理冲突确实存在，并且这种代理冲突会随企业负债融资的增加而变得更加严重。

Sanjai（1995）以美国、加拿大、英国、欧洲和日本公司为样本，研究了公司研发投资的影响因素，并发现在美国公司中过去一年的负债比例会显著地与当年的研发投资负相关，在日本公司中则呈正相关。

Aivazian 等（2005）研究了存量负债水平对企业投资决策的影响。结果发现，杠杆水平与投资支出显著负相关，并且相比高成长性公司来说，这种负相关效应在低成长性公司中更加强烈。同时发现无论财务杠杆指标、样本选择以及经济计量方法如何变化，这种负相关效应是稳定的。此结论支持了负债融资的代理成本理论，尤其是为负债融资在低成长性公司中表现出来的相机治理机制提供了强有力的证据。

Ahn 等（2006）以多元化公司为样本，研究了杠杆与投资支出规模之间的关系。结果发现，与低成长性机会的部门相比，高成长性机会部门的负债水平对投资支出的负向影响具有更大的显著性水平；同样，与核心部门相比，非核心部门的负债水平与投资支出之间具有更加强烈的负向相关关系。另外，他们还发现相比集中业务型企业中的低成长性企业而言，多元化企业中的低成长性企业的负债水平与企业价值之间的正向关系更弱。因此，他们认为在多元化企业中，负债的相机治理机制效应会被多元化组织中负债额度配置权的管理机会主义行为部分地侵蚀。

Garcia-Marco 和 Ocana（1999）在理论分析的基础上，通过进一步实证分析研究了银行监督对西班牙企业投资行为的影响。文章认为，大量理论文献指出资本市场的信息问题对企业的财务结构和投资政策具有重要的影响。这种信息问题之所以存在，是因为企业的负债和股权被投资者广为分散地持有，没有个人投资者具有动力去监督企业的经营行为。文章实证分析认为，银行能够弥补资本市场因信息不对称问题导致的不足。文章发现，与银行具有紧密联系的西班牙公司符合新古典投资模型，但是其他公司则没有表现出新古典模型所暗含的投资模型。如果通过模型调整并考虑企业的借款约束，会得到与上述结果相反的结论。研究结论支持了在西班牙，银行能够在缓和资本市场因信息不对称问题所产生的不完善性。

Martinez-Carrascal 和 Ferrando（2008）以欧元区六个国家包括比利时、德国、法国、意大利、荷兰和西班牙非金融类约 120000 家公司为样本，分析了财务状况对投资决策的影响。通过对大样本面板数据的分析，文章发现财务状况对解释资本支出具有重要的意义。在用现金流量、欠债水平和债务负担作为财务状况的替代变量进行分析发现，财务状况在解释企业动态投资时具有相关性。文章通过对照各个国家企业投资率对财务压力敏感性水平发现，荷兰和意大利公司敏感性相对较大，而德国相对较小。

Sung（2009）以中国 2000～2004 年的上市公司为样本，采用四种不同负债——股权比率度量方法，在多变量回归分析的基础上对财务杠杆与公司投资机会之间的关系进行了实证检验。结果发现，在中国公司中市场总负债——股权比率与公司投资机会呈显著的负相关，从而表明拥有较高投资机会的中国公司倾向于借入更少的负债。然而，结果也表明负债与投资的关系与财务杠杆变量的度量方法具有敏感性。结果进一步表明，中国公司长期负债与股权的比率与投资机会之间的关系并不显著，从而表明公司长期负债在中国公司负债与投资关系中具有较小的影响。

D'Mello 和 Miranda（2010）选用 1968 年到 2001 年 366 家进行债务发行但至少三年没有进行负债融资的公司作为样本，通过分析非债务公司在新负债发行前后产生的非正常投资模式，研究了长期负债对过度投资的影响。在负债融资之前也就是企业没有负债约束效应之前，企业通常会保留大量的现金。然而，如果引入负债融资将会导致现金比率的急剧下降，并且这种现象在具有较差投资机会的企业变得更强。对于在实际投资中具有过度投资现象的子样本而言，负债发行会导致非正常资本投资的减少。这种过度投资的减少被认为是因为企业为了履行债务偿还义务，而减少了管理者控制下的自由资金的缘故。因为负债利息的支付减少了企业多余的现金，减少了管理者在自由裁量情形下的资金水平，从而会减少企业过多的投资。当然，负债的引入虽然能够减少过度投资但是不能消除过度投资。进一步来看，这种过度投资的减少对股权价值具有正向的影响，尤其对那些管理相对较差的企业而言。同样地，那些债务发行之前进行过多实物投资的企业，因为过度投资的减少，企业价值也会上升。文章的结论在企业资本结构产生剧烈变化比如债务消除的情形下依然成立，因为那些消除债务的企业能够保留之前用以支付利息的现金从而会导致超额投资的急剧增加。总体而言，文章结果为负债能够减少过度投资的相关假说提供了强力的支撑。

Wang（2010）以 2000~2007 年在台湾地区和深圳上市的信息电子公司为样本，利用一个先进的模型研究了高科技企业投融资决策、股利政策之间的关系，以此探索企业财务决策之间动态的完全作用结构。代理理论、交易成本经济理论和传统的战略管理视角为公司财务决策提供了几种重要的支持。然而，这些理论都是在泛泛讨论的基础上进行，同时也是在分别讨论的情境下展开的。该论文研究了台湾地区和中国大陆高科技企业公司财务战略的因果结构。利用路径分析和有向图模型，文章找到了投资、融资、股利政策以及公司业绩之间的因果关系。结果表明，台湾地区企业投资花费会正向地影响企业的融资决策和财务绩效，同时负债的增加会损害公司利润水平。与台湾地区不一样，中国大陆地区企业的负债融资会促进且正向地影响其资本投资。结果表明，海峡两岸的企业采用了不同的财务决策策略。

Farrant 等（2013）通过数据分析，研究了融资因素与公司投资决策之间的关系，并认为对于英国公司而言，资本市场对公司财务行为具有重要的影响。自 2009 年以来，英国公司债券发行现象表现非常强劲，但是总体来说经营投资仍显脆弱。在一定意义上而言，公司这种行为的选择是因为他们希望发行债券减少其他类型的负债，比方说银行贷款。然而，公司层面数据表明公司投资行为具有较强的异质性。自 2009 年，甚至是在 2009 年，那些利用资本市场的公司都显著地增加了其投资水平。但是，这种投资的增长在 2012 年出现了下降，从而表明在这些时候除了融资因素外还有其他因素能够影响企业的投资行为。

Xia（2014）选用2006年到2013年中国文化产业上市公司作为研究样本，在非均衡动态面板数据的基础上建立了企业投融资决策动态计量模型，以此研究融资对投资决策的累计影响以及三个融资因素分别对投资决策的影响。文章选用系统GMM估计方法进行实证研究，结果表明，在整体上文化产业上市公司面临显著的内部资金短缺问题，投资支出主要依赖外部融资。从投资行为本身看，文化产业公司主要受内部资金的影响，但是负债融资和股权融资也具有绝对的积极影响，并且后者的影响更大。与此同时，中小文化传媒公司具有股权融资的偏好。

Ameer（2014）以六个亚洲国家1991年到2004年519家非金融公司为样本，研究了融资约束对公司投资的影响。考虑到以往线性投资模型的缺点，文章采用了面板平滑过渡回归模型（panel smooth transition regression model）。文章实证结果表明，投资现金流敏感性在不同国家企业会有所不同。此外，文章发现新的证据表明有形资产在解释东亚和南亚国家企业投资现金流敏感性上具有非常重要的作用，从而意味着拥有有形资产会提高企业的负债能力，从而减少企业的投资不足。文章结论对样本国家企业融资和投资选择具有显著的现实指导意义。

（2）投融资决策双向关系的实证检验。

对于投融资双向关系的检验，最初起源于Dhrymes和Kurz（1967）对经典MM理论的投融资无关论的质疑。他们认为，企业投资资金是一种稀缺的经济资源，所以企业的主要问题在于如何有效地分配其拥有的有限资金流。通常而言，企业包括利润、新增负债和股本三种资金来源，而资金使用途径则包括投资支出和股利支付，因此企业的问题是如何利用三种渠道有效地筹措资金，并合理地分配于两种资金的使用上。Dhrymes和Kurz（1967）从企业资金流的供需角度认为，企业三种资金来源会相互竞争，两种资金支付之间也因为共同分享有限资金资源而相互竞争，而资金来源则为资金支付提供支持。既然投融资决策间相互关联，他们认为一个合理的方法就是利用联立方程组模型来探明其中的关系。他们建立了三个方程联立方程组模型，每一个方程都将另外两个被解释变量作为解释变量。根据他们预期，由于资金流的限制，负债融资水平会正向地影响企业的投资水平，并负向地影响其他资金来源，而作为资金支付的另一种渠道，股利支付也会对投资资金形成竞争，从而影响投资活动的资金供给，限制其投资水平。总之，他们的研究表明股利支付、投资支出以及负债融资应该是互为内生、协同互动的，并因此得出了企业同期投融资联合决策的主张。

以 Dhrymes 和 Kurz（1967）的理论为指导，McDonald、Jacquillat 和 Nussenbaum（1975）以法国 75 家公司 1962～1968 年 7 年的数据为样本，检验了股利支付、投资支出与负债融资之间的关系，结果发现与资金流学说（funds flow approach）不同，在投资方程中股利支付对投资支出的作用系数显著为正，并且在融资方程中投资水平也没有对企业融资决策产生显著的影响，因而并没有为 Dhrymes 和 Kurz 的资金流学说找到法国证据，并因此支持了 MM 理论的投融资决策独立假说。同样，Mccabe（1979）选用 1966～1973 年有完整利息数据的 112 家企业为样本，利用包括股利支付、投资规模和新增长期负债三个方程的联立模型，进一步实证检验了投资规模、股利支付与新增负债之间的相互依赖关系，结果却为 Dhrymes 和 Kurz 的资金流学说观点提供了强有力的经验证据，否定了投资决策与融资因素相分离的命题。随后，Peterson 和 Benesh（1983）以及 Chiarella 等（1991）等学者在不同的样本条件下，对该命题进行了重新检验，结果进一步验证了投融资决策相互影响的观点。而 Chiarella 等（1992）利用澳大利亚 1980/81 年到 1984/85 年 144～221 家企业为样本，研究企业投融资决策之间的相互关系。在实证研究过程中，文章通过建立投资决策、负债融资决策和股利决策三个联立方程，并用 2LS 和 3LS 方法分年度样本和总样本对之进行了检验。文章实证结果发现，在五年样本期间中的两年，投资和股利支付之间存在强力的资金竞争问题，从而意味着两者之间存在互动关系。当然，文章认为其相对短的样本期间会存在一定的缺陷，如果能够将样本期间延长至十年将会为投资决策和融资决策之间相互联系的结论提供更加强力的支撑。

与上述文献不同，Pruitt 和 Gitman（1991）利用问卷调查的方式检验了投融资决策间的相互关系。他们在 1988 年 4 月向美国最大的 1000 家公司的财务经理分发了有关投融资决策的相关问卷，结果在回收的 114 份有效问卷下对 MM 理论的分离假说进行了检验。经过分析发现，在财务经理的实践理念中，企业投资决策与融资决策间的因果关系更多地体现为前者对后者的影响，而并非相反。此外，股利政策的决定主要受利润和上期股利支付多寡的影响，而与企业投融资行为并没有关联。因此，他们否定了投融资决策的相互作用关系，并支持了 MM 理论的分离假说。

Mougoué 和 Mukherjee（1994）希望通过向量自回归模型从动态因果关系的角度直接检验投资支出与负债融资间彼此双向作用关系。在他们的模型中，投资方程的解释变量包含了若干个滞后期的新增负债，而在融资方程中也包含了若干个滞后期的投资变量，通过这样的设定期望在联立方程的框架下阐释投融资决策互为因果的关系。研究结果表明，以往的负债融资会正向地影响企业的投资支出，反过来，以往的投资支出也会对当期的负债融资产生正向作用，所以两者存在一种正的双向因果关系。

Jou（2008）在一个连续时间模型中分析了企业负债水平、投资时机、投资规模选择之间的关系。分析结果认为如果预期破产成本上升，投资期权将被推迟执行，最优负债比例将会下降，负债的信贷成本将会上升。

Lin 等（2008）对风险对冲、融资决策和投资决策的相互影响关系进行了理论分析和实证检验。首先，文章建立了一个包含财务困境成本的简单均衡模型，模型分析认为企业如果能够投资一个风险项目同时一对一地投资一个低风险项目，那么企业会变得更有效率，此时他们将借入更少的负债，同时投资更多风险资产和进行更多的风险对冲。模型的结果预计企业风险对冲和财务杠杆之间存在正向的关系，从而与负债能力相关研究结论保持了一致。其次，利用联立方程模型实证分析了公司风险对冲、负债融资和投资决策的决定因素。在联立方程中共包括风险对冲方程、负债融资方程和投资方程三个方程，每个方程都以同期的另外两个变量作为自变量，并采用了工具变量方法（IV）和逆向 Mills 方法（IM）两种方法进行回归检验，以此适用于三种决策同时确定的情形。结果发现，实证结果高度赞成风险对冲决策、负债融资决策和投资决策是同时确定和联合决策的相关假设。此外，文章还为中心假设找到了强有力的支撑，并认为企业为了最大化其比较优势，那些比较有效地投资于风险技术的企业通常会采用更加激进的风险对冲和利用更少的负债融资。

Lin 等（2012）建立了有关投资、融资和风险对冲决策的联立方程模型，以此探索三种决策之间的关系，并检验这三种决策之间的相互关系是否受到公司规模的影响。实证结果表明，如果不考虑公司规模，投资和风险对冲决策之间的相互关系以及融资和风险对冲之间的相互关系是正相关的，而投资和融资决策之间的相互关系是负相关的。然而，如果考虑到公司的规模因素，结果表明规模越小的企业投资、融资和风险对冲决策之间的相互关系会变得更强，从而表明公司规模在这些决策之间的作用关系具有重要的影响。

Moawia（2013）在建立随机模型的基础上研究了投资、生产和金融市场套期保值的相互关系，并认为生产产量对最优投资组合的边际影响为正，套期保值对最优投资组合的边际影响为负，从而从套期保值角度研究了投融资决策之间的相互关系。

二　国内相关实证研究

在国内，由于我国资本市场起步较晚，上市公司投融资决策行为之间的影响关系还未得到应有的重视，目前只有少数学者对投融资决策之间的关系展开了研究。与西方学者相似，国内研究主要集中在负债融资对投资决策的单信道作用，而对于双向作用关系并没有给予足够的重视。

（1）投融资决策单向关系的实证检验。

冯巍（1999）是最早以我国现实背景对融资因素影响企业投资行为进行实证检验的学者之一。他参照 FHP 的计量模型，以公司的年度现金股利分配为预分类标准，将样本公司分成受融资约束和不受融资约束的公司。结果显示，我国企业的投资规模不仅取决于投资机会和资金使用者成本，企业内部现金流量也对企业投资规模具有显著影响。这种影响在不同类型企业之间并不完全一致，存在融资约束的企业投资规模主要受制于内部现金流量，而不存在融资约束的企业投资规模来自内部现金流量的约束则并不明显，因此为 FHP 的结论提供了中国证据。

何金耿（2001）分析了不同股权结构类型公司的投资决策行为。结果发现，对于国有控股股东而言，他们的投资对内部现金流量存在显著的依赖性，而其动机主要来自企业的机会主义行为；对于法人控股公司，随着控股股东的持股比例变化，其作用机制也会随着变化，当控股股东的持股比例位于 43%～73% 时，与公司价值正相关，此类公司的投资与现金流存在显著性关系，此时的主导因素是源于"融资约束"，当控股股东的持股比例小于 43% 或者大于 73%，存在利益侵害行为，但其投资与现金流之间的关系并不显著；对于股权分散公司而言，它们具有较高的公司价值和投资机会，它们的投资——现金流的敏感性也源于"融资约束"的存在，并且不存在股东共谋现象。

何金耿，丁加华（2001）运用横截面数据分析了企业内部现金流量对投资决策行为的影响。结果发现，投资水平对内部现金流量具有很强的正相关性，并且这种相关性会受到公司面临的信息不对称程度的影响即公司的股利支付率越低，投资对内部现金流的依赖性越强。通过进一步的动因分析发现，目前中国上市公司中经理人的自我约束机制并非普遍有效，高额的利润留存并没有获取高于股东机会成本的价值，管理机会主义是公司谋求高利润留存的主要动机，而不是"融资约束"，因此，抑制上市公司投资决策行为中的管理机会主义应成为公司治理制度建设的重点。

郑江淮、何旭强和王华（2001）以股权结构为视角，对上市公司新增投资的融资约束状况分化进行了实证检验。结果发现，国家股比重越低的上市公司没有受到明显的外源融资约束，而国家股比重越高的上市公司却受到了外源融资约束。

俞乔、陈剑波等（2001）以非国有企业为对象，研究了转轨经济时期大型乡镇企业的投资行为。他们认为，当非国有企业达到一定规模时，其投资决策很大程度上由企业的流动性和内部资金的可获得性所决定，外部资金的可获得状况不构成实质性影响，因为在不成熟市场条件下，非国有企业面临国有金融中介操纵信贷市场的不利和不规范行为。同时，他们的研究也发现，企业的投资行为与其在市场演进和扩张过程中的市场地位之间存在着紧密的关系。曾经在市场缺乏条件下作为企业获取外源融资手段的非个人化的、模糊的产权关系，随着企业规模的扩张和市场制度的完善，其对投资不再构成正向影响。

潘敏和金岩（2003）运用一个包含有信息不对称以及我国现有股权制度安排下的股东目标差异等因素在内的企业股权融资投资决策模型，分析了我国上市企业股权融资偏好下过度投资的形成机制。分析结果表明：第一，在同股同权的股权制度下，若投资者与管理者之间存在项目投资预期现金流收益的信息不对称，企业利用股权融资实施投资项目时，代表原有股东利益的内部管理者可能发生从事净现值为负的过度投资行为；第二，即使不考虑信息不对称因素，我国上市企业同股不同权、流通股比例偏低的股权制度安排也会导致股权融资下的过度投资行为发生；第三，在同时考虑信息不对称和我国上市企业二元股权制度安排的情况下，我国上市企业股权融资下发生过度投资的可能性更大。

邹港永、宋敏和王杰邦（2003）在 Holmstrom 和 Tirole（1997，1998）模型的基础上，建立了一个包含软预算约束的道德风险模型，以此检验了软预算约束对企业投资行为、尤其是对投资——现金流敏感性的影响。然后，他们以 1995 ~ 2000 年我国上市公司为样本，对理论推断进行了实证检验。结果发现中国上市公司基本上都面临流动性约束，国有股比例较小的公司比国有股比例较大的公司，其流动性更易受到约束，结果为他们的理论推断提供了经验支持。

姜秀珍、全林和陈俊芳（2003）对不同规模上市公司的投资需求与现金流量之间的关系进行实证分析。结果发现，大规模公司和小规模公司都对现金流量存在敏感性，但是大规模公司的敏感性要高于小规模公司。进一步检验其中的动因发现，大规模公司投资依赖于现金流量的主要动因是根源于信息的不对称，而小规模公司的主要动因则符合自由现金流量的代理成本理论。

魏锋、刘星（2004）以我国制造业上市公司为对象，研究了融资约束、不确定性和公司投资行为之间的内在联系。结果表明我国上市公司投资存在融资约束状况，而且融资约束与公司投资——现金流敏感性之间显著正相关；公司特有不确定性和总体不确定性与公司投资之间存在正向关系，而市场不确定性与公司投资之间呈负相关；同时，融资约束在一定程度上减轻了不确定性对公司投资的影响。

郝颖、刘星（2005）基于股权融资的隧道效应和市场时机理论，研究了股票价格波动对公司投资行为的影响。检验结果发现股票价格对公司投资行为的影响主要取决于是否取得股权融资以及公司对股权融资的依赖程度，具体来说，对于取得股权融资的公司，其投资水平对股票价格波动的敏感性随客观股权融资依赖程度的上升而增大，而且股票价格因素较现金流和内部人控制制度两个因素而言，对公司投资行为的影响程度更大；对于未取得股权融资的公司，其投资水平对股票价格波动的敏感性不随股权融资依赖程度增加同步变动，但投资对现金流的敏感性在客观股权融资依赖分类中与融资依赖程度呈正相关关系。

伍利娜和陆正飞（2005）从实验研究方法的视角说明一定融资结构下的股东——债权人利益冲突对企业投资行为的影响。研究发现，资产负债率与投资不足及过度投资行为的发生均呈现正相关关系；而企业的盈利状况越差，越会加剧这种投资不足和过度投资行为。

齐寅峰、王曼舒等（2005）通过对我国企业投融资现状的问卷调查，就我国企业的融资决策程序、投资决策程序及投融资决策机制等问题进行了分析，他们认为从目前来看，我国企业的融资基本上受投资引导；融资成本是影响企业负债融资的最重要因素；融资方式较为单一；企业的融资决策容易受到政府宏观调控政策的影响；市场对投资有引导作用；投资决策的科学性不足；投资决策的激励机制不健全。

童盼和陆正飞（2005）以 1999 年 803 家中国 A 股上市公司为对象，研究负债融资及负债来源对企业投资行为的影响。结果表明，负债比例越高的企业，企业投资规模越小，且两者之间的相关程度受新增投资项目风险与投资新项目前企业风险大小关系的影响即低项目风险企业比高项目风险企业，投资额随负债比例上升而下降得更快。另外还发现，不同来源负债对企业投资规模的影响程度不尽相同。此外，童盼（2005）还研究了我国上市公司负债期限结构对投资规模的影响，结果表明短期负债不仅带来代理成本，而且其代理成本甚至可能高于长期负债融资。

彭程等（2008）以中国上市公司为样本，研究了负债融资对企业投资行为的影响。结果发现，在总体上负债不仅会抑制低成长企业的投资支出，同时也会对高成长企业的投资产生约束。为了加深认识负债对投资的影响机制，以第一大股东持股比例为样本划分的基础，进一步重点研究了不同股权结构下负债与投资之间的关系。结果发现，在低成长企业中，如果股权比较分散，负债会抑制经理的过度投资，而若股权高度集中，负债一方面会导致股东过度投资，另一方面又对过度投资产生治理作用，并且治理效应大于过度投资效应；在高成长企业中，如果股权比较分散，负债与投资不相关，而若股权高度集中，负债将引致企业投资不足。结论不仅支持了负债代理理论，而且为负债治理效应提供了有力证据。

彭程等（2012）以中国外贸上市公司为样本，以投资支出与财务风险相互关系入手，研究了负债融资下财务风险对投资决策的影响。结果发现：从总体样本看，财务风险会对企业投资支出产生显著的抑制作用，反过来投资支出的增加并不会降低企业的风险水平；在高成长的企业里，公司并不会因为财务风险而产生投资不足的问题，但是如果企业属于低成长情形，财务风险并不会显著地降低企业投资水平，而投资支出会对财务风险产生促进作用，从而表明企业存在投资决策非效率问题。

当然，除了上述直接分析投融资决策之间单向关系的文献，学术界还有部分学者希望以融资行为和企业价值的关系为切入点分析投融资决策之间存在的单向作用关系。在他们的研究中，他们将企业价值作为企业投资支出或者投资行为的直接结果，从而希望通过融资决策与企业价值关系的研究反溯到融资决策与投资支出之间的关系。其中，文宏（1999）、黄志忠和白云霞（2002）、张红军（2000）、汪辉（2003）、于东智（2003）、沈坤荣和张成（2003）以及江伟（2004）等就是这类研究的典型代表。

（2）投融资决策双向关系的实证检验。

Prezas（1986）在文献分析的基础上，得出了企业在不完善资本市场下的投资决策、生产决策和资本结构决策需要同时确定的论证。文章认为，这三种决策之间的不可分割性是因为市场不完善性导致不同融资组合下的成本增加会被转变成一种有效的成本加入到企业实际的变量中。所以，企业资本结构的变化会导致投资和生产决策的调整，进而导致企业价值的变化。给定企业三种决策联合决策的必要性，文章系统地梳理了在涉及最优资本结构决策问题时，当时文献在多大程度上考虑三种决策的相互关系。建立在 Dhrymes 和 Kurz（1967）的理论观点之上，陆正飞等（2006）结合中国实情对 Mccabe（1979）的实证模型进行了适当的调整，并以中国上市公司为样本考察了长期负债对企业投资行为的影响。结果研究发现，新增长期负债与新增投资正相关；过高的负债融资水平会显著削弱企业的投资能力；新增长期负债中的银行贷款与公司债券作为支持企业投资的资金来源，相互之间并不存在显著的竞争关系；新增长期负债的波动与投资波动正相关。他们的研究在中国背景下找到了资金流学说的经验证据，否定了经典 MM 理论关于投融资决策无关论观点。

彭程和刘星（2007）建立了一个包括税收方程、投资方程和融资方程的联立方程模型，并以 730 个中国上市公司 2001～2005 年的数据为样本，以税收因素为联结，检验了负债融资与投资支出通过税收利益产生的动态作用关系。研究结果表明：负债融资会通过对有效税率的负向影响正向地作用于企业的投资决策；反过来，由于投资支出会增加企业的折旧税盾，因而会通过其"替代效应"降低负债税盾的价值，进而抑制负债融资的水平；此外，投资支出也会增加经营收入水平、提升企业的有效税率，从而促进负债税盾价值的增加，产生负债税盾的"收入效应"。然而这种"收入效应"只会对非财务约束企业的负债融资产生促进作用，对财务约束型企业的促进作用却并不明显。

刘星和彭程（2009）则在建立破产方程、投资方程和负债融资方程的联立方程模型的基础上，以中国上市公司为样本，研究了负债融资和投资决策之间因破产风险而产生的动态作用关系。结果显示，总体样本下负债融资会经由破产风险对投资支出产生负向作用，而投资支出也会反过来负向作用于破产风险，从而对负债融资产生促进作用。如果考虑委托代理问题，这种双向互动关系会产生异化：在低成长企业中，破产风险不仅会导致股权集中型企业的过度投资，而且会对非控股型企业过度投资产生治理作用；受低成长企业股东或者管理者过度投资问题的影响，投资不会导致破产风险的下降；在高成长企业中，破产风险会导致股权控制型企业出现投资不足的问题；在高成长背景下，只有相对控股的企业才存在投资对破产风险的抑制效应。

彭程等（2011）以税收利益与破产成本为视角，以 2001 年到 2009 年上市的 708 家中国上市公司为样本，实证研究了企业投资支出与负债融资之间的内生机制。实证结果表明：在税收利益的作用下，负债融资会显著地促进企业投资支出，并且这种正向作用会在高负债水平下变得更为显著；为了充分利用负债税盾对公司价值的促进作用，企业投资支出会增加负债融资，但是受高负债水平下高破产风险的干扰，这种促进作用变得不再显著；在资本折旧产生的折旧税盾对负债税盾的替代下，折旧会弱化投资支出对负债融资的促进作用，并导致高折旧情形下企业投资支出与负债融资之间负相关的关系。

三 相关实证研究的简要述评

综观国内外实证研究文献，他们从不同侧面对融资决策与企业投资行为之间的关系进行了深入研究，在基于权衡理论、代理理论、信息不对称理论等模型的细致探讨上建立了一系列可检验假设，然后利用资本市场数据对假设加以检验，或者直接总结其他学者的实证研究结论为其假设提供支持。虽然，众多的研究已经为人们认识投融资决策的内在关系提供了有益的理论指导和经验证据，但是这些分析也并非尽善尽美，它们还存在以下几方面的不足：

第一，现有文献主要集中于融资决策对投资决策单向关系的分析，对于投资行为如何影响融资决策尚没有引起足够的重视，因而对投融资决策相互作用关系和作用机理缺乏足够的探索与检验；

第二，现有文献主要检验的是代理冲突下负债融资会如何影响企业的投资行为，是导致企业资产替代还是投资不足，或者是检验负债融资是否对公司的过度投资产生了治理作用，然而，根据理论研究，负债融资更有可能从税收利益和破产风险等角度对投资决策施加影响，对于这层关系，亟待实证层面进一步检验；

第三，虽然，已经存在一定的文献着眼于投融资决策相互作用关系的理论分析，然而这种作用关系是否存在现实的意义，投融资决策在现实中是否存在相互影响与依存的关系，尚需展开大量的实证检验；

第四，目前大多文献直接将负债融资水平作为投资支出的解释变量，并以此进行单方程检验，因而忽略了负债融资与投资支出间存在的内生性问题。在这个问题的困扰下，有关负债融资影响投资决策的实证工作可能存在统计上的偏误，其结论的科学性尚需进一步的验证。

第三节 投融资决策与企业社会效益相互关系的研究述评

一 国外研究简要述评

对于企业社会效益的研究，国外学者主要是集中讨论企业应承担的社会责任或承担社会责任的大小。早在 1924 年，Oliver Sheldon（1924）就提出了有关于企业社会责任的概念，并因此风靡西方学术界。从此，学者们广泛地对企业社会责任的作用、意义以及合理性进行了长期的争论。通过争论，学者们普遍认为企业有义务按照社会公众所期望的目标和价值制定政策，并采取符合社会期望和社会价值的决策和行动（Bowen，1953）。

随后，学者们将有关于社会责任的研究聚焦在社会责任的承担或者社会效益的实现是否会降低或提高企业的经济效益，如果两者之间存在正向或负向的影响，这种影响会有多大。所以，后续的研究主要是希望了解社会效益的实现是否改善或者降低了企业的财务绩效，从而为社会责任的承担以及企业社会效益的实现寻找客观的依据。

（1）社会绩效与财务绩效之间的关系研究。

出于对社会责任存在的合理性考虑，诸多学者试图验证企业社会参与度与企业财务绩效的关系。通过社会绩效与财务绩效关系的研究，学者们可以判别社会绩效对财务绩效的影响，或者财务因素对社会绩效的影响，而财务绩效与投融资决策存在重要的联系，所以通过财务绩效与社会绩效之间的研究可以在一定程度上判断投融资行为是否会受社会绩效的影响，或者说投融资行为是否会影响社会绩效的实现。

最早对之产生兴趣的应属 Moskowitz（1972），他通过选取 14 家认为属于高社会参与的企业，对比其股票价格增长率与道琼斯指数平均增长率，认为高社会参与度的企业具有更好的财务表现。然而，他的研究不仅存在样本过小，没有进行风险调整，同时在样本选取的时候对于高社会参与度的标准存在不清晰的问题，并且其财务绩效的衡量属于短期指标，因此其分析结论存在可信度不高的问题。Bragdon 和 Martin（1972）则选取了 17 家造纸行业的企业进行分析，并发现具有较好污染指数的企业具有较高的 ROE，从而也支持企业社会责任问题的参与会带来更好的财务绩效。然而，这些研究同样存在样本偏小，财务绩效标准单一等问题。对于社会绩效和财务绩效之间的关系，McGuire 等（1988）通过研究发现企业滞后期的财务绩效会改善当期的社会绩效，而社会绩效并不会影响企业的财务绩效。

Preston 和 O'Bannon（1997）是系统研究社会绩效与财务绩效之间关系的具有深入而重大影响的文献之一。他们对两者之间的关系做了六种可能的假设：社会影响假说、宽松资源假说、权衡假说、管理机会主义假说、正向协同假说以及负向协同假说。社会影响假说是以利益相关者理论为基础，认为满足企业各种利益相关者的需求将导致更好的财务绩效（Freeman，1984）。宽松资源假说认为好的财务绩效会潜在地增加企业的闲散资源，这些闲散资源可以提高企业社会责任领域包括社区和社会、员工关系或者环境等方面的投资能力（Waddock 和 Graves，1997）。权衡假说认为社会绩效与财务绩效之间存在负向关系。这个假说是从新古典经济学的角度出发，认为社会责任行为会使企业得到较少的经济利益但会产生较大的成本，这些成本会减少企业的利润和股东的财富（Waddock 和 Graves，1997）。管理者机会主义假说认为，管理者会因为追逐个人利益目标而损害股东和其他利益相关者的权益（Weidenbaum 和 Sheldon，1987；Williamson，1967，1985）。然而，当企业财务绩效较好，经理人将会减少社会责任类的投资从而最大化他们自己的短期个人利益。相反，当财务绩效较差的时候，经理人会从事一些明显的社会项目从而抵消他们财务上产生的不尽如人意的结果。正向协同假说认为高水平的比较高的社会参与度会带来财务绩效的改善和资金的盈余，其中部分有可能被再投入到不同的利益相关者身上，从而在社会影响的假说下反过来再促进企业财务绩效，并因此形成社会绩效与财务绩效之间的良性循环（Waddock 和 Graves，1997）。负向协同解说认为高水平的社会参与会降低企业的财务绩效，从而限制企业社会责任投资的资金水平，并因此导致社会绩效与财务绩效负向动态相关的关系，形成企业的恶性循环。

Makni（2009）利用加拿大 2004 年到 2005 年在加拿大社会投资数据库披露了公司社会绩效的 179 家上市公司，检验了社会绩效与财务绩效之间的相互关系。文章在进行格兰杰因果检验后发现，公司财务绩效与公司综合社会绩效之间没有显著的关系。但是在利用单个绩效指标进行检验发现，社会绩效的环境维度与财务绩效之间存在显著的负相关关系，从而认为参与社会责任的公司将会面临更低的利润以及更少的股东财富。

Makni（2009）以加拿大 2004 年至 2005 年 179 家上市公司为样本，用格兰杰因果检验的方法检验了由加拿大社会投资数据库提供的公司社会业绩（corporate social performance）数据与财务业绩之间的因果关系。结果发现，除了市场回报率外，CSP 混合指标与财务业绩之间不存在显著的关系。然而，当用 CSP 单一测量方法则发现，CSP 的环境维度与资产回报率、股权回报率以及市场回报率之间存在显著的负相关关系。文章认为，这一结果至少在短期与权衡假说（trade-off hypothesis）保持一致，同时部分地与认为承担社会责任的企业将经历更低的利润并减少股东财富的负向协同假说（negative synergy hypothesis）保持一致，并认为这一结果

反过来减少了企业的社会责任投资。文章在实证过程中不仅采用了由 mi-
chael jantzi research associates（MJRA）创建的加拿大社会投资数据库（ca-
nadian social investment database，CSID）中有关公司社会业绩的量化方法，
即公司社会业绩总评分方法进行实证检验，同时与诸多学者采用 KLD
（KLD Research & Analytics，Inc.）数据库和 CSID 数据库中单维度变量进
行研究相似，文章以社区和社会（community and society）、公司治理
（corporate governance）、员工（employees）、环境（environment）、消费者
和人权（customers and human rights）等单一维度得分为变量，分别检验
了这些变量与公司社会业绩之间的关系。

　　Wu 等（2014）利用台湾 2007～2010 年 482 家公司作为样本，检验
了公司社会责任（CSR）与公司资本成本之间的关系，并在总体上发现获
得台湾《共同财富》杂志认定的承担社会责任的公司会有较低的资本成
本，而就企业常见的两个风险因素，即账面市值比和资产负债率而言，它
们均与资本成本正相关。此外，在获得承担社会责任认定的企业中，家族
式企业会比非家族式企业具有更低的资本成本，高盈余质量的企业会比低
盈余质量的企业具有更低的资本成本，存在独立董事的企业会比没有独立
董事的企业具有更低的资本成本。

　　Elliott 等（2014）从理论和实验的角度研究了企业社会责任业绩与投
资者对股票价格估价之间存在一种无意识的因果关系。与心理学中"信
息反映"理论一致，文章发现当投资者接触到但并非准确详细地获得企
业的 CSR 业绩时，投资者会对正 CSR 业绩的企业给予更高的估值，但会
对负 CSR 业绩的企业给予更低的估值。然而，一旦详细评估 CSR 业绩后，
将会减少这种效应，从而表明这种效应是源自投资者无意识的反映，也就
是说投资者在股票估值中无意识地运用了对 CSR 业绩的信息反映。文章
结论表明，正是源自这种无意识的信息反映，投资者通常会对正 CSR 业
绩的企业进行更多的投资或支付更高的价格。

　　（2）投融资决策与社会责任相关要素的关系研究。

　　回顾现有文献，目前对于社会责任或社会效益与企业投融资决策之间
的研究颇为罕见，仅少数的学者进行了一定的研究。其中 Kang（2013）
从多元化投资战略入手研究了投资战略是否对利益相关者需求和社会问题
的一种回应。文章认为，虽然许多人对公司多元化战略感兴趣，但是很少

有人对公司多元化与公司社会业绩 corporate social performance（CSP）进行研究。文章通过对 1993~2006 年 511 家美国企业进行研究发现，多元化投资水平与公司社会业绩存在正相关关系，并发现非相关多元化投资与社会业绩存在显著的正相关关系，相关多元化投资与社会业绩的关系则不显著，国际多元化投资与社会业绩正相关。此外，如果多元化企业很注重短期利益，那么会降低企业对利益相关者需求的反映，也会减少企业对社会的投资，从而对企业多元化投资与社会业绩的正向关系产生抵减作用。然而，对于直接进行投融资决策与社会效益相关关系的研究并不多见。众所周知，社会责任是一个多维的综合性概念，是刻画社会期望或社会价值的一个综合指标。作为表现，企业社会责任是从环境友好、绿色低碳、税收贡献、吸纳社会就业、社会发展促进等多个方面表现出来。也就是说，投融资决策与社会责任之间的关系理应更为具体地表现为与相关要素或指标之间的关系。目前，仅少数学者从部分角度进行了研究。由于本书主要从吸纳就业和促进金融发展等角度研究企业的社会责任以及社会效益，因此后续主要从这两个方面进行文献梳理。然而，目前看，大部分文献主要集中在投融资决策与企业就业吸收能力方面相关关系的研究。

Fair（1974）最初构建了一个包括价格决策、生产决策、投资决策和劳动力雇佣决策在内的理论模型，并分析了四个决策之间的逻辑关系和相互影响，以及在彼此勾稽关系下的决策优化问题。在他们的分析中，投资决策与工资决策以及与此关联的劳动力雇佣决策存在紧密关联的现象。Fair（1974）作为最早研究投资决策和公司就业之间关系的学者之一，在一定程度上诠释了企业投资决策与企业在就业水平方面的社会贡献。Dixit（1997）通过建立一个企业投资和就业决策的随机动态模型，模型假设当资本和劳动增加或减少时，企业会产生线性的调整成本。文章通过对投资和就业设定一个内在的柔性排序，从而内生了长期或短期的概念。在数量分析中，文章不仅描述了这两个因素的动态特征，而且发现，具有更强柔性特征的因素能够按照其自身特征进行调整，但具有较差柔性的因素将不会经常调整并且其调整只有作为柔性更强一方的补充调整。因此，文章以柔性为切入口，刻画了投资和就业两者之间的动态关系。

Nickell 和 Nicolitsas（1999）在简单的理论模型分析的基础上，利用 1972~1986 年英国制造业上市公司的数据，通过建立就业、工资支付、生产效率三个模型，研究了公司财务压力对其经营行为的影响。在实证过程中，文章采用利息支付对现金比例这样一个具有现金流量特征的变量替代负债比例，并发现在控制现在和未来工资水平和需求的基础上，这个比例的提高即财务压力的提高对公司就业水平具有很大的负向影响，同时财务压力的提高也会对公司工资支付水平的提高具有负向影响，对生产效率具有较小的正向作用。从实证数据分析看，如果利息水平从 5% 提高到 8%，短期内企业就业会减少 3%，而长期内将会减少大概 11%。这样的结论表明货币政策会对企业的就业水平产生显著的影响，并认为在长期内利息率提高一个百分点将会导致劳动力雇佣水平多下降两个百分点。虽然整体效果可能需要几年时间才会显现，但是因为劳动力雇佣水平的下降会直接导致失业，从而使这样的影响变得非常的重要，从而认为利息率对就业的影响不可忽视。该研究能够从利率角度反映融资因素对企业就业水平从而在就业贡献方面社会效益的影响。

Philippon（2006）研究了公司治理与商业周期的关系，并认为不同治理状况的企业对经济变动有不同的决策反馈。但总体来说，在经济情况偏好时，企业内部人会尽情享受公司决策带来的乐趣，并会促进其投资支出和劳动雇佣。深入分析发现，他们内含的一个关系就是企业投资支出与劳动雇佣相生相随，也就是说投资支出增加，劳动雇佣也会增加，反之亦然。

Erhemjamts 等（2013）实证检验了公司社会责任的影响因素及其对公司投资政策、组织战略和业绩的影响。首先，文章发现具有较好业绩、具有高 R&D 比例、财务更健康的公司和从事新经济行业的公司具有更大的可能性承担社会责任，而具有较高风险的企业承担社会责任的可能性则更小。同时，文章还发现企业规模与社会责任承担存在一种 U 形关系，从而标明非常小和非常大的企业表现出更强的社会责任关注水平。此外，文章发现社会责任关注度与企业投资、组织战略以及业绩具有正向关系。为了解决逆向因果关系产生的内生性问题和（或）遗漏变量导致的偏误，文章运用 2SLS 方法进行了处理，最后发现 CSR 与公司相关特性之间的关系当 CEO 激励处于样本中位数以下时将变得更强，从而标明当 CEO 的货币激励低于标准水平时，企业承担 CSR 变得尤其重要。

Bhagat（2013）认为均衡工资不确定性会为企业边际 Q 带来一种不确

定并对其产生负向作用。作为结果，不确定性会减少企业的投资和就业水平。在实证过程中，文章通过一种新颖的公司层面现金流不确定性的衡量方法发现，不确定性对公司就业和无形资产以及有形资产投资具有很强的负向影响。从经济层面来看，如果不确定性恢复到危机前水平的话，就业会增加335万个工作岗位，有形资产投资会增加1.54%，无形资产会增加1.29%。在文章的分析过程中，外生变量均衡工资会对公司边际收益产生影响，从而影响公司的投资水平和就业水平。因此，在一定程度上而言，边际收益产品对就业水平的作用关系间接地表明了投资对就业的影响。

Beard等（2014）研究了信息类企业资本投资对就业的影响。文章认为，按照投入产出模型的原理，投资会导致就业的增加，并从宏观层面产生乘数效应。经过实证分析，美国信息部门的企业资本投资确实能带来就业的增加，其投资就业乘数为每百万美元投资带来10个信息产业的就业岗位增加，但是对于整个经济体而言，每百万美元投资会增加24个就业岗位。虽然，他们认为投入产出模型同样支持投资会对就业产生正的乘数效应，但是该模型得出的结论是每百万美元只带来10个就业的增加。

与上述学者不一样，另外一部分学者则着重从融资角度探索融资对企业就业的影响。其中，Cantor（1990）以1968年至1987年在美国上市的778家非金融类上市公司为样本分析了公司负债融资对投资支出以及雇佣决策的影响。结果显示，高杠杆的公司存在投资和就业周期变动更大的现象，并且认为高杠杆企业投资和就业变化大是源自于在这种企业投资和就业需求对企业内部资金波动反映更加强烈的缘故。并且认为，从宏观货币政策来看，宏观货币政策影响企业总体投资和就业的一个途径就是通过对企业销售和利息支出的影响从而对企业的现金流施加影响。所以，企业杠杆提高将意味着投资和就业对货币政策的敏感性也将提高，这一结论适用于杠杆显著提高的企业。当然，文章也认为，从行业整体来看，高杠杆企业并不一定会显著地减少投资和就业。因为，即便一个高杠杆企业因为现金流量的下降，大量减少就业和投资，那些低杠杆的同行业企业也将会取代其减少的市场份额。

Anderson（1998）通过建立理论模型分析了在股东和其他利益相关者之间进行的负债引致风险的转移如何影响投融资决策之间的互动关系。模型假定企业生产过程采用两类要素，其中实物资本在第一个阶段选择，而劳动在第二个阶段选择。但是，在劳动力雇佣决策时企业会存在道德风险问题。一旦企业存在负债融资，企业会尽力博取最大收益，所以与全股权融资企业不同，企业会在劳动力要素上过度投资。并且，如果产品价格分布状况有所改善、承诺的利息支付增加或者劳动力工资下降，那么企业还会雇佣更多的劳动力。此外，文章表明如果受负债增加的影响，股东对边际投资的剩余要求权，即收入效应为负，那么负债对资本投资的影响为负；否则，两种决策之间会直接正相关。结果，价值最大化水平的负债政策和投资政策会被同时确定，因为他们会通过负债利息和债务清偿概率建立相互关联的关系。投融资决策之间这种联系的存在是因为两者都在劳动力雇佣决策之前做出，三种决策又是在价格不确定和存在股权发行成本下进行的。

Hernando（2008）利用 1985 ~ 2001 年西班牙大型公司的数据分析了影响企业财务健康状况的措施如何影响企业的投资和劳动力雇佣决策。文章着重分析了企业财务状况和生产要素需求的非线性关系，并认为投资和劳动力雇佣决策是公司在财务状况变化情形下进行调整的两个重要方面。文章结果表明，面临较高财务压力的公司将会有比较明显的低投资率和低劳动雇佣率。当然，文章也发现，财务压力与投资就业决策之间的关系并不是线性的，这种关系在超过一定门槛后会变得更加严重。

Caggese 和 Cunat（2008）将研究焦点集中于融资约束对于劳动力固定期限雇佣和永久期限雇佣决策的影响。文章建立了一个理论模型，在模型中企业会面临融资摩擦因素，同时在生产过程中可以采用雇佣固定期限劳动力和永久期限劳动力两种方式。经测算，模型显示融资约束的企业会比融资相对宽松的企业雇佣更多固定期限员工，以此让他们吸收更大部分的员工数量的变动性。在利用意大利制造业公司作为样本进行检验后，文章进一步确认了融资约束与企业劳动力雇佣类型之间的关系。

Quadrini 和 Sun（2013）从理论和实证两个角度研究了公司负债水平对企业劳动力雇佣决策的影响。在文章建立的动态模型中发现，公司负债水平和劳动力雇佣增长水平具有正向关系，并且这种正向关系会随着公司讨价还价能力的增强而得以强化。在对理论结果进行实际检验过程中，文章用工会水平作为工人讨价还价能力的代理变量，检验发现对于讨价还能力强的公司，其负债水平越高，劳动力雇佣水平确实会增加。Klasa 等（2009）以及 Matsa（2010）利用公司数据进行实证检验发现工会能力越强的企业越倾向于拥有更高的负债水平从而更低的现金持有量，从而支持了工人谈判能力会影响企业财务决策的观点。然而，虽然证据表明工人讨价还价能力对公司财务决策具有较强的影响。但是，实际上，如果负债赋予公司与工人谈判过程中更多优惠条件，那么企业更多债务的发行将提高企业增加工人的动机，这样也就会导致在公司层面产生一种负债和增加劳动力雇佣之间的正相关关系。并且，这种关系将在工人谈判能力更强的公司得到增强。

Chugh（2013）在建立代理成本模型的基础上，分析了代理问题以及由此产生的高成本外部融资对劳动市场的影响。文章分析认为，由于企业融资需求，反周期的金融溢价在经济繁荣阶段会降低企业投入成本，但在经济衰退阶段会增加企业的投入成本，从而对企业的员工招募产生影响。也就是说，金融溢价会改变企业员工招募的能力和意愿。

Agrawal 和 Matsa（2013）研究了劳动力失业风险和公司融资决策之间的关系。文章结果证实，企业采用保守财务政策的部分原因在于为了缓和员工面临的失业风险。文章发现更好的失业利益会导致公司采用更高的负债水平，尤其对于劳动力密集型和面临财务约束的公司而言。文章事先估计，对于一个评级为 BBB 的公司而言，由于失业风险导致的财务约束间接成本占据公司价值的 60 个基本点。文章结论表明，劳动市场的摩擦因素对于公司的融资决策具有显著的影响。

Paglia 和 Harjoto（2014）研究了私募股权融资（PE）和风险资本融资（VC）对 1995 年到 2009 年设立的中小企业的影响。文章结果认为，PE 和 VC 融资对企业净销售额和劳动力雇佣增长具有正向的影响。然而，相对于 VC 融资，PE 融资对于设立企业增长的影响相对较慢和相对较小，但 PE 融资产生的效益会相对持续更久。但是，文章也发现虽然依政府合约设立的企业更愿接受 PE 和 VC 融资，但是这些合约不会产生边际融资后的增长和就业效益。

二　国内研究简要述评

20 世纪 80 年代，企业社会责任的观点开始传入我国。随着时间的推移，这一理念逐渐得到了我国学术界的关注。但是，总体来说我国有关企业社会责任的研究尚处于初级阶段。与国外研究相似，目前我国有关企业社会效益方面的研究基本上仍停留在企业社会效益与财务效益相关关系的研究，以此寻求一种能够促进企业社会责任承担的客观依据。

陈玉清和马丽丽（2005）是国内最早研究公司社会效益与财务绩效关系的学者之一，他们以社会责任贡献指标衡量企业的社会效益水平，并分析了社会责任贡献指标与股票价值之间的关系。他们以中国上市公司为样本，实证分析了证券市场价值与企业社会贡献指标之间的关系，以此挖掘企业价值与社会责任承担之间的联系。结果发现，证券市场价值对企业社会贡献或者说社会效益的反应并不灵敏。刘长翠和孔晓婷（2006）也以中国上市公司为样本，在寻找合适的社会贡献率指标的基础上分析了社会责任会计信息披露的作用。结果发现，企业社会贡献率的高低与主营业务收入增长率、净资产收益率及资产负债率之间存在的关系，以此探索企业社会责任承担或者社会效益实现对财务绩效的影响。

温素彬和方苑（2008）在将利益相关者划分为货币资本利益相关者、人力资本利益相关者、生态资本利益相关者、社会资本利益相关者的基础上，构建了企业社会责任的利益相关者模型，同时以中国上市公司为样本，实证分析了企业社会责任与财务绩效之间的关系。结果表明我国上市公司虽然开始对社会责任进行了关注，但是有关社会责任的信息披露仍然很少，并且企业社会责任的承担会与当期财务绩效形成负向关系，但对企业长期财务绩效产生正向的作用关系。朱雅琴和姚海鑫（2010）则利用2008年沪深股市上市的1318家公司为样本，实证分析了企业社会责任的承担或者说社会效益的实现对企业价值的影响。结果发现，与政府相关的社会责任以及与员工相关的社会责任会对企业价值产生显著的正向作用，而投资者的社会责任则会对企业价值产生显著的负向作用，供应商的社会责任对企业价值不会产生显著的影响。

李正（2006）以2003年沪市交易的521家上市公司为样本，研究了企业价值与社会责任承担之间的关系。结果发现，在短期看企业承担的社会责任或者说实现的社会效益越高那么企业价值将会越低，但从长期的角度看，企业社会责任的承担或者社会效益的实现并不会降低企业的价值。与此同时，他还研究了资产规模、负债比率以及财务状况与社会责任承担的关系，结果表明资产规模和负债比例与社会责任承担或者社会效益的实现正相关，而财务状况异常的公司前一年的盈利能力与社会责任承担负相关。

宋献中和龚明晓（2006）则重点研究了社会责任信息质量对决策价值的影响。他们通过对会计学专家进行调研发现，企业社会责任信息的披露并不会对企业的决策和公共关系价值产生太大的影响，但是社会责任信息的形式、性质和质量特征会对决策和公共关系带来的价值产生不同的影响。然而，如果企业自愿披露社会责任信息，那么为企业带来的公共关系价值影响会大于决策价值的影响。相反，如果企业被强制披露相关信息，那么为企业带来的决策价值的影响会大于公共关系价值的影响。社会责任信息的披露无论形式如何，都会对企业价值带来增值效应，也就是说社会责任承担或者企业社会效益的获得会对企业价值产生正向作用。

这些研究表明，企业社会责任在一定条件下会与财务绩效产生显著的相关关系，从而有可能通过财务绩效对企业的投融资决策产生影响。但是，显然国内学者并未对投融资决策与社会责任承担或者社会效益问题进行过关注。而另一部分学者则试图通过企业就业吸纳角度探索社会效益与投融资决策之间的关系，如果就业与投融资决策之间存在显著关系，则证明企业在就业增加角度的社会效益方面存在与投融资决策的关系。其中，王元京（2002）认为如果没有必要的投资作保障，劳动者与生产资料相结合是难以实现的。因此，就业困难的问题实质上是企业投资不足的问题。田大洲（2009）利用柯布——道格拉斯生产函数建立个体经济的就业函数，并利用1981～2007年个体经济发展的数据建立 ARMA 模型分析我国个体经济的就业与注册资金、营业收入等变量的关系，发现个体经济吸纳就业的能力与营业收入、注册资金总额都成正比关系。方明月等（2010）通过使用1999～2005年中国全部国有及规模以上工业企业数据库，第一次采取动态面板方法（系统 GMM）估计了不同所有制企业的微观就业弹性。文章在借鉴宏观就业弹性概念的基础上，利用生产函数推导了微观就业弹性的测度方法。在分析过程中，文章采用销售额衡量产出水平，以职工人数衡量就业水平，并发现在短期就业弹性方面，港澳台和外资企业的就业弹性最高，私营和集体企业居中，国有和其他企业最低；在长期就业弹性方面，港澳台、外资和私营企业仍然高于国有和集体企业。

在他们的研究中，销售额的变化量引致的就业水平的变化量被描述成就业弹性，而销售额的变化量源自于资本量的变化，所以就业弹性实际上也是资本投资对就业的影响，从而说明资本投资对就业的影响会受所有制关系的影响。万解秋和徐涛（2004）则通过理论和实证研究，从汇率调整等融资因素角度分析了其对企业就业水平的影响。在其分析中，他们认为汇率的变化会对未来企业的出口产生影响并对企业投资水平产生作用，进而会对企业劳动力就业水平施加影响。

三　相关实证研究的简要述评

综观国内外研究文献，它们都从不同的侧面对企业社会责任承担或者说社会效益实现方面进行了研究，并从一定程度上诠释了企业投融资问题与社会效益实现之间的关系。然而，现有的研究并无法掩饰一种没有突破传统视角，从投融资角度直接入手探索企业社会效益实现的相关问题。具体而言，其存在如下几个方面的不足：

第一，现有文献主要集中在社会责任以及社会责任指标或内涵方面的研究，同时通过着眼于社会责任或社会效益与企业财务绩效之间关系的判别，希望通过寻找到企业社会效益与财务绩效之间的同一关系为企业社会责任的承担寻求理论依据，但是并没有对投融资决策以及社会效益实现本身之间的关系进行足够的研究和探索；

第二，现有文献中有部分文献探索了企业投资决策或者融资决策对就业的影响，从而诠释了投融资决策对企业在就业吸纳方面释放出来的社会效益，但是除此之外并没有其他维度，如信贷违约风险等反映金融发展角度社会效益的分析和研究；

第三，虽然现有学者关注了投资行为或融资行为对企业就业吸纳的影响，但是并没有在投融资互动优化背景下研究企业就业效益的实现，更没有分析投融资互动优化下包括信贷违约风险等反映社会责任其他维度社会效益的实现问题研究。

第三章

企业投融资互动决策机制的理论分析

第一节　前　　言

　　投融资决策是企业财务活动的两大部分，投融资决策的科学性直接关系到企业的整体绩效，同时也影响着企业经营的可持续性，并因此受到公司财务界的长期关注。最初将投融资决策科学性问题纳入同一框架进行分析的是 Modigliani 和 Miller（1958）。他们在建立严格的数学模型后，对投融资决策问题进行了研究。他们严格的数学推导和统计分析为企业融资更为科学的决策提供了很好的框架，使企业融资决策告别了早期的经验判断时代，揭开了现代财务理论研究的序幕。然而，他们的理论分析建立在一系列的严格假设基础上，并认为企业投资决策与融资决策可以相互独立和互不影响。事实上，后续的诸多研究表明，现实中会有诸多因素导致 Modigliani 和 Miller 提出的完美市场不存在，例如交易成本、不对称信息和道德风险等（Geanakoplos，1990）。因此，以 Miller（1977）、Baxter（1967）、Jensen 和 Meckling（1976）为代表的学者逐步放宽 MM 理论中的研究假设，分别从税收、破产成本、代理问题等角度出发，重新研究了投融资决策之间的相互关系。他们认为，在税收因素、破产成本、代理冲突等不完善因素作用下，企业价值或投资项目的价值将不再独立于融资方式的选择，投融资决策之间会存在某种直接或间接的影响关系。因此，Myers（1974）直接利用投融资相互影响的理论框架研究了企业资本预算问题，从而揭开了企业投融资相互关系或互动关系研究的新篇章，从而引起了学者们持续的关注和讨论，如 Bar-Yosef（1977）、Ashton 和 Atkins（1978）、Wood 和 Leitch（2004），等等。然而，这些研究都是在传统的

NPV 方法框架下进行的。Trigeorgis（1993，1996）认为 NPV 方法的缺陷在于忽略了现实中企业经营的灵活性特征，因而有可能导致企业决策过程中低估企业或投资项目的价值，甚至会导致企业作出错误的决策。针对这一不足，Black 和 Scholes（1973）、Merton（1974）等学者开创了实物期权的理论方法，从而为企业投融资决策提供了更加完善的分析框架。迄今为止，实物期权方法得到了越来越多的重视，在国内外有关企业投融资决策的研究中获得了非常广泛的应用[①]。

在实物期权分析方法下，Brennan 和 Schwartz（1984）首次分析了企业负债条款限制对投资决策的作用关系，从而从债务条款限制的角度分析了投融资决策之间可能存在的相互依存关系。进一步地，Trigeorgis（1993）利用实物期权二项式模型分析了企业投融资决策之间的相互关系。在其分析中，他比较了一次性债务融资、阶段性债务融资以及债务和股权混合融资三种融资方式下股东权益价值的变化，从而从侧面阐释了这些融资方式选择对股东投资决策产生的影响。与此同时，他们集中分析了企业经营柔性和破产柔性之间存在的潜在关系，并分析了负债融资下风险资本家拥有的放弃期权，从而初步地研究了企业投融资之间的相互作用关系。然而，其研究中所谓的经营柔性和破产柔性体现的主要是有关企业运营方面的决策问题，且在其研究设定中，企业投资决策的时间是预先设定的，其决策灵活性仅仅体现为投资与否，从而使投资决策中的期权价值并未得到完全的体现。与之不同，Mauer 和 Triantis（1994）引入了税收利益、破产成本以及债务再融资成本等不完善因素对投融资决策之间的动态影响关系进行了研究。他们认为，在这些因素的作用下，暂停和重启项目的运营柔性可以强化企业负债融资的能力，而由再融资带来的融资柔性对企业运营决策的影响并不大。然而，与 Trigeorgis（1993）相似，他们研究的焦点仍停留在经营柔性对最优动态融资政策的作用，或者融资柔性对企业投资决策的影响。从根本上而言，他们所研究的柔性特点只是企业投

---

① 西方的经典文献包括 Brennan 和 Schwartz（1984）、Brennan 和 Schwartz（1985）、Pindyck（1991）、Trigeorgis（1993）、Mello 和 Parsons（1992）、Mauer 和 Triantis（1994）、Leland（1994）、Leland（1996）、Leland（1998）、Mauer 和 Sarkar（2005），等等；国内经典文献包括谭跃和何佳（2001）、简志宏和李楚霖（2002）、李洪江等（2003）、夏晖和曾勇（2005）、彭程和刘星（2006）、曾勇等（2007），等等。

融资决策的背景因素，或者说是企业决策时所处的内部环境特征。在某种意义上，他们的研究并没有立足于投融资决策本身的分析，而仅仅揭示了企业某种柔性特征对企业投资决策或者融资决策的影响。对于在给定的柔性环境下，企业投资决策和融资决策本身的作用关系究竟如何，并未得到很好的解决。

对于投融资决策本身的相互作用问题，仅少数学者进行了初步研究，其中包括李强和曾勇（2005）以及刘星和彭程（2007）等。在这些研究中，李强和曾勇（2005）着重分析了不确定性环境下企业创新投融资决策问题。在他们的模型中，最优投资决策和最优融资决策被同时内生化为彼此的决定变量，并认为企业创新投融资决策应该是被同时最优化确定的，两者之间是相互影响的，从而得出了企业互动投资决策的部分机理。然而，至于两者之间可能存在的互动机理，他们并未作出深入的阐释，而只是通过数例分析简单描述了外生参数变化下，企业最优投融资决策之间匹配的数字迹象。与之不同，后者以一般性项目投资入手，分析了企业投融资决策之间的互动问题，且更加重视投融资决策相互作用的内在机理分析。在其研究中，他们认为投融资决策之间存在着相互影响、相互协同的关系，其原因主要是融资政策的选择会通过负债税收利益和破产成本影响企业投资项目的价值，反之投资决策的选择也会作用于企业税收利益的多寡和破产成本的高低从而对融资行为产生影响。然而，他们的研究对象只针对单个项目的投融资决策，而对于项目处于动态成长环境中如何进行决策并未涉及。事实上，一个动态成长的企业其历史投融资决策理应对当前的税收利益、破产成本乃至代理成本产生影响，从而使企业动态成长背景对其新的投融资产生作用。与此同时，他们的研究只考虑了股东价值最大化情形下企业投融资决策问题，忽略了股东债权人利益冲突对投融资决策相互关系的异化，因此并不是投融资决策相互影响的全面诠释。

对于股东债权人利益冲突对企业决策行为产生的影响，诸多学者从理论分析的角度进行了阐释，其中以实物期权分析框架进行研究的学者尤为引人注目。最初以实物期权对之进行研究的当属 Mello 和 Parsons（1992）。在他们建立的实物期权模型中，一般企业会面临三种经营决策，即进入经营状态的决策、退出经营并等待重新生产时机的决策以及永久关闭设备的决策。在他们的研究设定中，他们认为负债融资一方面会带来税收利益，另一方面也会因为股东债权人冲突产生决策非效率，并因此导致委托代理成本。然而，他们的研究主要集中在公司经营决策，而对实际投资问题缺乏应有的探讨。因此，后续的研究包括 Mauer 和 Sarkar（2005）、彭程和刘星（2006）、彭程等（2011）等进行了进一步拓展。这些文献在引入税收利益、破产成本等不完善因素后，分析了负债融资下的委托代理冲突对企业投资决策扭曲带来的影响，并利用数值分析的方法量化了投资决策非效率的问题，深化了人们对代理冲突以及代理成本的认识。此外，Mauer 和 Sarkar（2005）直观地认为，在这些代理成本的作用下，企业融资决策优化问题也会相应产生变化，也就是说投资决策中产生的代理问题会相应地对企业最优融资策略产生作用。对于这种直观的认识，Childs 等（2005）则进行了更为缜密的研究。在他们的分析框架中显示，由于企业特征的差异，负债融资导致的代理问题会有不一样的表现形式。如果企业投资是将低风险资产替换成高风险资产时，股东会产生过度投资的行为；如果企业投资的资产与现有资产具有相似的风险，企业投资是对现有资产的一种简单扩张，股东则会表现出投资不足的现象。作为投资决策非效率的对策，他们认为企业最优的选择是提高负债融资中短期负债的比例。然而，反过来看，如果企业负债代理成本有所减少，这并不会因此带来企业负债水平的提高，原因是杠杆水平的选择不仅取决于代理成本的高低，还受投资机会状况的影响。如此看来，他们的研究更能体现投资行为扭曲对融资决策的反作用，并且建议在充分考虑融资柔性后，尽量减少长期负债的使用，增加短期负债水平。然而，他们并未研究怎样的负债融资量才是企业最优的选择，因为确定最优的负债量并借此减少投资扭曲应该是决策者更为关心的问题，企业只有确定了最优负债量后才能进行负债期限结构的优化。

本章希望利用实物期权方法，在现有文献的基础上进一步分析企业投融资决策因税收利益、破产成本以及代理成本等问题而产生的相互作用机理，从而分析出企业投融资互动决策的相关机制。

第二节 企业投资与负债融资决策基本模型

一 企业投资决策实物期权基本模型

假设某企业在某特定时点获得了一个投资机会，该投资时点为 t_0 时刻。为了进行投资，企业需投入的投资成本为 I。一旦进行投资，企业可以在每一个单位时间内生产一个单位的产品，且每个单位产品的成本为 C。假定在 t 时刻企业产品的价格为 P_t，该价格服从几何布朗运动，即价格可以表示为等式（3.1）。

$$dP_t = \mu P_t dt + \sigma P_t dW_t \tag{3.1}$$

其中 μ 和 σ 是常数，分别代表价格的期望增长率和波动率，dW_t 是风险中性情况下的标准维纳过程增量。

由于该部分我们主要期望阐释实物期权框架下的投资决策，因此假设企业投资不存在资金短缺问题，企业投资只是基于股东价值最大化条件下的一种决策。因不存在融资问题，股东价值最大化也就是企业价值最大化。基于这样的设定，投资后企业的价值或股东的价值可以表示为如下贝尔曼方程：

$$(1 - \pi)(P_t - C)dt + E(dE) = rEdt$$

其中，E 为企业股权价值，π 为所得税率，P_t 为产品价格，r 为无风险收益率。运用伊藤定理，可将其转化成微分方程（3.2）

$$\frac{1}{2}\sigma^2 P^2 E_{PP} + \mu P E_P - rE + (1 - \pi)(P - C) = 0 \tag{3.2}$$

微分方程（3.2）中 E_{PP} 和 E_P 分别表示为股权价值 E 对价格 P 的二阶导数和一阶导数，以下所有分析均类似。显然，微分方程（3.2）的通解形式可表示为：

$$E(P) = A_1 P^{\beta_1} + A_2 P^{\beta_2} + (1 - \pi)\left(\frac{P}{r - \mu} - \frac{C}{r}\right) \tag{3.3}$$

其中 β_1 和 β_2 分别为特征方程 $\frac{1}{2}\sigma^2\beta(\beta - 1) + \beta\mu - r = 0$ 大于 1 和小于 0 的解，A_1 和 A_2 为待定的系数。股权价值必须满足以下三个条件：

$$\lim_{P \to \infty} E = (1 - \pi)\left(\frac{P}{r - \mu} - \frac{C}{r}\right) \tag{3.4a}$$

$$E(P_a) = 0 \tag{3.4b}$$

$$\frac{\partial E}{\partial P}\Big|_{P=P_a} = 0 \tag{3.4c}$$

条件（3.4a）说明当价格趋向无穷大时，企业不会放弃生产，股权价值为企业期望税后利润的现值；条件（3.4b）说明当价格下降到 P_a 水平时，股东将会放弃企业的生产，此时股东价值变为零；（3.4c）为平滑粘贴条件，亦即股东放弃生产的一阶最优条件。将式（3.3）代入这三个条件，可得到股权价值为：

$$E(P) = (1 - \pi)\left(\frac{P}{r-\mu} - \frac{C}{r}\right) - (1 - \pi)\left(\frac{P_a}{r-\mu} - \frac{C}{r}\right)\left(\frac{P}{P_a}\right)^{\beta_2} \tag{3.5}$$

其中放弃生产的临界值为：

$$P_a = \frac{\beta_2(r-\mu)C}{r(\beta_2 - 1)}$$

为了分析投资决策，设投资前企业项目的期权价值为 F[①]。不难理解，它可用微分方程（3.6）表示，并可以相应地写出其通解形式（3.7），其中 K_1、K_2 为待定系数。

$$\frac{1}{2}\sigma^2 P^2 F_{PP} + \mu P F_P - rF = 0 \tag{3.6}$$

$$F(P) = K_1 P^{\beta_1} + K_2 P^{\beta_2} \tag{3.7}$$

对于期权价值 F 必须满足如下三个条件：

$$F(0) = 0 \tag{3.8a}$$

$$F(P_I) = E(P_I) - I \tag{3.8b}$$

$$\frac{\partial F}{\partial P}\Big|_{P=P_I} = \frac{\partial E}{\partial P}\Big|_{P=P_I} \tag{3.8c}$$

其中，第一个条件表明价格下降为零时期权价值将变为零；第二、三个条件分别为当价格处于投资阈值 P_I 时的价值匹配条件和平滑粘贴条件。根据这三个条件，可以求得投资临界值 P_I 须满足如下方程：

$$(\beta_1 - 1)\frac{P_I}{r-\mu} - \beta_1 \frac{C}{r} - (\beta_1 - \beta_2)\left(\frac{P_a}{r-\mu} - \frac{C}{r}\right)\left(\frac{P_I}{P_a}\right)^{\beta_2} - \frac{\beta_1 I}{(1-\pi)} = 0 \tag{3.9}$$

---

① 由于初创企业在投资前只存在投资机会一项资产，所以投资前的项目期权价值也就是整个企业的价值。

根据方程 (3.9) 即可求得投资阈值即企业的投资政策 P_I。

二 企业融资决策实物期权基本模型

与上述分析不一样，我们在此仅考虑企业融资决策在实物期权框架下的基本思路和模型，因此我们假设一个正在运营的企业需要通过外部负债融资以补充自己的资金需求。与上述情形相似，我们仍然假设在每一个单位时间内生产一个单位的产品，且每个单位产品的成本为 C。假定在 t 时刻企业产品的价格为 P_t，该价格服从式 (3.1) 所示的几何布朗运动。显然，在负债融资之前，股东的价值就是整个企业的价值，且股东价值符合条件 (3.5) 所示。假设，企业在某一时点融入永久负债资金 L，作为回报，债权人可以在投资后的每单位时间内获得利息收入 R。永久性贷款的假定可以使企业的价值函数独立于时间变量，从而可以获得各种价值的解析表达式，所以这种假设在早期资本结构和债务价值估计的理论文献中被广为采用，如 Modigliani 和 Miller (1958)、Merton (1974) 和 Black 及 Cox (1976)，并且这一假设在后续投融资决策相互关系的研究中也得到了足够的运用，如 Fries、Miller 和 Perraudin (1997) 及 Mauer 和 Sarkar (2005)、李强和曾勇 (2005) 以及彭程和刘星 (2006) 等[①]。设企业融入负债资金时产品的价格为 P_F。

与前面的分析类似，负债融资后，企业股东的价值可以由式 (3.10) 表示，且股东价值须满足条件 (3.11a)、(3.11b)、(3.11c)。

$$E(P) = B_1 P^{\beta_1} + B_2 P^{\beta_2} + (1 - \pi)\left(\frac{P}{r-\mu} - \frac{C+R}{r}\right) \tag{3.10}$$

$$\lim_{P \to \infty} E(P) = (1 - \pi)\left(\frac{P}{r-\mu} - \frac{C+R}{r}\right) \tag{3.11a}$$

$$E(P_d) = 0 \tag{3.11b}$$

$$\frac{\partial E}{\partial P}\Big|_{P=P_d} = 0 \tag{3.11c}$$

---

① 现实中，永久性债务有如下两种近似的表现形式，如长期债，此种债务有足够长的到期日、同时企业每年计提偿债基金；还有支付固定红利、但无明确到期日的优先股。另外，在我国，国有商业银行对某些国有独资或国有控股类企业的政策性贷款形成的债务，一定意义上也可以认为债务偿还日期无限长，而国有商业银行大量存在的呆账和坏账，其长期性则表现更为突出（徐加胜，2003；唐奕，2006）。

式 (3.11a) 表明在价格趋向于无穷大时，企业不会破产，股权价值为期望税后利润的现值；条件 (3.11b) 说明当价格下降到破产阈值 P_d 时，企业将破产，此时股东价值变为零；(3.11c) 为平滑粘贴条件，亦即企业破产的一阶最优条件。将式 (3.10) 代入上述三个条件，可以得出

$$E(P) = (1 - \pi)\left(\frac{P}{r - \mu} - \frac{C - R}{r}\right) - (1 - \pi)\left(\frac{P_d}{r - \mu} - \frac{C - R}{r}\right)\left(\frac{P}{P_d}\right)^{\beta_2}$$

(3.12)

其中破产阈值满足

$$P_d = \frac{\beta_2(r - \mu)(C + R)}{r(\beta_2 - 1)}$$

此外，由于企业融入的是永久性负债，不存在固定的到期日，所以根据上述股权价值的类似思路，负债融资后债权价值可以表示为式 (3.13) 所示，且必须满足 (3.14a)、(3.14b) 两个条件

$$D(P) = C_1 P^{\beta_1} + C_2 P^{\beta_2} + \frac{R}{r}$$

(3.13)

$$\lim_{P \to \infty} D(P) = \frac{R}{r}$$

(3.14a)

$$D(P_d) = (1 - b)\frac{(1 - \pi)P_d}{r - \mu}$$

(3.14b)

其中，条件 (3.14a) 表明当价格趋向无穷大时，股东不会对企业实施破产，债权人获得永续的利息收入，此时债权价值为 R/r；条件 (3.14b) 表示在股东选择的破产阈值 P_d 上，债权人接管企业的所有权，此时股东价值变为零。考虑到企业破产时因法律诉讼等程序而发生的费用，债权人只能获得扣除破产费用后企业有形资产价值的残值，与 Childs 等 (2005) 以及 Mauer 和 Sarkar (2005) 相似，本书假定破产费用为破产时企业有形资产价值的 b ($0 \leqslant b \leqslant 1$) 部分。由于破产后企业不再属于负债企业，所以破产时的资产价值即为 $\frac{(1 - \pi)P_d}{r - \mu}$，此时债权人获得的破产残值为 $(1 - b)\frac{(1 - \pi)P_d}{r - \mu}$。将式 (3.13) 代入条件 (3.14a)、条件 (3.14b)，可以得到负债融资后企业债权价值为：

$$D(P) = \frac{R}{r} + \left[(1 - b) \frac{(1 - \pi) P_d}{r - \mu} - \frac{R}{r} \right] \left(\frac{P}{P_d} \right)^{\beta_2} \qquad (3.15)$$

假设企业进行负债融资时，考虑的是股东利益最大化的目标，那么在融资决策时会存在式（3.5）等于式（3.12），并由此计算出股东价值最大化时企业负债融资的阈值 P_F 须满足

$$\left(\left(\frac{P_d}{r - \mu} - \frac{C - R}{r} \right) \frac{1}{P_d^{\beta_2}} - \left(\frac{P_a}{r - \mu} - \frac{C}{r} \right) \frac{1}{P_a^{\beta_2}} \right) P_F^{\beta_2} = \frac{R}{r} \qquad (3.16)$$

此外，由于债务合约的非完备性，债权人无法有效地限制企业的经营决策，为了最大化自己的利益，他只能在合约签订之时理性地预期企业的经营政策，并按照利息支付水平提供相应的贷款。假设债权人与股东之间不存在信息不对称问题，债权人在签订借贷合约之时可以完全预料到企业将要采取的经营政策，从而可以预料到财务决策时，企业的债务价值。因此，理性的债权人将提供与企业融资决策时债务价值等额的贷款。在确定了贷款阈值 P_F 后，企业负债融资量也能相应予以确定。所以，负债融资量 L 应满足，

$$L = D(P_F) \qquad (3.17)$$

至此，我们既得出了负债融资的阈值，也确定了负债融资的量。

第三节　企业投资与负债融资决策互动分析基本模型

前文分别利用实物期权方法分析了不考虑融资情形下的投资决策基本框架，以及不考虑投资背景下的负债融资决策基本框架。通过分析，我们可以比较清楚地认识投融资决策的实物期权分析思路。在此基础上，我们将进一步对实物期权框架下投融资互动决策的基本框架进行分析。

一　模型假设

为了方便实物期权框架下投融资互动决策的分析，我们将对企业投融资决策相关背景作进一步的假设。

与前文相似，假设某企业在 t_0 时刻获得了一个投资机会。为了进行这一投资，企业需投入的投资成本为 I。一旦进行投资，企业可以在每一

个单位时间内生产一个单位的产品。假定在 t 时刻企业产品的价格为 P_t，且服从等式（3.1）所示的几何布朗运动。为了筹措足够的资金，企业在 t_0 时刻与某债权人达成一个贷款协议，该协议约定一旦未来企业进行投资，债权人将为其提供 L 的永久性贷款，作为回报，债权人可以在投资后的每单位时间内获得利息收入 R①。永久性贷款的假定可以使企业的价值函数独立于时间变量，从而可以获得各种价值的解析表达式，所以这种假设在早期资本结构和债务价值估计的理论文献中被广为采用，如 Modigliani 和 Miller（1958）、Merton（1974）及 Black 和 Cox（1976），并且这一假设在后续投融资决策相互关系的研究中也得到了足够的运用，如 Fries、Miller 和 Perraudin（1997）及 Mauer 和 Sarkar（2005）、李强和曾勇（2005）以及彭程和刘星（2006）等②。由于债务合约的非完备特征，债权人在债务签订之时无法有效地通过条款的设置限制其投资经营决策以最大化债权人的利益。为了最大化自己利益，债权人只能在合约签订之时，理性地按照股东利益最大化行为特征预期企业未来的投资决策和经营决策，并在这样的背景下按照股东提供的利息支付水平测算其债权所具备的价值水平，按照该价值水平，理性的债权人最终将为股东提供等额的贷款量 L。

考虑到企业采用负债融资，如果项目投资后产品价格发生下降以至于企业营业收入不足以偿付负债融资所需支付的利息，为了保证企业的正常经营，股东必须通过增加资本注入的方式弥补经营亏损以避免企业破产。然而，如果价格过度下降，股东将无力或者不愿弥补企业产生的亏缺。此时，他们宁可对企业执行破产，以此最大限度地保障自身的利益。当然，在签订债务合约时，债权人理论上可以通过债务契约条款的设计，要求企

---

① 这种为未来投资提供融资的借款合约直接地类似于 Chava（2003）提及的企业与金融机构之间逐渐广为采用的贷款承诺（loan commitment）。事实上，如果放宽债务合约签订于投资之前的假定，文章的结论并不会发生任何变化，所不同的是这种假设能让各种企业融资决策的时间窗口都统一到 t_0 时刻，从而有利于对诸多企业的融资行为进行比较与分析。

② 现实中，永久性债务有如下两种近似的表现形式，如长期债务，此种债务有足够长的到期日、同时企业每年计提偿债基金；还有支付固定红利、但无明确到期日的优先股。另外，在我国，国有商业银行对某些国有独资或国有控股类企业的政策性贷款形成的债务，一定意义上也可以认为债务偿还日期无限长，而国有商业银行大量存在的呆账和坏账，其长期性则表现得更为突出（徐加胜，2003；唐奕，2006）。

业在陷入财务危机之时按照企业价值最大化的原则执行破产。然而，正如 Jou（2001）所认为的，债务合约中这种限制性条款的设定不仅需要花费大量的谈判成本，而且事后执行也会产生巨大的监督成本，因此缺乏现实操作性。如果企业确实发生破产，股东必须将公司全部有形资产转移给债权人[①]，此时股东价值将变为零。然而，由于企业破产时会因为法律诉讼等程序产生部分费用，因此债权人只能得到扣除破产费用后的有形资产的残值。与包括 Childs 等（2005）、Mauer 和 Sarkar（2005）等在内的诸多学者相似，本书假定破产费用为破产时企业有形资产价值的 b（$0 \leqslant b \leqslant 1$）部分。

据此，与彭程等（2011）相似，企业经营逻辑框架可以用图 3.1 简单描述。

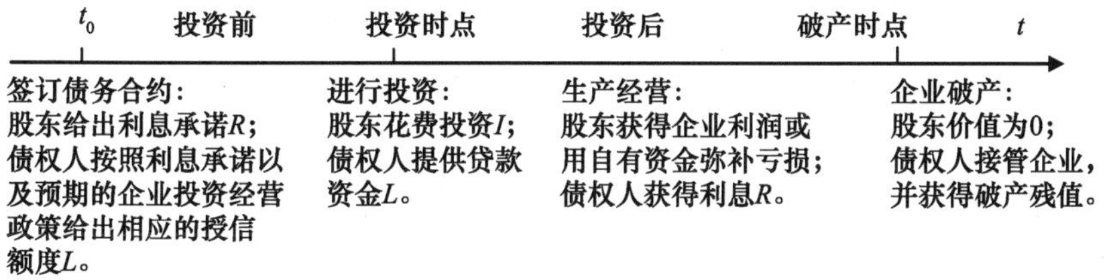

t_0	投资前	投资时点	投资后	破产时点	t
	签订债务合约：股东给出利息承诺R；债权人按照利息承诺以及预期的企业投资经营政策给出相应的授信额度L。	进行投资：股东花费投资I；债权人提供贷款资金L。	生产经营：股东获得企业利润或用自有资金弥补亏损；债权人获得利息R。	企业破产：股东价值为0；债权人接管企业，并获得破产残值。	

图 3.1　企业经营的逻辑框架

此外，为了使分析更为简洁明了，在对结论不产生显著影响的情形下，本书对模型还作了如下假设：

①假设资本市场信息对称，投资者为风险中性；

②假设投资机会具有排他特性，企业投资行为的选择不受竞争对手投资战略的影响，投资决策完全是考虑自身条件下的适当选择；

③假定在该次借款后，企业不能再调整其债务结构与债务水平，因此企业不存在利用新债支付到期债务利息流，从而避免企业破产的情形；

④假设企业亏损时期的税收利益可以无限期递延，因而只要企业不破

---

① 通常而言，企业资产主要包括有形资产和无形资产。在本书中，企业的无形资产主要指投资机会。由于现实中，某一特定的投资机会并不能被所有人拥有或发现，相反它是与企业股东或管理者特殊能力紧密联系的，离开他们独特的人力资本，企业将无法拥有该投资机会，所以，我们假定在破产后债权人只能接管企业的有形资产，而原有的投资机会将因此丧失。

产，企业就能享受全部的税收利益①；

⑤企业不存在任何生产成本②，所有息税后利润全部作为股利支付给股东，企业不存在留存收益。

二 企业价值评估

为了对投融资互动决策基本模型进行分析，我们首先假定企业属于一个初创企业，即并不存在存量负债和存量资产。这样的假定是期望消除企业内部经营环境对投融资决策的影响，并使投融资互动决策机制变得更加简洁，从而有助于清晰地勾勒投融资决策的互动机制。为了进行投融资决策分析，企业价值的测量是非常关键的环节。因此，首先我们将对企业价值进行评估。由于企业价值由股权价值和债权价值两部分构成，首先我们将分析企业的股权价值。

根据上述模型设定，投资后股东能从企业获得的现金流量为 $(1-\pi)(P_t - R)$，其中 π 是企业所得税税率，P_t 为产品价格，R 是企业为债权人单位时间内支付的利息。如果将 E 定义为投资后股东权益的价值，那么它将是时间 t 和产品价格 P_t 的函数。假定在一定连续时间后，企业股权价值随时间变化的期望值表示为 $E(dE)$，那么单位时间后股权价值的期望变化量为 $(1-\pi)(P_t - R)dt + dE$。另一方面，出于风险中性的考虑，为避免套利，股权价值的变化应该等于股东的无风险收益 $rEdt$，其中 r 为无风险利率（为获得有限值的解，假定 $r > \mu$）。所以，运用动态规划分析法，投资后的股权价值应该满足如下贝尔曼方程，

$$(1-\pi)(P_t - R)dt + E(dE) = rEdt$$

与前文相似，运用伊藤定理，可将贝尔曼方程转化成微分方程 (3.18)

$$\frac{1}{2}\sigma^2 P^2 E_{PP} + \mu P E_P - rE + (1-\pi)(P-R) = 0 \qquad (3.18)$$

---

① 当然，现实中这种税收利益无限递延的现象只存在于英国和新加坡等国家的税法环境下，而我国税法规定企业亏损只能向后递延 5 年，所以企业存在税收利益损失的可能。但是，为了避免时间维度对求解各种价值的解析表达式构成障碍，我们近似地将其假设为无限期递延。

② 这个假设对分析结果无任何影响。事实上，如果将 P_t 理解成单位产品的利润水平，则模型就变成了以利润为阈值的一种分析，此时便考虑了产品的单位生产成本，显然，该情形下的投融资决策关系不会发生变化。

其通解形式可以表示为

$$E(P) = G_1 P^{\beta_1} + G_2 P^{\beta_2} + (1 - \pi)\left(\frac{P}{r - \mu} - \frac{R}{r}\right) \tag{3.19}$$

其中 β_1 和 β_2 分别为特征方程大于 1 和小于 0 的解，G_1 和 G_2 为待定的系数。由于项目投资中存在部分的债务融资，基于股东有限责任的原则，当未来产出品价格过度下跌，企业的现金流入变成负值，此时股东既可以通过资本注入弥补经营亏损，也有权利选择破产。所以，股权价值必须满足三个条件：

$$\lim_{P \to \infty} E = (1 - \pi)\left(\frac{P}{r - \mu} - \frac{R}{r}\right) \tag{3.20a}$$

$$E(P_d) = 0 \tag{3.20b}$$

$$\frac{\partial E}{\partial P}\bigg|_{P = P_d} = 0 \tag{3.20c}$$

条件（3.20a）表明当价格足够大时，企业无任何破产风险，股东将获得税后利润的永续现值；条件（3.20b）说明在有限责任机制下，如果产品价格下降到一定水平，即 P_d 时，股东将对企业实施破产，此时企业的所有权转移给债权人，股权价值变为零；式（3.6）为平滑粘贴条件，亦即破产的一阶最优条件。联立式（3.18）与条件（3.20a）、条件（3.20b）、条件（3.20c）则可以得到企业的股权价值为：

$$E(P) = (1 - \pi)\left(\frac{P}{r - \mu} - \frac{R}{r}\right) - (1 - \pi)\left(\frac{P_d}{r - \mu} - \frac{R}{r}\right)\left(\frac{P}{P_d}\right)^{\beta_2} \tag{3.21}$$

其中企业破产阈值 P_d 为

$$P_d = \frac{\beta_2(r - \mu)R}{r(\beta_2 - 1)}$$

对于企业债权价值的分析，显然与前文企业融资决策实物期权基本模型分析中债权价值的分析相似。所以，不难得出企业债权价值能用前文式（3.15）表示。

加总股权价值 $E(P)$ 和债务价值 $D(P)$，即可获得投资后的企业价值 $V(P)$，并可用式（3.22）表示：

$$V(P) = \frac{(1 - \pi)P}{r - \mu} + \frac{\pi R}{r}\left[1 - \left(\frac{P}{P_d}\right)^{\beta_2}\right] - b\frac{(1 - \pi)P_d}{r - \mu}\left(\frac{P}{P_d}\right)^{\beta_2} \tag{3.22}$$

三　企业价值最大化下的投融资决策优化与投融资互动机制分析

1）企业价值最大化下的投资决策优化。

依据前文的价值评估，可进一步分析企业最优投融资决策。首先，我们将分析企业价值最大化条件下的投资决策。与前文企业投资决策实物期权基本模型分析相似，我们同样假定投资前企业项目的期权价值为 F，并符合式（3.6）和式（3.7），且满足条件（3.23a）、条件（3.23b）、条件（3.23c）。

$$F(0) = 0 \qquad\qquad (3.23a)$$

$$F(P_e^f) = V(P_e^f) - I \qquad\qquad (3.23b)$$

$$\frac{\partial F}{\partial P}\Big|_{P = P_e^f} = \frac{\partial V}{\partial P}\Big|_{P = P_e^f} \qquad\qquad (3.23c)$$

其中，条件（3.23a）表示在投资前，如果投资机会内在的价格接近于零，那么投资期权将不存在价值；（3.23b）是投资时的价值匹配条件，说明在价格为企业价值最大化条件下的投资阈值 P_e^f 时，投资前的期权价值等于投资带来的企业价值扣除投资花费的成本 I；（3.23c）是平滑粘贴条件，即投资的一阶优化条件。

根据上述条件，可以得到企业价值最大化条件下最优投资政策 P_e^f 必须满足方程（3.24）。

$$\left(1 - \frac{1}{\beta_1}\right)\frac{P_e^f}{r - \mu} - \left(1 - \frac{\beta_2}{\beta_1}\right)\left(\frac{\pi R}{r(1 - \pi)} + b\,\frac{P_d}{r - \mu}\right)\left(\frac{P_e^f}{P_d}\right)^{\beta_2} + \frac{\pi R - rI}{r(1 - \pi)} = 0$$

$$(3.24)$$

根据式（3.24）可知，若将 P_d 的最终表达式代入其中并整理，如果给定代表宏观环境或项目特征的相关参数，R 和 P_e^f 是式（3.24）仅有的两个内生变量。由此可见，融资政策 R 是影响投资阈值 P_e^f 的唯一内生变量。也就是说，投资阈值 P_e^f 也可直接表示为 R 的函数，即 $P_e^f = \varphi(R)$。所以，负债融资政策会通过利息水平对投资政策产生影响，投资决策也是基于不同负债融资政策下的一种主动优化。

2）融资决策优化。

根据前文企业融资决策实物期权基本模型分析思路以及式（3.17）可知，负债融资决策与贷款阈值 P_F 紧密关联，负债融资量是贷款阈值的函数。根据本书该部分有关贷款承诺的设定，企业负债融资是发生在投资支出之时。也就是说，企业的投资阈值也就是负债融资的阈值。所以，企业价值最大化条件下的投资阈值 P_e^f 也就是式（3.17）中所谓的 P_F。因此，负债融资决策函数即调整为：

$$L = D(P_e^f)$$

然而，由前文分析可知，投资阈值 P_e^f 也是 R 的函数，即 $P_e^f = \varphi(R)$。所以，负债融资量的优化也就是利息政策 R 的优化。

上述分析表明，对于给定的利息水平 R，企业必然存在一个最优的投资政策 P_e^f 和破产政策 P_d 与之相对应。在确定了企业的投资和破产政策后，我们可以轻易得到投资前 t_0 时刻的企业价值水平 $F(P)$，它可由式（3.7）、条件（3.23a）、条件（3.23b）求得，

$$
\begin{aligned}
F(P) &= \left[(V(P_e^f) - I) \right] \left(\frac{P}{P_e^f} \right) \beta_1 \\
&= \left\{ \frac{(1-\pi)P_e^f}{r-\mu} - I + \frac{\pi R}{r} \left[1 - \left(\frac{P_e^f}{P_d} \right) \beta_2 \right] - b \frac{(1-\pi)P_d}{r-\mu} \left(\frac{P_e^f}{P_d} \right) \beta_2 \right\} \\
&\quad \left(\frac{P}{P_e^f} \right) \beta_1, P = P_{t_0}
\end{aligned}
\tag{3.25}
$$

依照这种思路，在 t_0 时刻企业每承诺一个利息水平，在未来都有一个最优的投资政策、破产政策以及负债融资量的政策，并因此会形成这一时刻特定的企业价值 $F(P_{t_0})$。所以，企业可以通过在诸多 R 水平中甄选出能最大化 $F(P_{t_0})$ 的一个即可得到最优的利息政策。也就是说，R^* 必须满足：

$$R^* \in \mathrm{argmax} F(R, P_d, P_e^f), P_t = P_{t_0} \tag{3.26}$$

结合上述分析思路，根据最优利息水平 R^* 即可得到企业最优融资量。即，融资政策 $L = D(P_e^{f*})$ 或者 $L = D[\varphi(R^*)]$。

3）投融资决策互动机制分析。

从前文的分析可以知道，最优投资决策是负债利息水平的函数，利息水平的高低会对投资阈值产生直接的影响。另一方面，根据式（3.21）已知，最优投资阈值会反过来影响企业价值，从而会对企业价值最大化标准下的利息水平选择产生影响。事实上，两者存在相互影响，相互决定的关系。

虽然，我们在前文假定企业融资决策需在 t_0 时刻予以确定，而投资决策却是发生在融资之后的某一特定时间，因而两者存在一种时间先后顺序。但是，上述模型表明，企业投资决策是以之前的利息支付承诺为依据，即融资方案确定时最优投资政策就有了潜在的安排；与之相适应，负债融资决策时，企业实际已经测算了每个融资方案下的最优投资政策，并且以此为基础实现企业最优负债水平的优化过程。以此而言，企业投融资决策优化实际上是同时进行的。对于这个投融资决策会在时间上予以同步或协同的观点在杨文培和崔跃武（1997）、邵瑞庆（2002）以及刘星和彭程（2007）等学者的研究中得到了充分的体现。所以，就决策时间逻辑而言，投融资决策应该同时确定且相互作用和相互依存，两者之间存在互动的机制。事实上，除决策时间逻辑存在相互作用的机制外，投融资决策之间还存在因企业价值而产生的互动关系。也就是说，企业投融资决策会存在因企业价值而产生互动机制。依据前文的分析，企业投资决策的优化在于最大化企业价值 $V(P)$。由企业价值函数式（3.22）不难看出，企业价值由税后利润（等式右边第一部分）、税收利益（等式右边第二部分）和破产成本（等式右边第三部分）构成，其中 $\left(\dfrac{P}{P_d}\right)^{\beta_2}$ 是企业投资后价格接近于破产阈值的概率，即企业破产的概率。与投资决策相似，融资决策的优化在于实现投资决策时企业价值 $F(P_{t_0})$ 的最大化。由投资决策时企业价值函数式（3.25）可知，此时的企业价值是由投资后企业价值净值，即投资时点上企业税后利润和期望税收利益与破产成本和投资成本之差，乘以融资时价格 P_{t_0} 达到投资阈值的概率即投资概率 $\left(\dfrac{P_{t_0}}{P_e^f}\right)^{\beta_1}$。所以，投资决策与负债融资决策都与税收利益和破产成本的多寡息息相关。然而，式（3.22）、式（3.25）也表明，期望税收利益和期望破产成本的多少一方面与企业负债利息水平相关，同时也受到企业投资临界值的影响。因此，企业投融资决策取决于与负债水平和投资政策紧密关联的期望税收利益和期望破产成本的多少，并因此会产生投融资决策的互动关系。为了进一步形成对投融资决策互动机制的直接了解，下面将结合数值例子分别分析负债融资对投资决策的影响机制和投资决策对负债融资的影响机制。

（1）负债融资影响投资决策的机制分析。

由于投资决策函数式（3.24）无法得到投资政策的解析表达式，因此我们将结合数值示例的方式对投融资决策互动机理进行分析。假设存在这样的一个公司，其项目投资成本 I 为 20，投资项目当前的产品价格 P_{t_0} 为 1，且产品价格的期望增长率 μ 为 2%，波动率 σ 为 20%，公司所得税税率 π 为 0.33，市场无风险利率 r 为 6%，企业破产费用率 b 为 0.35，即破产后债权人能获得企业资产价值的 65%。

首先，我们对公司负债利息水平 R 从 0 开始到 3.0 进行赋值，然后根据 P_d 的函数、式（3.24）以及式（3.25）分别计算企业在相应利息水平下的破产阈值、投资阈值和 t_0 时刻的企业价值，见表 3.1。

表 3.1 企业投融资决策以及企业价值

利息支付 R	破产阈值 P_d	投资阈值 P_e^f	企业价值 F
0	0	2.8251	4.5214
0.2	0.0845	2.6709	4.7118
0.4	0.1691	2.5227	4.9181
0.5	0.2113	2.4528	5.0263
0.6	0.2536	2.3868	5.1372
0.8	0.3381	2.2702	5.3634
1.0	0.4226	2.1797	5.5875
1.2	0.5072	2.1199	5.798
1.4	0.5917	2.0916	5.9836
1.5	0.634	2.0885	6.0643
1.6	0.6762	2.092	6.1362
1.8	0.7608	2.1163	6.2525
2.0	0.8453	2.1594	6.333
2.1	0.8876	2.1866	6.3608
2.2	0.9298	2.2169	6.381
2.4	1.0144	2.2853	6.4011
2.5	1.0566	2.3228	6.4022
2.6	1.0989	2.3621	6.3981
2.8	1.1834	2.4452	6.3763
3.0	1.2679	2.5333	6.3397

表 3.1 数据显示，如果企业负债利息水平为零，即企业并不介入任何负债资金，企业属于纯股权融资方式，此时企业将会在产品价格上升为 2.8251 时执行投资期权。如果企业改变融资策略，借入部分负债资金，例如在利息支出为 0.2 时，企业的投资临界值将下降到 2.6709。也就是说，企业融入部分负债资金导致了其最优投资临界值往下降，从而表明负债融资会对企业投资支出产生促进作用。对于这种现象，公司财务理论认为这是因为负债融资会产生利息税盾，即税收利益，因为企业投资越早将有可能享受更多的利息税盾（Mauer 和 Sarkar，2005）。为了更加清晰地阐释其机理，我们将企业投资时的时点记为 t_e，未来企业破产的时点记为 t_d。显然，t_e 和 t_d 可以分别由式（3.27）和式（3.28）表示。

$$t_e = \inf\{t \in (t_0, \infty), P_t = P_e\} \tag{3.27}$$

$$t_d = \inf\{t \in (t_e, \infty), P_t = P_d\} \tag{3.28}$$

从两个等式的内涵不难发现，t_e 会小于 t_d，即 $t_e < t_d$。与此同时，将企业投资时的期望税收利益记为 TB，不难分析，它可以表示成等式（3.29）。很显然，在式（3.29）中，如果企业破产临界值固定或者说破产时点 t_d 既定，t_e 越低即投资越早，$t_d - t_e$ 将会越大，那么企业会享受更多的期望税收利益。因此，为了追逐更多的利息税盾，企业具有较强的动力提前投资。然而，理性的企业并不会无限制地提前投资，因为过度地提前投资意味着 P_e^f 会过低以至于 P_e^f 与 P_d 的差距变得过小。此时，如果价格下降，那么价格达到破产临界值的速度会变得很快，也就是说企业有效经营时间 $t_d - t_e$ 会骤减，从而导致实际的期望利息税盾减少。

$$TB = E\left[\int_{t_e}^{t_d} e^{-r(t-t_e)} \cdot \pi R dt\right] \tag{3.29}$$

$$BC = E\left[e^{-r(t_d-t_e)} \cdot BF\right] \tag{3.30}$$

此外，因提前投资导致的有效经营时间缩短还会增加企业的期望破产成本。为了说明这一点，假设企业在破产时的破产费用为 BF，投资时企业的期望破产成本为 BC。显然，期望破产成本可用式（3.30）表示，且不难得出，其大小与 $t_d - t_e$ 负相关。据此，企业有效经营时间的缩短会增加其期望破产成本，从而使期望税收利益净值 $TB - BC$ 变小，并对企业提前投资的热情产生抑制作用。所以，企业会考虑破产概率水平的高低，尽可能提前投资，以此实现期望税收利益净值的最大化，亦即企业价值最大化。

依据上述分析，期望税收利益会刺激企业的投资热情，期望破产成本会抑制企业的投资动力，企业投资决策是在权衡负债期望税收利益与期望破产成本后的一个最优的选择。进一步考察表3.1数据发现，随着负债水平的提高，企业投资阈值在利息水平小于等于1.5之前会一直下降，从而表明由于低负债水平对应着较低的破产临界值，此时企业负债税盾的投资促进作用会超过破产成本带来的投资抑制。所以，企业投资热情会随着负债水平的提高而增强，投资临界值表现出与利息水平单调下降的现象。然而，当企业利息水平超过1.5之后，随着利息支付的增加，投资阈值开始出现单调上升的现象。这表明，在较高负债水平上，虽然利息水平增加能够提高企业单期税收利益 πR，并因此对企业投资产生刺激作用，但是考虑到破产临界值在高利息水平下会处于较高水平，期望破产成本会相对偏高，从而产生投资抑制作用并超过负债的税收激励，最终导致企业投资阈值随负债水平单调上升的现象。

为了进一步分析负债利息税盾对投资产生刺激作用以及破产成本对投资产生的抑制作用，表3.2以负债利息等于1为例，考察了不同所得税率和破产成本率情形下，负债企业与非负债企业之间投资政策的差异。结果表明，随着所得税率上升，无负债企业和负债企业的投资阈值都会上升，从而表明税收成本会对投资支出产生抑制作用。然而，对照两种企业投资政策的变化发现，负债企业投资临界值随所得税率上升的幅度和速度都小于无负债企业，两者之间的差异 ΔP_e 随着所得税率的上升而变得更大。结果说明，随着所得税率的上升，单位负债能为负债企业产生的税收利益会更大，此时负债企业会比无负债企业表现出越来越强的投资动力。这一结论进一步印证了税收利益会对企业投资产生刺激作用。另一方面，假设所得税率保持不变，但是逐步调高企业破产成本率 b，此时虽然无负债企业投资政策保持不变，但是无负债企业投资临界值会从最初的2.1528逐步上升，因为在同等负债下，破产成本率上升会提高企业期望破产成本，从而导致企业期望价值下降，企业因此会提高其投资临界值，从而表现出更低的投资热情。所以，在其他情况不变时，期望破产成本会抑制企业的投资支出。

表 3.2　　　　　π 和 b 变动情形下负债融资对企业投资决策的影响

π	P_e^f $(R=0)$	P_e^f $(R=1)$	ΔP_e^f	b	P_e^f $(R=0)$	P_e^f $(R=1)$	ΔP_e^f
0.1	2.1031	1.9991	0.104	0.1	2.8251	2.1528	0.6723
0.2	2.366	2.0669	0.2991	0.2	2.8251	2.1637	0.6614
0.3	2.704	2.1506	0.5534	0.3	2.8251	2.1744	0.6507
0.4	3.1547	2.2571	0.8976	0.4	2.8251	2.185	0.6401
0.5	3.7856	2.3988	1.3868	0.5	2.8251	2.1954	0.6297
0.6	4.7321	2.5996	2.1325	0.6	2.8251	2.2056	0.6195
0.7	6.3094	2.9135	3.3959	0.7	2.8251	2.2157	0.6094
0.8	9.4641	3.4974	5.9667	0.8	2.8251	2.2257	0.5994
0.9	18.9282	5.119	13.8092	0.9	2.8251	2.2355	0.5896

（2）投资决策影响负债融资的机制分析。

前文分析的是负债融资会通过税收利益和破产成本对投资决策产生影响，接下来将进一步考察投资决策会通过什么机制对负债融资产生影响。为了对此进行分析，先假设企业受客观情形的约束而必须在产品价格为 2.45 左右时进行投资。如此，查看表 3.1 可知，企业可以选择的融资方案包括两个：其一，负债利息为 0.5，其二，负债利息为 2.8。虽然，两种方案下的投资临界值都在 2.45 左右，但是两种方案中将只有一种是较优的融资策略。根据权衡理论，企业同样会通过负债税收利益和破产成本的权衡最终得到一个能使企业价值最大的方案。显然，两种方案下 R 为 2.8 时会得到相对较大的企业价值 F，其企业价值 6.3763 大于利息水平为 0.5 时的企业价值 5.0263。之所以如此，是因为在负债利息为 0.5 时，虽然企业破产临界值会与投资临界值相对较远，因而会产生较少的破产成本，但是低利息水平意味着较低的利息税盾；而如果负债利息为 2.8，企业虽然会因为利息水平的提高产生更多的期望破产成本，但是利息水平的提高直接带来了税收利益的增加，最终导致更高的企业价值水平。同理，如果企业必须在 2.18 左右进行投资，此时可选择的融资方案包括利息水平为 1 和 2.1 两种。同样，融资决策的优化在于选择税收利益与破产成本权衡后企业价值最大化的方案。显然，相对较优的方案为利息支付为 2.1。

比较上述两种投资情形，当企业投资临界点为 2.45 时，其最优负债水平会高于投资临界点为 2.18 的情形。究其原因，是由于投资阈值的高低改变了企业对破产临界值的承受能力①，所以企业通过提高负债追逐税收利益的能力也就越强。因此，投资临界值的高低会对企业税收利益和破产成本施加影响，从而对融资策略产生作用，因而表明投资政策会通过税收利益和破产成本影响企业的最优融资策略。

事实上，倘若企业投资具有足够的柔性，亦即企业可以在任何价格上进行投资，此时企业各种投资政策下通过权衡税收利益和破产成本，将存在一个最优的融资方案与之相对应，从而相应地产生一个最优融资方案集。在融资方案集中，企业最终会甄选出一个能使企业价值 $F(P_{t_0})$ 最大化的方案。表 3.1 显示，企业将会在负债利息为 2.5 时实现价值最大化的目标，此时企业价值为 6.4022，是众多方案中企业价值最大的一个方案。结果表明，在利息支出为 2.5 时企业价值实现了最大化的目标，此时对应的最优投资阈值是 2.3228。从价值最大化意义看，企业投资项目需要部分的负债融资，亦即企业投资会促进负债融资的选择。

虽然，前文分析证明了项目投资会促进企业负债融资，但就项目特征而言，不同项目的选择是否会对负债融资行为产生不一样的影响呢②？表 3.3 列出了不同项目的选择对最优负债水平的影响。

表 3.3　　　　　　　　投资项目的选择对最优负债水平的影响

I	R^*	μ	R^*	σ	R^*
5	0.6	0.005	2	0.05	1.8
15	1.9	0.015	2.3	0.15	2.1
25	3.1	0.025	2.7	0.25	3
35	4.3	0.035	3.6	0.35	4.4
45	5.5	0.045	5.8	0.45	6.6

①　投资阈值越高，在给定的破产阈值下企业发生破产的可能性越小。

②　现有文献表明，投资之所以会影响企业的负债融资水平是因为一方面投资成本会形成对负债资金的需求驱动（Peterson 和 Benesh，1983），另一方面，是因为投资形成的企业资产特性，包括成长性水平、价格波动水平等都是决定融资行为的重要变量（Bradley 等，1984；Titman 和 Wessels，1988）。

　　表中结果显示，随着项目投资成本的增加，企业最优负债水平也会提高。究其原因，一方面因为投资支出的增加提高了企业资金压力，从而从客观上促成了更大的负债资金需求（Peterson 和 Benesh，1983），另一方面因为投资成本的增加提高了企业通过提前投资追逐税收利益的难度，即便在同等负债水平下，更高投资成本的项目将会面临更高的投资门槛，而同等负债下又存在同等水平的破产临界值，最终导致高投资成本企业因为投资延迟而产生更多的期望税收利益，并因此导致更强的负债融资动力。从表 3.3 中价格成长性水平 μ 的变化看，成长性更好的项目会有更高的最优负债水平。其直观原因在于，项目产品价格成长性越高，企业在投资后破产的可能性会越低，此时能为更高负债水平提供更直接的保障。事实上，进一步研究表 3.4 的结果发现，对于同等负债水平，高成长的项目在投资后其破产临界值会比低成长的项目低，从而意味着未来价格波动情形下达到破产阈值的时间相对延长，从而会为企业赢得更多的期望税收利益净值。然而，表 3.4 也证实高成长性企业投资临界值也会发生下降，从而有可能缩短破产时点 t_d 与投资时点 t_e 之间的距离，但是显然投资临界值下降的程度小于破产临界值[①]，最终导致企业有效经营时间 $t_d - t_e$ 会随 μ 值增加。也就是说，项目成长性最终会导致企业期望税收利益净值的增加，此时最优负债水平将因此提高。

表 3.4　　　　　　　　　不同投资参数对企业投资与破产决策的影响

I	P_d	P_e^f	μ	P_d	P_e^f	σ	P_d	P_e^f
5	0.4226	0.7548	0.005	0.5343	2.4613	0.05	0.631	1.3718
15	0.4226	1.5733	0.015	0.4628	2.2695	0.15	0.488	1.8395
25	0.4226	2.8378	0.025	0.3795	2.0952	0.25	0.366	2.5711
35	0.4226	4.2091	0.035	0.2843	1.9469	0.35	0.2765	3.5144
45	0.4226	5.6052	0.045	0.1779	1.835	0.45	0.2122	4.6915

注：该表中负债利息 R 为 1。

---

　　① 例如，当 μ 从 0.005 增至 0.015 时，P_d 下降的幅度为 $(0.534 - 0.463)/0.534 \times 100\% = 13.4\%$，而 P_e 下降的幅度为 $(2.461 - 2.270)/2.461 \times 100\% = 7.8\%$。

与项目价格成长性相似，表 3.3 展现了项目价格波动性同样会促进最优负债水平提高的事实。结合表 3.4 的结果，随着价格波动性的提高，企业破产临界值会降低，同时投资临界值也会随之提高。而低破产阈值和高投资阈值意味着企业会有更长的有效经营时间 $t_d - t_e$，从而将为企业腾出赚取更多企业税收利益净值的空间，最终导致企业最优负债水平的提高。

四　股东价值最大化下的投融资决策优化与投融资互动机制分析

基于企业价值最大化的条件，前文分析了企业投融资决策的互动机制。然而，代理理论认为，企业价值最大化是否对于决策者而言具有足够的吸引力仍值得商榷。现代企业制度下企业管理者属于企业所有者的代理人，他们处于企业的决策中心。因此，作为委托人或者控制人，股东的利益通常能够在投融资决策中得到较好的体现，但是债权人的利益则往往不是企业决策者需要考虑的第一要务。基于这点考虑，债权人通常会在企业进行债务融资时充分考虑股东可能与之产生的目标偏离，从而索取相应的价值补偿。依据这种逻辑，现实中的企业决策更加倾向于遵循股东价值最大化的原则，并因此导致投融资决策行为的差异。在这样的背景下，企业投融资决策机制会产生怎样的差异，下文将进一步对此进行分析。

1）股东利益最大化下的投融资决策优化。

（1）投资决策优化。

与企业价值最大化不一样，股东利益最大化背景下的投资决策是最大化企业股东的价值。因此，与前文的分析不一样，此时投资决策的价值匹配条件和平滑粘贴条件将由前文的条件（3.23b）和条件（3.23c）分别变为条件（3.31a）和条件（3.31b）：

$$F(P_e^S) = E(P_e^S) - (I - D(P_e^S)) \tag{3.31a}$$

$$\left.\frac{\partial F}{\partial P}\right|_{P = P_e^S} = \left.\frac{\partial E}{\partial P}\right|_{P = P_e^S} \tag{3.31b}$$

其中 P_e^S 是指股东价值最大化条件下的投资政策。结合前文式（3.15）、式（3.21）、条件（3.23a）与条件（3.31a）和条件（3.31b），不难得出企业投资政策 P_e^S 需满足如下方程：

$$(\beta_1 - \beta_2)\left(\frac{R}{r} - \frac{P_d}{r - \mu}\right)\left(\frac{P_e^S}{P_d}\right)^{\beta_2} + \frac{(\beta_1 - 1)P_e^S}{r - \mu} - \beta_1\left(\frac{R}{r} + \frac{I - D(P_e^S)}{1 - \pi}\right) = 0$$

$$\tag{3.32}$$

与前文相似，股东价值最大化条件下的投资决策会直接受融资决策的影响，投资决策无法独立于企业融资行为。仔细分析式（3.32），在其中代入 P_d 与 $D\left(P_e^S\right)$ 的最终表达式会发现，给定项目特征参数与宏观环境参数，负债利息水平即融资政策 R 是影响企业投资政策 P_e^S 的唯一内生变量。所以，投资临界值与融资政策存在适应与匹配的关系，忽略这种关系将无法实现企业决策行为的优化，也无法实现股东价值的最大化。然而，比较投资方程式（3.24）和式（3.32）不难发现，即便与企业价值最大化时一致，投资决策会受到融资决策的影响，但是显然两者的投资临界值存在差异。若将企业价值最大化当作最优策略，那么股东价值最大化下的投资决策与最优策略存在差异，从而说明股东价值最大化下企业投资决策存在扭曲的现象。

（2）融资决策优化。

与投资决策相似，企业融资决策也会因为上述投资扭曲而产生差异，因为股东同样会依照自身的目标函数设定融资方案。与前文一致，股东通常会在诸多利息水平中甄选出能够使股东价值最大化的方案，也就是说最优融资政策 R^* 必须满足：

$$R^* \in \mathrm{argmax} E\left(R, P_d, P_e^S\right), \quad P_t = P_{t_0}$$

当然，在一个投资前不存在资产的企业而言，t_0 时刻的股权价值 E 实际上就是投资前企业的整体期权价值 $F\left(P\right)$。

2）负债代理冲突下投融资互动机制分析。

分析股东投融资决策优化过程不难发现，即便排除投融资决策者决策技术、决策知识等有限认知的干扰，企业深刻认知且努力依照投融资互动机制进行决策，但是受到委托代理问题的影响，决策者并不能贯彻全部利益相关主体的价值最大化标准，而只能以其直接委派人与监管者的利益为中心进行决策[1]，并因此牺牲其他利益相关者的部分利益，最终使企业的决策行为偏离最优的轨道，从而产生决策者"有预谋的过失"。在这样的背景下，企业投融资互动机制定然会因此受到影响。为了方便比较，我们继续援引前文使用的基础数据，并与前文的分析进行比较。

---

[1] 由于本章假设股东能对管理者实现完全的控制，从而并没有考虑股东与管理者之间的利益冲突，所以此时决策者的行为是其委托人——股东——全部意志的体现。

表 3.5　　　　　　　　　　**负债代理冲突下的投融资决策以及企业价值**

利息支付 R	破产阈值 P_d	投资阈值 P_e^S	企业价值 F
0	0	2.8251	4.5214
0.2	0.0845	2.67	4.7118
0.4	0.1691	2.5164	4.918
0.5	0.2113	2.4406	5.0262
0.6	0.2536	2.3659	5.1369
0.8	0.3381	2.2205	5.3616
1.0	0.4226	2.0829	5.5792
1.2	0.5072	1.9564	5.7688
1.5	0.634	1.7956	5.9338
1.6	0.6762	1.7512	5.9399
1.7	0.7185	1.712	5.9154
2.0	0.8453	1.6255	5.641
2.2	0.9298	1.5922	5.2972
2.4	1.0144	1.5756	4.8513
2.5	1.0566	1.5727	4.6002
2.6	1.0989	1.5729	4.3357
2.8	1.1834	1.5813	3.7821
3.0	1.2679	1.5983	3.2166

（1）负债融资影响企业投资的机制分析。

从表 3.5 可知，虽然企业并不是按照企业价值最大化标准进行决策，但是负债融资对投资决策具有同样的影响。在较低负债水平下（此处为利息水平低于 2.5），负债融资会降低股东的投资临界值，但在较高的负债水平下（此处为利息水平高于 2.5），负债融资会抑制企业投资动力。显然，与前文分析相似，这一结果的出现源自于低负债水平下期望税收利益净值会刺激投资的缘故，因为在低负债水平下，负债产生的税收利益会超过破产成本产生的影响；相反，高负债水平会产生较高的破产成本，甚至会超过其产生的节税效应，所以股东会相应地提高投资临界值，企业投资动力下降。这一现象表明，即使按照股东价值最大化原则进行投资，负债融资同样会对投资临界值产生先抑后扬的特征（见图 3.2）。

然而，图 3.2 表明，虽然两种决策依据下的投资轨迹与负债融资表现出相似的特征，但是两者确实存在显著的差异。在股东利益最大化原则下，企业投资临界值明显低于企业价值最大化情形。受股东债权人利益冲突的影响，企业出现了过度投资的现象。其原因在于，虽然同样会受到负债税收利益与破产成本的影响，股东价值最大化决策者因为有限责任机制的庇护，可以不考虑债权人因破产产生的成本，也就是说此时的负债破产成本低于企业价值最大化情形。所以，相较于最大化企业价值，股东往往愿意在更低的产品价格下进行投资，其投资阈值相对偏低。比较图 3.3 中两种决策原则下企业价值可知，最大化股东价值的投资决策往往会带来相对较低的企业价值，企业因次优方案的选择导致了价值的损失，这种损失也正是股东过度投资所致，即委托代理成本。显然，结合两个图不难得出，随着负债水平的提高，两种决策原则下的投资差异会越大，也就是说过度投资越明显，同时企业价值损失也会越大，亦即代理成本也越高。所以，负债融资不仅通过税收利益、破产成本影响企业投资，同时也可通过委托代理问题对之产生作用。

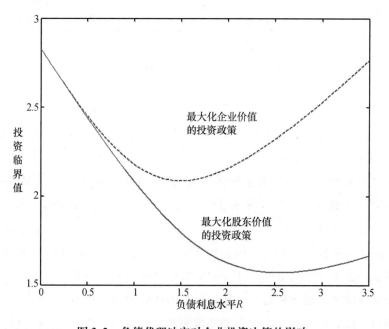

图 3.2　负债代理冲突对企业投资决策的影响

（2）投资行为影响负债融资的机制分析。

上述分析表明，负债融资会因为负债代理问题导致企业产生过度投资

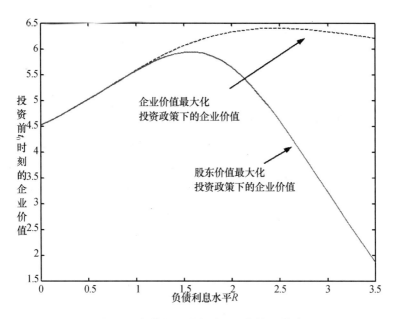

图 3.3　负债代理冲突对企业价值的影响

行为。在过度投资问题的作用下，企业通常会选择相对较低的投资临界值，而在同等负债水平下往往意味着同样的破产政策，最终企业投资后发生破产的概率就会相对偏高。正因如此，按照序贯博弈的思路，债权人根据股东未来可能的过度投资行为以及由此带来的更高的破产风险，此时在同等负债水平下他们会倾向于向企业索要更高的负债利息作为未来破产风险的一种补偿。所以，与价值最大化情形比较，股东价值最大化投资策略会引致企业更高的负债成本，或者说企业需要为债务资金支付更多的风险溢价。

　　为了进一步验证这一观点，我们在表 3.6 中比较了两种决策原则下的实际负债成本。其中，*RFinancingC* 是实际负债融资成本。由于实际负债成本是给定负债利息下，理性的债权人愿意提供给企业的债务资金，即投资时的债务价值。所以，实际负债融资成本可以由以下方式计算获得①：

---

① 类似地，我们也可以用风险溢价进行分析，债务风险溢价可由如下方式获得

$Riskpremium = \dfrac{R}{D\ (P_e^i)} - r$，其中 $i \in (s, f)$。

$$RFinancingC = \frac{R}{D(P_e^i)}, \text{ 其中 } i \in (s, f)$$

其中，P_e^s 和 P_e^f 分别是股东价值最大化和企业价值最大化的投资临界值。表 3.6 显示，在各种利息水平下，最大化股东价值的投资情形下企业的确会产生更高的实际负债融资成本。因此，负债融资导致的过度投资反过来提高了企业资金成本，这种投资非效率问题导致股东会比股东价值最大化决策者更少的负债融资。事实上，比较表 3.5 和表 3.1 可知，在企业价值最大化投资情形下，企业对应的最优负债融资策略是利息支付水平为 2.5，而股东价值最大化情形下，综合权衡负债融资的税收利益、破产成本以及负债代理冲突下更高的负债融资成本，此时企业选择的最优负债政策是利息水平为 1.6。因此，除了与企业价值最大化情形下投资决策对负债融资的影响特征外，负债代理冲突下的过度投资行为会抑制企业的负债融资热情。

表 3.6　　　　　　　　　　代理冲突对负债融资成本的影响

负债利息 R	股东价值最大化情形			企业价值最大化情形		
	P_e^s	$D(P_e^s)$	$RFinancingC$	P_e^f	$D(P_e^f)$	$RFinancingC$
0.5	2.4406	8.2462	0.06063	2.4528	8.247	0.06062
1.0	2.0829	15.9051	0.0629	2.1797	15.9627	0.0626
1.5	1.7956	22.0182	0.0681	2.0885	22.7049	0.0661
2.0	1.6255	25.5585	0.0783	2.1594	28.5794	0.07
2.5	1.5727	26.5216	0.0943	2.3228	33.9586	0.0736
3.0	1.5983	25.7647	0.1164	2.5333	39.0854	0.0768

五　本节主要结论

本节分析表明，投融资决策虽然在时间上表现出一个先后的逻辑关系，但是对于决策优化过程，决策者必然会在同时予以确定。企业投融资优化必然是基于互动机理之下的优化，忽略这种互动机理，决策行为将无法实现企业价值最大化或者股东价值最大化。

就负债对投资决策的影响而言，无论企业价值最大化或者股东价值最大化，负债融资都会通过税收利益刺激企业投资支出，并通过破产成本对投资行为产生抑制作用。在两种作用机制下，由于低负债水平意味着低破产风险，所以负债对投资会产生正的净效应，而在高负债水平下，破产风险会变得比较大，期望破产成本会大于期望税收利益，因此负债会对投资产生负的净效应。与此同时，由于负债融资下的负债代理问题，股东在决策过程中将不用顾及债权人因破产产生的相关成本，因此与价值最大化情形比，股东具有对破产风险相对较低的担忧，因此会通过提前投资以追逐更多的税收节约，从而表现出更强的投资动力，股东会产生过度投资问题。

就投资对负债决策的影响而言，出于对税收利益的追逐，企业投资支出中最优的选择将是融入部分债务资金，无论决策者以企业价值最大化为准绳还是以股东价值最大化为标准。因此，投资决策会促进企业负债融资。与此同时，考虑到股东有可能因负债代理冲突而产生过度投资问题，在此情形下，债权人会增加债务资金的风险溢价或索要更高的资金成本，所以企业会因为债务资金成本的提高而减少负债融资水平。也就是说，负债代理冲突会相应地减少企业负债融资能力或负债融资水平。

第四节　企业投资与负债融资决策互动分析折旧模型

正如上节分析所知，企业投资决策与负债融资会受税收利益、破产成本和代理问题产生互动关系。然而，DeAngelo 和 Masulis（1980）认为，除了负债融资，资本折旧也是企业税收利益的源泉。因此，在折旧税盾的作用下，企业投融资决策会产生不一样的情形。所以，继续考虑企业因资本投资折旧税盾背景下的投融资决策问题，将有助于进一步了解企业投融资决策之间的互动机制。为此，本节期望在上节模型的基础上引入资本折旧因素，以此重新认识企业投融资决策及其互动机理。

基于此，我们在上节模型的基础上进一步提出了如下模型假设：

（1）假设在投资前企业的资本资产已然折旧完毕，企业在投资前不存在任何折旧费用①。这一假设主要是为了剔除投资前折旧费用的干扰，从而更加清晰和集中地研究新增投资产生折旧费用对投融资决策的影响。

（2）为了简化模型的分析，假设企业采用直线折旧的方法，并且新增资本 I 能够在投资后的无限期内进行折旧。与永久性贷款相似，这种在无限期内进行直线折旧的假设主要是为了减少模型的时间维度，以获得各种价值的解析表达式②。令企业单位时间内的折旧率为 δ，折旧费用为 d，那么折旧费用 d 可以表示成 δI③。

一 企业价值最大化下的投融资决策优化与投融资互动机制分析

1）企业价值评估。

与前一节分析思路相似，在投融资决策分析之初，我们将首先对企业价值进行评估。显然，考虑到折旧问题，项目投资后股东能从企业获得的现金流量为 $(1-\pi)(P_t - R - d) + d$，其中 π 是企业所得税税率，d 是折旧费用。同样，设 E 为投资后股东权益的价值，它是时间 t 和 P_t 的函数，在一定的连续时间后股权价值随时间变化的期望值可表示为 $E(dE)$。所以，单位时间后股权价值的期望变化量为 $[(1-\pi)(P_t - R - d) + d]dt + dE$。基于风险中性的考虑，为避免套利，股权价值的变化应该等于股东的无风险收益 $rEdt$，其中 r 为无风险利率（为获得有限值的解，假定 $r > \mu$）。使用动态规划法，投资后的股权价值必须满足如下贝尔曼方程：

$$[(1-\pi)(P_t - R - d) + d]dt + E(dE) = rEdt \qquad (3.31)$$

运用伊藤定理，式（3.31）可以转化成微分方程（3.32）：

$$\frac{1}{2}\sigma^2 P^2 E_{PP} + \mu P E_P - rE + (1-\pi)(P - R) + \pi d = 0 \qquad (3.32)$$

不难分析，其通解形式可以表示成式（3.33）：

$$E(P) = C_1 P^{\beta_1} + C_2 P^{\beta_2} + (1-\pi)\left(\frac{P}{r-\mu} - \frac{R}{r}\right) + \frac{\pi d}{r} \qquad (3.33)$$

---

① 事实上，以前面章节为基础，此处依然假定企业是初创企业，那么在投资前企业必然不存在折旧。

② 当然，即便不是在无限期内进行折旧，折旧税盾影响投融资决策的机理也不会发生改变，所以这种假设对模型的分析并没产生显著的影响。

③ 如果每期折旧费用为 δI，那么在 n 期内企业的折旧总额为 $\delta I + \delta(1-\delta)I + \delta(1-\delta)^2 I + \cdots + \delta(1-\delta)^{n-1}I$，如果 I 趋向无穷大，不难求得企业折旧总额即为投资总成本 I。

式中 C_1 和 C_2 为待定的系数。此外，股权价值必须满足如下三个条件：

$$\lim_{P\to\infty} E = (1-\pi)\left(\frac{P}{r-\mu} - \frac{R}{r}\right) + \frac{\pi d}{r} \tag{3.34a}$$

$$E(P_d) = 0 \tag{3.34b}$$

$$\frac{\partial E}{\partial P}\Big|_{P=P_d} = 0 \tag{3.34c}$$

条件（3.34a）表明在价格趋向于无穷大时，企业不会产生任何破产风险，此时股权价值是企业期望税后利润的现值；条件（3.34b）中 P_d 是破产临界值，表明在有限责任机制下，股东将在产品价格下降为 P_d 时对企业实施破产，此时企业所有权转移给债权人，股东价值将变为零；（3.34c）为破产一阶最优条件，亦即平滑粘贴条件。显然，将上述四个等式联立即可获得企业破产临界值 P_d 为式（3.35）所示：

$$P_d = \frac{\beta_2(r-\mu)\left[(1-\pi)R - \pi d\right]}{r(\beta_2 - 1)(1-\pi)} \tag{3.35}$$

从式（3.35）分析知，倘若 $(1-\pi)R - \pi d > 0$，企业破产临界值将会大于零，股东会在一个大于零的价格上对企业实施破产。此时，企业股东权益价值可以表示成：

$$E(P) = (1-\pi)\left(\frac{P}{r-\mu} - \frac{R}{r}\right) + \frac{\pi d}{r} - \left[(1-\pi)\left(\frac{P_d}{r-\mu} - \frac{R}{r}\right) + \frac{\pi d}{r}\right]$$
$$\left(\frac{P}{P_d}\right)^{\beta_2}, (1-\pi)R - \pi d > 0 \tag{3.36}$$

相反，倘若 $(1-\pi)R - \pi d \leqslant 0$，式（3.36）将不再为正，也就是说企业股东将永远都不会对企业实施破产。事实上，如果该不等式确实存在，那么股东单位时间内实际承担的利息费用 $(1-\pi)R$ 会小于或者等于资本折旧为其提供的税收节约 πd。那么企业产品价格即便为零，股东也能在单位时间内获得非负的现金流入量，对于股东而言，此时其最优的选择是无论企业产品价格如何，他们都不会对企业实施破产。也就是说，在这种情形下，股东价值除了满足条件（3.34a），还需满足条件（3.37）。

$$\lim_{P\to 0} E = (1-\pi)\left(\frac{P}{r-\mu} - \frac{R}{r}\right) + \frac{\pi d}{r} \tag{3.37}$$

即企业价格在无穷大和零时都会获得永续的期望税后利润净值。将式

（3.33）代入条件（3.34a）和式（3.37），可以求得当可求得$(1-\pi)R-\pi d\leqslant 0$ 时企业股权价值为式（3.40）所示：

$$E(P) = (1-\pi)\left(\frac{P}{r-\mu} - \frac{R}{r}\right) + \frac{\pi d}{r}, (1-\pi)R - \pi d \leqslant 0 \quad (3.38)$$

与股权价值分析相似，我们假设投资后企业债务价值为 D，其微分方程可用式（3.39）表示，且其通解形式可用式（3.40）表示，其中 G_1、G_2 为待定的系数。

$$\frac{1}{2}\sigma^2 P^2 D_{PP} + \mu P D_P - rD + R = 0 \quad (3.39)$$

$$D(P) = \frac{R}{r} + G_1 P^{\beta_1} + G_2 P^{\beta_2} \quad (3.40)$$

显然，倘若 $(1-\pi)R-\pi d>0$，企业在投资后具有正的破产临界值，股东在投资后有可能在某一价位对企业实施破产。此时，债务价值必须满足条件（3.41a）和条件（3.41b）。其中，条件（3.41a）表明当产品价格足够大时，企业不会破产，债权人将获得永续的利息收入，此时负债价值为 $\frac{R}{r}$；条件（3.41b）表明当产品价格正好为破产临界值 P_d 时，企业将实施破产，债权人将从股东那里获得企业的所有权，并得到破产后的残值。考虑到破产后，债权人获得的资产将不再属于债务融资情形，所以破产时企业的资产价值可以表示为 $\frac{(1-\pi)P_d}{r-\mu}+\frac{\pi d}{r}$，且债权人会得到其中的部分残值 $(1-b)\left[\frac{(1-\pi)P_d}{r-\mu}+\frac{\pi d}{r}\right]$。联立式（3.40）、条件（3.41a）和条件（3.41b），可以求得 $(1-\pi)R-\pi d>0$ 条件下的债务价值式（3.42）。

$$\lim_{P\to\infty} D = \frac{R}{r} \quad (3.41a)$$

$$D(P_d) = (1-b)\left(\frac{1-\pi}{r-\mu}P_d + \frac{\pi d}{r}\right) \quad (3.41b)$$

$$D(P) = \frac{R}{r} - \left[\frac{R}{r} - (1-b)\left(\frac{1-\pi}{r-\mu}P_d + \frac{\pi d}{r}\right)\right]\left(\frac{P}{P_d}\right)^{\beta_2},$$

$$(1-\pi)R - \pi d > 0 \quad (3.42)$$

另一方面，倘若$(1-\pi)R-\pi d\leqslant 0$，股东将在任何时候都不会对企业

实施破产，债权人将获得永续的利息收入，因此债务价值可以表示成式（3.43），

$$D = \frac{R}{r}, \quad (1 - \pi)R - \pi d \leq 0 \tag{3.43}$$

显然，加总股权价值 $E(P)$ 和债务价值 $D(P)$ 即可求得投资后的企业价值 $V(P)$。不难计算，企业价值 $V(P)$ 可用式（3.44）表示：

$$V(P) = \begin{cases} \frac{(1-\pi)}{r-\mu}P + \frac{\pi d}{r} + \frac{\pi R}{r}\Big[1 - \Big(\frac{P}{P_d}\Big)^{\beta_2}\Big] - b\Big(\frac{1-\pi}{r-\mu}P_d + \frac{\pi d}{r}\Big)\Big(\frac{P}{P_d}\Big)^{\beta_2}, \\ \quad (1-\pi)R - \pi d > 0 \\ \frac{1-\pi}{r-\mu}P + \frac{\pi d}{r} + \frac{\pi R}{r}, \\ \quad (1-\pi)R - \pi d \leq 0 \end{cases}$$

$$\tag{3.44}$$

2）企业价值最大化下的投资决策优化。

显然，虽然此处考虑了资本折旧问题，但是投资前期权价值 F 应与前文分析一致，仍可由式（3.7）予以表示，结合条件（3.23a），并将式（3.44）代入价值匹配条件（3.23b）和平滑粘贴条件（3.23c），可以分别求得 $(1-\pi)R - \pi d > 0$ 时和 $(1-\pi)R - \pi d \leq 0$ 时企业价值最大化条件下的最优投资临界值 P_e^f 必须分别满足方程（3.45）和式（3.46）。

$$\Big(1 - \frac{1}{\beta_1}\Big)\frac{1-\pi}{r-\mu}P_e^f - \Big(1 - \frac{\beta_2}{\beta_1}\Big)\Big[\frac{\pi R}{r} + b\Big(\frac{1-\pi}{r-\mu}P_d + \frac{\pi d}{r}\Big)\Big]\Big(\frac{P_e^f}{P_d}\Big)^{\beta_2}$$
$$+ \frac{\pi(R+d) - rI}{r} = 0, (1-\pi)R - \pi d > 0 \tag{3.45}$$

$$P_e^f = \frac{\beta_1(r-\mu)[rI - \pi(d+R)]}{r(1-\pi)(\beta_1 - 1)}, \quad (1-\pi)R - \pi d \leq 0 \tag{3.46}$$

首先，分析 $(1-\pi)R - \pi d \leq 0$ 的投资函数式（3.46）可以看出，如果 $rI - \pi(d+R) > 0$，企业将存在正的投资阈值 P_e^f，但是如果 $rI - \pi(d+R) \leq 0$，企业的投资阈值 P_e^f 将小于等于零。实际上，如果 $rI - \pi(d+R) \leq 0$，也就是说 $I \leq \pi(d+R)/r$，那么企业在投资后因负债利息税盾和折旧税盾而享受的整体税收利益的现值会大于项目投资所花费的成本 I。很显然，在这种情形下，即便投资后企业产品价格为零，企业得到的收益也会大于或等于零，此时企业在任何价位下都会执行投资期权。当然，考

虑到产品价格必须大于或等于零的现实经济特性以及本书研究企业投资的现实意义，我们将忽略此种情形的分析，而只对 $rI - \pi(d + R) > 0$ 或 $rI > \pi(d + R)$ 情形的分析，此时 P_e^f 将会大于零。然而，由于此处对式 (3.46) 的分析是基于 $(1 - \pi)R - \pi d \leqslant 0$ 条件而进行的，也就是说 $R \leqslant \dfrac{\pi}{1 - \pi}d$。因此，会存在 $\pi(d + R) \leqslant \pi\left(d + \dfrac{\pi}{1 - \pi}d\right)$，即 $\pi(d + R) \leqslant \dfrac{\pi}{1 - \pi}d$。

有鉴于此，如果存在不等式 $rI > \dfrac{\pi}{1 - \pi}d$，那么不等式 $rI > \pi(d + R)$ 将必然成立。因此，可以将 $rI > \dfrac{\pi}{1 - \pi}d$ 确定为 $(1 - \pi)R - \pi d \leqslant 0$ 时为保证投资阈值 P_e^f 大于零折旧费用 d 必须满足的条件。

3）企业价值最大化下的融资决策优化。

毋庸赘述，与上节的分析相同，给定一个企业的投资政策，不论企业是否存在资本折旧或者折旧水平如何，企业决策者都会在权衡税收利益和破产成本的基础上，选择一个最优的负债水平以实现企业价值的最大化。

当然，倘若我们给予企业投资足够大的柔性，亦即企业可以选择任何的价位进行投资，在税收利益与破产成本的权衡之下，企业各种投资临界值都会有一个最优融资方案与之相对应。所以，企业也会存在一个与各种投资价格相对应的最优融资方案集。在这个最优融资方案集中，决策者最终将会甄选出一个能使企业价值 $F(P_{t_0})$ 最大化的方案。

4）投融资决策互动机制分析。

（1）负债融资影响投资决策的机制分析。

在上节分析数据的基础上，我们在表 3.7 中分别分析了企业折旧率为 0.05 和 0.1 时的投资决策。对照表 3.1 和表 3.7 的情形可知，无论是否存在折旧，企业在较低负债水平下，负债融资都会降低企业的投资临界值，负债会对投资产生促进作用；而在较高负债水平下，负债融资会提高投资临界值，负债会对投资产生抑制作用。但是，在存在资本折旧时，企业投资临界值会明显低于无资本折旧时，企业因折旧产生了更强的投资动力。究其原因，在于资本折旧能为企业提供更多的税收节约，并因此导致折旧类企业存在更低的破产临界值。

如果以折旧率为 0.05 为例，表 3.7 的结果表明，当企业出于较低负债水平时（如利息水平低于 0.4），企业资本折旧提供的税收优惠将大于税后利息负担净值，此时企业在投资后永远都不会破产，其破产临界值为零；而当负债水平提升（如利息水平大于 0.4），企业源自资本折旧的税收利益会少于税后利息负担净值，企业必须用不确定的产品收入弥补该利息负担的缺口，此时企业将存在无法偿还利息的可能性，其破产风险将增加，破产临界值也将因此大于零。

表 3.7　　折旧因素下企业价值最大化的投融资决策与企业价值

利息支付 R	折旧率 δ 为 0.05			折旧率 δ 为 0.1		
	破产阈值 P_d	投资阈值 P_e^f	企业价值 F	破产阈值 P_d	投资阈值 P_e^f	企业价值 F
0	0	2.0482	5.7215	0	1.2713	8.1122
0.2	0	1.8928	6.0617	0	1.1159	8.9245
0.4	0	1.7374	6.454	0	0.9605	9.9599
0.6	0.0454	1.5854	6.9069	0	0.8052	11.3333
0.8	0.1299	1.4571	7.3974	0	0.6498	13.2593
1.0	0.2145	1.3701	7.8824	0.0063	0.4958	16.1795
1.1	0.2567	1.3456	8.1036	0.0486	0.4726	17.4639
1.2	0.299	1.3338	8.3006	0.0908	0.5005	17.9471
1.3	0.3413	1.3335	8.4683	0.1331	0.5481	17.8945
1.4	0.3835	1.3432	8.6045	0.1754	0.6026	17.5776
1.6	0.4681	1.3858	8.784	0.2599	0.7177	16.6641
1.8	0.5526	1.4501	8.8554	0.3444	0.8346	15.695
1.9	0.5949	1.4879	8.8586	0.3867	0.8931	15.2315
2.0	0.6371	1.5284	8.8444	0.429	0.9516	14.7887
2.2	0.7217	1.6158	8.7747	0.5135	1.0682	13.9698
2.4	0.8062	1.7094	8.6652	0.598	1.1845	13.2367
3.0	1.0598	2.0115	8.2179	0.8516	1.5315	11.4619

对照表 3.1 的结果发现，存在折旧的企业会比无折旧情形存在更低的破产阈值。究其原因，在于如果企业存在折旧，企业会享受更多的税收利

益，一旦实施破产，企业将因此失去更多的税收利益①，所以企业决策者会等到更低的价格再执行企业的破产。并且，表 3.7 表明，企业存在的资本折旧越多，企业实施破产的动力也就越弱。所以，折旧税盾会推迟企业的破产时点。如果我们将无折旧企业破产时点记为 t_d^n，有资本折旧的破产时点记为 t_d^y，那么会存在不等式 $t_d^y > t_d^n$。根据上节的分析，有资本折旧的企业期望税收利益和破产成本也可以表示成式（3.47）和式（3.48）。

$$TB = E\Big[\int_{t_e}^{t_d^y} e^{-r(t-t_e)} \cdot \pi(R+d)dt\Big] \tag{3.47}$$

$$BC = E\big[e^{-r(t_d^y-t_e)} \cdot BF\big] \tag{3.48}$$

倘若两类企业存在同样的投资时点 t_e，此时两类企业的期望税收利益净值差额 $\Delta(TB-BC)$ 可以由如下方式计算获得：

$$(TB-BC)_{有折旧} - (TB-BC)_{无折旧}$$

$$= E\Big[\int_{t_e}^{t_d^y} e^{-r(t-t_e)} \cdot \pi(R+d)dt - e^{-r(t_d^y-t_e)} \cdot BF\Big] - E\Big[\int_{t_e}^{t_d^n} e^{-r(t-t_e)}$$

$$\cdot \pi R dt - e^{-r(t_d^n-t_e)} \cdot BF\Big]$$

$$= E\Big[\int_{t_d^n}^{t_d^y} e^{-r(t-t_e)} \cdot \pi R dt + \int_{t_e}^{t_d^y} e^{-r(t-t_e)} \cdot (\pi d)dt + e^{-r(t_d^n-t_e)}$$

$$\cdot BF(1-e^{-r(t_d^y-t_d^n)})\Big]$$

很显然，因为存在不等式 $t_d^y > t_d^n$，期望税收利益净值差额的最终表达式中前两项均大于零，同时又存在 $e^{-r(t_d^y-t_d^n)} < 1$ 的现象，所以最终表达式中第三项也 >0。因此，存在 $(TB-BC)_{有折旧}$ 大于 $(TB-BC)_{无折旧}$ 的现象。结果，存在资本折旧的企业会比无资本折旧的企业容许更低的投资门槛，并且折旧费用越高，投资门槛也会越低。该结论通过比较表 3.1 和表 3.7 可以非常轻松地得到证实。

---

① 事实上，存在折旧的企业在单位时间内可以获得 $\pi(R+d)$ 的税收利益，所以，如果不考虑破产，企业的税收利益可以表示成 $\pi(R+d)/r$。然而，如果考虑破产的影响，税收利益应表示成式（3.47）。所以，破产导致企业税收利益的损失为 $\pi R/r - E\big[\int_{t_e}^{d} e^{-r(t-t_e)} \cdot \pi(R+d)dt\big]$。同样，在无折旧的企业里，破产导致税收利益损失为 $\pi R/r - E\big[\int_{t_e}^{d} e^{-r(t-t_e)} \cdot \pi R dt\big]$。显然，如果两类企业具有同样的投资和破产政策，前者比后者多发生的税收利益损失为 $\pi d/r - E\big[\int_{t_e}^{d} e^{-r(t-t_e)} \cdot \pi d dt\big] > 0$。

（2）投资决策影响负债融资的机制分析。

表 3.7 表明，折旧率为 0.05 时，企业会在利息水平为 1.9 时实现企业价值最大化的目标，此时企业最优负债融资政策为 R^* 等于 1.9；而折旧率为 0.1 的企业里，其最优负债水平为 R^* 等于 1.2。显然，无论资本折旧情形如何，企业最优负债水平都大于零，项目投资会促进企业的负债融资。

比较表 3.1 和表 3.7 发现，存在资本折旧的企业，其最优负债水平都相对偏低，且折旧越高的企业最优负债会越少。所以，在存在资本折旧时，投资对负债融资的促进作用会相对下降，且折旧越多，投资的负债促进作用越弱。之所以如此，DeAngelo 和 Masulis（1980）认为这是由于资本折旧会对负债利息税盾产生替代效应的缘故。事实上，权衡理论以及前文的分析均认为负债融资的选择是基于税收利益与破产成本两者权衡考虑的结果。由于存在资本折旧的企业，负债利息只是其税收节约的一部分，另一个税盾源泉来自资本折旧。如果资本折旧类企业为了追逐负债利息税盾而增加负债融资，那么他们在得到利息税盾的同时也会带来破产的风险。与无折旧企业不一样，同样的破产风险，其导致的不仅是利息税盾的潜在损失，同时也会置折旧税盾于风险之中。也就是说，存在折旧的企业，会考虑到折旧税盾的安全而降低通过负债融资追逐利息税盾的动力。作为结果，折旧税盾因为负债税收利益的替代效应而降低负债融资的边际价值，从而导致折旧类企业会选择更低的负债融资水平。在折旧情形下，企业投资促进负债融资的现象会有所下降。

二　股东价值最大化下的投融资决策优化与投融资互动机制分析

上节内容表明，在负债代理冲突的影响下，企业会因股东利益的追逐而产生过度投资的现象，并由此产生价值的损失。另一方面，由于债权人依据股东决策方案得出最优的博弈策略是在估计到可能的过度投资后，相应地提高企业负债融资的成本要求，从而会因此降低企业的负债融资水平。然而，正如前文所述，折旧因素会对企业整体税盾产生影响，从而有可能导致企业投融资决策方案的改变，此时负债代理冲突影响投融资决策的情形可能有所变化。

1）股东价值最大化下的投融资决策优化。

与不考虑资本折旧的情形相同，最大化股东价值的投资决策适用于同样的投资边界条件（3.31a）和平滑粘贴条件（3.31b）。将前文有关股权价值的表达式（3.36）和式（3.40）代入条件（3.31a）和条件（3.31b）即可求得（$1-\pi$）$R-\pi d>0$ 和（$1-\pi$）$R-\pi d\leqslant 0$ 时股东的最优投资政策 P_e^S。

利用前文式（3.7）和条件（3.23a），结合前文 $E(P_e^S)$ 和 $D(P_e^S)$ 的表达式即可求得式（3.49）中的期权价值。与前文的分析思路一样，我们可以通过比较不同负债水平下的企业价值 $F(P_{t_0})$，从而得到能使企业价值最大化的融资政策，进而实现融资政策的最优化。

$$F(P) = \left[E(P_e^S) - (I - D(P_e^S))\right]\left(\frac{P}{P_e^S}\right)^{\beta_1}, \quad P = P_{t_0} \quad (3.49)$$

2）投融资决策互动机制分析。

以前文基础数据为基础，表3.8继续描述了企业资本折旧率分别为 0.05 和 0.1 时的各种投资政策及其对应的期权价值。表中数据表明，无论折旧率如何，股东利益最大化背景下的投资决策与负债融资决策之间存在同样的互动机制，并且同样存在过度投资的情形。然而，进一步比较企业价值最大化与股东利益最大化的决策情形发现，此时企业过度投资程度及其对融资决策的影响会因企业折旧政策的不同而产生差异。

表 3.8　　企业价值最大化与股东利益最大化投融资决策的差异比较

| 利息支付 R | 折旧率 δ 为 0.05 | | | | 折旧率 δ 为 0.1 | | | |
| | 企业价值最大化 | | 股东价值最大化 | | 企业价值最大化 | | 股东价值最大化 | |
	P_e^f	F	P_e^S	F	P_e^f	F	P_e^S	F
0	2.0482	5.7215	2.0482	5.7215	1.2713	8.1122	1.2713	8.1122
0.2	1.8928	6.0617	1.8928	6.0617	1.1159	8.9245	1.1159	8.9245
0.4	1.7374	6.454	1.7374	6.454	0.9605	9.9599	0.9605	9.9599
0.6	1.5854	6.9069	1.5836	6.9069	0.8052	11.3333	0.8052	11.3333
0.8	1.4571	7.3974	1.4395	7.3966	0.6498	13.2593	0.6498	13.2593
1.0	1.3701	7.8824	1.3118	7.8717	0.4958	16.1795	0.4951	16.1794
1.1	1.3456	8.1036	1.2567	8.0742	0.4726	17.4639	0.4462	17.419

续表

利息支付 R	折旧率 δ 为 0.05				折旧率 δ 为 0.1			
	企业价值最大化		股东价值最大化		企业价值最大化		股东价值最大化	
	P_e^f	F	P_e^s	F	P_e^f	F	P_e^s	F
1.16	1.3370	8.2250	1.2270	8.1754	0.4857	17.8375	0.4353	17.6389
1.2	1.3338	8.3006	1.2087	8.2322	0.5005	17.9471	0.4341	17.5667
1.3	1.3335	8.4683	1.1685	8.3297	0.5481	17.8945	0.4447	16.8525
1.4	1.3432	8.6045	1.1363	8.354	0.6026	17.5776	0.4662	15.7371
1.5	1.3611	8.7092	1.112	8.2979	0.6596	17.1433	0.4927	14.4965
1.8	1.4501	8.8554	1.08	7.6756	0.8346	15.695	0.5817	10.945
1.9	1.4879	8.8586	1.0802	7.3486	0.8931	15.2315	0.6124	9.9048
2.0	1.5284	8.8444	1.0846	6.9822	0.9516	14.7887	0.6432	8.9423
2.2	1.6158	8.7747	1.103	6.177	1.0682	13.9698	0.7047	7.2335
2.8	1.9082	8.3784	1.2052	3.7058	1.4161	11.9921	0.8875	3.4697
3.0	2.0115	8.2179	1.2482	2.9651	1.5315	11.4619	0.9479	2.5524

表 3.8 显示，当折旧率为 0.05 且利息水平为 2 时，企业价值最大化和股东价值最大化情形的投资政策分别为 1.5284 和 1.0846。因为负债代理冲突的存在，公司存在过度投资现象，P_e^f 和 P_e^s 的差别为 0.4438。然而，倘若公司折旧政策为 0.1 且利息水平同样为 2，企业虽然同属过度投资情形，但是过度投资的程度将会变小，P_e^f 和 P_e^s 的差别会缩小为 0.3084。并且，这种过度投资问题随折旧率提高而弱化的现象在其他负债水平上同样存在（见图 3.4）。这一结论的出现，说明企业资本折旧会缓解企业过度投资的现象。事实上，企业过度投资问题主要是由于股东为了获取更多的负债税收利益而提前投资所导致。然而，在存在折旧的企业里，折旧成为企业获取税收利益的另一个重要源泉，此时股东追逐负债税收利益的热情将被冲淡。此外，由于折旧税盾的存在，企业一旦因负债融资而破产，其损失将不仅包括负债税盾，同时也包括折旧税盾，股东将会因此变得更加谨慎，股东通过提前投资追逐负债税收利益的动力将会因此得到抑制，企业此时会存在较弱的过度投资问题。

既然折旧会抑制企业的过度投资，那么折旧情形下这种过度投资对企业负债融资的影响又如何？回顾表 3.1 发现，在企业折旧率为零的情形

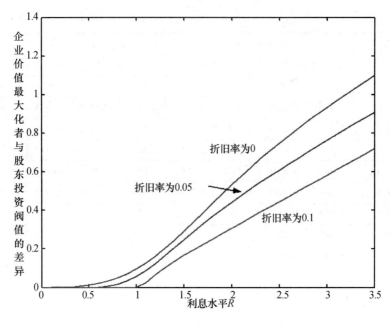

图3.4　折旧对过度投资行为的影响

下，企业价值最大化与股东价值最大化的最优负债政策分别为 R 等于2.5和 R 等于1.6。在负债代理冲突的影响下，企业最优负债水平在股东决策模型中相对偏少。这一结论在折旧率大于零的情形下进一步得到了证实。然而，表3.8也显示，随着折旧水平的提高，企业价值最大化和股东价值最大化两种情形下的负债融资差异会逐渐变小，并逐渐趋于零。其原因主要在于折旧率的提高降低了企业投资决策的扭曲程度，并因此减少了负债的价值损失，债权人在授信过程中也因此减少了授信过程中对债务资金索要的风险溢价，提高了企业负债融资的能力以及负债融资动力。也就是说，折旧情形下过度投资问题的弱化提高了企业的负债融资能力和负债水平。

三　本节主要结论

通过引入资本折旧因素，本节继续分析了企业投资决策与负债融资的互动关系和互动机理。与无折旧情形相比，存在资本折旧的企业会因为折旧因素的出现导致投融资互动机制出现新的特征：

（1）由于折旧税盾增加了企业因负债融资破产情形下的机会成本，

负债融资企业的破产临界值会比无折旧情形发生明显下降，并因此导致企业投资阈值出现较多的下降空间，企业出现投资动力增强的现象；由于负债融资下存在股东债权人利益冲突，在两者利益冲突的背景下，股东通常会忽略债权人的利益而尽最大可能地追逐税收利益，并因此产生过度投资现象。然而，折旧税盾一方面会对负债利息税盾产生替代作用，另一方面也会增加破产后税收利益的损失，因此折旧大于零的负债融资企业会存在较少的过度投资，折旧越高，过度投资问题越不严重。

（2）由于资本折旧增加了企业获得税收利益的渠道和税收利益的量，此时决策者期望通过负债融资进行税收筹划的动力会下降。与无折旧的企业比，折旧大于零的企业最优负债水平会相对下降，折旧越多最优负债水平将会越低。由于资本折旧的存在缓解了企业过度投资的问题，因此股东因非效率投资受负债融资约束的程度将下降，此时负债融资因过度投资而减少的程度也会因此下降。

第五节　企业投资与负债融资决策互动分析动态模型

前文的分析都基于一个初创企业，并没有考虑企业是否存在存量资产和存量负债。然而，作为一个动态成长企业，企业投融资决策必然要置身于存量资产和存量负债的环境之中。存量资产和存量负债将作为一个影响税收利益和破产风险现状的重要变量，并因此对当期企业投融资决策产生影响。基于这样的认识，一个动态成长的企业投融资决策应该存在不一样的情形。因此，本节希望在前文模型的基础上继续引入存量资产和存量负债，以此分析投融资互动机制因存量资产和负债而产生的异同，同时分析历史投融资决策与当期投融资决策之间的动态关系，亦即投融资动态互动机制的分析。

假设在前文论及的投资机会出现之前，企业便拥有了一定数量的有形资产，这些有形资产的存在使企业拥有在单位时间内生产 k 单位 a 产品的能力。借鉴彭程和刘星（2006）的思路，假设企业对该产品市场具有长期认知，因而拥有了相当完备的市场知识，且市场价格的任何变动均处于企业的良好掌握之中。基于这样的设定，我们可近似地认为该产品的价格固定，并记为 P_0。假设企业获得 a 产品之初为之进行的资本投入为 I_0。依照经济学基本原理，企业的产能通常是资本投入的增函数[①]。不失一般性，我们可以假设 $\partial k / \partial I_0 > 0$。利用这一关系，可以通过对 k 的考察间接地分析历史投资对未来投融资决策的影响。与此同时，假定企业在获得新投资机会之前便存在一定数量的永久负债，该永久负债单位时间的利息支出为 R_0。为了便于模型的分析，我们进一步作出如下模型假设：

（1）假设新投资机会能生产新产品与存量资产生产的 a 产品之间具有完全的正相关关系，企业在新旧产品的生产经营过程中不会存在资源挤占等效率冲突。所以，投资后企业的产品总收入可表示为 $kP_0 + P_t$[②]。

（2）假设企业现存的负债与新投资机会产生的新负债之间具有相同等级的求偿权利，如果新增负债的利息支出为 R_1，在企业破产之际，新旧负债债权人将按照 $R_0 : R_1$ 的比例分配企业残值。

（3）假设企业存量资产已全部折旧完毕，投资期权执行之前企业已不存在任何折旧，新的折旧需在新的投资之后才会产生。

一　企业价值最大化下的投融资决策优化与投融资互动机制分析

1）企业价值评估。

以上节模型为基础，如果考虑投资之前企业便存在存量资产与负债，那么新项目投资之后股东单位时间 d 是企业在单位时间内对新增资本投入 I 计提的资本折旧。能从企业获得的现金流入量可以表示为 $(1 - \pi)(kP_0 + P_t - R_0 - R_1 - d) + d$，其中 d 是企业在单位时间内对新增资本投入 I 计提的资本折旧。所以，倘若记新项目投资后的股权价值为 E^1，那么它必须满足随机微分方程：

$$\frac{1}{2}\sigma^2 P^2 E_{PP}^1 + \mu P E_P^1 + (1 - \pi)(P + kP_0 - R_0 - R_1) + \pi d - rE^1 = 0$$

$$(3.50)$$

---

① 如著名的柯布——道格拉斯生产函数 $Y = AK^\alpha L^{1-\alpha}$ 就是一个非常典型的例子。

② 其中 P_t 为新产品的价格。与前文相同，本节仍然假设在新增投资后企业能在单位时间内生产 1 单位的新产品，并且其价格服从几何布朗运动 $dP_t = \mu P_t dt + \sigma P_t dW_t$。

很显然，如果企业投资前的旧产品 kP_0 足够高，以至于 $kP_0 \geqslant R_0 + R_1$，那么企业在新项目投资之前的经营收入可以完全涵盖全部负债的利息支付，此时的负债具有完全的收入保障，企业不会存在任何的破产风险。在此情形下，企业股东将得到永续的经营收入，投资之后企业的股东权益价值可以表示成式（3.51）。

$$E^1(P) = (1 - \pi)\left(\frac{P}{r - \mu} + \frac{kP_0 - R_0 - R_1}{r}\right) + \frac{\pi d}{r}, \quad kP_0 \geqslant R_0 + R_1$$

（3.51）

相反，如果旧产品营业收入不能涵盖全部利息支出，即 $kP_0 < R_0 + R_1$，但在不考虑新产品经营收入的情形下，股东获得的现金净流入仍大于零，即 $(1 - \pi)(kP_0 - R_0 - R_1) + \pi d \geqslant 0$，那么企业税后利息支付净缺口 $(1 - \pi)(R_0 + R_1 - kP_0)$ 会小于等于资本折旧为其提供的税收节约，此时会如上节分析一致，即使投资后企业新产品的价格变为零，企业股东依然能在单位时间内得到非负的现金净流入 $\pi d - (1 - \pi)(R_0 + R_1 - kP_0)$。在此情形下，企业股东即便在新产品价格变为零都不会实施破产。所以，新项目投资后的股东权益价值会满足：

$$E^1(P) = (1 - \pi)\left(\frac{P}{r - \mu} + \frac{kP_0 - R_0 - R_1}{r}\right) + \frac{\pi d}{r},$$

$$kP_0 < R_0 + R_1 \leqslant kP_0 + \frac{\pi d}{1 - \pi}$$

（3.52）

然而，如果企业同样存在 $kP_0 < R_0 + R_1$，但是折旧提供的税收节约无法全部涵盖税后利息支付净额，即 $R_0 + R_1 > kP_0 + \pi d/(1 - \pi)$，此时企业部分利息支付需要由不稳定的新产品收入来承担，从而导致企业有可能潜藏着产品经营收入不足偿付负债利息的风险。当然，即便如此，只要企业股东权益价值大于等于零，即便股东现金流入量暂时性小于零，他们也不会对企业实施破产，并用股东自有资金弥补资金亏缺。直至企业股权价值变为零，股东将停止注入资金并会对企业实施破产。令此时企业破产的临界值为 P_d^1，那么投资后的股权价值将满足如下几个条件：

$$E^1(P_d^1) = 0$$

（3.53a）

$$\left.\frac{\partial E^1}{\partial P}\right|_{P = P_d^1} = 0$$

（3.53b）

$$\lim_{P \to \infty} E^1 = (1 - \pi)\left(\frac{P}{r - \mu} + \frac{kP_0 - R_0 - R_1}{r}\right) + \frac{\pi d}{r} \qquad (3.53c)$$

其中，条件（3.53a）表示企业破产时，股东价值将为零；条件式（3.53b）是破产时的平滑粘贴条件即一阶优化条件；条件（3.53c）表明价格足够大时，企业会不存在破产风险，此时股东将获得企业经营利润的永续现值。联立式（3.50）和条件（3.53a）、条件（3.53b）和条件（3.53c）可获得在这种条件下的股权价值为：

$$E^1(P) = (1 - \pi)\left(\frac{P}{r - \mu} + \frac{kP_0 - R_0 - R_1}{r}\right) + \frac{\pi d}{r}$$
$$- \left[(1 - \pi)\left(\frac{P_d^1}{r - \mu} + \frac{kP_0 - R_0 - R_1}{r}\right)\right.$$
$$\left. + \frac{\pi d}{r}\right]\left(\frac{P}{P_d^1}\right)^{\beta_2}, R_0 + R_1 > kP_0 + \frac{\pi d}{1 - \pi} \qquad (3.54)$$

其中 $P_d^1 = \dfrac{\beta_2[(1 - \pi)(kP_0 - R_0 - R_1) + \pi d](r - \mu)}{(1 - \pi)(1 - \beta_2)r}$。

相应地，我们也可以计算企业债务价值。令投资后的债务价值为 D^1，显然它也可用如下微分方程表示：

$$\frac{1}{2}\sigma^2 P^2 D_{PP}^1 + \mu P D_P^1 - rD^1 + R_0 + R_1 = 0$$

按照前文的思路，在 $kP_0 \geq R_0 + R_1$ 和 $R_0 + R_1 \leq kP_0 + \pi d/(1 - \pi)$ 两种情形下，企业都不存在破产风险，此时债权人可以获得永续的利息收入，所以企业债权价值可表示为式（3.55）：

$$D^1(P) = \frac{R_0 + R_1}{r}, \quad R_0 + R_1 \leq kP_0 + \frac{\pi d}{1 - \pi} \text{ 或 } kP_0 \geq R_0 + R_1$$

$$(3.55)$$

然而，倘若 $R_0 + R_1 > kP_0 + \pi d/(1 - \pi)$，此时企业将有可能产生破产风险。在此情形下，如果新产品价格比较低，企业有可能破产，此时企业债权价值将满足如下条件：

$$D^1(P_d^1) = (1 - b)\left[(1 - \pi)\left(\frac{P_d^1}{r - \mu} + \frac{kP_0}{r}\right) + \frac{\pi d}{r}\right]$$

相反，如果新产品价格足够高，企业不会破产，此时企业债权价值将满足如下条件：

$$\lim_{P \to \infty} D^1 = \frac{R_0 + R_1}{r}$$

依照上述两个条件和债权价值微分方程，可以求得债权价值为：

$$D^1(p) = \frac{R_0 + R_1}{r} - \left\{ \frac{R_0 + R_1}{r} - (1 - b) \left[(1 - \pi) \right. \right.$$

$$\left. \left. \left(\frac{P_d^1}{r - \mu} + \frac{kP_0}{r} \right) \right] \right\} \left(\frac{P}{P_d^1} \right)^{\beta_2}, R_0 + R_1 > kP_0 + \frac{\pi d}{1 - \pi}$$

$$(3.56)$$

按照前文假设，企业新旧负债享有同等求偿权。所以，投资后企业的新旧负债价值可以分别表示为[1]：

$$D_N^1(P) = \frac{R_1}{R_0 + R_1} D^1(P)$$

$$D_O^1(P) = \frac{R_0}{R_0 + R_1} D^1(P)$$

其中，下标 N 和 O 分别表示新债务和旧债务。

将上述股权价值和债务价值加总并整理可以得到投资后企业价值 V^1 可表示成式（3.57）：

---

[1]　当然，我们也通过求解投资后总债务价值的方法求得新旧债务的价值。以新债务价值为例，其微分方程可表示为：

$$\frac{1}{2} \sigma^2 P^2 (D_N^1)_{PP} + \mu P (D_N^1)_P + R_1 - r D_N^1 = 0$$

在 $R_0 + R_1 \le kP_0 + \frac{\pi d}{1 - \pi}$ 时，企业不存在破产风险，新债务价值是利息收入的永续现值，即 $D_N^1(p) = \frac{R_1}{r}$；当 $kP_0 + \frac{\pi d}{1 - \pi} < R_0 + R_1$ 时，新债务必须满足两个条件，即 $\lim\limits_{p \to \infty} D_N^1(P) = \frac{R_1}{r}$ 和 $D_N^1(P_d^1) = \frac{R_1}{R_0 + R_1}(1 - b)\left[(1 - \pi)\left(\frac{P_d^1}{r - \mu} + \frac{kP_0}{r}\right) + \frac{\pi d}{r} \right]$，前者表示当价格为无穷大、企业不存在破产风险时，新债务价值是利息收入的永续现值，后者是当价格下降到破产临界点时新债权人获得的破产残值，据此可以求得此时的新债务价值为：

$$D_N^1(P) = \frac{R_1}{r} - \left\{ \frac{R_1}{r} - \frac{R_1}{R_0 + R_1}(1 - b)\left[(1 - \pi)\left(\frac{P_d^1}{r - \mu} + \frac{kP_0}{r}\right) + \frac{\pi d}{r} \right] \right\} \left(\frac{P}{P_d^1} \right)_2^\beta, \quad kP < R_0 + R_1$$

显然，无论在 $\frac{\pi d}{1 - \pi} + kP_0 \ge R_0 + R_1$，或是 $\frac{\pi d}{1 - \pi} + kP_0 < R_0 + R_1$ 时，都存在 $D_N^1(P) = \frac{R_1}{R_0 + R_1} D^1(p)$。

同理，可以对旧债务价值进行求解。经证明，新旧债务价值之和等于总债务价值 $D^1(p)$。

$$V^1 = \begin{cases} (1 - \pi)\left(\dfrac{P}{r - \mu} + \dfrac{kP_0}{r} \right) + \dfrac{\pi d}{r} + \dfrac{\pi(R_0 + R_1)}{r} \\ \left[1 - \left(\dfrac{P}{P_d^1} \right)^{\beta_2} \right] - b\left[(1 - \pi)\left(\dfrac{P_d^1}{r - \pi} + \dfrac{kP_0}{r} \right) + \dfrac{\pi d}{r} \right] \\ \left(\dfrac{P}{P_d^1} \right)^{\beta_1}, R_0 + R_1 > kP_0 + \dfrac{\pi d}{1 - \pi} \\ (1 - \pi)\left(\dfrac{P}{r - \mu} + \dfrac{kP_0}{r} \right) + \dfrac{\pi d}{r} + \dfrac{\pi(R_0 + R_1)}{r}, \\ kP_0 \geqslant R_0 + R_1 \text{ 或 } kP_0 + \dfrac{\pi d}{1 - \pi} \geqslant R_0 + R_1 \end{cases} \quad (3.57)$$

2）企业价值最大化下的投融资决策优化。

根据前文的思路，投资决策优化涉及投资前后价值的变化。所以，在投资决策之前必须分析投资前的股权价值、债务价值以及由此构成的企业价值。令投资前的股权价值和债务价值分别为 E^0 和 D^0。不难分析，它们可以分别由微分方程（3.58）和式（3.59）表示，

$$\frac{1}{2}\sigma^2 P^2 E_{PP}^0 + \mu P E_P^0 - rE^0 + (1 - \pi)(kP_0 - R_0) = 0 \quad (3.58)$$

$$\frac{1}{2}\sigma^2 P^2 D_{PP}^0 + \mu P D_P^0 - rD^0 + R_0 = 0 \quad (3.59)$$

按照上述微分方程，不难得到投资前股权价值和债务价值的通解形式分别可以由式（3.60）和式（3.61）表示。由此，新项目投资前的企业价值 V^0 也可由式（3.62）表示。其中，M_1、M_2、N_1 和 N_2 都是待定的常数系数。

$$E^0(P) = M_1 P^{\beta_1} + M_2 P^{\beta_2} + (1 - \pi)\frac{kP_0 - R_0}{r} \quad (3.60)$$

$$D(P) = N_1 P^{\beta_1} + N_2 P^{\beta_2} + \frac{R_0}{r} \quad (3.61)$$

$$V^0(P) = E^0(P) + D^0(P) \quad (3.62)$$

毫无疑问，倘若投资前企业产品经营收入大于其利息支出，即 $kP_0 \geqslant R_0$，那么企业不会存在任何破产可能。此时，如果新产品价格为零，那么股东权益价值和债务价值都将是一个有限的数，所以式（3.60）中系数 M_2 和式（3.61）中系数 N_2 都将等于零。此外，企业在投资时还应存

在如下边界条件：

$$V^0(P_e^f) = V^1(P_e^f) - I \qquad (3.63\mathrm{a})$$

$$\frac{\partial V^0}{\partial P}\Big|_{P=P_e^f} = \frac{\partial V^1}{\partial P}\Big|_{P=P_e^f} \qquad (3.63\mathrm{b})$$

$$E^0(P_e^f) = E^1(P_e^f) - (I - D_{\mathrm{N}}^N(P_e^f)) \qquad (3.63\mathrm{c})$$

其中，条件（3.63a）表示企业价值最大化的决策者在投资时点上企业价值的匹配条件；条件（3.63b）表示投资时点上的一阶最优条件；而条件（3.63c）是投资时点上股权价值的匹配条件，表明投资前后股权价值的差别在于投资时股东实际承担和支付的投资成本 $I - D_{\mathrm{N}}^1(P_e)$。将式（3.57）、式（3.62）代入条件（3.63a）、条件（3.63b）和条件（3.63c），并联立等式（3.63a）－（3.63c），可以求得投资前无破产风险条件下三个未知数 M_1、N_1 和 P_e^f 的值[①]。以此为基础，不难求得投资前的企业价值 $V^0(P)$。

与上述情形相反，倘若投资前企业从旧产品获得的稳定收入小于其利息支出，即 $kP_0 < R_0$，那么投资前企业便产生了破产风险，式（3.60）中的系数 M_2 和式（3.61）中系数 N_2 都不会等于零。所以，企业还存在基于投资前破产的边界条件：

$$E^0(P_d^0) = 0 \qquad (3.64\mathrm{a})$$

$$D^0(P_d^0) = (1-b)(1-\pi)\frac{kP_0}{r} \qquad (3.64\mathrm{b})$$

其中，条件（3.64a）表示企业在投资前一旦破产，股东价值将变为

---

① 毋庸置疑，如果存在条件 $kP_0 \geqslant R_0$，则企业投资前无破产风险，此时对于投资阈值 P_e^f 的求解存在两种可能的组合。其一，当 $\frac{\pi d}{1-\pi} < R_1$，可以将 $kP_0 \geqslant R_0$ 划分为三个子集 $kP_0 \geqslant R_0 + R_1$、$R_0 + R_1 > kP_0 + R_1 - \frac{\pi d}{1-\pi}$ 和 $R_0 + R_1 - \frac{\pi d}{1-\pi} > kP_0 \geqslant R_0$，第一、二个子集说明企业在投资前后都不存在破产风险，此时投资后的企业价值 V^1 必须采用式（3.57）中第二行的表示形式，第三个子集说明虽然企业在投资前不存在破产风险，但在投资之后会出现资不抵债的可能，此时投资后的企业价值 V^1 必须采用式（3.57）中第一行的表示形式；其二，当 $\frac{\pi d}{1-\pi} \geqslant R_1$ 时，可以将条件 $kP_0 \geqslant R_0$ 划分为两个子集对模型进行求解，即 $kP_0 \geqslant R_0 + R_1$ 和 $kP_0 \geqslant R_0$，在这两个子集下企业投资前后都不存在破产的风险，所以投资后的企业价值 V^1 必须采用式（3.57）中第二行的表示形式。

零；条件（3.64b）表示企业破产后，债权人将取代股东获得企业的有形资产残值。值得注意的是，与 Mauer 和 Ott（2000）、彭程和刘星（2006）的分析相似，我们对投资前的破产政策也是建立在股东利益最大化条件下的，所以此处并不需要列出破产的优化条件，而仅仅对股东利益最大化条件下的破产政策进行了直接的引用。这样的处理将有利于我们集中精力分析投融资优化问题[①]。联立条件（3.63a）、（3.64b）即可求得五个未知数，M_1、M_2、N_1、N_2 以及最优投资阈值 P_e^f，并以此可以求得投资前的股权价值 $E^0(P)$、旧债务价值 $D^0(P)$ 和企业价值 $V^0(P)$[②]。

与前文相似，企业决策者可以通过对 t_0 时刻企业价值 $V^0(P_{t_0})$ 的比较与判断，甄选出最大化企业价值的融资方案 R_1^*。

3）投融资决策互动机制分析。

与前文相似，我们无法求得有关投融资决策的解析表达式，因此我们将重点结合数值分析的方法进一步分析投融资决策的互动机制。为了保持数值分析的一致性，对于投融资项目以及宏观环境等方面的数据依然采用前面章节的基础数据。对于存量资产和负债类的假设如下：假设企业新项目投资之前拥有的设备能够在单位时间内生产一个单位的 a 产品，亦即 k 等于1；假设该产品的价格恒定为 0.5；由于资本折旧影响企业投融资决策的机理在前文已经作了比较详细的分析，为了节约篇幅并减少模型分析的维度，集中精力分析投融资决策之间的动态互动机制，我们假定企业资本折旧率 δ 为零，即 d 等于零。

（1）负债融资影响投资决策的机制分析。

表 3.9 以存量资产 k 等于1和存量负债 R_0 等于 0.2 为例展现了企业投资决策的情形。很显然，对于存在存量资产和负债的企业，新负债对于项目投资决策的影响与不存在存量资产和负债的情形并无二致：在较低新

---

① 至于 P_d^0 的求解，我们将在后文股东投融资决策中进行详细的讨论。

② 在 $kP_0 < R_0$ 的条件下，即企业在投资前便存在破产风险时，对于投资阈值的求解存在两种情形：其一，如果 $\pi d/(1-\pi) > R_1$ 以至于 $kP_0 \geqslant R_0 + R_1 - \pi d/(1-\pi)$，此时企业在投资前存在破产风险，但在投资后企业的破产风险将会消失，所以投资后的企业价值 V^1 应采用式（3.57）中第二行的表达式；其二，若 $\pi d/(1-\pi) \leqslant R_1$，或者虽然 $\pi d/(-\pi) > R_1$ 但 $kP_0 < R_0 + R_1 - \pi d/(1-\pi)$，则投资前后企业均存在破产风险，此时投资后的企业价值 V^1 应采用式（3.57）中第一行的表现形式。

增负债水平下，由于负债带来的破产阈值 P_d^1 相对偏低，企业因此具有较低的破产风险，企业通过降低投资临界值以提前投资可以得到更多的负债税收利益，所以投资临界值会随新增负债水平的提高而下降；在较高新增负债水平下，由于负债带来的破产阈值 P_d^1 相对偏高，企业会具有较高的破产风险，企业此时只有提高投资阈值并在较高的产品价位上进行投资以此尽量化解价格下降为企业带来的破产风险，企业投资临界值会随新增负债的提高而上升。图 3.5 表明，这一现象并不受存量负债多寡的影响。基于这样的认识，在本部分我们将不再研讨新增负债对项目投资的影响，而主要聚焦于存量负债对投资决策的动态影响。

表 3.9　　　　　　　给定存量资产和负债水平的企业投融资决策

R_1 利息支付	P_d^0	P_d^1	股东利益最大化情形		企业价值最大化情形	
			P_e^S	E^0	P_e^f	V^0
0	0	0	2.8251	7.8714	2.8251	11.2047
0.2	0	0	2.6697	8.0626	2.6697	11.3959
0.4	0	0.0423	2.5152	8.2734	2.5154	11.6066
0.6	0	0.1268	2.3679	8.5023	2.369	11.8348
0.8	0	0.2113	2.2347	8.7453	2.2362	12.0773
1.0	0	0.2959	2.1235	8.9946	2.1236	12.3278
1.2	0	0.3804	2.0415	9.2382	2.0371	12.5766
1.4	0	0.4649	1.9926	9.4616	1.9803	12.8112
1.6	0	0.5494	1.9763	9.6521	1.953	13.0197
1.8	0	0.634	1.9882	9.802	1.952	13.1938
2.0	0	0.7185	2.0227	9.9094	1.9726	13.33
2.2	0	0.803	2.0745	9.9771	2.01	13.4287
2.4	0	0.8876	2.1392	10.0101	2.0603	13.4933
2.5	0	0.9298	2.1753	10.0155	2.0892	13.5142
2.6	0	0.9721	2.2136	10.0143	2.1203	13.5282
2.7	0	1.0144	2.2536	10.0074	2.1532	13.536
2.8	0	1.0566	2.2952	9.9953	2.1878	13.5382
2.9	0	1.0989	2.3382	9.9786	2.2237	13.5352
3.0	0	1.1412	2.3824	9.958	2.2609	13.5277

注：该表中旧产品产量水平 k 等于 1，旧负债利息支付等于 0.2。

图 3.5 和表 3.10 进一步展现了不同存量负债水平下，投资决策随新增负债的变化轨迹。如前文分析，虽然不同存量负债下，新增负债对投资政策的影响具有一致性的表象特征，但是在同等新增负债下，存量负债不同，企业的投资临界值也会不同。也就是说，存量负债的高低也会对企业投资决策产生影响。首先，假设企业新增负债为零，或者说新增负债利息 R_1 等于零。如果企业存量负债水平处于较低的水平以至于企业在投资前不存在破产的可能性，即 P_d^0 为零，那么企业历史负债产生的税收利益不存在丧失的可能性。Mauer 和 Sarkar（2005）认为，企业提前投资的动力在于通过提前投资能够赚取更多的税收利益。那么，如果企业在投资前本身就不存在破产风险，企业存量负债税收利益能够被毫无保留地利用，此时企业投资提前或推迟不会对税收利益产生任何影响，因此企业不会产生提前投资的动力。显然，从表 3.10 和图 3.5 看，存量负债水平 $R_0 \leqslant 0.4$，企业投资前的破产阈值均为零，如果新增负债也为零，那么企业具有一致的投资政策。

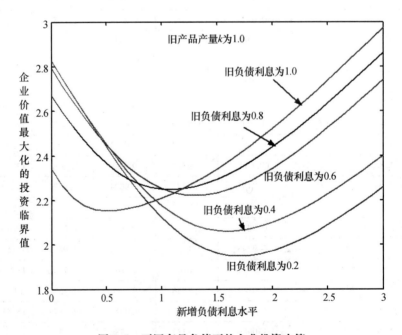

图 3.5 不同存量负债下的企业投资决策

然而，随着存量负债的上升，企业投资前的破产阈值将大于零。倘若记当前时点为 t_0，而投资前企业的破产时点为 t_d^0，投资后企业的破产时点为 t_d^1，显然有 $t_d^1 > t_d^0$。此时，企业在不进行投资背景下的期望税收利益净值可以表示成如下等式：

$$NetTB = TB - BC = E\left[\int_{t_0}^{t_d^0} e^{-r(t-t_0)} \pi R_0 dt - e^{-r(t_d^0 - t_0)} BF\right]$$

式中 $NetTB$ 表示企业期望税收利益净值，BF 是破产时企业发生的破产费用。在无新增负债的情形下，如果企业进行投资，将会得到新产品的经营收入，在经营收入增加的情形下，企业发生偿贷风险的可能性会下降，企业投资后破产风险低于投资前，P_d^1 小于 P_d^0（见表 3.10）。那么，如果企业进行投资，企业的期望税收利益净值则可表示为：

$$NetTB = E\left[\int_{t_0}^{t_d^0} e^{-r(t-t_0)} \pi R_0 dt + \int_{t_d^0}^{t_d^1} e^{-r(t-t_{0d})} \pi R_0 dt - e^{-r(t_d^1 - t_0)} BF\right]$$

显然，等式右边第一项是投资前企业能获得无风险的税收利益，第二项是投资后企业能获得的税收利益净值。毫无疑问，在此条件下，企业投资所获得的税收利益净值大于不进行投资的情形。所以，投资增加了企业的税收利益净值，企业存在投资动力增强的现象。从表 3.10 的数据分析可知，随着存量负债水平的增加，企业投资前的破产阈值会提高，那么企业投资行为能够降低的破产风险将增加，因此企业将会有更强的投资动力，此时投资临界值会随存量负债的提高而下降。进一步考察图 3.5 和表 3.10 发现，即便企业新增负债非零，给定同样的新增负债水平，只要破产临界值在投资后发生下降的现象，随存量负债水平提高而增加的期望税收利益会超过其产生的破产成本，所以企业投资临界值会下降。

表 3.10　　　　　　　基于不同存量负债水平的企业投资决策

存量债务利息 $R_0 = 0$			存量债务利息 $R_0 = 0.2$		
新增负债利息	破产阈值 P_d^0	破产阈值 P_d^1	投资阈值 P_e^f	新增负债利息	破产阈值 P_d^0	破产阈值 P_d^1	投资阈值 P_e^f
$R_1 = 0$	0	0	2.8251	$R_1 = 0$	0	0	2.8251
$R_0 = 0.2$	0	0	2.6697	$R_1 = 0.2$	0	0	2.6697
$R_1 = 0.6$	0	0.0423	2.3601	$R_1 = 0.6$	0	0.1268	2.369

存量债务利息 $R_0 = 0$				存量债务利息 $R_0 = 0.2$			
新增负债利息	破产阈值 P_d^0	破产阈值 P_d^1	投资阈值 P_e^f	新增负债利息	破产阈值 P_d^0	破产阈值 P_d^1	投资阈值 P_e^f
$R_1 = 1.0$	0	0.2113	2.0851	$R_1 = 1.0$	0	0.2959	2.1236
$R_1 = 1.6$	0	0.3804	1.9002	$R_1 = 1.6$	0	0.5494	1.953
$R_1 = 2.0$	0	0.634	1.8485	$R_1 = 2.0$	0	0.7185	1.9726
存量债务利息 $R_0 = 0.4$				存量债务利息 $R_0 = 0.6$			
新增负债利息	破产阈值 P_d^0	破产阈值 P_d^1	投资阈值 P_e^f	新增负债利息	破产阈值 P_d^0	破产阈值 P_d^1	投资阈值 P_e^f
$R_0 = 0$	0	0	2.8251	$R_1 = 0$	0.299	0.0423	2.7919
$R_1 = 0.2$	0	0.0423	2.6707	$R_0 = 0.2$	0.292	0.1268	2.6446
$R_1 = 0.6$	0	0.2113	2.3881	$R_1 = 0.6$	0.2778	0.2959	2.3977
$R_1 = 1.0$	0	0.3804	2.1768	$R_1 = 1.0$	0.2646	0.4649	2.2531
$R_1 = 1.6$	0	0.634	2.0604	$R_1 = 1.6$	0.2506	0.7185	2.2477
$R_1 = 2.0$	0	0.803	2.1	$R_1 = 2.0$	0.246	0.8876	2.3437
存量债务利息 $R_0 = 0.8$				存量债务利息 $R_0 = 1.0$			
新增负债利息	破产阈值 P_d^0	破产阈值 P_d^1	投资阈值 P_e^f	新增负债利息	破产阈值 P_d^0	破产阈值 P_d^1	投资阈值 P_e^f
$R_1 = 0$	0.5648	0.1268	2.6704	$R_1 = 0$	0.7611	0.2113	2.3407
$R_1 = 0.2$	0.5517	0.2113	2.5309	$R_1 = 0.2$	0.7437	0.2959	2.2121
$R_1 = 0.6$	0.5255	0.3804	2.3284	$R_1 = 0.6$	0.7094	0.4649	2.1551
$R_1 = 1.0$	0.5016	0.5494	2.2499	$R_1 = 1.0$	0.6786	0.634	2.2095
$R_1 = 1.6$	0.4767	0.803	2.3171	$R_1 = 1.6$	0.6468	0.8876	2.373
$R_1 = 2.0$	0.4687	0.9721	2.4385	$R_1 = 2.0$	0.6365	1.0566	2.522

注：该表中旧产品产量水平 k 等于1。

然而，从图3.5和表3.10的数据看，在同等新增负债水平的情形下，如果企业投资后破产临界值反而上升，那么随着存量负债的增加，企业投资阈值会上升，企业投资动力下降。表中数据显示，假若企业新增负债利息 R_1 大于或等于1.6，例如 R_1 等于1.6，随着存量负债从0增加到1，企业投资临界值从1.9002逐渐提升到2.373，企业投资临界值随存量负债单调增加。该现象表明，在新增负债保持不变的情形下，存量负债增加的期望破产成本超过了其产生的税收利益，企业投资动力因此得以下降。事实上，以 R_1 等于 1.6 为例，当存量负债利息从 0 增加到 0.2，虽然企业因存量负债在单位时间内增加了 0.2π 的税收利益，但是由于破产临界值从 0.634 上升至 0.7185，破产风险增加，所以存量负债的增加会导致新增负债单位时间内产生的税收利益 1.6π 进入更加危险的尴尬境地[①]，最终有可能导致企业得不偿失，企业投资临界值会因此得以提高。

　　总之，在企业存在存量负债的情形下，给定企业新增负债水平，且新增负债水平比较低，以至于投资后企业破产风险下降，存量负债会导致投资临界值下降，企业投资动力增强；倘若新增负债水平比较高，以至于投资后企业破产风险上升，存量负债会导致投资临界值上升，企业投资动力减弱。

　　（2）投资决策影响负债融资的机制分析。

　　上文基于给定存量资产，着重分析了历史负债对投资决策的动态作用机制。接下来，我们将解除企业历史产能固定的限制，以此反过来研究历史投资水平对负债融资决策的影响。假定企业历史负债利息支付水平为 0.4，按照上述基础数据，可以求得不同历史投资水平下企业的最优融资政策，如表 3.11 和图 3.6 所示。

表 3.11　　　　　　　　基于不同历史投资的企业融资决策

新增负债利息 R_1	破产阈值 P_d^0	破产阈值 P_d^1	投资阈值 P_e^f	企业价值 V^0（P_{t_0}）
Panel A：旧产品产能 $k=0$				
0	0.6678	0.1691	2.7123	4.5654
1	0.5953	0.5917	2.2355	5.919
2	0.5592	1.0144	2.391	6.5851
2.2	0.5572	1.0989	2.4627	6.6146
2.3	0.5567	1.1412	2.5015	6.6191
2.4	0.5565	1.1834	2.542	6.6175
2.5	0.5565	1.2257	2.5836	6.612

---

　　①　因为企业的破产阈值会因为存量负债的增加而上升，投资后产品价格下降至破产阈值的概率相应增加。

续表

新增负债利息 R_1	破产阈值 P_d^0	破产阈值 P_d^1	投资阈值 P_e^f	企业价值 V^0（P_{t_0}）
Panel B：旧产品产能 $k = 0.7$				
0	0.2003	0.0211	2.8127	10.4004
1	0.1772	0.4438	2.2331	11.4520
2	0.1647	0.8664	2.2842	12.0888
2.3	0.1637	0.9932	2.3813	12.1354
2.36	0.1636	1.0186	2.403	12.1391
2.4	0.1636	1.0355	2.4187	12.1375
2.5	0.1636	1.0778	2.4582	12.1337
Panel C：旧产品产能 $k = 0.8$				
0	0	0	2.8251	11.1881
1	0	0.4226	2.1977	12.2359
2	0	0.8453	2.1399	13.0309
2.5	0	1.0566	2.2693	13.1615
2.6	0	1.0989	2.3016	13.1701
2.7	0	1.1412	2.3354	13.1739
2.8	0	1.1834	2.3707	13.1733
Panel D：旧产品产能 $k = 1.5$				
	0	0	2.8251	15.0964
1	0	0.2747	2.1273	16.2158
2	0	0.6974	1.9963	17.1801
2.7	0	0.9932	2.1838	17.3668
2.75	0	1.0144	2.2012	17.3678
2.8	0	1.0355	2.2189	17.3675
2.9	0	1.0778	2.2554	17.3633
Panel E：旧产品产能 $k = 2$				
0	0	0	2.8251	17.8881
1	0	0.1691	2.0848	19.0508
2	0	0.5917	1.8864	20.1686
2.7	0	0.8876	2.068	20.3961
2.78	0	0.9214	2.096	20.3978
2.8	0	0.9298	2.1032	20.3977
2.9	0	0.9721	2.1399	20.3936

注：该表中存量负债的利息水平 R_0 等于 0.4。

表 3.11 显示，在存在历史投资和历史负债的情形下，通过税收利益与破产成本的权衡，企业决策者会在投资资金中筹措比例大于零的负债资金。与前文结论一致，投资支出会促进负债融资。然而，从表 3.11 数据看，在不同的历史投资水平下，企业会对应不同的最优负债融资水平，企业最优负债融资水平随历史投资的增加而提高。这一点在图 3.6 中能得到进一步的确认。这一结果的出现，是因为历史投资水平越高，产品产量以及经营收入也会越高，此时企业债务承受能力和债务偿还能力会增强，所以新增负债产生的期望破产成本会减少，期望税收利益会增加。进一步比较不同历史投资情形发现，企业投资前破产风险会随着历史投资的增加而下降。例如，当 k 等于 0 时，企业破产阈值 P_d^0 处于 0.5~0.7，k 等于 0.7时，企业破产阈值 P_d^0 处于 0.1~0.2，当 k 大于等于 0.8，则 P_d^0 下降为零。在较低历史投资水平下，企业历史投资水平越低投资前破产风险会越高，企业进一步在旧产品经营收入保障下进行负债融资以获取更多税收利益的空间会相对较小，此时企业会选择相对较少的负债融资。相反，在高历史投资水平下，企业投资前无破产风险，那么企业历史投资产生的产品收入中会有多余的部分用以偿还负债利息，也就是说企业存在进一步举债并获得更多税收利益的空间。所以，在存在历史投资情形下，不仅新的投资决策会对负债融资产生促进作用，而且历史投资水平也会对负债融资产生刺激效应。

二 股东价值最大化下的投融资决策优化与投融资互动机制分析

1) 股东价值最大化下投融资决策优化。

前文的分析思路表明，企业或股东价值最大化的投融资决策差别主要在于其决策逻辑有所差异，前者是基于最大化包括股东和债权人的整体福利出发的，后者主要是着眼于最大化股东的利益。因此，与前文不一样的是，此处投资的价值匹配条件和平滑粘贴条件需调整为（3.65a）和（3.65b）。

$$E^0(P_e) = E^1(P_e) - (I - D_N^1(P_e)) \qquad (3.65a)$$

$$\left.\frac{\partial E^0}{\partial P}\right|_{P=P_e} = \left.\frac{\partial E^1}{\partial P}\right|_{P=P_e} \qquad (3.65b)$$

其中，E^0 是指投资前股东权益的价值。对于投资前股东价值应该满足条

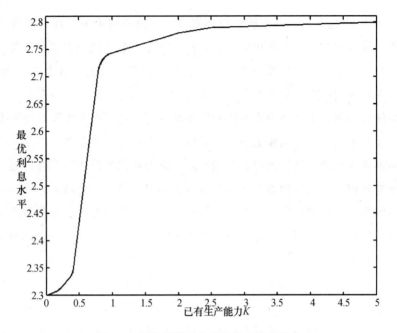

图 3.6 历史投资对企业融资决策的影响

件（3.64a）以及条件（3.65c），条件（3.65c）是股东在投资前对企业实施破产的一阶优化条件，也就是在破产时点 P_d^0 上的平滑粘贴条件。E^1 是指投资后股东权益的价值，它可由式（3.51）、式（3.52）或者式（3.54）求得。D_N^1 是指投资后新增负债的价值，它可由 D_N^1 的表达式与式（3.55）或式（3.56）共同求得。

$$\left. \frac{\partial E^0}{\partial P} \right|_{P=P_d^0} = 0 \qquad (3.65c)$$

联立投资前后股权价值和债务价值的表达式以及条件（3.65a）、条件（3.65b）、条件（3.65c），可以求得企业投资前的最优破产政策 P_d^0 以及股东价值最大化的最优投资政策 P_e^s。

与前文分析相似，股东在融资政策优化时会基于 t_0 时刻股东自身的目标函数而进行选择，他们会在诸多融资政策中甄选出能使 $E^0(P_{t_0})$ 最大的负债水平。所以，因而最优融资政策 R^* 必须满足：

$$R^* \in \mathrm{argmax} E^0(R, P_d, P_e), \quad P_t = P_{t_0}$$

显然，如果企业在投资前无资产和负债，那么上式中 E^0 等同于企业

投前的期权价值 F（P）。

2）投融资决策互动机制分析。

（1）负债融资影响投资决策的机制分析。

根据前文初步判断，企业投资前后破产阈值的变化情况会对投融资相互关系产生重要的影响。因此，我们将按照投资前是否有破产风险来分析负债融资对企业投资决策的影响。

① 投资前有破产风险的情形。

按照前文的基础数据[①]，我们以存量资产产量 k 和历史负债利息均等于 1 为例，计算了股东价值最大化原则下的投资决策，如图 3.7 所示。表中曲线显示，企业价值最大化和股东利益最大化的企业投资都会随新增负债的增加而呈 "U" 形的变化轨迹。然而，不同于企业价值最大化的情形，当新增负债相对偏低时，以股东利益为决策原则的投资临界值会相对偏高，而当新增负债相对偏高时情况则相反。这个现象表明，在存在存量资产和负债的情形下，若企业新增负债相对较少，那么股东会表现出投资动力不足的现象，而若新增负债相对较高，股东则会表现出投资动力过强的现象。因此，相较无历史投资和负债的情形，此时的负债融资会引致不一样的投资决策非效率问题[②]。究其原因，是因为企业在较低新增负债情形下，新项目的投资会导致企业破产风险下降，P_d^1 小于 P_d^0（见表 3.12）。因为投资导致企业破产风险下降，企业存量负债的期望价值会因此上升，企业历史负债对应的债权人会因此获得财富增加。然而，很显然的是原有债权人财富的增加并不是因为额外成本投入所得，而是因为企业投资而分了一杯免费的"羹"。也就是说，股东承担了投资成本中相当大的比例[③]，却并没有得到全部的利益，其中部分利益被原有债权人攫取，因此股东会表现出投资动力不足，出现股东债权人冲突下的投资不足问题。相反，随着新增负债的增加，新项目投资中收益越来越多的部分将被新增负债偿债

---

① 即无风险利率 r 为 6%，投资成本 I 为 20，公司所得税税率 π 为 0.33，投资项目当前的产品价格 P_{t_0} 为 1，并且该价格的期望增长率 μ 为 2%，波动率 σ 为 20%，企业破产费用率 b 为 0.35，旧产品价格 p_0 恒定且等于 0.5，企业折旧率 δ 为零。

② 前文分析表明，在不考虑存量负债和历史投资时负债融资只会导致股东过度投资，而不会产生投资不足的现象。

③ 因为新增负债相对比较少，所以投资成本大部分资金必须来源于股东自有资金。

压力所占用，而匀出来应付原有负债偿还的部分相应减少，因此新项目投资降低企业破产风险的能力将下降。所以，原有债权人因投资降低破产风险而免费增加期望价值的现象得以缓解。与此同时，由于新增负债额度的增加，投资资金中股东自有资金的投入也会减少，因此股东认为原有债权人通过其项目投资免费攫取财富的程度得以控制。作为结果，股东上述投资不足问题会随负债融资的增加而得以缓解。进一步地，倘若企业新增负债不断增加以至于投资后破产风险不仅不下降反而上升，那么存量负债的期望价值将会有所下降。也就是说，股东可以在不额外承担利息成本的情形下，通过"无意"地减少原有债权人财富致使原有债权人被动为其投资行为"买单"或者说为其承担额外的成本，从而导致股东出现投资动力过强的现象，即 P_e^s 小于 P_e^f，企业出现过度投资的现象。并且，新增负债水平越高，投资后破产临界值将越高，原有债权人分担的投资成本或投资风险则会越高，同时股东通过新增负债筹措投资资金的比例也越高，股东自筹资金会越少，此时股东过度投资的现象会更严重。经验证明，无论

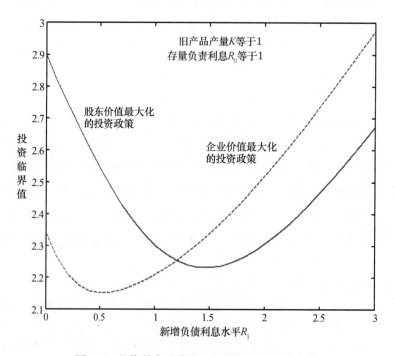

图 3.7 投资前有破产风险情形的股东投资决策

历史投资和存量负债的水平高低如何，如果投资前存在破产风险，那些投资后破产风险下降的企业股东会表现出投资不足的现象，而那些投资后破产风险上升的企业股东会表现出过度投资的现象。

依据上述结论不难推断，若投资后破产风险下降，股东会认为原有股东因投资而免费获益而表现出投资不足。此时，如果存量负债增加，存量负债产生的破产风险也会提高，此时投资导致破产风险下降的可能性将增加，所以投资不足现象会更明显。也就是说，在投资导致破产风险下降的情形下，存量负债的增加会导致企业投资不足问题更严重。相反，倘若投资后破产风险上升，股东会在不增加利息成本的情况下使原有债权人承担额外的投资风险，因此股东会过度投资。同样，在投资导致破产风险上升的情形下，存量负债越高，原有债权人在投资中承担的风险也就越大，企业过度投资现象会更加明显。

表 3. 12　　　　考虑历史投资和存量负债情形下的股东投资
决策非效率：投资前有破产风险

新增负债利息 R_1	破产阈值 P_d^0	破产阈值 P_d^1	投资阈值 P_e^f	投资阈值 P_e^s	$P_e^s - P_e^f$
0	0.7611	0.2113	2.3407	2.8968	0.5561
0.2	0.7437	0.2959	2.2121	2.7477	0.5356
0.6	0.7094	0.4649	2.1551	2.4838	0.3287
1	0.6786	0.634	2.2095	2.3027	0.0932
1.6	0.6468	0.8876	2.373	2.2378	− 0.1352
1.8	0.6407	0.9721	2.4444	2.264	− 0.1804
2.3	0.6333	1.1834	2.6483	2.3967	− 0.2516
2.5	0.6329	1.2679	2.7382	2.4683	− 0.2699
2.6	0.6332	1.3102	2.7849	2.5068	− 0.2781
2.8	0.6343	1.3947	2.8794	2.5885	− 0.2909
3	0.6362	1.4793	2.9766	2.6752	− 0.3014

注：该表中旧产品产能 k 为 1，存量负债利息 R_0 为 1。

② 投资前无破产风险的情形。

依照前文分析的思路，倘若企业历史投资水平足够高或者说存量负债水平足够低，此时企业投资之前不会存在破产风险，也就是说破产临界值

P_d^0 等于零。在这种情形下，企业如果在投资资金中融入部分负债资金，那么投资后企业要么依然没有破产风险，要么投资后破产风险会增加。这种现象在股东价值最大化情形下应该也会有不一样的特征。

表 3.13 　　　　　考虑历史投资和存量负债情形下的股东投资决策：
投资前无破产风险

新增负债利息 R_1	破产阈值 P_d^0	破产阈值 P_d^1	投资阈值 P_e^f	投资阈值 P_e^s	$P_e^s - P_e^f$
0	0	0	2.8251	2.8251	0
0.1	0	0	2.7474	2.7474	0
0.2	0	0.0423	2.6707	2.6701	− 0.0006
0.6	0	0.2113	2.3881	2.3777	− 0.0104
1	0.0	0.3804	2.1768	2.1526	− 0.0242
1.6	0	0.634	2.0604	2.0357	− 0.0247
1.8	0	0.7185	2.0711	2.0536	− 0.0175
2.3	0	0.9298	2.1689	2.1782	0.0093
2.6	0	1.0566	2.2595	2.2877	0.0282
2.8	0	1.1412	2.3285	2.3697	0.0412
3	0.0	1.2257	2.4025	2.457	0.0545

注：该表中旧产品产能 k 为 1，存量负债利息 R_0 为 0.4。

表 3.13 以 k 等于 1、R_0 等于 0.4 为例分析了股东投资决策问题。结合表 3.13 和图 3.8 分析发现，在 k 等于 1、R_0 等于 0.4 的情形下，历史投资的产品收入 kP_0 大于投资前历史负债的利息支出 R_0，投资前企业破产阈值为零。并且，如果新增负债水平足够低，例如 R_1 小于 0.2，投资之后的利息支付也完全能由投资前稳定的经营收入涵盖，企业在投资之后也没有破产风险，此时无论投资政策如何，企业债权人都能获得永续利息收入，股东也无法通过投资政策的调整实现更多的税收利益，因此股东投资政策与企业价值最大化情形无任何差异。然而，随着新增负债的增加，投资后企业将出现破产风险，企业破产临界值大于零。此时，一方面，原有产品稳定的收入将会因破产风险的出现而变得非稳定，也就是说投资前部分稳定的产品收入被用作新增负债的风险担保，旧产品的期望收入也因此减少，减少的部分被新增债权人攫取，此时股东会表现出投资不足；另

方面，除了原有产品收入，存量负债价值也由永续利息收入变为不确定的利息收入，与前文分析相似，此时原有债权人在没有得到额外回报的情形下分担了新项目投资的部分风险，此时股东又会表现出过度投资；此外，与前文观点一致，在给定投资后的破产风险后，受有限责任机制的庇护，企业破产成本将由股东和债权人共同承担，因此股东在权衡负债税收利益与自身承担的破产成本情形下，通常会比企业价值最大化情形具有更强的投资动力，股东会因此存在过度投资的动力。在三种力量的共同作用下，如果新增负债相对偏低，股东提前投资的冲动会占优，企业表现出过度投资的现象。然而，随着新增负债的进一步增加，企业破产风险变得越来越大，旧产品中稳定的产品收入被用作新增负债担保的部分越来越多，股东延迟投资的愿望会越来越明显，企业会因此表现出投资不足的现象，并且投资不足会随新增负债增加而变得更加严重。

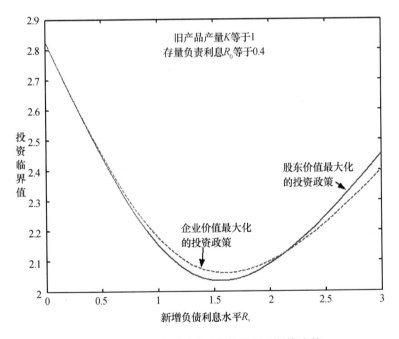

图 3.8　基于投资前无破产风险的股东投资决策

综合而言，倘若投资前企业无破产风险，那么在较低新增负债时，股东会表现出过度投资现象；随着新增负债融资的增加，股东延迟投资的动力会愈发明显，直至表现出投资不足的问题。

（2）投资决策影响负债融资的机制分析。

与负债影响投资决策分析相似，我们也将按照投资前是否存在破产风险进行分类分析。

① 投资前有破产风险的情形。

前文分析结果显示，倘若投资前企业便存在破产风险，那么在较低新增负债水平下，企业破产风险会发生下降，股东会因为原有债权人不承担额外成本而实现财富增值表现出投资不足的现象。但是，随着新增负债融资水平的提高，企业投资后破产风险会增加，债权人因此攫取财富的现象会得到遏制。另一方面，在投资不足情形下，企业投资临界值会相应偏高，在给定的破产临界值下，企业具有较低的破产风险，此时债权人向企业索要的风险溢价相对偏低，股东将面临更低的负债融资成本[①]，股东也会因此而表现出更高的负债融资动力。所以，综合而言，股东在投资不足情形下会表现出更强的负债融资热情，以此在获得较低成本负债资金的同时，通过新增负债提高企业破产风险，以此压缩原有债权人侵害股东利益的空间[②]。

表3.14 考虑历史投资和存量负债情形下的股东融资决策：投资前有破产风险

新增负债利息 R_1	股东价值最大化情形		企业价值最大化情形	
	负债融资额 D_N^1（P_e^S）	股东价值 E^0	负债融资额 D_N^1（P_e^f）	企业价值 V^0
0	0	0.6359	0	9.4198
0.4	6.5082	0.8781	6.4469	10.3076

① 结合表3.12和表3.13，如果企业处于投资不足的情形，如 R_1 等于1，股东负债融资的实际成本可表示为 $1 \div 15.4457 = 0.0647$，而企业价值最大化情形却为 $1 \div 15.3552 = 0.0651$，所以受投资不足的影响股东承担的负债融资成本会相对较少。

② 由于在本书的模型中，企业并不存在提前清偿债务的情形，所以为了减少原有债权人从投资中攫取收益的问题，股东只能通过增加负债融资的方式进行控制。但是，在现实中，如果允许企业提前清偿已有债务，那么为了缓解原有债权人"免费"赚取投资收益的问题，股东也可以减少企业的存量负债水平。通过后文的实证检验，在中国上市公司中，决策者更有可能通过减少存量负债的方式以缓解企业的投资不足问题。

续表

新增负债利息 R_1	股东价值最大化情形		企业价值最大化情形	
	负债融资额 D_N^1 (P_e^s)	股东价值 E^0	负债融资额 D_N^1 (P_e^f)	企业价值 V^0
1	15.4457	1.3069	15.3552	11.3842
1.6	22.9408	1.6668	23.3007	12.0749
2.2	29.4086	1.8311	30.5310	12.324
2.3	30.4322	1.8402	31.6869	12.3317
2.4	31.4459	1.8448	32.8334	12.3296
2.5	32.4511	1.8455	33.9673	12.3232
2.6	33.4490	1.8426	35.0951	12.3068
2.8	35.4269	1.8274	37.3202	12.263

注：该表中旧产品产能 k 为 1，存量负债利息 R_0 为 1。

非常明显，随着新增负债的增加，投资后企业破产风险终将超过投资前，此时企业会出现过度投资的问题，且新增负债越多过度投资越严重。然而，如果债权人能有效地预期这种过度投资，债权人的最优博弈策略是在债务合约签订之时相应地提高债务资金的风险成本，股东负债融资的成本会相应上升[1]。有鉴于此，为了缓解企业因过度投资增加的成本压力，企业会相应地减少负债融资额度。然而，考虑到负债税收利益，股东不会一味地减少负债水平，而会在权衡负债税收利益、破产成本、负债代理成本等几个方面的因素作出最后的抉择。表 3.14 显示，股东价值最大化时的融资政策为利息支付等于 2.5，而企业价值最大化时负债融资政策为利息支付等于 2.3。即便股东会因为过度投资蒙受更高的资金成本，但是在综合考虑负债税收利益和破产成本后选择了更高的负债融资水平。

② 投资前无破产风险的情形。

倘若企业因为较低的存量负债或者较高的历史投资而在投资前表现出破产风险为零的现象，那么如果企业新增负债比较低且投资后也无破产风

---

[1]　结合表 3.11 和表 3.13 的数据，如果企业处于过度投资的情形，如 R_1 等于 2.2，此时股东的实际融资成本为 $2.2 \div 29.4086 = 0.0748$，大于企业价值最大化情形 $2.2 \div 30.5310 = 0.0721$，所以股东因过度投资问题确实承担了更多的负债融资。

险，企业不存在投资非效率，此时企业能得到全部的负债税收利益。但是，为了享受足额的税收利益，股东将进一步融入负债资金，企业负债融资会增加。

随着新增负债融资的增加，投资后的利息支出将无法全部由投资前稳定的经营收入予以涵盖，其中一部分将由不稳定的新产品经营收入弥补，所以企业会存在破产的风险。此时，如果企业新增负债比较少，那么股东会出现过度投资问题，这种过度投资会增加负债融资的成本从而导致企业进一步增加负债融资的难度。但是，在负债税收利益的驱使下，股东依然会增加负债融资的额度。

然而，当负债融资达到一定水平时，企业原有产品经营收入中大部分将会用作新增负债的风险抵押，此时股东会表现出投资不足的现象。受到投资不足情形下债权人对负债风险溢价的要求降低，股东会产生进一步负债融资的动机。但是，由于新债权人会因项目投资分享原有产品收入的部分利益，股东又存在降低负债融资的动力。两者权衡之下，表 3.15 显示，相较于企业价值最大化决策者，股东会融入更少的负债资金。

表 3.15   **考虑历史投资和存量负债情形下的股东融资决策：投资前无破产风险**

新增负债利息 R_1	股东价值最大化情形		企业价值最大化情形	
	负债融资额 D_N^1 (P_e^S)	股东价值 E^0	负债融资额 D_N^1 (P_e^f)	企业价值 V^0
0	0	5.6381	0	12.3047
0.4	6.6432	6.0374	6.6432	12.701
1	16.1144	6.7317	16.1250	13.3737
1.6	24.2482	7.3328	24.2983	13.9641
2.2	31.1597	7.617	31.1452	14.2893
2.4	33.3063	7.6439	33.2247	14.338
2.5	34.3607	7.6473	34.2368	14.353
2.6	35.4046	7.645	35.2327	14.3625
2.7	36.4393	7.6374	36.2140	14.3669
2.8	37.4660	7.6251	37.1821	14.3666

注：该表中旧产品产能 k 为 1，存量负债利息 R_0 为 0.4。

三　本节主要结论

本节通过引入历史投资和存量负债，进一步分析了投融资决策的优化及互动机制。其结论主要包括：

（1）无论企业是否具有存量负债与历史投资，也不论其多寡程度如何，新增负债融资和投资决策之间的关系表现出与无存量负债和历史投资一样的特征。

（2）不仅新增负债和投资决策之间存在相互影响的机制，存量负债和历史投资也会对投融资决策产生动态的作用机制。就历史投资来看，因历史投资会提高企业经营收入，从而改善其财务风险，增强企业负债融资的能力，并因此对负债融资产生促进作用。就存量负债而言，一方面存量负债的增加会因为税收利益的作用对投资产生促进作用，另一方面也会因为破产风险问题对企业投资决策产生动态的抑制。

（3）受股东债权人利益冲突的影响，存量负债和历史投资对投融资决策的影响会产生差异：①如果投资前企业便不存在破产风险：第一方面，如果投资后企业也不存在破产风险，负债融资并不会带来任何投资决策非效率；第二方面，如果投资后企业因客观原因出现了正的破产风险，由于原有负债为股东承担了部分投资风险，股东会因此表现出过度投资的现象，而债权人通过理性的预测会相应地提高企业债务融资的风险成本，从而导致企业负债融资减少；第三方面，如果投资后企业破产风险大量增加以至于投资前的稳定收入大量减少，此时新债权人会因此获益，股东会表现出投资不足的现象，这种投资不足会降低负债融资成本并因此会对负债融资产生促进作用。②如果投资前企业便存在破产风险：一方面，如果投资后破产风险下降，原有债权人会因企业投资而得利，股东会因此表现出投资不足，而投资不足同样会对负债融资产生促进作用；另一方面，如果投资后企业破产风险上升，股东不仅通过新增负债降低了投资成本中自己垫资的部分，同时原有债权人会因企业投资而承担部分风险，股东会表现出过度投资的问题，这种过度投资同样会反过来对负债融资产生抑制作用。

第六节　企业投资与负债融资决策互动
分析的负债期限结构模型

前文所有的分析都是基于企业采用无限期负债融资的假设。然而，事实上企业融资过程中可能会有长期负债和短期负债的搭配。也就是说，负债融资通常会有期限结构的问题。为了进一步考察这方面的问题以及由此带来的投融资互动机制的变化，我们接下来将对负债融资的相关假设作相应的调整[①]。假设企业同样在获得投资机会之时向债权人申请 L 的债务承诺（loan commitment），其中有 ω（$0 \leqslant \omega \leqslant 1$）部分是属于永久性负债，对于这部分永久性负债企业将在投资之后每单位时间为债权人支付利息 R。除此之外，另一部分 $1-\omega$ 的债务资金将以短期负债的形式出现。为了简化分析，我们假设短期负债的期限为 1 个单位期间。由于短期负债的期限相对较短，其利息水平将参照无风险利率 r[②]。

一　企业价值最大化下的投融资决策优化与投融资互动机制分析

1）企业价值评估。

对于投资之后企业价值的评估与前文有部分的差异，因为投资之后企业会在第一个单位期间之后偿还短期负债的本金和利息，然后在偿还短期负债之后进入与前文相似的企业经营状态。令短期负债偿还之前企业股东价值和债务价值分别为 E_-、D_-，企业价值记为 V_-，短期负债偿还之后企业股东价值、债务价值和企业价值分别记为 E_+、D_+、V_+。

显然，企业投资之后、短期负债偿还之前，股东价值可以表示成下式所示：

$$E_-(P) = H_1 P^{\beta_1} + H_2 P^{\beta_2} + (1-\pi)\left(\frac{P}{r-\mu} - \frac{R}{r}\right) - \left[(1-\pi)\right.$$

---

①　为了与前文的分析保持一致性，后面的研究将继续沿用前文有关于投资项目的相关假设。同时，为了简化问题的分析，同时将研究目标集中于负债期限结构问题，此处我们将不考虑折旧以及历史投资和历史负债。

②　当然，我们也可以额外定义一个利息率水平。显然，利息率水平的选择并不会对结果产生影响，只是额外增加了一个变量而已。所以，为了分析更为简洁，此处采用无风险利率 r。

$$r(1 - \omega)L + (1 - \omega)L]/(1 + r)$$

其中，H_1、H_2 为待定的系数。此外，由于投资后企业股权价值须满足如下等式，

$$\lim_{P \to \infty} E_- = (1 - \pi)\left(\frac{P}{r - \mu} - \frac{R}{r}\right) - [(1 - \pi)r(1 - \omega)L$$
$$+ (1 - \omega)L]/(1 + r)$$

所以，系数 H_1 为零，此时股权价值可以表示成式（3.66），

$$E_-(P) = H_2 P^{\beta_2} + (1 - \pi)\left(\frac{P}{r - \mu} - \frac{R}{r}\right)$$
$$- [(1 - \pi)r(1 - \omega)L + (1 - \omega)L]/(1 + r) \qquad (3.66)$$

（1）短期负债偿还时不破产的情形。

此外，假设短期负债偿还之时的产品价格为 P_r，如果该价格比较低，那么企业将会在此实施破产。由于短期负债偿还是一个单位期间之后，且产品价格符合几何布朗运动。因此，在 Δt 等于 1 的情形下，短期负债偿还时产品价格 P_r 可以表示为 $P_r = P_e + \mu P_e \Delta t \pm \sigma P_e dW_t$。同时，由于存在 $dW_t = \sqrt{\Delta t}$ 等于 1，所以 P_r 的期望值 $P_r = P_e + \mu P_e \pm \sigma P_e$。显然，如果产品价格在一个单位期间后实现了一个正向的维纳过程增量，那么企业价格属于较高的情形，此时企业应不会破产[①]。在此情形下，企业将在短期负债偿还后的某一时点再出现破产风险。相反，如果产品价格实现了一个负向的维纳过程增量，那么企业在短期负债偿还时既存在破产的可能，也存在不破产的可能。显然，如果短期负债偿还时，企业不实施破产，那么负债偿还后的股东价值 E_+ 将与本章第三节的情形变得一致，且可以表示成

$$E_+(P) = (1 - \pi)\left(\frac{P}{r - \mu} - \frac{R}{r}\right) - (1 - \pi)\left(\frac{P_d}{r - \mu} - \frac{R}{r}\right)\left(\frac{P}{P_d}\right)^{\beta_2}$$
$$(3.67)$$

---

① 从直观上而言，在这个价格上，企业也有可能在第一个单位时间后便发生偿付危机，从而有可能破产。但是对于企业而言，在投资后的第一个单位时间便破产，那么企业的投资临界值 $R_0 + R_1 \leqslant k P_0 + \pi d/(1 - \pi)$ 将足够高，以至于其有足够的收入，从而使企业投资价值得以体现。然而，倘若投资临界值足够高，那么在投资后企业产品价格在一个单位时间内马上下降到足以破产的水平又变得不可能。所以，可以判断，企业在这个较高的价位上一旦投资将不可能在一个单位时间后就破产。企业投资决策时，将会留有足够的空间以至于不在投资后的一个单位时间内就破产。事实上，从理论上而言，投资临界值应该低于破产临界值，否则企业价值将会出现向上运动接近破产临界值的情形，从而失去了现实指导意义。

其中企业破产阈值 P_d 为：

$$P_d = \frac{\beta_2(r - \mu)R}{r(\beta_2 - 1)} \tag{3.68}$$

由于短期负债偿还时股权价值不会发生变化，因此有如下价值匹配条件：

$$E_-(P_r) = E_+(P_r)$$

根据上述价值匹配条件以及等式（3.66），不难求得投资后股权价值可以由式（3.69）表示：

$$E_-(P) = (1 - \pi)\left[(1 - \omega)L\left(\frac{P}{P_r}\right)^{\beta_2} - \left(\frac{P_d}{r - \mu} - \frac{R}{r}\right)\left(\frac{P}{P_d}\right)^{\beta_2}\right.$$
$$\left. + \left(\frac{P}{r - \mu} - \frac{R}{r}\right) - (1 - \omega)L\right] \tag{3.69}$$

类似地，企业投资之后，短期负债偿还前后债务价值分别表示成下式所示：

$$D_-(P) = Y_1 P^{\beta_1} + Y_2 P^{\beta_2} + \frac{R}{r} + (1 - \omega)L \tag{3.70}$$

$$D_+(P) = \frac{R}{r} + \left[(1 - b)\frac{(1 - \pi)P_d}{r - \mu} - \frac{R}{r}\right]\left(\frac{P}{P_d}\right)^{\beta_2} \tag{3.71}$$

与股权价值一样，等式（3.70）中 Y_1、Y_2 是待定的系数。并且，由于债务价值在价格趋向无穷大时获得长期负债的永续利息收入和短期负债的本息和，即如下式所示。所以，系数 Y_1 等于零。

$$\lim_{P \to \infty} D_- = \frac{R}{r} + (1 - \omega)L$$

同样，在短期负债偿还时债务价值也会满足如下价值匹配条件：

$$D_-(P_r) = D_+(P_r) + (1 + r)(1 - \omega)L$$

至此，我们可以求得投资后、短期负债偿还前的负债价值可由等式（3.72）表示：

$$D_-(P) = \left[(1 - b)\frac{(1 - \pi)P_d}{r - \mu} - \frac{R}{r}\right]\left(\frac{P}{P_d}\right)^{\beta_2} + r(1 - \omega)L\left(\frac{P}{P_r}\right)^{\beta_2}$$
$$+ \frac{R}{r} + (1 - \omega)L \tag{3.72}$$

在获得投资后股权价值和债务价值表达式之后，可以得到投资后的企业价值，

$$V_-(P) = E_-(P) + D_-(P) \tag{3.73}$$

（2）短期负债偿还时破产的情形。

根据前文的分析，如果企业投资后一个单位时间内实现了一个负的维纳过程增量，且价格足够低①，以至于企业会在此时破产。那么在负债偿还时，即产品价格为 P_r 时，股权价值将为零，债权人将得到企业扣除破产费用后的有形资产。

$$E_-(P_r) = 0$$

$$D_-(P_r) = (1-b)\frac{(1-\pi)P_r}{r-\mu}$$

结合式（3.66）、式（3.70）以及 Y_1 等于零的条件，可以分别求得投资后股权价值、负债价值以及企业价值的表达式：

$$E_-(P) = \left\{ \frac{[(1-\pi)r+1](1-\omega)L}{(1+r)} - (1-\pi)\left(\frac{P_r}{r-\mu} - \frac{R}{r}\right) \right\} \left(\frac{P}{P_r}\right)^{\beta_2}$$

$$+ (1-\pi)\left(\frac{P}{r-\mu} - \frac{R}{r}\right) - \frac{[(1-\pi)r+1](1-\omega)L}{(1+r)} \tag{3.74}$$

$$D_-(P) = \left[(1-b)\frac{(1-\pi)P_r}{r-\mu} - \frac{R}{r} - (1-\omega)L \right] \left(\frac{P}{P_r}\right)^{\beta_2}$$

$$+ \frac{R}{r} + (1-\omega)L \tag{3.75}$$

$$V_-(P) = \left\{ \frac{(1-b)(1-\pi)P_r}{r-\mu} - \frac{(1-\pi)P_r}{r-\mu} - \frac{\pi R}{r} \right.$$

$$\left. - \frac{\pi r(1-\omega)L}{(1+r)} \right\} \left(\frac{P}{P_r}\right)^{\beta_2} + \frac{(1-\pi)P}{r-\mu} + \frac{\pi R}{r} + \frac{\pi r(1-\omega)L}{(1+r)} \tag{3.76}$$

2）企业价值最大化下的投融资决策。

（1）短期负债偿还时不破产情形的投融资决策。

在获得投资后企业价值的表达式后，我们可以分析企业投资决策。与

---

① 事实上，在短期负债偿还时企业价格如果低于未来的破产阈值，那么企业在偿还短期负债后将处于一种产品价格朝更高破产阈值逼近且破产的状态。显然，这与企业经营的实际情况相左。现实的情形应该是产品价格向下逼近破产临界值且破产。所以，如果负债偿还时企业价格低于未来潜在的破产阈值，即 $D^1(P) = \frac{R_0 + R_1}{r}$，此时企业将会在短期负债偿还时实施破产。

本章第三节企业投资决策分析相似，我们同样假定投资前企业项目的期权价值为 F，并符合式（3.6）和式（3.7），且满足条件（3.23a）、条件（3.23b）、条件（3.23c）。结合投资后企业价值函数 $V_-(P)$ 表达式（3.73），不难求得企业价值最大化条件下的投资临界值 P_e^f 需满足如下等式：

$$\left(1 - \frac{\beta_2}{\beta_1}\right)(1 - \pi + r)(1 - \omega)L \left(\frac{P_e^f}{P_r}\right)^{\beta_2} - \left(1 - \frac{\beta_2}{\beta_1}\right)\left[b\frac{(1 - \pi)P_d}{r - \mu} + \frac{\pi R}{r}\right]$$

$$\left(\frac{P_e^f}{P_d}\right)^{\beta_2} + \left(1 - \frac{1}{\beta_1}\right)\frac{(1 - \pi)P_e^f}{r - \mu} + \frac{\pi R}{r} + \pi(1 - \omega)L - I = 0 \qquad (3.77)$$

其中，L 就是负债融资总额，即在投资时点上的负债价值 $D(P_e^f)$，它满足如下等式：

$$L = \left\{\left[(1 - b)\frac{(1 - \pi)P_d}{r - \mu} - \frac{R}{r}\right]\left(\frac{P_e^f}{P_d}\right)^{\beta_2} + \frac{R}{r}\right\} / \left[\omega - r(1 - \omega)\left(\frac{P_e^f}{P_r}\right)^{\beta_2}\right]$$

显然，在求得投资临界值后，我们可以通过包括利息水平 R 和长期负债比例 ω 在内的不同融资政策的选择，以实现企业价值 F 最大化的目标，从而获得最优的融资政策。

（2）短期负债偿还时实施破产情形的投融资决策。

结合投资后企业价值表达式（3.76）和式（3.6）、式（3.7），并代入条件（3.23a）、条件（3.23b）、条件（3.23c），即可求得此时企业投资决策需满足的等式：

$$\left(1 - \frac{\beta_2}{\beta_1}\right)\left\{-b\frac{(1 - \pi)P_r}{r - \mu} - \frac{\pi R}{r} - \frac{\pi r(1 - \omega)L}{(1 + r)}\right\}\left(\frac{P_e^f}{P_r}\right)^{\beta_2}$$

$$+ \left(1 - \frac{1}{\beta_1}\right)\frac{(1 - \pi)P_e^f}{r - \mu} + \frac{\pi R}{r} + \frac{\pi r(1 - \omega)L}{(1 + r)} - I = 0$$

其中，投资时负债融资量或者投资时企业的负债价值满足如下等式：

$$L = \left\{\left[(1 - b)\frac{(1 - \pi)P_r}{r - \mu} - \frac{R}{r}\right]\left(\frac{P_e^f}{P_r}\right)^{\beta_2} + \frac{R}{r}\right\}$$

$$/ \left(\omega + \left(\frac{P_e^f}{P_r}\right)^{\beta_2} - \omega\left(\frac{P_e^f}{P_r}\right)^{\beta_2}\right)$$

当然，融资决策方式与前文相似。

3）投融资决策互动机制分析。

（1）负债融资影响投资决策的机制分析。

以前文数据为基础，表3.16和表3.17呈现了不同长期负债比率下企业投融资决策的相关情形。结果显示，无论投资后第一个单位时间段产品价格是正向的维纳过程还是负向的维纳过程增量，在不同的长期负债比例下，企业投资临界值都会随着长期负债利息增加而表现出先下降后上升的态势。这一结果与前文的分析高度吻合，从而印证了负债通过税收利益和破产成本影响企业投资决策的相关论据。与此同时，进一步考察表3.16发现，给定长期负债利息水平，如果长期负债比例减少或者说短期负债比例增加，企业投资临界值会发生下降。例如，当长期负债利息为1时，长期负债比例从1下降到0.5时，企业投资临界值会从2.1797下降到0.5238。其原因在于，在正向维纳过程增量情形下，企业在短期负债偿还时不可能发生破产。所以，在同等 R 水平下，即同等长期负债利息税盾 $\pi R/r$ 水平下，增加短期负债比例，即意味着更多的短期负债税盾 $\pi r L(1-\omega)/(1+r)$，所以企业投资动力会更强。然而，表3.17的数据显示，在负向维纳过程增量情形下，如果企业在短期负债偿还时不存在破产风险，那么企业投资动力同样会随短期负债比例的增加而增强，但如果存在破产风险时，如 $\omega=0.5$ 且 $R \geqslant 2.2$ 时，企业会随短期负债比例的增加而出现投资动力下降的现象。这是因为，一旦在短期负债偿还时出现破产可能，那么企业短期负债的增加降低了长期负债的期望利息水平税盾，从而导致企业整体期望税收利益减少，企业投资动力下降。

表3.16　　　企业投融资决策与企业价值：正向维纳过程增量情形

负债利息	P_d	$\omega=1$		$\omega=0.9$		$\omega=0.7$		$\omega=0.5$	
		P_e^f	企业价值 F	P_e^f	企业价值 F	P_e^f	企业价值 F	P_e^f	企业价值 F
$R=0.2$	0.0845	2.6709	4.7118	2.545	4.8052	2.1723	5.0848	1.45	5.4134
$R=0.4$	0.1691	2.5227	4.9181	2.2739	5.1244	1.5484	5.6443	0.486	−4.9475
$R=0.6$	0.2536	2.3868	5.1372	2.0248	5.4748	1.0617	5.7377	0.4113	−7.8219
$R=0.8$	0.3381	2.2702	5.3634	1.8165	5.8442	0.8544	5.6777	0.4579	−1.4599
$R=1.0$	0.4226	2.1797	5.5875	1.6683	6.2131	0.8242	6.4052	0.5238	3.5988
$R=1.2$	0.5072	2.1199	5.798	1.5866	6.5601	0.8569	7.3945	0.5961	6.8794

续表

负债利息	P_d	$\omega = 1$		$\omega = 0.9$		$\omega = 0.7$		$\omega = 0.5$	
		P_e^f	企业价值 F	P_e^f	企业价值 F	P_e^f	企业价值 F	P_e^f	企业价值 F
$R = 1.4$	0.5917	2.0916	5.9836	1.561	6.8643	0.914	8.2419	0.6714	8.9312
$R = 1.6$	0.6762	2.092	6.1362	1.575	7.1106	0.9827	8.8613	0.7482	10.1985
$R = 1.8$	0.7608	2.1163	6.2525	1.6151	7.2936	1.0577	9.2771	0.826	10.9653
$R = 2.0$	0.8453	2.1594	6.333	1.6722	7.4169	1.1364	9.5343	0.9043	11.4095
$R = 2.2$	0.9298	2.2169	6.381	1.7406	7.4886	1.2175	9.674	0.9831	11.641
$R = 2.4$	1.0144	2.2853	6.4011	1.8167	7.518	1.3003	9.7282	1.0622	11.7309
$R = 2.5$	1.0566	2.3228	6.4022	1.8569	7.5196	1.3422	9.7311	1.1018	11.7384
$R = 2.6$	1.0989	2.3621	6.3981	1.8983	7.5139	1.3843	9.721	1.1415	11.7261
$R = 2.8$	1.1834	2.4452	6.3763	1.984	7.4838	1.4692	9.6702	1.2209	11.6569
$R = 3.0$	1.2679	2.5333	6.3397	2.0727	7.434	1.5547	9.5885	1.3005	11.5453

表 3.17 企业投融资决策与企业价值：负向维纳过程增量情形

负债利息	P_d	$\omega = 1$		$\omega = 0.9$①		$\omega = 0.7$		$\omega = 0.5$②	
		P_e^f	企业价值 F	P_e^f	企业价值 F	P_e^f	企业价值 F	P_e^f	企业价值 F
$R = 0.2$	0.0845	2.6709	4.7118	2.5993	4.7698	2.3911	4.9436	2.0022	5.2796
$R = 0.4$	0.1691	2.5227	4.9181	2.3811	5.0465	1.9717	5.4372	1.2316	5.9199
$R = 0.6$	0.2536	2.3868	5.1372	2.18	5.3489	1.598	5.9759	0.7623	5.2139
$R = 0.8$	0.3381	2.2702	5.3634	2.0084	5.6689	1.3263	6.5094	0.6685	5.6611
$R = 1.0$	0.4226	2.1797	5.5875	1.879	5.9908	1.1896	7.0481	0.6909	7.3263
$R = 1.2$	0.5072	2.1199	5.798	1.7988	6.2941	1.1539	7.5956	0.7459	8.842
$R = 1.4$	0.5917	2.0916	5.9836	1.7651	6.5595	1.1727	8.0821	0.8138	9.9247
$R = 1.6$	0.6762	2.092	6.1362	1.7686	6.7744	1.2199	8.4591	0.8878	10.6272

① 实际上，当长期负债比例为 0.9 时，企业将会在长期负债利息为 2.45 时其整体价值达到 7.1358，从而表明企业最优长期负债利息应为 2.45。

② 在负向维纳过程增量情形下，如果长期负债比例为 0.5，那么当长期负债利息率大于等于 2.2 时，企业投资后短期负债偿还时产品价格会低于破产临界值，因此此时企业将会破产，也就是企业将会按照存在破产风险的决策模式进行投融资决策。此时，企业破产临界值也会发生变化。由于篇幅的限制，本书不再单独列出其破产临界值。

续表

负债利息	P_d	$\omega=1$		$\omega=0.9$		$\omega=0.7$		$\omega=0.5$	
		P_e^f	企业价值 F	P_e^f	企业价值 F	P_e^f	企业价值 F	P_e^f	企业价值 F
$R=1.8$	0.7608	2.1163	6.2525	1.7994	6.9347	1.2826	8.7212	0.9654	11.0501
$R=2.0$	0.8453	2.1594	6.333	1.8492	7.0436	1.3545	8.8838	1.045	11.2761
$R=2.1$	0.8876	2.1866	6.3608	1.8794	7.0807	1.3929	8.9341	1.0854	11.3351
$R=2.2$	0.9298	2.2169	6.381	1.9124	7.1075	1.4324	8.9672	1.8106	2.7699
$R=2.4$	1.0144	2.2853	6.4011	1.985	7.1341	1.5141	8.9898	1.8441	2.9503
$R=2.5$	1.0566	2.3228	6.4022	2.024	7.1357	1.556	8.9834	1.8608	3.0359
$R=2.6$	1.0989	2.3621	6.3981	2.0645	7.1307	1.5986	8.9674	1.8776	3.1186
$R=2.8$	1.1834	2.4452	6.3763	2.1491	7.1038	1.685	8.9118	1.9111	3.2755
$R=3.0$	1.2679	2.5333	6.3397	2.2375	7.0588	1.773	8.8323	1.9445	3.4219

（2）投资决策影响负债融资的机制分析。

根据前文的分析可知，由于企业投资临界值和破产临界值的差距会影响企业期望税收利益净值，所以投资决策会因此对企业价值产生作用从而影响企业的最优负债融资。从表3.16和表3.17可知，在给定长短期负债比例的情形下，在较低长期负债融资利息水平下，企业会有较低破产成本但税收利益也相对较低，而在较高长期负债利息下，企业破产临界值会更加接近投资临界值[①]，从而使破产概率上升，企业期望税收利益净值趋降。企业最终会选择能使企业价值最大化的长期负债利息水平。表3.16显示，在正向维纳过程增量情形下，企业最优长期负债利息在各种负债期限结构下都为2.5。但是，进一步考察表3.18发现，最优长期负债利息会随短期负债比例的增加而呈现出先下降后上升的现象。与之不一样，表3.17显示在负向维纳过程增量下，最优长期负债会随短期负债比例的上升而单调地下降。

---

①　事实上，此时我们比较的是破产临界值与短期负债偿还时的产品价格，当然该价格会随投资临界值增加而上升。

表 3.18 **不同负债期限结构下企业价值最大化的长期负债**

决策：正向维纳过程增量情形

负债利息	$\omega = 0.9$		$\omega = 0.7$		$\omega = 0.5$		$\omega = 0.3$	
	P_e^f	企业价值 F	P_e^f	企业价值 F	P_e^f	企业价值 F	P_e^f	企业价值 F
$R = 2.0$	1.6722	7.4169	1.1364	9.5343	0.9043	11.4095	0.7824	13.149
$R = 2.2$	1.7406	7.4886	1.2175	9.674	0.9831	11.641	0.8568	13.4483
$R = 2.4$	1.8167	7.518	1.3003	9.7282	1.0622	11.7309	0.9312	13.5616
$R = 2.45$					1.082	11.7409		
$R = 2.46$			1.3254	9.7316				
$R = 2.48$	1.8488	7.52					0.961	13.5686
$R = 2.6$	1.8983	7.5139	1.3843	9.721	1.1415	11.7261	1.0056	13.5483
$R = 2.8$	1.984	7.4838	1.4692	9.6702	1.2209	11.6569	1.0801	13.454
$R = 3.0$	2.0727	7.434	1.5547	9.5885	1.3005	11.5453	1.1546	13.3077

表 3.19 和表 3.20 列出了给定长期负债利息水平下企业最优的负债期限结构决策问题。表 3.19 显示，当企业投资后第一个单位时间内产品价格发生正向维纳过程增量，也就是说短期负债偿还时企业不会发生破产风险，那么在较低的长期负债利息水平下，企业价值会随长期负债比例的增长而出现先升后降的现象（该结果在表 3.20 中表现出同样的特征）。其原因在于，随着长期负债比例的增加，企业投资临界值会上升，在给定的长期负债利息从而给定的破产阈值的情形下，投资阈值上升意味着短期负债偿还后即发生破产的概率下降，企业短期负债偿还后的期望税收利益增加。与此同时，企业短期负债偿还前稳定的税收利益也会因为企业提高投资临界值或者说推迟投资而产生更少的现值。假设短期负债偿还前的税收利益为 TB_-，那么它可用下式表示：

$$TB_- = e^{-r(t_e - t_0)} \cdot \frac{\pi R + \pi r(1 - \omega)L}{1 + r}$$

显然，上式表明 TB_- 与 $t_e - t_0$ 负相关。所以投资临界值越高，企业等待投资的时间越长，TB_- 会越少。在权衡推迟投资带来的税收利益净值的增加和减少后，企业会在 $\omega \in (0, 1)$ 的区间内选择一个能使企业价值最大化的负债期限结构。然而，如果企业长期负债利息处于较高的水平，而且短期负债偿还后产品价格会由于正向维纳过程增量而变得更高，此时短期负债除了增加短期负债税收利益外，不会为企业带来任何风险，因此企业会选择尽可能高的短期负债水平。

表 3. 19　　　　　　　企业价值最大化的最优负债期限结构决策：
正向维纳过程增量情形

永久负债比例	R = 0.2		R = 1		R = 2		R = 3	
	P_e^f	企业价值 F	P_e^f	企业价值 F	P_e^f	企业价值 F	P_e^f	企业价值 F
ω = 0.2	0.0971	- 382. 516	0.3798	- 0. 4793	0.7411	13. 9757	1. 1029	14. 1226
ω = 0.3	0.1776	- 116. 093	0.4122	0. 6971	0.7824	13. 149	1. 1546	13. 3077
ω = 0.4	0.7758	2. 6848	0.4571	2. 0484	0.8351	12. 2974	1. 2187	12. 4517
ω = 0.5	1.45	5. 4134	0.5238	3. 5988	0.9043	11. 4095	1. 3005	11. 5453
ω = 0.6	1.8793	5. 2854	0.6316	5. 1761	0.9994	10. 4946	1. 408	10. 5928
ω = 0.7	2.1723	5. 0848	0.8242	6. 4052	1.1364	9. 5343	1. 5547	9. 5885
ω = 0.8	2.3843	4. 9261	1.1731	6. 7216	1.3448	8. 5097	1. 7636	8. 532
ω = 0.9	2.545	4. 8052	1.6683	6. 2131	1.6722	7. 4169	2. 0727	7. 434

然而，与正向维纳过程增量情形不一样，如果短期负债偿还后企业产生破产风险（在高长期负债利息水平下），企业不再尽可能多地增加短期负债融资，而是在 $\omega \in$ （0，1）的区间内选择一个能使企业价值最大化的负债期限结构。

表 3. 20　　　　　　　企业价值最大化的最优负债期限结构决策：
负向维纳过程增量情形

永久负债比例	R = 0.2		R = 1		R = 2		R = 3	
	P_e^f	企业价值 F	P_e^f	企业价值 F	P_e^f	企业价值 F	P_e^f	企业价值 F
ω = 0.2	0.1964	- 77. 9134	1.5459	0. 7786	1.7825	2. 6085	1. 9515	3. 451
ω = 0.3	1.0263	5. 2764	1.6121	1. 3901	1.7805	2. 597	1. 949	3. 4406
ω = 0.4	1.6467	5. 556	0.561	7. 1152	1.7787	2. 5863	1. 9467	3. 4309

续表

永久负债比例	$R = 0.2$		$R = 1$		$R = 2$		$R = 3$	
	P_e^f	企业价值 F	P_e^f	企业价值 F	P_e^f	企业价值 F	P_e^f	企业价值 F
$\omega = 0.5$	2.0022	5.2796	0.6909	7.3263	1.045	11.2761	1.9445	3.4219
$\omega = 0.6$	2.2313	5.0812	0.8942	7.3752	1.1802	10.0064	1.5999	9.8843
$\omega = 0.7$	2.3911	4.9436	1.1896	7.0481	1.3545	8.8838	1.773	8.8323
$\omega = 0.8$	2.5089	4.8444	1.539	6.5029	1.5769	7.8963	1.9839	7.8905
$\omega = 0.9$	2.5993	4.7698	1.879	5.9908	1.8492	7.0436	2.2375	7.0588

二 股东价值最大化下的投融资决策优化与投融资互动机制分析

1) 股东价值最大化下的投融资决策。

（1）短期负债偿还时不破产情形的投融资决策。

根据前文的思路，股东价值最大化条件下的投资决策是以股东价值函数作为依据进行运算的。此时，投资决策的价值匹配条件和平滑粘贴条件将变为条件（3.31a）和条件（3.31b）式。结合式（3.7）、条件（3.23a）以及投资后股东价值函数 E_-（P）表达式（3.69），即可求得股东价值最大化条件下的投资临界值 P_e^s 需满足如下等式：

$$\left(1 - \frac{\beta_2}{\beta_1}\right)(1 - \omega) L \left(\frac{P_e^s}{P_r}\right)^{\beta_2} - \left(1 - \frac{\beta_2}{\beta_1}\right)\left(\frac{P_d}{r - \mu} - \frac{R}{r}\right)\left(\frac{P_e^s}{P_d}\right)^{\beta_2}$$

$$+ \left(1 - \frac{1}{\beta_1}\right)\left(\frac{P_e^s}{r - \mu}\right) - \frac{R}{r} - \frac{(\pi\omega - \pi - \omega)L + I}{1 - \pi} = 0 \qquad (3.72)$$

其中，L 是负债融资总额，即在投资时点上的负债价值 D（P_e^s），它满足如下等式：

$$L = \left\{\left[(1 - b)\frac{(1 - \pi)P_d}{r - \mu} - \frac{R}{r}\right]\left(\frac{P_e^s}{P_d}\right)^{\beta_2} + \frac{R}{r}\right\} / \left[\omega - r(1 - \omega)\left(\frac{P_e^s}{P_r}\right)^{\beta_2}\right]$$

显然，在求得投资临界值后，我们同样可以通过调整长期负债利息 R 和长期负债比例 ω，从而实现股东价值 F 最大化的目标，并以此得到企业最优的融资政策。

（2）短期负债偿还时实施破产情形的投融资决策。

结合投资后股权价值表达式（3.74）和投资价值匹配条件和平滑粘贴条件将变为条件（3.31a）和条件（3.31b），并代入式（3.7）、条件（3.23a）即可求得此时股东投资决策需满足的等式：

$$\left(1 - \frac{\beta_2}{\beta_1}\right)\left\{\frac{[(1-\pi)r+1](1-\omega)L}{(1-\pi)(1+r)} - \left(\frac{P_r}{r-\mu} - \frac{R}{r}\right)\right\}\left(\frac{P_e^S}{P_r}\right)^{\beta_2}$$

$$+ \left(1 - \frac{1}{\beta_1}\right)\left(\frac{P_e^S}{r-\mu}\right) - \frac{R}{r} - \frac{[(1-\pi)r+1](1-\omega)L}{(1-\pi)(1+r)} - \frac{I-L}{1-\pi} = 0$$

其中，L 是负债融资总额，即在投资时点上的负债价值 $D\ (P_e^S)$，它满足如下等式：

$$L = \left\{\left[(1-b)\frac{(1-\pi)P_r}{r-\mu} - \frac{R}{r}\right]\left(\frac{P_e^S}{P_r}\right)^{\beta_2} + \frac{R}{r}\right\}$$

$$\bigg/\left[\omega + \left(\frac{P_e^S}{P_r}\right)^{\beta_2} - \omega\left(\frac{P_e^S}{P_r}\right)^{\beta_2}\right]$$

2）投融资决策互动机制分析。

（1）负债融资影响投资决策的机制分析。

以 ω 等于 1、0.9、0.7 为例，表 3.21 和表 3.22 分别阐释了投资后第一个单位时间产品价格实现正向的维纳过程和负向维纳过程增量情形下的投资决策、企业价值和负债融资量。显然，长期负债利息对投资决策的影响表现出与企业价值最大化条件下一样的特征。与此同时，短期负债比例对投资决策的影响也表现出相似的特点：若短期负债偿还时不存在破产风险，在同样的长期负债利息背景下，短期负债比例增加会促进企业的投资行为；若短期负债偿还时产生破产风险，在同样的长期负债利息背景下，短期负债比例增加会抑制企业的投资行为。

表 3.21　　股东投融资决策与企业价值：正向维纳过程增量情形

负债利息	P_d	$\omega = 1$			$\omega = 0.9$			$\omega = 0.7$		
		P_e^S	股东价值 F	L	P_e^S	股东价值 F	L	P_e^S	股东价值 F	L
$R = 0.2$	0.0845	2.67	4.7118	3.3283	2.5485	4.8054	3.7333	2.5062	4.793	2.4695
$R = 0.4$	0.1691	2.5164	4.918	6.6335	2.2752	5.1246	7.4406	2.1886	5.0898	4.9311

负债利息	P_d	$\omega = 1$			$\omega = 0.9$			$\omega = 0.7$		
		P_e^S	股东价值 F	L	P_e^S	股东价值 F	L	P_e^S	股东价值 F	L
$R = 0.6$	0.2536	2.3659	5.1369	9.8997	2.0101	5.4703	11.1042	1.8744	5.3982	7.3667
$R = 0.8$	0.3381	2.2205	5.3616	13.1133	1.7619	5.8098	14.7087	1.5682	5.6748	9.8151
$R = 1.0$	0.4226	2.0829	5.5792	16.2618	1.5443	6.0626	17.7778	1.2804	5.8006	12.1707
$R = 1.1$	0.4649	2.0181	5.6792	17.808	1.4523	6.1153	19.3746	1.0319	5.5181	14.6198
$R = 1.2$	0.5072	1.9565	5.7688	19.3337	1.3738	6.095	20.9249	0.7427	2.9765	17.5776
$R = 1.3$	0.5494	1.8986	5.844	20.8376	1.3096	5.9894	22.4257	0.6696	−0.177	20.682
$R = 1.5$	0.634	1.7956	5.9338	23.7743	1.2227	5.5223	25.2666	0.6752	−2.287	23.0252
$R = 1.6$	0.6762	1.7513	5.9399	25.2046	1.1971	5.1831	26.6009	0.69	−2.993	23.8772
$R = 1.8$	0.7608	1.678	5.8579	27.9829	1.1729	4.3799	22.5877	0.8079	−4.634	24.4224
$R = 2.0$	0.8453	1.6255	5.641	30.6434	1.1744	3.5163	22.6366	0.8643	−4.841	22.6763
$R = 2.2$	0.9298	1.5922	5.2972	33.1767	1.1925	2.6756	21.9877	0.9231	−4.933	19.6653
$R = 2.4$	1.0144	1.5756	4.8513	35.5734	1.2217	1.9015	32.8388	0.9835	−4.953	15.2978
$R = 2.6$	1.0989	1.5729	4.3357	37.8248	1.2584	1.2096	33.6377	1.045	−4.928	47.7544
$R = 2.8$	1.1834	1.5813	3.7821	39.9219	1.3004	0.6021	34.0176	1.1073	−4.875	48.9968
$R = 3.0$	1.2679	1.5984	3.2167	41.8561	1.3462	0.0733	33.955	1.1703	−4.804	49.7521

表 3.22   股东投融资决策与企业价值：负向维纳过程增量情形

负债利息	P_d	$\omega = 1$			$\omega = 0.9$			$\omega = 0.7$		
		P_e^S	股东价值 F	L	P_e^S	股东价值 F	L	P_e^S	股东价值 F	L
$R = 0.2$	0.0845	2.67	4.7118	3.3283	2.6006	4.7698	3.7157	2.3988	4.9445	4.8431
$R = 0.4$	0.1691	2.5164	4.918	6.6335	2.3786	5.0463	7.4056	1.9792	5.4403	9.6525
$R = 0.6$	0.2536	2.3659	5.1369	9.8997	2.1621	5.3465	11.0519	1.5819	5.9574	14.2565
$R = 0.8$	0.3381	2.2205	5.3616	13.1133	1.9561	5.655	14.6395	1.2445	6.2557	18.7551
$R = 1.0$	0.4226	2.0829	5.5792	16.2618	1.7678	5.9355	18.1545	1.0214	5.8583	23.0627
$R = 1.1$	0.4649	2.0181	5.6792	17.808	1.683	6.0456	19.2835	0.9577	5.3462	24.1378
$R = 1.2$	0.5072	1.9565	5.7688	19.3337	1.6062	6.1219	20.8265	0.9189	4.6993	25.8815

续表

负债利息	P_d	$\omega = 1$			$\omega = 0.9$			$\omega = 0.7$		
		P_e^S	股东价值 F	L	P_e^S	股东价值 F	L	P_e^S	股东价值 F	L
$R = 1.3$	0.5494	1.8986	5.844	20.8376	1.5383	6.1532	22.3202	0.8985	3.9924	27.5195
$R = 1.5$	0.634	1.7956	5.9338	23.7743	1.4315	6.047	25.1478	0.8926	2.5968	30.4525
$R = 1.6$	0.6762	1.7513	5.9399	25.2046	1.3926	5.9022	26.4759	0.9007	1.9613	31.7352
$R = 1.8$	0.7608	1.678	5.8579	27.9829	1.3411	5.4457	28.9466	0.9298	0.8564	33.9028
$R = 2.0$	0.8453	1.6255	5.641	30.6434	1.3182	4.8251	31.1518	1.6545	2.2195	22.099
$R = 2.2$	0.9298	1.5922	5.2972	33.1767	1.3164	4.1198	33.0703	2.405	3.4232	28.3665
$R = 2.4$	1.0144	1.5756	4.8513	35.5734	1.3296	3.3937	34.6813	3.1554	3.5519	34.6339
$R = 2.6$	1.0989	1.5729	4.3357	37.8248	1.3534	2.6895	35.9645	3.9059	3.4311	40.9014
$R = 2.8$	1.1834	1.5813	3.7821	39.9219	1.3849	2.0294	36.9002	4.6563	3.251	47.1688
$R = 3.0$	1.2679	1.5984	3.2167	41.8561	1.4221	1.4249	37.4691	5.4067	3.0657	53.4363

　　对比企业价值最大化情形，不难发现股东投资临界值与企业价值最大化的投资临界值存在差异。当负债融资中全部采用长期负债即 $\omega = 1$ 时，股东都会表现出过度投资的现象。这个结论与前文有关于新的负债融资会导致股东过度投资的结论一致。在此基础上，表3.23进一步分析了不同负债期限结构下股东投资扭曲行为的差异。结果显示，如果减少长期负债比例，增加短期负债比例，股东过度投资的现象会发生变化。例如，当长期负债比例 $\omega = 0.9$ 时，股东过度投资的现象会得到抑制，此时股东的过度投资行为有可能减少（见表3.23中 $R = 2$ 时），甚至有可能会由过度投资变成投资不足（见表3.23中 $R = 0.2$ 时）。这个结论显示，因为短期负债的采用，企业过度投资的问题会得到缓解。这是因为，在企业存在短期负债时，股东必须考虑投资后短期负债的偿还问题，他们必须等到一个更加高的价位以缓解短期负债偿还时资金偿还的压力，所以过度投资现象会得到遏制。并且，在长期负债利息比较低的情形下，随着短期负债的增加，股东提前投资的目的是增加其税收利益 $TB\_$，但是与此同时短期负债价值也会因此增加（见下式 $VD\_$），且增加的量要大于股东增加的税收利益（很显然，$VD\_$ 大于 $TB\_$），所以股东会逐渐表现出投资不足的现

象。然而，若短期负债比例进一步增加，在长期负债利息不变的情形下，负债融资量 L 会随着 ω 的减少而增加（见表 3.21、表 3.22），此时股东为了投资自筹资金的比例越来越少，从而会使股东在投资支出上表现得更为积极，所以逐渐又回到过度投资的状态或者投资不足得以缓解（见表 3.23 中负向维纳过程增量背景下 $R = 0.2$ 的情形）。然而，从表 3.23 可以得知，这种随着短期负债比例上升企业返回过度投资状况或者投资不足得以缓解的情形只会出现在长期负债利息偏低的情形之下。因为在长期负债利息偏低时，也就是说未来企业长期负债偿还义务较少，此时增加短期负债比例，意味着企业能够融入更多的债务资金，股东因此得到大量的资金以至于资金流入量达到或者超过投资资金需求，他们在不用承担任何成本或者只需少量成本的情况下（债权人为其承担大量甚至全部成本），甚至

表 3.23　　　　　　　　不同负债期限结构下的股东投资扭曲

			$\omega = 0.2$	$\omega = 0.3$	$\omega = 0.4$	$\omega = 0.5$	$\omega = 0.6$	$\omega = 0.7$	$\omega = 0.8$	$\omega = 0.9$	$\omega = 1$
正向维纳过程增量情形	$R = 0.2$	P_e^f	0.0971	0.1776	0.7758	1.45	1.8793	2.1723	2.3843	2.545	2.6709
		P_e^S	0.0948	0.1773	0.8322	2.1549	2.3642	2.5062	2.3934	2.5485	2.67
		$P_e^S - P_e^f$	−0.002	−0.000	0.0564	0.7049	0.4849	0.3339	0.0091	0.0035	−0.001
	$R = 2$	P_e^f	0.7411	0.7824	0.8351	0.9043	0.9994	1.1364	1.3448	1.6722	2.1594
		P_e^S	0.7143	0.728	0.7461	0.771	0.7441	0.7809	0.9656	1.1744	1.6255
		$P_e^S - P_e^f$	−0.0268	−0.054	−0.089	−0.133	−0.2553	−0.356	−0.3792	−0.4978	−0.534
	$R = 3$	P_e^f	1.1029	1.1546	1.2187	1.3005	1.408	1.5547	1.7636	2.0727	2.5333
		P_e^S	1.0626	1.0736	1.0876	1.1062	1.1321	1.1703	1.3094	1.3462	1.5984
		$P_e^S - P_e^f$	−0.040	−0.081	−0.131	−0.194	−0.2759	−0.384	−0.454	−0.7265	−0.935
负向维纳过程增量情形	$R = 0.2$	P_e^f	0.1964	1.0263	1.6467	2.0022	2.2313	2.3911	2.5089	2.5993	2.6709
		P_e^S	0.1966	1.072	2.2489	2.0216	2.2438	2.3988	2.513	2.6006	2.67
		$P_e^S - P_e^f$	0.0002	0.0457	0.6022	0.0194	0.0125	0.0077	0.0041	0.0013	−0.001
	$R = 2$	P_e^f	1.7149	1.7805	1.7787	1.045	1.1802	1.3545	1.5769	1.8492	2.1594
		P_e^S	2.2799	2.0902	2.038	1.6407	1.4326	1.3567	1.105	1.3182	1.6255
		$P_e^S - P_e^f$	0.565	0.3097	0.2593	0.5957	0.2524	0.0022	−0.472	−0.531	−0.534
	$R = 3$	P_e^f	1.9515	1.949	1.9467	1.9445	1.5999	1.773	1.9839	2.2375	2.5333
		P_e^S	7.5916	5.6166	4.5472	3.9773	3.9058	5.4067	1.3094	1.4221	1.5984
		$P_e^S - P_e^f$	5.6401	3.6676	2.6005	2.0328	2.3059	3.6337	−0.6745	−0.815	−0.935

企业有可能存在部分资金剩余，所以他们会表现出更强的投资动力，投资不足现象有可能会因此缓解甚至表现出过度投资现象。

$$VD_- = e^{-r(t_e - t_0)} \cdot \frac{R + (1 + r)(1 - \omega)L}{1 + r}$$

（2）投资决策影响负债融资的机制分析。

从表3.21、表3.22分析发现，对于给定的负债期限结构，股东会与企业价值最大化情形相似，在众多长期负债利息中选择一个能使企业价值最大化的政策。而对比表3.16、表3.17发现，由于股东价值最大化情形下存在的投资决策扭曲问题，债权人会相应地调整对企业的信贷政策，最终通过增加股东长期负债融资实际成本的方式以索取更高的风险报酬。实际上，在表3.22中，当 $\omega = 0.9$ 时，企业最优长期负债利息是 $R = 1.3$，此时企业长期负债融资的实际成本是 $1.3 \div 22.3202 = 0.058$，而如果是企业价值最大化，表3.17表明，当 $\omega = 0.9$ 时，企业最优长期负债利息是 $R = 2.45$，此时企业长期负债融资的实际成本是 $2.45 \div 45.204 = 0.054$，股东利益最大化情形下的长期负债融资成本大于企业价值最大化情形。所以，股东投资行为扭曲会导致企业最优长期负债融资量下降，且实际融资成本上升。

表3.24　　　　股东价值最大化的最优负债期限结构决策：
正向维纳过程增量情形

永久负债比例	R = 0.2		R = 1		R = 2		R = 3	
	P_e^S	股东价值 F	P_e^S	股东价值 F	P_e^S	股东价值 F	P_e^S	股东价值 F
$\omega = 0.2$	0.0948	− 443.709	0.4358	− 37.4325	0.7143	− 17.7687	1.0626	− 10.104
$\omega = 0.3$	0.1773	− 116.86	0.4527	− 31.992	0.728	− 16.0432	1.0736	− 9.4432
$\omega = 0.4$	0.1773	− 116.86	0.4527	− 31.992	0.728	− 16.0432	1.0736	− 9.4432
$\omega = 0.5$	1.4904	5.5017	0.5111	− 18.5465	0.771	− 11.4927	1.1062	− 7.6556
$\omega = 0.6$	1.9057	5.3041	0.5218	− 10.2737	0.7755	− 8.7562	1.1321	− 6.4089
$\omega = 0.7$	2.1886	5.0898	0.6696	− 0.1767	0.8643	− 4.8409	1.1703	− 4.8044
$\omega = 0.8$	2.3934	4.9273	1.0071	5.3872	0.9656	− 0.6115	1.3094	− 0.5184
$\omega = 0.9$	2.5485	4.8054	1.5443	6.0626	1.1744	3.5163	1.3462	0.0733

表 3. 25 **股东价值最大化的最优负债期限结构决策：**

负向维纳过程增量情形

永久负债比例	R = 0.2		R = 1		R = 2		R = 3	
	P_e^S	股东价值 F	P_e^S	股东价值 F	P_e^S	股东价值 F	P_e^S	股东价值 F
$\omega = 0.2$	0.1966	-77.6418	0.0034	-69.0495	3.7975	3.3763	7.5916	2.5817
$\omega = 0.3$	1.072	5.5771	-0.8485	-26.6045	2.6779	3.4594	5.6166	3.0186
$\omega = 0.4$	1.6766	5.5905	-0.4712	-14.3097	2.038	3.053	4.5472	3.3117
$\omega = 0.5$	2.0216	5.2883	0.7044	3.7501	1.6407	2.1855	3.9773	3.4763
$\omega = 0.6$	2.2438	5.0839	0.7244	2.6853	1.4326	1.265	3.9058	3.4944
$\omega = 0.7$	2.3988	4.9445	1.0214	5.8583	0.9699	-0.0334	1.2346	-2.3671
$\omega = 0.8$	2.513	4.8446	1.4016	6.2536	1.105	2.8317	1.3094	-0.5184
$\omega = 0.9$	2.6006	4.7698	1.7678	5.9355	1.3182	4.8251	1.4221	1.4249

表 3. 24 和表 3. 25 分别描述了股东利益最大化情形下的最优负债期限结构决策。显然，无论投资后产品价格实现正向维纳过程增量或负向维纳过程增量，给定长期负债利息政策，企业在股东利益最大化决策原则下都会有一个最优的负债期限结构。同时，对比表 3. 19 和表 3. 24 的结果发现，股东利益最大化决策原则下的企业会面临更高的最优长期负债比例（除了 R 等于 0. 2 外[①]），并且这一结论在投资后产品价格实现负向维纳过程增量的情形下也存在。这个结果表明，短期负债融资会给股东带来额外的投资扭曲，从而企业最优的选择是比企业价值最大化情形融入更少的短期负债。从上述分析看，短期负债融资应该是为企业额外带来了投资不足的冲动，因为对于股东而言，融入短期资金不仅意味着投资后资金压力增大，另一方面也是短期资金挤占了总负债的盘子，降低了其长期资金融入的能力，从而让股东出现投资不足的问题。然而，从表 3. 19、表 3. 24 和表 3. 20 和表 3. 25 的比较看，当长期负债利息为 0. 2 时，股东利益最大化

---

① 在 R 为 0. 2 时，企业价值最大化决策者面临的最优长期负债比例为 0. 52，而股东利益最大化决策者面临的是 0. 49。这一现象在表 3. 20 和表 3. 25 中同样存在，即在 R 为 0. 2 时，企业价值最大化和股东利益最大化的决策者面临的最优长期负债比例分别为 0. 36 和 0. 35。

条件下的最优长期负债比例会低于企业价值最大化情形①，或者说股东利益最大化决策者将面临更高的最优短期负债比例。这是因为，虽然短期融资有可能会抑制企业的投资热情，但是在给定长期负债利息水平的情形下，提高短期负债比例会为企业筹措更多的投资资金，所以以股东价值最大化的最优短期负债比例高于企业价值最大化情形。

三　本节主要结论

本节通过负债期限结构，进一步分析了投融资决策的优化及互动机制。其结论主要包括：

（1）无论负债融资中短期负债融资水平的高低，长期负债融资都会表现出对投资支出先扬后抑的特征，最优长期负债融资是基于整体负债税收利益与破产成本权衡后的结果。

（2）在给定长期负债利息支出后，如果在短期负债偿还时企业无破产风险，那么短期负债融资会进一步促进企业的投资，企业投资阈值下降；如果在短期负债偿还时企业出现破产风险，那么短期负债融资会对企业投资行为产生抑制效应。对于给定的长期负债利息水平，企业存在一个最优的负债期限结构，以实现企业价值最大化的目标。

（3）受股东债权人利益冲突的影响，股东投资政策会与企业价值最大化的决策产生差异：在企业不进行短期负债融资时，企业存在过度投资的现象；随着企业增加短期负债融资比例，企业过度投资现象会得到抑制甚至有可能出现投资不足的问题。

（4）因为长期负债具有导致过度投资的问题，所以过度投资反过来会降低股东最优长期负债利息水平；短期负债在整体上具有抑制企业投资热情的作用，从而在一定情况下（除了较低长期负债利息水平情形）让股东表现出投资不足，因此股东最优短期负债比例会比企业价值最大化情形低。

---

① 虽然，表 3.20 和 3.25 的结果表明在长期利息水平为 3 时，企业价值最大化情形和股东最大化情形的最优期限结构都为 $\omega = 0.4$，但是经测算，此时企业价值最大化和股东价值最大化的最优期限结构分别为 0.52 和 0.56。

第七节　本章小结

本书在实物期权框架下，以投融资决策基本模型入手，建立了投融资决策的多种模型，并分析了这些模型下企业投融资决策的互动机制。

第一，以实物期权理论为指导，分析了实物期权模型下投融资决策的基本原理。其次，建立了一个简易的项目投融资模型，并对投融资决策的互动机理进行了分析。该模型认为，当负债融资整体较低时，负债在带来税收利益的同时只会产生较低的破产风险，因而会对投资决策产生刺激作用；当负债融资整体较高时，负债融资带来税收利益的同时会产生较高的破产风险，因此会对投资产生抑制作用；在股东利益最大化情形下，因为股东会更加注重负债带来的税收利益而对破产成本存在一定程度的不重视，从而会产生过度投资问题，这种过度投资会带来企业负债融资更高的实际成本，从而会减少企业的负债融资。

第二，在基本模型的基础上，引入了资本折旧问题建立了折旧分析模型。模型分析认为，由于折旧会产生税收利益，因此会刺激企业的投资，同时由于折旧税盾对负债税盾的替代作用，折旧会对负债融资产生抑制作用，并因此对股东过度投资产生抑制作用。

第三，在基本模型的基础上，引入存量资产和存量负债建立了动态分析模型。模型认为，由于存量资产和存量负债会产生存量税收利益和破产成本，所以历史投资决策和历史融资决策会对当期投融资决策产生动态作用。结果表明，历史投资会通过税收效应降低企业的破产风险，从而增加负债税收利益净值，企业负债融资增加；存量负债会通过破产成本抑制企业投资行为，通过税收利益促进企业投资。受股东债权人利益冲突的影响，如果存量破产风险为零，如果企业负债融资增加，此时股东会由最初的过度投资转为投资不足；如果存量破产风险不为零，随着负债融资的增加，股东会从最初的投资不足变为过度投资；投资不足会降低融资成本并对负债融资产生促进作用，而过度投资问题依然会因为融资成本的增加而降低负债融资。

第四，在基本模型的基础上，引入负债期限结构建立了期限结构模型。模型分析表明，如果短期负债偿还时企业无破产风险，那么短期负债的增加会促进企业投资决策，如果存在破产风险，那么短期负债会降低企业投资热情；受股东债权人利益冲突的影响，股东会在无短期负债融资时产生过度投资现象，但是随着短期负债融资的增加，股东过度投资会得到抑制甚至会逐渐转为投资不足。

第四章

企业投融资互动决策下社会效益实现的理论分析

第一节 前　　言

当今社会越来越多的人认为，作为经济社会发展的微观主体，企业不仅反映的是少数人的利益诉求，同时也承载着社会和谐与进步的宏观使命，其发展的好坏或发展的方向深深地影响着我国当前诸如城乡统筹、扩大就业、改善民生、绿色低碳、社会发展等重要社会目标的实现。自 20 世纪 80 年代开始，越来越多的学者开始重视企业有关环境和社会发展等社会责任或社会效益方面的议题，越来越多的国家也开始通过规制的完善，督促或激励企业去从事除企业狭隘的经济利益以外的能够产生社会正向外溢效应的活动，例如社会责任披露等措施，从而引导或促使企业承担部分让其他社会主体受益的职责。然而，普遍认为这种社会责任的承担或者企业社会效益的产生是需要承担成本的，其中包括购置更加环保的机器设备的成本，管理结构调整的成本以及更加严格的质量监控程序等（Tsoutsoura，2004）。也就是说，企业社会责任的承担或者社会效益的产生是有可能与企业财务绩效相冲突的，至少在短期来说不会与企业财务绩效匹配（Tsoutsoura，2004）。因此，在进行与社会效益相关的投资后，企业有可能在一定时期内会出现不利于财务状况改善的局面，企业有可能出现社会责任参与和财务绩效负相关的问题（Vance，1975；Aupperle 等，1985；Makni 等，2009）。以此而言，企业社会责任的承担，是以部分经济利益的让渡或损失为前提的，这也引起了早期经济学家对这种做法的争议。例如，在1970年弗里德曼就提出来，企业的社会责任就是在市场规则和法律允许的框架下，最大化程度地增加股东的利益，企业社会责任的履行实际上是加速股东利益最大化进程而已（Friedman，1970）。显然，弗里德曼并不赞成企业以牺牲经济利益为代价去追逐本应属于非政府组织等机构承担的社会责任，企业的首要决策目标应该是放在财务绩效的改善上。因此，可以看出，对于企业社会责任的承担，理论界以及企业界都没有达成一致的意见。然而，以 Friedman（1970）的论证为基础，我们发现，实际上企业如果能够实现其财务效益的最大化并不意味着企业完全忽略了社会责任的承担。企业在实现财务绩效最大化的同时，有可能会增加部分利益相关者的利益，如股东红利的增加、员工雇佣水平的提高，员工工资福利的提高，产品价格下降带来的社会福利的增加等。以此而言，突破原有框架的限制，在财务绩效最大化框架下寻求社会效益的实现，构筑财务绩效改善与社会效益实现和谐共存的决策环境，应该是保障企业经济利益并实现可持续社会效益的较大突破。

在第三章，我们重点分析了企业投融资决策优化的问题，并分析了企业负债融资与投资决策之间的互动机制。前文的分析结果表明，在税收利益、破产成本以及代理问题的作用下，企业负债融资会影响其投资行为，投资行为也会反过来作用于融资决策，整个决策过程是税收利益、破产风险以及代理成本权衡下的最优选择。通过投融资互动决策，企业将实现价值最大化以及财务风险或破产风险最小的目的。也就是说，企业投融资决策互动优化能够抑制其破产风险，从而对企业信贷偿还风险产生作用。这一观点在 Gamba 和 Aranda（2008）的研究中能够得到部分的证实。Gamba 和 Aranda（2008）通过建立一个动态结构模型对企业信贷风险进行研究发现，企业信贷风险的高低与其包括投融资决策在内的财务行为紧密关联，并且这种关系会在委托代理问题下表现出显著的差异。因此，企业投资决策和融资决策的科学性以及有效性会对其信贷违约风险产生重要影响。与此同时，如果企业微观财务决策存在不科学或非效率问题，那么有可能导致资源错配，从而使部分产业出现虚假繁荣或产业整体风险大量增加，行业内大量企业将因此潜藏较大信贷风险，一旦外在宏观变量出现变动，企业大面积违约现象将会出现，从而出现宏观层面的金融危机（Peng 等，2011）。Peng 等（2011）指出，始于 2007 年的美国次贷危机在一定程度上就是源于企业投融资决策的非效率，这种决策非效率催生了部分行业的虚假繁荣，最终在利率政策调整的作用下引起了大面积的信贷危机。也就是说，投融资决策互动优化改善单个企业信贷风险状况的基础上，会对区域或局部金融风险产生抑制作用，从而能够在实现企业财务价值最大化的同时对外部社会输出正向的效益，即投融资互动优化的金融风险抑制效应。此外，Fair（1974）的研究表明，企业通过投资决策的优化将对企业员工雇佣产生影响。从理论上而言，企业在特定的时期或者特定的技术水平下通常会依循某一特定的函数进行生产。这种生产函数通常表现为资本投资和劳动力雇佣之间的某种匹配关系，从而表明企业资本投资天然地影响着劳动力雇佣水平。另一方面，大量学者如 Cantor（1990）、Spaliara（2009）则认为企业负债融资等融资因素也会对企业劳动力雇佣产生影响。而 Anderson 和 Prezas（1998）则以委托代理框架为基础，研究了负债融资和投资决策共同作用下的劳动力雇佣问题。结果认为，在委托代理问题的作用下，负债会导致过度投资下的劳动力过度雇佣。依此而言，投融资互动决策优化显然会导致企业劳动力就业水平的变化，因此也会从就业层面带来部分的社会效益，也就是说投融资互动优化的就业效应。显然，上述两种效益的实现是以财务绩效优化为基础的，从而说明企业存在一种不悖于财务效益优化原则的社会效益实现的可能。然而，令人遗憾的是，至今并没有任何文献对此做过有效的尝试。

在文章该部分，我们将以第三章的理论研究为基础，进一步从理论分析的角度阐释作为能够影响企业盈利能力、可持续发展能力以及发展方向的关键变量，投融资决策互动优化后能带来的有关于信贷违约风险、劳动力雇佣等方面的相关后果，从而在前文企业经济利益最大化的单一分析视角基础上，融入与社会效益相关的决策因素，探索一种经济效益和社会效益协同分析的理论框架，不仅为企业决策行为优化提供更多的依据，也为宏观决策者制定影响企业微观决策层面的相关政策提供理论借鉴。

第二节　企业投融资互动决策机制下的
信贷违约风险抑制效应研究

一　信贷违约风险度量与分析

企业信贷违约是企业作为借款人在从银行获得信贷资金后,由于经营过程中某些利空因素的出现导致资金短缺问题而引致的企业信贷资金本金或利息偿还出现全部或部分违约的现象。信贷违约风险则是借款企业按照信贷合同相关条款,在合同约定的到期日足额履行合同规定的本息金额而出现困境的风险或概率。

1)信贷违约风险度量方法综述。

对于信贷违约风险的测度,近年西方商业银行在充分发挥数理统计工具作用的基础上摸索出了多种方法,并取得了较好的成就,违约概率测度的方法也由序数违约概率转向基数违约概率的采用,违约风险的测度日臻具体化。具体而言,西方商业银行违约风险的度量可以概括为如下几类:

(1)基于内部信用评级历史资料的测度方法。商业银行或评级公司通过收集并长期积累借款人的信用信息和信用评级资料,并以历史违约数据均值作为不同信用等级下企业可能存在的违约概率或违约风险。

(2)基于保险精算的测度方法。这是一种将保险领域相关工具运用到企业信贷资金预期违约概率估算的方法。

(3)基于风险中心市场原理的测度方法。该方法的基础假设是,在资产交易过程中,所有投资者都期望从任何风险资产交易中获得与无风险资产收益相同的收益。所以,所有资产价格都是以无风险利率对资产期望现金流折现获得。

(4)基于期权定价理论的测度方法。利用期权定价理论,美国KMV公司创立了一个预测违约概率的信号监测模型。该模型主要用于对上市公司信贷违约概率的测算,是一种前向预测的动态模型,也叫KMV模型。

总体而言,以上述几类方法为基础,至今国际上出现了几种具有代表性的信贷风险评价模型:

(1)Z分值信贷风险评价模型。

Z分值模型在选取几项关键财务比例的基础上,对各项财务指标赋予一定的权重，以此在综合角度描述一个公司信贷违约或者破产风险的方法。

（2）KMV信贷风险评价模型。

在期权定价理论的基础上，KMV模型假设市场是有效的，公司所有信息都能在股票价格及其变化中得以体现。如果公司价值因股票价格波动而下降到一定水平以下时，公司将有可能产生信贷违约风险。这种方法主要是通过将持有的债权当作无风险债权减去一个看跌期权，从而得出企业的违约距离。在利用上市公司历史数据拟合的基础上，该方法可以估算出一个经验信贷违约概率值。

（3）Credit Metrics信贷风险评价模型。

Creditmetrics模型（信用计量模型）是J. P. 摩根在1997年推出的用于量化信用风险的风险管理模型。该模型假设在特定时期内债务组合的价值分别与未来债务人信用级别的变化没有关系，信用等级迁移概率服从稳定的马尔科夫过程。也就是说，贷款或债券当前的等级迁移独立于过去的迁移概率。这个方法通过掌握借款企业的信用等级资料，包括下一年度该信用级别水平转换为其他信用级别的概率，违约贷款的收复率等。在此基础上，计算出非交易性贷款和债权市值以及市值变动率，并利用受险价值对单笔贷款或贷款组合的受险价值量进行度量的方法。

（4）神经网络信贷风险评价模型。

神经网络模型通过对大量采集的财务数据及相关信息进行梳理统计和分析，从而建立对借款人信贷违约风险的估计模型，是广受西方国家运用的信贷风险评估模型之一。

2）信贷违约风险度量方法选择。

上述信贷违约风险方法虽然在实践中得到了广泛应用，但是每一种方法都有各自的缺点或者不足。其中，Z分值方法在对各行业企业进行评估时需调整五大指标的权重以得到更加准确的估计，同时对于非上市公司而言，人们通常无法获得股权价值数据，此时需要借助其他指标予以替代；KMV模型虽然比注重会计资料分析的传统方法具有更好的敏感性，但是该模型适应的条件更加严格，并且相对而言更加适用于资本市场成熟地区的上市公司的分析；对于Credit Metrics模型，假设贷款或债券当前等级迁移与过去的等级迁移概率不相关，同时在计算债务的方差值时，假设等级迁移概率矩阵是稳定的，也就是不同借款人之间以及不同时期之间，等级迁移概率保持不变，这些假设通常与实际情形相左，另外由于 Credit Metrics 模型的违约模型和相关系数的度量以期权定价理论为基础，从而构成了对股票市场成熟性和数据真实性要求过高的弊端；对于神经网络模型，由于现实中技术创新以及金融工具创新导致报表上有限的财务信息越来越难以真实反映企业财务状况和经营结果，非财务信息占据越来越重的分量，但该方法对非财务信息的重视程度不够高。鉴于上述方法内在的缺憾，我们很难片面地选择某一单个方法以实现本书的研究。事实上，为了保持文章的一体性，我们将在第三章研究的基础上，亦即前文实物期权模型框架下，构建或探寻一个能够足以反映信贷违约风险的指标。

根据第三章的设计，企业在投资之时就会融入部分负债资金，并为债权人提供每单位时间 R 的利息。在项目投产后，如果企业产品价格下降并导致企业经营收入不足偿付负债融资所需支付的利息量，为了确保企业正常持续的经营，此时股东必须通过增加资本注入的方式弥补经营亏损以及利息支付，从而避免企业发生破产。也就是说，如果产品价格上升，并足以支付包括利息费用在内的所有成本，那么企业不会对负债违约；如果产品价格上升，但是不足以涵盖所有的利息费用，此时倘若股东认为在该价格上其价值大于零，那么他们通常会如约履行偿债义务，并通过自有资金的注入弥补其间的差额，而倘若股东认为股东价值在该价位上小于零，那么他们必定不会再注入自有资金，从而以执行破产的方式不再履行债务合约；当然，如果价格下降，但股权价值依然为正，显然企业依旧会履约还债，但股权价值转为负，显然企业同样会被执行破产，债务合约中有关利息偿付的问题将不再得以兑现。所以，在前文的基础上，企业只要不破产，就不会存在信贷违约，企业信贷违约等同于企业破产。有鉴于此，我们可以用破产概率替代信贷违约概率。对于破产概率，根据前文的分析思路，我们可以通过市场价格与最优破产临界值的距离予以体现。仔细研究发现，破产概率的概念已然贯穿于第三章的分析之中。例如，从企业价值方程判断［见式（3.22）或下式］，不失一般性，企业价值可以由产品经营收入净现值（下列等式右边第一项）和期望税收利益（下列等式右边第二项）扣除期望破产成本（下列等式右边第三项）。这不仅符合公司财务基本理论，也是本书第三章的核心思路，这一思路自始至终在有关债务价值［例如式（3.15）］、股权价值［例如式（3.21）］等价值评估中得到体现。

$$V(P) = \frac{(1-\pi)P}{r-\mu} + \frac{\pi R}{r}\Big[1 - \Big(\frac{P}{P_d}\Big)^{\beta_2}\Big] - b\frac{(1-\pi)P_d}{r-\mu}\Big(\frac{P}{P_d}\Big)^{\beta_2}$$

不难看出，在上式右边第二项和第三项中 $(P/P_d)^{\beta_2}$ 是产品价格在遵循几何布朗运动情形时下降到最优破产临界值 P_d 的概率，亦即破产概率。所以，接下来我们将采用 $(P/P_d)^{\beta_2}$ 度量企业在产品价格为 P 时的信贷违约概率。

二 投融资互动决策基本模型下的信贷违约风险分析

1）信贷违约风险与投融资临界值的关系。

在前述分析中，我们决定选用 $(P/P_d)^{\beta_2}$ 指标刻画信贷违约风险，也就是说用市场价格下降到破产阈值的概率来表示。以此而言，企业以及债权人在任何时候都可以用当时的价格来度量企业面临的破产风险或信贷违约风险。在本书的研究中，虽然对产品任何价位上的破产风险也可以表示兴趣，但是对企业决策具有更多指示意义的应该是一旦企业投产，它破产的概率或者违约的概率究竟有多少。按照前文的假设，企业投资的时候也就是负债融资的时候，所以企业投产也就意味着负债融资。那么不仅对投资者，而且对债权人，一旦投资或者负债融资，企业破产的概率有多高都具有非常重要的意义。所以，在接下来的分析中，我们主要集中分析在投资之时或者负债融资之时企业存在的对借入资金违约的风险。假设企业投产时或者借入负债之时信贷违约风险为 CDR_{Inv}，投资临界值为 P_e，破产临界值为 P_d，那么信贷违约风险可以表示为下式所示：

$$CDR_{Inv} = \Big(\frac{P_e}{P_d}\Big)^{\beta_2} \tag{4.1}$$

根据上式，我们将信贷违约风险 CDR_{Inv} 对投资临界值 P_e 求一阶导数，可以得知投资临界值对信贷违约风险的影响。CDR_{Inv} 对投资临界值 P_e 的一阶导数为：

$$\frac{d(CDR_{Inv})}{d(P_e)} = \beta_2 P_d^{-\beta_2} P_e^{\beta_2-1} \tag{4.2}$$

由于 β_2 小于零, 所以式 (4.2) 小于零, 即投资临界值提高会降低企业的破产风险或信贷违约风险。换而言之, 投资临界值越低, 或者说投资越早, 企业信贷违约风险就越高。

此外, 我们也可以将式 (4.1) 对负债利息 R 求一阶导数, 从而获得负债决策对破产风险或信贷违约风险的影响。CDR_{Inv} 对投资临界值 R 的一阶导数为:

$$\frac{d(CDR_{Inv})}{dR} = \beta_2 P_d^{-\beta_2} P_e^{\beta_2-1} \frac{dP_e}{dR} - \beta_2 P_e^{\beta_2} P_d^{-\beta_2-1} \frac{dP_d}{dR}$$

$$= \beta_2 P_d^{-\beta_2} P_e^{\beta_2-1} \frac{dP_e}{dR} - \beta_2 P_e^{\beta_2} P_d^{-\beta_2-1} \frac{\beta_2(r-\mu)}{r(\beta_2-1)}$$

$$= \beta_2 P_d^{-\beta_2} P_e^{\beta_2} \left[P_e^{-1} \frac{dP_e}{dR} - P_d^{-1} \frac{\beta_2(r-\mu)}{r(\beta_2-1)} \right] \quad (4.3)$$

由第三章分析知,

$$P_d = \frac{\beta_2(r-\mu)R}{r(\beta_2-1)}$$

所以式 (4.3) 可以简化为:

$$\frac{d(CDR_{Inv})}{dR} = \beta_2 P_d^{-\beta_2} P_e^{\beta_2} \left(P_e^{-1} \frac{dP_e}{dR} - R^{-1} \right) \quad (4.4)$$

显然, 由于 β_2 小于零, 如果存在 $\frac{dP_e}{dR} > \frac{P_e}{R}$ 则式 (4.4) 小于零, 如果 $\frac{dP_e}{dR} \leqslant \frac{P_e}{R}$ 则式 (4.4) 大于等于零。结合前文的分析知, 在较低的负债水平下, 投资临界值会随负债利息率增加而下降, 所以 $\frac{dP_e}{dR} < 0$, 而在较高的负债水平下, 投资临界值会随负债利息率增加而上升, $\frac{dP_e}{dR} > 0$。综合而言, 若在较低负债水平下且存在 $\frac{dP_e}{dR} < 0$, 此时式 (4.4) 大于零, 信贷违约风险与负债利息水平正相关; 若在较高负债水平下且存在 $0 < \frac{dP_e}{dR} \leqslant \frac{P_e}{R}$, 此时式 (4.4) 大于零, 信贷违约风险与负债利息水平正相关; 若 $\frac{P_e}{R} < \frac{dP_e}{dR}$, 此时式 (4.4) 小于零, 信贷违约风险与负债利息水平负相关。也

就是说，除 $\dfrac{P_e}{R} < \dfrac{dP_e}{dR}$ 的情形，信贷违约风险都会与负债利息水平正相关。然而，经过验证，虽然随着负债利息率的上升，P_e/R 有下降的趋势，而 dP_e/dR 又有上升的趋势，但是即便负债水平达到极高的位置，P_e/R 比值会一直大于 dP_e/dR 比值。也就是说，在较为现实的高负债水平下，dP_e/dR 会一直小于 P_e/R，亦即在现实的情形下，企业信贷违约风险会与负债利息水平一直保持正相关的关系。

2) 企业价值最大化条件下的信贷违约风险。

为了更加直观地了解信贷违约概率的变化特征，与第三章相同，我们将继续采用数值分析的方法进行分析。为了保持文章的一体性，我们将继续利用第三章基础数据以及第三章相关融资、破产政策、投资政策相关数据为基础，以此分析在投资或者负债融资时企业存在的信贷违约风险。也就是说，我们依然假设产品价格的期望增长率 μ 为 2%，波动率 σ 为 20%，公司所得税税率 π 为 0.33，市场无风险利率 r 为 6%，企业破产费用率 b 为 0.35，同时利用表 3.1 中有关破产阈值和投资阈值相关数据，可以得出各融资政策下企业负债融资或投资时点上未来存在的总体违约风险。

表 4.1　　　　　　　　企业价值最大化情形下的信贷违约风险

利息支付 R	破产阈值 P_d	投资阈值 P_e^f	信贷违约风险 CDR_{Inv}
0.2	0.0845	2.6709	0.0025
0.4	0.1691	2.5227	0.0093
0.5	0.2113	2.4528	0.0143
0.6	0.2536	2.3868	0.0206
0.8	0.3381	2.2702	0.0369
1.0	0.4226	2.1797	0.0583
1.2	0.5072	2.1199	0.0840
1.4	0.5917	2.0916	0.1122
1.5	0.634	2.0885	0.1268
1.6	0.6762	2.092	0.1414
1.8	0.7608	2.1163	0.1700

续表

利息支付 R	破产阈值 P_d	投资阈值 P_e^f	信贷违约风险 CDR_{Inv}
2.0	0.8453	2.1594	0.1970
2.1	0.8876	2.1866	0.2098
2.2	0.9298	2.2169	0.2220
2.4	1.0144	2.2853	0.2449
2.5	1.0566	2.3228	0.2555
2.6	1.0989	2.3621	0.2657
2.8	1.1834	2.4452	0.2845
3.0	1.2679	2.5333	0.3015

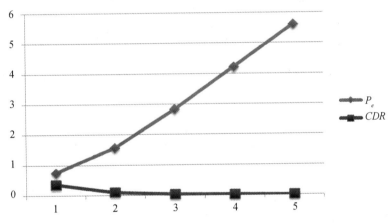

图 4.1　同等负债下投资政策对信贷违约风险的影响：
以负债利息 R 等于 1 为例

表 4.1 显示，在负债利息水平比较低的情况下，投资阈值会随负债利息的上升而下降，此时企业信贷违约风险也会随之上升。但是，在利息率比较高的情况下，投资阈值随负债利息的上升而上升，此时企业信贷违约风险依然随之上升，从而与前文信贷违约风险与投资阈值负相关的理论结果不一致。其原因在于，上述理论分析中两者负相关的结论是基于负债水平以及相关的破产临界值不变的情况下得出来的，而此时表现出的正相关关系结合了投资阈值与破产阈值共同力量。为了隔离破产阈值的影响，我

们可以假定负债水平不变，投资临界值变化对信贷违约风险产生的影响。为此，我们可以借用第三章表3.4的数据作进一步分析。假定企业负债利息保持 R 为 1 不变，此时企业破产临界值会恒定在 0.4226 的水平，但是随着资本投资水平的变化，投资临界值随资本投资总量增加而上升。图4.1描述了此时投资临界值与信贷违约风险之间的关系。从图形判断，在负债水平不变的情形下，投资临界值与信贷违约风险之间存在负向关系，从而印证了之前的理论判断。当然，投资临界值与信贷违约风险的负向关系具有很强的现实意义，因为随着投资临界值越高，企业投资越审慎，投资后出现信贷违约的概率将会下降。

与此同时，由表4.1的数据不难判断，随着负债利息水平的增加，企业破产阈值和投资阈值均相应发生变化，通过对两者的直接作用，最后负债水平对信贷违约风险产生了正向的作用关系，负债水平越高，企业信贷违约风险越高。这一结果与现实情形高度吻合，因为随着负债利息水平的提高，无论其他指标如何改善，企业都会存在破产概率上升的现象。

根据第三章的分析，如果给予投融资决策足够柔性，企业能够在投融资互动决策的基础上实现企业价值的最大化。在综合考虑股东和债权人双方的利益后，如果以投融资互动决策为基础，那么企业会选择一个最优的负债水平，即 R 为 2.5。此时，企业也会选择一个最优投资政策，即投资门槛为 2.3228。在投融资互动决策基础上，企业通过选择最优的破产临界值和投资临界值，最终产生了企业投资后负债的违约概率为 0.2555。不难看出，如果企业不进行融资政策的优化，企业在每个负债水平下都会有一种信贷违约风险，并且负债越高，违约风险越高。而如果在每个负债水平下通过企业投资政策的优化，并确定企业的价值水平，企业可以甄选出能使企业价值最大化的负债水平，从而确定一个企业最乐意接受的信贷违约风险。因为如果企业接受过低的信贷违约风险，那么对应的负债水平会比较低，企业价值无法实现最大化，但是如果企业接受过高的信贷违约风险，那么企业也会因为预期的破产概率而价值水平下降，所以企业会选择一个水平居中的企业乐于接受的信贷违约风险水平。

3）股东价值最大化条件下的信贷违约风险。

以上述数据为基础，我们进一步分析了股东利益最大化情形下的信贷违约风险水平。显然，与企业价值最大化情形一致，企业投资临界值同样与信贷违约风险负相关，负债利息水平与信贷违约风险正相关，企业在投融资互动决策下会选择 R 等于 1.6 为其最优负债政策，此时 1.7512 为最优投资临界值，在投融资互动决策下企业存在的信贷违约概率为 0.1924。

对比表 4.1 中企业价值最大化情形发现，在同等负债条件下，例如 R 为 0.5 时，因为股东利益最大化决策者存在过度投资的现象，投资临界值低于企业价值最大化时，受投资临界值与信贷违约风险负相关关系的作用，此时信贷违约风险相对较高。也就是说，负债融资导致的过度投资会增加企业的信贷违约风险。

根据第三章思路，由于过度投资导致了更高的负债融资成本，相较于企业价值最大化情形，此时企业最优的负债水平会下降，最优利息水平下降为 R 等于 1.6。受该负债水平下投融资决策的影响，企业信贷违约概率由企业价值最大化情形的 0.2555 下降为 0.1924。这一变化一方面内含了该负债水平下过度投资对信贷违约风险的促进作用，但同时考虑了最优负债降低下的抑制效应。整体而言，之所以股东价值最大化情形下，企业最终实现的最优投融资决策下信用违约风险下降是因为受过度投资的影响，债权人能容忍的信贷违约风险要低于价值最大化情形。事实上，倘若给予企业投融资决策具有足够的柔性，股东价值最大化的决策者会选择低于价值最大化的负债水平和投资门槛，两者综合作用导致最优投融资政策下的信贷违约风险低于价值最大化时的情形，这一现象是过度投资企业具有较低信贷违约风险承受能力或者债权人对这类企业信贷违约风险具有较低容忍度的具体表现。

表 4.2　　　　　股东利益最大化情形下的信贷违约风险

利息支付 R	破产阈值 P_d	投资阈值 P_e^S	信贷违约风险 CDR_{Inv}
0.2	0.0845	2.6700	0.0025
0.4	0.1691	2.5164	0.0093
0.5	0.2113	2.4406	0.0144
0.6	0.2536	2.3659	0.0209
0.8	0.3381	2.2205	0.0384
1.0	0.4226	2.0829	0.0631
1.2	0.5072	1.9564	0.0965

利息支付 R	破产阈值 P_d	投资阈值 P_e^S	信贷违约风险 CDR_{Inv}
1.5	0.634	1.7956	0.1648
1.6	0.6762	1.7512	0.1924
1.7	0.7185	1.712	0.2223
2.0	0.8453	1.6255	0.3222
2.2	0.9298	1.5922	0.3939
2.4	1.0144	1.5756	0.4664
2.5	1.0566	1.5727	0.5021
2.6	1.0989	1.5729	0.5373
2.8	1.1834	1.5813	0.6053
3.0	1.2679	1.5983	0.6696

三 投融资互动决策折旧模型下的信贷违约风险分析

第三章第四节在引入折旧因素的基础上分析了投融资决策的互动机制，并发现资本折旧会导致企业投资动力更强，但会抑制企业的过度投资问题；因为折旧税盾对利息税盾产生替代效应，因此会降低企业最优负债；同时折旧降低了企业过度投资问题，从而使企业因折旧减少负债融资的程度会下降。那么，在这样的投融资互动机制下，企业信贷违约风险又会有怎样的变化？

1）企业价值最大化条件下的信贷违约风险。

与上述分析一致，信贷违约风险与负债融资正相关，给定负债相同的情形下又与投资临界值负相关（除较低利息水平下，企业破产阈值为零时破产风险都为零）。

进一步考察资本折旧对信贷违约风险发现，如果负债水平相对偏低，例如表4.3中 R 小于等于1.3（除 R 小于等于0.4且高、低折旧率企业破产阈值均为零的情形），低折旧企业信贷违约风险高于高折旧企业（如 R 为1.2时，折旧率为0.05的企业信贷违约风险是0.0750，而折旧率为0.1的企业信贷违约风险是0.0520）。也就是说，在同等的较低负债水平下，折旧率的提高会降低企业的信贷违约风险。相反，倘若企业负债水平相对偏高,例如 R 为 1.8,折旧率为 0.05 的企业信贷违约风险是 0.1881,折旧率为 0.1 的企业信贷违约风险是 0.2159。在同等的较高负债水平下,折旧率的提高会增加企业的信贷违约风险。究其原因,随着折旧率的提高,企业破产临界值会下降,企业信贷违约风险有下降的动力,而另一方面投资临界值也会下降,企业又存在信贷违约风险上升的压力。但是,仔细分析发现,在较低负债水平下(表 4.1 中 R 小于等于 1.3 为较低负债),例如 R 等于 1.2,倘若折旧率从 0.05 上升到 0.1,则破产临界值下降的幅度将为(0.299 - 0.0908)/0.299 = 69.63%,而投资临界值下降的幅度将为(1.3338 - 0.5005)/1.3338 = 62.48%,投资临界值下降的幅度比破产临界值小,因此信贷违约风险上升的压力小于下降的动力,最终信贷违约风险会下降。相反,如果在较高的负债水平下(表 4.1 中 R 大于1.3 为较高负债),例如当 R 为 2 时,倘若折旧率从 0.05 上升到 0.1,则破产临界值下降的幅度将为(0.6371 - 0.3867)/0.6371 = 32.66%,而投资临界值下降的幅度将为(1.5284 - 0.9516)/1.5284 = 37.74%,投资临界值下降的幅度大于破产临界值下降幅度,因此信贷违约风险上升的压力大于下降的动力,最终信贷违约风险会上升。

表 4.3 的结果也表明,高折旧企业最优负债低于低折旧企业,从而在充分考虑投融资互动机制后,高折旧企业的最优投融资决策会对应一个相对较低的信贷违约风险。这也是因为,对应最优化的政策选择,考虑到高折旧企业信贷违约时面临的高折旧税盾损失,企业更愿意承担更低的信贷违约风险,以减少企业因信贷违约带来的较高的税盾损失机会成本。

表 4.3 　　　　　　　　　折旧企业的信贷违约风险

利息支付 R	折旧率 δ 为 0.05			折旧率 δ 为 0.1		
	破产阈值 P_d	投资阈值 P_e^f	CDR_{Inv}	破产阈值 P_d	投资阈值 P_e^f	CDR_{Inv}
0.2	0	1.8928	0	0	1.1159	0
0.4	0	1.7374	0	0	0.9605	0
0.6	0.0454	1.5854	0.0021	0	0.8052	0
0.8	0.1299	1.4571	0.0152	0	0.6498	0
1	0.2145	1.3701	0.0403	0.0063	0.4958	0.0005
1.1	0.2567	1.3456	0.0567	0.0486	0.4726	0.0195

续表

利息支付 R	折旧率 δ 为 0.05			折旧率 δ 为 0.1		
	破产阈值 P_d	投资阈值 P_e^f	CDR_{Inv}	破产阈值 P_d	投资阈值 P_e^f	CDR_{Inv}
1.2	0.299	1.3338	0.0750	0.0908	0.5005	0.0520
1.3	0.3413	1.3335	0.0944	0.1331	0.5481	0.0862
1.4	0.3835	1.3432	0.1141	0.1754	0.6026	0.1179
1.6	0.4681	1.3858	0.1526	0.2599	0.7177	0.1722
1.8	0.5526	1.4501	0.1881	0.3444	0.8346	0.2159
1.9	0.5949	1.4879	0.2044	0.3867	0.8931	0.2346
2	0.6371	1.5284	0.2197	0.429	0.9516	0.2516
2.2	0.7217	1.6158	0.2476	0.5135	1.0682	0.2812
2.4	0.8062	1.7094	0.2721	0.598	1.1845	0.3061
3	1.0598	2.0115	0.3296	0.8516	1.5315	0.3619

2）股东价值最大化条件下的信贷违约风险。

依照第三章的结果，股东利益最大化的决策者通常会选择与企业价值最大化者不一样的投融资政策，从而产生投融资决策扭曲问题。显然，在这样的扭曲下，信贷违约风险也会发生一定的变化。

表 4.4 对照了股东价值最大化情形和企业价值最大化情形下的信贷违约风险差别。表中结果显示，在给定折旧率水平后，股东价值最大化投融资决策下其信贷违约风险与投融资之间表现出同样的特征，并且在同等负债水平下，随着折旧率的提高，企业信贷违约风险会下降。

对照企业价值最大化和股东价值最大化情形，发现在同等折旧水平上，因为股东过度投资问题，股东价值最大化的企业会面临更高的信贷违约风险，从而进一步印证了过度投资企业会有更高的信贷违约风险问题。并且，高折旧率企业相较于低折旧企业，信贷违约风险对于过度投资的敏感性会更高，也就是说高折旧企业过度投资会增加更多的信贷违约风险。以表 4.4 中利息率 R 等于 1.2 为例，如果折旧率水平是 0.05，那么企业过度投资程度可以用 P_e^f 减去 P_e^s 来衡量，即 1.3338 减去 1.2087 等于 0.1251，这部分过度投资引致的信用违约风险增加幅度为 0.0890 减去 0.0750 等于 0.0140；倘若折旧率水平是 0.1，那么企业过度投资程度为 0.5005 减去

0.4341 等于 0.0664，过度投资程度小于折旧率为 0.05 时的 0.1251，此时过度投资引起的信用违约风险增加幅度为 0.5243 减去 0.4097 等于 0.1146，信贷违约风险增幅会更大。换个视角看，在折旧率为 0.05 的企业里，0.1251 的过度投资引起了 0.0140 的信贷违约风险增加。如果将单位过度投资引起的信贷违约风险增加定义成信贷违约风险－过度投资敏感系数，那么此时的信贷违约风险－过度投资敏感系数为 0.0140 ÷ 0.1251 = 0.1119。如果折旧率为 0.1，那么信贷违约风险－过度投资敏感系数为 0.1145 ÷ 0.0664 = 1.7244。同理，回顾前面折旧率为零的情形，我们可以计算出没折旧时利息为 1.2 的负债企业的信贷违约风险－过度投资敏感系数为 0.0125 ÷ 0.1635 = 0.0765。由此可见，随着折旧率的提高，过度投资导致信贷违约风险增加的幅度会更高，即信贷违约风险－过度投资敏感系数会更大。

表 4.4　价值最大化与股东利益最大化情形下信贷违约风险的差异比较

利息支付 R	折旧率 δ 为 0.05					折旧率 δ 为 0.1				
	P_d	企业价值最大化		股东价值最大化		P_d	企业价值最大化		股东价值最大化	
		P_e^f	CDR_{Inv}	P_e^S	CDR_{Inv}		P_e^f	CDR_{Inv}	P_e^S	CDR_{Inv}
0.2	0	1.8928	0	1.8928	0	0	1.1159	0	1.1159	0
0.4	0	1.7374	0	1.7374	0	0	0.9605	0	0.9605	0
0.6	0.0454	1.5854	0.0021	1.5836	0.0021	0	0.8052	0	0.8052	0
0.8	0.1299	1.4571	0.0152	1.4395	0.0155	0	0.6498	0	0.6498	0
1	0.2145	1.3701	0.0403	1.3118	0.0434	0.0063	0.4958	0.2343	0.4951	0.2349
1.1	0.2567	1.3456	0.0567	1.2567	0.0639	0.0486	0.4726	0.3474	0.4462	0.3838
1.16	0.2821	1.3370	0.0675	1.2270	0.0784	0.0739	0.4857	0.3902	0.4353	0.4717
1.2	0.299	1.3338	0.0750	1.2087	0.0890	0.0908	0.5005	0.4097	0.4341	0.5243
1.3	0.3413	1.3335	0.0944	1.1685	0.1186	0.1331	0.5481	0.4402	0.4447	0.6323
1.4	0.3835	1.3432	0.1141	1.1363	0.1524	0.1754	0.6026	0.4572	0.4662	0.7130
1.5	0.4258	1.3611	0.1336	1.112	0.1896	0.2176	0.6596	0.4686	0.4927	0.7767
1.8	0.5526	1.4501	0.1881	1.08	0.3133	0.3444	0.8346	0.4896	0.5817	0.9149
1.9	0.5949	1.4879	0.2044	1.0802	0.3559	0.3867	0.8931	0.4947	0.6124	0.9510
2	0.6371	1.5284	0.2197	1.0846	0.3979	0.429	0.9516	0.4991	0.6432	0.9836
2.2	0.7217	1.6158	0.2476	1.103	0.4796	0.5135	1.0682	0.5070	0.7047	1.0422
2.8	0.9752	1.9082	0.3126	1.2052	0.6930	0.7671	1.4161	0.5241	0.8875	1.1773
3	1.0598	2.0115	0.3296	1.2482	0.7532	0.8516	1.5315	0.5285	0.9479	1.2132

四 投融资互动决策动态模型下的信贷违约风险分析

第三章在考虑存量负债和存量投资的动态框架下分析了投融资互动决策机制,并认为存量投资和存量负债会对当期的投融资决策产生影响,此时企业信贷违约风险理应受到不一样的影响。

1) 企业价值最大化条件下的信贷违约风险。

表4.5描述了当存量投资水平 k 等于1时,不同存量负债水平下企业信贷违约风险的水平。表中数据显示,如果给定存量负债不变,那么信贷违约风险随新增负债的增加而增加,并且同样会随投资阈值的提高而下降,这一结论与前文没有差异。接下来我们将重点分析存量资产和存量负债对信贷违约风险的作用。

表4.5 基于不同存量负债水平的信贷违约风险:

价值最大化投融资决策情形

存量债务利息 $R_0 = 0$					存量债务利息 $R_0 = 0.2$				
新增负债利息	破产阈值 P_d^0	破产阈值 P_d^1	投资阈值 P_e^f	CDR_{Inv}	新增负债利息	破产阈值 P_d^0	破产阈值 P_d^1	投资阈值 P_e^f	CDR_{Inv}
$R_1 = 0.2$	0	0	2.6697	0	$R_1 = 0.2$	0	0	2.6697	0
$R_1 = 0.6$	0	0.0423	2.3601	0.0009	$R_1 = 0.6$	0	0.1268	2.369	0.0063
$R_1 = 1.0$	0	0.2113	2.0851	0.0190	$R_1 = 1.0$	0	0.2959	2.1236	0.0329
$R_1 = 1.6$	0	0.3804	1.9002	0.0617	$R_1 = 1.6$	0	0.5494	1.953	0.1112
$R_1 = 2.0$	0	0.634	1.8485	0.1567	$R_1 = 2.0$	0	0.7185	1.9726	0.1739
$R_1 = 3.0$	0	1.0566	2.1194	0.2995	$R_1 = 3.0$	0	1.1412	2.2609	0.3060
存量债务利息 $R_0 = 0.4$					存量债务利息 $R_0 = 0.6$				
新增负债利息	破产阈值 P_d^0	破产阈值 P_d^1	投资阈值 P_e^f	CDR_{Inv}	新增负债利息	破产阈值 P_d^0	破产阈值 P_d^1	投资阈值 P_e^f	CDR_{Inv}
$R_1 = 0.2$	0	0.0423	2.6707	0.0008	$R_1 = 0.2$	0.292	0.1268	2.6446	0.0052
$R_1 = 0.6$	0	0.2113	2.3881	0.0150	$R_1 = 0.6$	0.2778	0.2959	2.3977	0.0267
$R_1 = 1.0$	0	0.3804	2.1768	0.0487	$R_1 = 1.0$	0.2646	0.4649	2.2531	0.0650
$R_1 = 1.6$	0	0.634	2.0604	0.1298	$R_1 = 1.6$	0.2506	0.7185	2.2477	0.1387
$R_1 = 2.0$	0	0.803	2.1	0.1892	$R_1 = 2.0$	0.246	0.8876	2.3437	0.1860
$R_1 = 3.0$	0	1.2257	2.4025	0.3117	$R_1 = 3.0$	0.2457	1.3102	2.7441	0.2779

续表

存量债务利息 $R_0 = 0.8$					存量债务利息 $R_0 = 1.0$				
新增负债利息	破产阈值 P_d^0	破产阈值 P_d^1	投资阈值 P_e^f	CDR_{Inv}	新增负债利息	破产阈值 P_d^0	破产阈值 P_d^1	投资阈值 P_e^f	CDR_{Inv}
$R_1 = 0.2$	0.5517	0.2113	2.5309	0.0136	$R_1 = 0.2$	0.7437	0.2959	2.2121	0.0307
$R_1 = 0.6$	0.5255	0.3804	2.3284	0.0434	$R_1 = 0.6$	0.7094	0.4649	2.1551	0.0702
$R_1 = 1.0$	0.5016	0.5494	2.2499	0.0870	$R_1 = 1.0$	0.6786	0.634	2.2095	0.1150
$R_1 = 1.6$	0.4767	0.803	2.3171	0.1595	$R_1 = 1.6$	0.6468	0.8876	2.373	0.1821
$R_1 = 2.0$	0.4687	0.9721	2.4385	0.2033	$R_1 = 2.0$	0.6365	1.0566	2.522	0.2216
$R_1 = 3.0$	0.4684	1.3947	2.8642	0.2875	$R_1 = 3.0$	0.6362	1.4793	2.9766	0.2979

注：该表中旧产品产量水平 k 等于 1。

表 4.6　　　　　　基于不同历史投资水平的信贷违约风险：

价值最大化投融资决策情形

历史投资 $k = 0$					历史投资 $k = 0.5$				
新增负债利息	破产阈值 P_d^0	破产阈值 P_d^1	投资阈值 P_e^f	CDR_{Inv}	新增负债利息	破产阈值 P_d^0	破产阈值 P_d^1	投资阈值 P_e^f	CDR_{Inv}
$R_1 = 0.2$	0.6525	0.2536	2.5682	0.0181	$R_1 = 0.2$	0.3691	0.1479	2.6416	0.0068
$R_1 = 0.6$	0.6223	0.4226	2.3428	0.0515	$R_1 = 0.6$	0.3513	0.317	2.389	0.0302
$R_1 = 1.0$	0.5953	0.5917	2.2355	0.1000	$R_1 = 1.0$	0.335	0.486	2.2369	0.0711
$R_1 = 1.6$	0.5679	0.8453	2.2779	0.1796	$R_1 = 1.6$	0.3179	0.7396	2.2227	0.1487
$R_1 = 2.0$	0.5592	1.0144	2.391	0.2265	$R_1 = 2.0$	0.3124	0.9087	2.3162	0.1978
$R_1 = 3.0$	0.5596	1.437	2.8079	0.3134	$R_1 = 3.0$	0.3123	1.3313	2.7134	0.2913

历史投资 $k = 1$					历史投资 $k = 1.5$				
新增负债利息	破产阈值 P_d^0	破产阈值 P_d^1	投资阈值 P_e^f	CDR_{Inv}	新增负债利息	破产阈值 P_d^0	破产阈值 P_d^1	投资阈值 P_e^f	CDR_{Inv}
$R_1 = 0.2$	0	0.0423	2.6707	0.0008	$R_1 = 0.2$	0	0	2.6697	0.0000
$R_1 = 0.6$	0	0.2113	2.3881	0.0150	$R_1 = 0.6$	0	0.1057	2.3683	0.0046
$R_1 = 1.0$	0	0.3804	2.1768	0.0487	$R_1 = 1.0$	0	0.2747	2.1273	0.0289
$R_1 = 1.6$	0	0.634	2.0604	0.1298	$R_1 = 1.6$	0	0.5283	1.9696	0.1024
$R_1 = 2.0$	0	0.803	2.1	0.1892	$R_1 = 2.0$	0	0.6974	1.9963	0.1618
$R_1 = 3.0$	0	1.2257	2.4025	0.3117	$R_1 = 3.0$	0	1.12	2.2931	0.2891

续表

历史投资 $k=2$				历史投资 $k=2.5$			
新增负债利息	破产阈值 P_d^0	破产阈值 P_d^1	投资阈值 P_e^f	CDR_{Inv}	新增负债利息	破产阈值 P_d^0	破产阈值 P_d^1	投资阈值 P_e^f	CDR_{Inv}
$R_1=0.2$	0	0	2.6697	0.0000	$R_1=0.2$	0	0	2.6697	0.0000
$R_1=0.6$	0	0	2.359	0.0000	$R_1=0.6$	0	0	2.359	0.0000
$R_1=1.0$	0	0.1691	2.0848	0.0129	$R_1=1.0$	0	0.0634	2.0553	0.0024
$R_1=1.6$	0	0.4226	1.8761	0.0756	$R_1=1.6$	0	0.317	1.7824	0.0502
$R_1=2.0$	0	0.5917	1.8864	0.1342	$R_1=2.0$	0	0.486	1.7704	0.1066
$R_1=3.0$	0	1.0144	2.1779	0.2662	$R_1=3.0$	0	0.9087	2.0562	0.2431

注：该表中旧产品产量水平 R_0 等于 0.4。

表 4.5 表明，如果企业存量负债水平相对比较低，以至于企业投资前就没有任何破产的风险，那么投资后企业信贷违约风险会随存量负债增加而增加。显然，存量负债会增加投资后企业负债偿还的压力，从而在给定经营收入以及新增负债偿还水平不变的情形下，存量负债水平会提高企业的信贷违约风险。表中数据显示，当存量负债利息水平大于或等于 0.6，信贷违约风险同样会伴随着存量负债的增加而提高。值得提及的是，当存量负债利息从 0.4 增加到 0.6，在较低新增负债水平下，存量负债同样会增加企业的信贷违约风险。所不同的是，如果新增负债水平比较高，存量负债的增加不仅不会增加企业的信贷违约风险，反而会促使其降低。其原因在于，当存量负债从 0.4 上升到 0.6，各新增负债水平下企业投资后的破产风险都会上升，上升的量约为 0.0845 或 0.0846，也就是说存量负债的增加具有增加投资后价格下降到破产阈值的概率，信贷违约风险增高；但是，另一方面企业投资临界值受存量负债的增加具有投资动力下降的内在驱动①，所以投资临界值有上升的趋势，按照前文分析的思路，企业信贷违约风险会下降，并且新增负债越高，投资临界值上升程度也越高，企业信贷违约风险下降的内在动力也越强。综合两种力量，在较低新增负债

① 当然，在新增负债利息为 0.2 时，企业存量负债利息从 0.4 增加到 0.6，投资临界值不仅不会上升，反而会下降，因为企业通过投资破产阈值反而下降了，企业投资动力增强。

上，企业存量负债会提高信贷违约风险，在较高负债水平上，信贷违约风险则下降。然而，不难发现，虽然在存量负债从 0.4 上升到 0.6 时出现了信贷违约风险下降的现象，但是存量风险超过 0.6 后又保持着信贷违约风险线性增加的现象。所以，可以判断，从总体趋势上，存量负债的增加会导致信贷违约风险上升。

表 4.6 进一步阐述了在固定存量负债条件下历史投资对企业信贷违约风险的影响。从总体上而言，历史投资水平越高，企业投资前的破产风险也越少，同时投资过后历史投资用以保障新增负债偿付的经营收入也越多，所以投资后的破产风险也将下降，从而给信贷违约风险施加负向的影响。当然，历史投资越高导致企业在新增负债融资下更少的顾虑，从而也会使企业投资临界值下降，进而导致信贷违约风险有上升的驱动力。但是，综合两者效果看，基本上历史投资对信贷违约风险负向作用力大于正向作用力①，历史投资会抑制企业信贷违约风险。

2）股东价值最大化条件下的信贷违约风险。

表 4.7 列出了在不同存量负债水平下各种新增负债及其对应的投资决策下的信贷违约风险水平，显然与前文分析结论一致，信贷违约风险会随存量负债的增加而增加，也会随新增负债的增加而增加。进一步考察表 4.7 的数据发现，在存量负债为零的时候，由于投资前无破产风险，投资后因为新负债会带来破产风险，并导致投资前的无风险投资重新置于有风险的境地，所以此时企业会投资不足。在这种情形下，企业因为投资的延后，其投资临界值距离破产临界值会更远，企业具有比价值最大化时更低的信贷违约风险（见表 4.5）。一旦企业投资前存在存量负债，但水平比较低以至于投资前并无风险，根据第三章的分析可知，企业会随着新增负债的增加从最初的过度投资转为投资不足。此时，与表 4.5 对比发现，股东过度投资情形下的信贷违约风险要相对偏高，而投资不足时的信贷违约风险要比企业价值最大化时偏低；如果存量负债风险比较高，以至于投资前便存在破产风险，那么随着新增负债的增加，企业会由最初的投资不

---

① 除了当历史投资从 0.5 上升至 1 时，投资前破产临界值从一个正值下降为零，同时新增负债水平偏高以至于新增负债水平为 3，此时出现了历史投资对信贷违约风险正向作用力大于负向作用力的情形，这是因为投资临界值下降的幅度大于破产临界值下降幅度的缘故。

足表现为过度投资，与投资前无破产风险一致，投资不足依然会降低信贷违约风险，过度投资依然会导致信贷违约风险的增加。总体而言，对于一个有存量负债的企业而言，存量负债的增加会提高企业信贷违约风险，但是如果新增负债水平相对偏低，随着存量负债水平的增加，企业会由过度投资转为投资不足，所以存量负债对信贷违约风险的促进作用会由相对更强变为更弱；如果新增负债水平比较高，随着存量负债水平的增加，企业会由投资不足表现为过度投资，所以存量负债对信贷违约风险的促进作用会由相对更弱变为更强。

表 4.7　　　　　　　　基于不同存量负债水平的信贷违约风险：
股东价值最大化投融资决策情形

存量债务利息 $R_0 = 0$					存量债务利息 $R_0 = 0.2$				
新增负债利息	破产阈值 P_d^0	破产阈值 P_d^1	投资阈值 P_e^S	CDR_{Inv}	新增负债利息	破产阈值 P_d^0	破产阈值 P_d^1	投资阈值 P_e^S	CDR_{Inv}
$R_1 = 0.2$	0	0	2.6697	0.0000	$R_1 = 0.2$	0	0	2.6697	0.0000
$R_1 = 0.6$	0	0.0423	2.3604	0.0009	$R_1 = 0.6$	0	0.1268	2.3679	0.0063
$R_1 = 1.0$	0	0.2113	2.0944	0.0188	$R_1 = 1.0$	0	0.2959	2.1235	0.0329
$R_1 = 1.6$	0	0.3804	1.9112	0.0611	$R_1 = 1.6$	0	0.5494	1.9763	0.1089
$R_1 = 2.0$	0	0.634	1.9462	0.1433	$R_1 = 2.0$	0	0.7185	2.0227	0.1665
$R_1 = 3.0$	0	1.0566	2.3020	0.2596	$R_1 = 3.0$	0	1.1412	2.3824	0.2795
存量债务利息 $R_0 = 0.4$					存量债务利息 $R_0 = 0.6$				
新增负债利息	破产阈值 P_d^0	破产阈值 P_d^1	投资阈值 P_e^S	CDR_{Inv}	新增负债利息	破产阈值 P_d^0	破产阈值 P_d^1	投资阈值 P_e^S	CDR_{Inv}
$R_1 = 0.2$	0	0.0423	2.6701	0.0008	$R_1 = 0.2$	0.292	0.1268	2.6744	0.0051
$R_1 = 0.6$	0	0.2113	2.3777	0.0151	$R_1 = 0.6$	0.2778	0.2959	2.3909	0.0268
$R_1 = 1.0$	0	0.3804	2.1526	0.0497	$R_1 = 1.0$	0.2646	0.4649	2.1830	0.0686
$R_1 = 1.6$	0	0.634	2.0357	0.1326	$R_1 = 1.6$	0.2506	0.7185	2.0916	0.1571
$R_1 = 2.0$	0	0.803	2.0921	0.1904	$R_1 = 2.0$	0.246	0.8876	2.1567	0.2149
$R_1 = 3.0$	0	1.2257	2.4570	0.2998	$R_1 = 3.0$	0.2457	1.3102	2.5272	0.3205

存量债务利息 $R_0 = 0.8$					存量债务利息 $R_0 = 1.0$				
新增负债利息	破产阈值 P_d^0	破产阈值 P_d^1	投资阈值 P_e^S	CDR_{Inv}	新增负债利息	破产阈值 P_d^0	破产阈值 P_d^1	投资阈值 P_e^S	CDR_{Inv}
$R_1 = 0.2$	0.5517	0.2113	2.7003	0.0121	$R_1 = 0.2$	0.7437	0.2959	2.7477	0.0211
$R_1 = 0.6$	0.5255	0.3804	2.4265	0.0404	$R_1 = 0.6$	0.7094	0.4649	2.4838	0.0549
$R_1 = 1.0$	0.5016	0.5494	2.2335	0.0881	$R_1 = 1.0$	0.6786	0.634	2.3027	0.1071
$R_1 = 1.6$	0.4767	0.803	2.1592	0.1803	$R_1 = 1.6$	0.6468	0.8876	2.2378	0.2016
$R_1 = 2.0$	0.4687	0.9721	2.2284	0.2377	$R_1 = 2.0$	0.6365	1.0566	2.3074	0.2585
$R_1 = 3.0$	0.4684	1.3947	2.5997	0.3401	$R_1 = 3.0$	0.6362	1.4793	2.6752	0.3584

注：该表中旧产品产量水平 k 等于 1。

此外，表 4.8 以存量负债利息 $R = 0.4$ 为例，考察了股东价值最大化投融资决策背景下信贷违约风险随历史投资水平的变化特征。显然，与企业价值最大化情形相似，随着历史投资水平的增加，企业信贷违约风险会下降。进一步分析表中数据发现，在存量负债利息为 0.4 时，如果历史投资水平比较低以至于投资前便存在破产风险，那么随着新增负债的增加，企业会表现出由投资不足转为过度投资的投资扭曲问题。相较于企业价值最大化情形，股东投资不足下的信贷违约风险相对较低，而过度投资下的信贷违约风险相对较高。如果历史投资水平相对偏高以至于投资前便不存在破产风险，此时随着新增负债的增加，企业会表现出由过度投资转为投资不足的投资扭曲。相较于企业价值最大化情形，这种过度投资和投资不足同样会分别导致信贷违约风险上升和下降。综合而言，随着历史投资水平的增加，企业信贷违约风险会下降，但是如果企业新增负债水平相对偏低，企业会由投资不足转为过度投资，此时历史投资对信贷违约风险的抑制作用会由更强变为更弱；如果企业新增负债相对偏高，企业会由过度投资转为投资不足，此时历史投资对信贷违约风险的抑制作用会由相对较弱变得更强。

表4.8　　　　　　　基于不同历史投资水平的信贷违约风险：
股东价值最大化投融资决策情形

历史投资 $k=0$					历史投资 $k=0.5$				
新增负债利息	破产阈值 P_d^0	破产阈值 P_d^1	投资阈值 P_e^S	CDR_{Inv}	新增负债利息	破产阈值 P_d^0	破产阈值 P_d^1	投资阈值 P_e^S	CDR_{Inv}
$R_1=0.2$	0.6525	0.2536	2.7227	0.0164	$R_1=0.2$	0.3691	0.1479	2.6788	0.0066
$R_1=0.6$	0.6223	0.4226	2.4595	0.0473	$R_1=0.6$	0.3513	0.317	2.3995	0.0300
$R_1=1.0$	0.5953	0.5917	2.2826	0.0965	$R_1=1.0$	0.335	0.486	2.1997	0.0732
$R_1=1.6$	0.5679	0.8453	2.228	0.1866	$R_1=1.6$	0.3179	0.7396	2.1205	0.1613
$R_1=2.0$	0.5592	1.0144	2.3032	0.2416	$R_1=2.0$	0.3124	0.9087	2.19	0.2179
$R_1=3.0$	0.5596	1.437	2.6786	0.3401	$R_1=3.0$	0.3123	1.3313	2.5643	0.3213

历史投资 $k=1$					历史投资 $k=1.5$				
新增负债利息	破产阈值 P_d^0	破产阈值 P_d^1	投资阈值 P_e^S	CDR_{Inv}	新增负债利息	破产阈值 P_d^0	破产阈值 P_d^1	投资阈值 P_e^S	CDR_{Inv}
$R_1=0.2$	0	0.0423	2.6701	0.0008	$R_1=0.2$	0	0	2.6697	0.0000
$R_1=0.6$	0	0.2113	2.3777	0.0151	$R_1=0.6$	0	0.1057	2.3655	0.0046
$R_1=1.0$	0	0.3804	2.1526	0.0497	$R_1=1.0$	0	0.2747	2.114	0.0292
$R_1=1.6$	0	0.634	2.0357	0.1326	$R_1=1.6$	0	0.5283	1.9521	0.1040
$R_1=2.0$	0	0.803	2.0921	0.1904	$R_1=2.0$	0	0.6974	1.9924	0.1623
$R_1=3.0$	0	1.2257	2.457	0.2998	$R_1=3.0$	0	1.12	2.3466	0.2777

历史投资 $k=2$					历史投资 $k=2.5$				
新增负债利息	破产阈值 P_d^0	破产阈值 P_d^1	投资阈值 P_e^S	CDR_{Inv}	新增负债利息	破产阈值 P_d^0	破产阈值 P_d^1	投资阈值 P_e^S	CDR_{Inv}
$R_1=0.2$	0	0	2.6697	0.0000	$R_1=0.2$	0	0	2.6697	0.0000
$R_1=0.6$	0		2.359	0.0000	$R_1=0.6$	0		2.359	0.0000
$R_1=1.0$	0	0.1691	2.0794	0.0130	$R_1=1.0$	0	0.0634	2.0544	0.0024
$R_1=1.6$	0	0.4226	1.8648	0.0764	$R_1=1.6$	0	0.317	1.776	0.0506
$R_1=2.0$	0	0.5917	1.8858	0.1343	$R_1=2.0$	0	0.486	1.7721	0.1064
$R_1=3.0$	0	1.0144	2.23	0.2555	$R_1=3.0$	0	0.9087	2.1064	0.2331

注：该表中旧产品产量水平 R_0 等于 0.4。

五 投融资互动决策负债期限结构模型下的信贷违约风险分析

在之前模型的基础上，第三章进一步引入负债期限结构对负债投融资决策问题进行了深入分析。在此，我们将在负债期限结构模型基础上，进一步分析信贷违约风险的变化情况，尤其是负债期限结构变化以及受此影响的投融资决策对信贷违约风险的影响。

1）企业价值最大化条件下的信贷违约风险。

表 4.9 描述了正向维纳过程情形下，企业价值最大化决策者投融资决策与信贷违约风险情况。很明显，与前文结论一致的是，随着新增负债的增加，企业信贷违约风险会越高。进一步分析不同负债期限结构看，给定长期负债利息水平不变，如利息水平为 1，随着长期负债比例的下降，企业信贷违约风险会逐渐增加。这是因为，虽然给定利息水平，但是此时企业融入的负债资金总量在增加，长期负债资金也相应增加，所以企业出现信贷违约风险增加的现象。另一方面，因为随着长期负债比例下降，企业投资临界值会下降，而破产临界值保持不变，所以企业信贷违约风险会上升。然而，如果我们给定负债融资总量 L 恒定为 30 左右，当负债融资全部为长期负债时，企业将支付 2.2 的负债利息，此时破产阈值和投资阈值分别为 0.9298 和 2.2169，信贷违约风险也变为 0.2220，如果长期负债比例下降为 0.9，此时企业利息支付水平将处于 1.6 至 1.8 之间，大致为 1.7，此时企业破产阈值和投资阈值分别变为 0.7185 和 1.5925，信贷违约风险也变为 0.2519，企业信贷违约风险依然随着短期负债比例的上升而上升。其原因在于，当长期负债比例下降，企业破产阈值会下降 0.9298 ~ 0.7185，下降幅度为 0.2113，从而会存在致使信贷违约风险下降的驱动力，然而与此同时，企业投资阈值也会下降，下降幅度为 2.2169 - 1.5925 = 0.6244，企业又存在促进信贷违约风险上升的压力。显然，此时投资阈值下降的幅度大于破产阈值，所以致使信贷违约风险下降的力量弱于上升的力量，最后导致企业信贷违约风险会随短期负债比例的上升而上升。经验证，如果企业投资后价格出现负向维纳过程增量，其结论并不会发生变化。出于篇幅考虑，本书不再列出负向维纳增量过程的相关结果。

表 4.9 价值最大化者的投融资决策与信贷违约风险：

正向维纳过程增量情形

负债利息	P_d	$\omega = 1$			$\omega = 0.9$		
		P_e^f	L	CDR_{Inv}	P_e^f	L	CDR_{Inv}
R = 0.2	0.0845	2.6709	3.3283	0.0025	2.545	3.7333	0.0027
R = 0.4	0.1691	2.5227	6.6335	0.0093	2.2739	7.4406	0.0111
R = 0.6	0.2536	2.3868	9.8997	0.0206	2.0248	11.1042	0.0274
R = 0.8	0.3381	2.2702	13.1133	0.0369	1.8165	14.7087	0.0544
R = 1.0	0.4226	2.1797	16.2618	0.0583	1.6683	18.2403	0.0927
R = 1.2	0.5072	2.1199	19.3337	0.0840	1.5866	21.686	0.1387
R = 1.4	0.5917	2.0916	22.3182	0.1122	1.561	25.0335	0.1863
R = 1.6	0.6762	2.092	25.2046	0.1414	1.575	28.271	0.2312
R = 1.8	0.7608	2.1163	27.9829	0.1700	1.6151	31.3874	0.2715
R = 2.0	0.8453	2.1594	30.6434	0.1970	1.6722	34.3716	0.3068
R = 2.2	0.9298	2.2169	33.1767	0.2220	1.7406	37.213	0.3376
R = 2.4	1.0144	2.2853	35.5734	0.2449	1.8167	34.8451	0.3645
R = 2.5	1.0566	2.3228	36.7178	0.2555	1.8569	35.5322	0.3766
R = 2.6	1.0989	2.3621	37.8248	0.2657	1.8983	36.1344	0.3880
R = 2.8	1.1834	2.4452	39.9219	0.2845	1.984	37.0746	0.4086
R = 3.0	1.2679	2.5333	41.8561	0.3015	2.0727	46.9485	0.4269
R = 0.2	0.0845	2.1723	4.9338	0.0036	1.45	7.2647	0.0073
R = 0.4	0.1691	1.5484	9.8333	0.0216	0.486	14.0814	0.1606
R = 0.6	0.2536	1.0617	14.675	0.0837	0.4113	20.3809	0.4328
R = 0.8	0.3381	0.8544	19.1064	0.2007	0.4579	25.9094	0.5914
R = 1.0	0.4226	0.8242	23.4947	0.3144	0.5238	30.4853	0.6895
R = 1.2	0.5072	0.8569	27.6539	0.4032	0.5961	33.9392	0.7560
R = 1.4	0.5917	0.914	31.5511	0.4709	0.6714	36.1107	0.8034
R = 1.6	0.6762	0.9827	35.1551	0.5234	0.7482	36.8464	0.8392
R = 1.8	0.7608	1.0577	38.4358	0.5651	0.826	35.9987	0.8673
R = 2.0	0.8453	1.1364	41.364	0.5990	0.9043	33.4249	0.8897
R = 2.2	0.9298	1.2175	43.9114	0.6269	0.9831	54.7843	0.9080
R = 2.4	1.0144	1.3003	46.0504	0.6505	1.0622	55.2696	0.9233

续表

负债利息	P_d	$\omega = 1$			$\omega = 0.9$		
		P_e^f	L	CDR_{Inv}	P_e^f	L	CDR_{Inv}
$R = 2.5$	1.0566	1.3422	46.9585	0.6607	1.1018	55.1203	0.9300
$R = 2.6$	1.0989	1.3843	47.7544	0.6704	1.1415	54.6991	0.9362
$R = 2.8$	1.1834	1.4692	48.9968	0.6875	1.2209	53.0092	0.9474
$R = 3.0$	1.2679	1.5547	49.7521	0.7024	1.3005	50.1374	0.9570

2）股东价值最大化条件下的信贷违约风险。

表 4.10 以新增长期负债利息为 0.2、2.0、3.0 为例，分别研究了不同长期负债情形下，信贷违约风险随负债期限结构的变化情况。表中 CDR_{inv}^f 表示企业价值最大化决策原则下的信贷违约风险，CDR_{inv}^s 是股东价值最大化决策原则下的信贷违约风险，ΔCDR_{inv} 表示股东价值最大化决策下的信贷违约风险与企业价值最大化时的差异，具体表现为 CDR_{inv}^s 减去 CDR_{inv}^s。表中数据显示，随着长期负债比例上升或者说短期负债比例下降，企业信贷违约风险会下降，这与企业价值最大化决策原则下的情形一致。

进一步考察表中两种决策原则下的信贷违约风险差异发现，如果企业投资后面临正向维纳过程增量以至于投资后短期负债不会存在违约风险，此时在较低的长期负债利息下企业会随着短期负债水平的减少而出现由过度投资转为投资不足再转为过度投资的现象。根据前文的分析，这是因为给定长期负债利息，在较低长期负债比例时，企业会融入较多的负债资金，股东自己承担的投资资金比较少，所以有过度投资的问题；随着长期负债比例上升，企业融入的负债资金总额减少，股东自己承担的资金变多，从而表现出投资不足的现象；最后，如果企业全部以长期负债融资，显然根据投融资互动决策基本模型可知，此时企业会存在过度投资的问题。在这些投资扭曲问题下，我们发现 ΔCDR_{inv} 会表现出与前文分析一样的特征，即过度投资增加企业信贷违约风险，投资不足减少企业信贷违约风险。当然，如果新增负债增加，企业融入的负债资金足够多，此时企业会表现出坚定的过度投资现象，从而导致信贷违约风险随长期负债比例增加而下降的现象得以弱化。

此外，如果投资后企业价格出现负向维纳过程增量，那么投资后产品价格有可能会导致短期负债融资出现偿付危机。在这样的情况下，短期负债比例越高或者长期负债比例越低，企业面临偿付危机的可能性越大，此时企业投资有可能会变为竹篮打水一场空。所以，股东在较高短期负债比例下或者较低长期负债比例下出现投资不足的问题。而随着短期负债比例下降，长期负债比例上升，短期负债偿还时出现偿付危机的可能性下降，或者说短期负债对投资的影响开始下降，长期负债对投资的影响逐步攀升，而长期负债对投资的作用逻辑是过度投资扭曲，因此随着短期负债比例下降或者长期负债比例上升，企业将会逐渐转为过度投资的问题。同样，从表 4.10 判断，企业投资不足会使信贷违约风险下降，过度投资会使信贷违约风险上升。

表 4.10　不同负债期限结构下股东投资扭曲对信贷违约风险的影响

			$\omega = 0.2$	$\omega = 0.3$	$\omega = 0.4$	$\omega = 0.5$	$\omega = 0.6$	$\omega = 0.7$	$\omega = 0.8$	$\omega = 0.9$	$\omega = 1$
正向维纳过程增量情形	$R = 0.2$	P_d	0.0845	0.0845	0.0845	0.0845	0.0845	0.0845	0.0845	0.0845	0.0845
		P_e^f	0.0971	0.1776	0.7758	1.45	1.8793	2.1723	2.3843	2.545	2.6709
		CDR_{inv}^f	0.7860	0.2762	0.0215	0.0073	0.0046	0.0036	0.0031	0.0027	0.0025
		P_e^S	0.0948	0.1773	0.8322	2.1549	2.3642	2.5062	2.3934	2.5485	2.67
		CDR_{inv}^S	0.8194	0.2770	0.0190	0.0037	0.0031	0.0028	0.0031	0.0027	0.0025
		ΔCDR_{inv}	0.0333	0.0008	− 0.0025	− 0.0036	− 0.0015	− 0.0008	0.0000	0.0000	0.0000
		$P_e^S - P_e^f$	− 0.002	− 0.0003	0.0564	0.7049	0.4849	0.3339	0.0091	0.0035	− 0.001
	$R = 2$	P_d	0.8453	0.8453	0.8453	0.8453	0.8453	0.8453	0.8453	0.8453	0.8453
		P_e^f	0.7411	0.7824	0.8351	0.9043	0.9994	1.1364	1.3448	1.6722	2.1594
		CDR_{inv}^f	0.0233	0.0212	0.0189	0.0165	0.0139	0.0111	0.0083	0.0057	0.0036
		P_e^S	0.7143	0.728	0.7461	0.771	0.7441	0.7809	0.9656	1.1744	1.6255
		CDR_{inv}^S	0.0248	0.0240	0.0230	0.0217	0.0231	0.0212	0.0147	0.0105	0.0060
		ΔCDR_{inv}	0.0015	0.0028	0.0041	0.0052	0.0092	0.0102	0.0064	0.0048	0.0023
		$P_e^S - P_e^f$	− 0.0268	− 0.054	− 0.089	− 0.133	− 0.2553	− 0.356	− 0.3792	− 0.4978	− 0.534
	$R = 3$	P_d	1.2679	1.2679	1.2679	1.2679	1.2679	1.2679	1.2679	1.2679	1.2679
		P_e^f	1.1029	1.1546	1.2187	1.3005	1.408	1.5547	1.7636	2.0727	2.5333
		CDR_{inv}^f	0.0117	0.0108	0.0098	0.0088	0.0077	0.0064	0.0052	0.0039	0.0028
		P_e^S	1.0626	1.0736	1.0876	1.1062	1.1321	1.1703	1.3094	1.3462	1.5984

续表

			$\omega=0.2$	$\omega=0.3$	$\omega=0.4$	$\omega=0.5$	$\omega=0.6$	$\omega=0.7$	$\omega=0.8$	$\omega=0.9$	$\omega=1$
正向维纳过程增量情形	$R=3$	CDR_{inv}^{S}	0.0125	0.0122	0.0120	0.0116	0.0112	0.0105	0.0087	0.0083	0.0061
		ΔCDR_{inv}	0.0008	0.0014	0.0021	0.0028	0.0035	0.0041	0.0035	0.0044	0.0034
		$P_e^{S}-P_e^{f}$	-0.04	-0.081	-0.131	-0.194	-0.2759	-0.384	-0.454	-0.7265	-0.935
负向维纳过程增量情形	$R=0.2$	P_d	0.0845	0.0845	0.0845	0.0845	0.0845	0.0845	0.0845	0.0845	0.0845
		P_e^{f}	0.1964	1.0263	1.6467	2.0022	2.2313	2.3911	2.5089	2.5993	2.6709
		CDR_{inv}^{f}	0.2320	0.0132	0.0058	0.0042	0.0034	0.0031	0.0028	0.0026	0.0025
		P_e^{S}	0.1966	1.072	2.2489	2.0216	2.2438	2.3988	2.513	2.6006	2.67
		CDR_{inv}^{S}	0.2316	0.0123	0.0034	0.0041	0.0034	0.0030	0.0028	0.0026	0.0025
		ΔCDR_{inv}	-0.0004	-0.0010	-0.0024	-0.0001	0.0000	0.0000	0.0000	0.0000	0.0000
		$P_e^{S}-P_e^{f}$	0.0002	0.0457	0.6022	0.0194	0.0125	0.0077	0.0041	0.0013	-0.001
	$R=2$	P_d	0.8453	0.8453	0.8453	0.8453	0.8453	0.8453	0.8453	0.8453	0.8453
		P_e^{f}	1.7149	1.7805	1.7787	1.045	1.1802	1.3545	1.5769	1.8492	2.1594
		CDR_{inv}^{f}	0.0054	0.0051	0.0051	0.0128	0.0104	0.0082	0.0063	0.0048	0.0036
		P_e^{S}	2.2799	2.0902	2.038	1.6407	1.4326	1.3567	1.105	1.3182	1.6255
		CDR_{inv}^{S}	0.0033	0.0039	0.0040	0.0059	0.0074	0.0082	0.0116	0.0086	0.0060
		ΔCDR_{inv}	-0.0021	-0.0012	-0.0011	-0.0070	-0.0030	0.0000	0.0054	0.0038	0.0023
		$P_e^{S}-P_e^{f}$	0.565	0.3097	0.2593	0.5957	0.2524	0.0022	-0.472	-0.531	-0.534
	$R=3$	P_d	1.2679	1.2679	1.2679	1.2679	1.2679	1.2679	1.2679	1.2679	1.2679
		P_e^{f}	1.9515	1.949	1.9467	1.9445	1.5999	1.773	1.9839	2.2375	2.5333
		CDR_{inv}^{f}	0.0043	0.0044	0.0044	0.0044	0.0061	0.0051	0.0042	0.0034	0.0028
		P_e^{S}	7.5916	5.6166	4.5472	3.9773	3.9058	5.4067	1.3094	1.4221	1.5984
		CDR_{inv}^{S}	0.0004	0.0007	0.0010	0.0013	0.0013	0.0007	0.0087	0.0075	0.0061
		ΔCDR_{inv}	-0.0039	-0.0037	-0.0034	-0.0031	-0.0048	-0.0044	0.0045	0.0041	0.0034
		$P_e^{S}-P_e^{f}$	5.6401	3.6676	2.6005	2.0328	2.3059	3.6337	-0.6745	-0.815	-0.935

六　本节主要结论

本节在前文的基础上，构建了投融资互动决策机制下的信贷违约风险分析框架。其主要结论包括：

（1）企业新增负债水平会与信贷违约风险产生正向关系，而投资临界值会与信贷违约风险产生负向关系；从最优化的角度看，一个负债融资的企业会通过价值最大化标准选择最优融资策略，从而对应最优的信贷违约风险，结果企业会选择一个适中的信贷违约风险，或者说从最优的角度而言，企业会承受一个适中的信贷违约风险水平。

（2）企业投资决策扭曲会对信贷违约风险产生作用，过度投资会对信贷违约风险产生正向的刺激，投资不足对信贷违约风险具有抑制的作用。

（3）如果考虑折旧因素，在较低的负债水平下折旧率的提高会降低企业的信贷违约风险，而在较高的负债水平下折旧率的提高会增加企业信贷违约风险；从最优的角度而言，高折旧企业倾向于承受一个较低的信贷违约风险；虽然过度投资都会导致信贷违约风险的上升，而高折旧企业过度投资会增加更多的信贷违约风险。

（4）整体而言，对于投资前有破产风险和无破产风险的两种情形而言，企业存量负债都会提高信贷违约风险，但如果新增负债相对偏低，存量负债的增加会使企业由过度投资转为投资不足，所以存量负债对信贷违约风险的促进作用由相对较强而转弱，若新增负债相对较高，随着存量负债增加企业会由投资不足转为过度投资，存量负债对信贷违约风险的促进作用会由相对较弱而变强；历史投资水平会抑制企业信贷违约风险，但倘若企业新增负债水平相对偏低，企业会随历史投资水平的增加由投资不足转为过度投资，此时历史投资对信贷违约风险的抑制作用会由强转弱，如果企业新增负债相对偏高，企业会由过度投资转为投资不足，此时历史投资对信贷违约风险的抑制作用会由弱变强。

（5）短期负债比例的减少或者长期负债比例的增加会减少企业信用违约风险；倘若企业投资后短期负债不存在偿还风险，在较低的长期负债利息下，企业会随长期负债比例的增加而产生由过度投资转为投资不足再转为过度投资的现象，此时长期负债比例减少企业信用违约风险的现象会先变弱再变强最后再变弱，如果在较高的长期负债水平下，企业会出现过度投资，此时长期负债比例减少企业信用违约风险的现象会变弱；倘若企业投资后短期负债存在偿还风险，随着长期负债比例的增加企业会由投资不足变为过度投资，长期负债减少企业信用违约风险的动力会随着长期负债比例的增加而由强变弱。

第三节　企业投融资互动决策
机制下的就业效应研究

企业研究人员和政策制定者对 2008 年到 2009 年发生的金融危机产生了持续的关注和兴趣，并对企业产生的投资减少和就业下降产生了浓厚的兴趣。他们认为，企业投资会对就业增长产生直接或间接的关系，从而认为企业投资行为具有非常重要的政策意义（Bhagat 和 Obreja，2013）。另一方面，Cantor（1990）、Spaliara（2009）等人也认为企业负债融资等融资因素也会对企业劳动力雇佣产生影响，而 Chugh（2013）更进一步指出，融资问题带来的代理冲突会产生高额外部融资成本从而对企业劳动力雇佣能力和意愿产生作用。依此而言，企业投融资决策问题会对企业劳动力雇佣水平进而地区就业水平产生影响。本节将进一步在投融资互动决策机制的基础上分析企业劳动力雇佣水平的变化。

一　劳动力雇佣水平的度量与分析

有关投资与就业的研究基本上都是依照投入产出模型等宏观视角展开的，并认为投资会通过乘数效应导致就业增加（Beard 等，2014），而有关财务状况与就业的关系主要集中在财务不确定性或者金融不完善等问题对企业就业水平的影响（Acemoglu，2001；Caggese，2008）。而从微观角度试图展开企业就业问题研究的，基本上都是从企业基本生产函数入手（方明月，2010）。事实上，若需要从微观角度对企业就业问题进行研究，通常不可避免地要涉及企业生产函数问题，并通过生产函数中投资与劳动力水平的函数构造诠释两者之间的关系。本书将从微观角度，以第三章分析为基础，通过引入企业生产函数对投融资决策与就业之间的关系进行研究

假设企业生产函数满足柯布——道格拉斯生产函数特征，即存在 $Y = AK^{\alpha}L^{1-\alpha}$，其中 Y 为企业的产出水平，K 为资本投入量，L 为劳动力雇佣水平，α 代表资本投资对产出的贡献（$0 < \alpha < 1$），$1 - \alpha$ 是劳动雇佣对产出的贡献，A 是一个大于零的常数。显然，假定企业产出水平固定，那么通过生产函数可以看出投资与劳动力雇佣之间的特定关系：

$$L = K^{\frac{-\alpha}{1-\alpha}} \left(\frac{Y}{A} \right)^{\alpha-1} \tag{4.5}$$

根据第三章中有关投资的相关假设可知，企业在 t_0 时刻获得了一个投资机会，为了对该投资机会进行投资，企业将花费的投资成本为 I。在未来时间内一旦企业进行投资，那么它可以在单位时间内获得一个单位的产品产出。所以，在等式（4.5）中，单位时间企业的产出 Y 等于1。此外，为了简化分析同时也不失一般性，我们假设企业生产函数中的系数 A 为1。所以，根据这些条件，我们可以将等式（4.5）变化为：

$$L = K^{\frac{-\alpha}{1-\alpha}} \tag{4.5}$$

根据第三章有关企业投资的相关假设，如果企业进行投资则会花费投资成本 I，也就是企业会产生资本投入 I，即 K 等于 I。所以，此时企业劳动力雇佣水平将可用下式表示：

$$L = I^{\frac{-\alpha}{1-\alpha}} \tag{4.6}$$

然而，在 t_0 时刻企业的投资时点是具有不确定性的，它会在相关融资方案下选择一个最优的投资政策 P_e。如果在 t_0 时刻企业的价格为 P_{t_0}，那么根据第三章的分析思路，企业能够进行投资的概率可以表示为：

$$p = \left(\frac{P_{t_0}}{P_e} \right)^{\beta_1}$$

其中 β_1 是第三章分析中特征方程大于1的解。这一概率在前文第三章中有关投资前企业价值的相关表达式［例如式（3.25）］中得到了体现和应用。之所以需要这样处理，是因为在表达式（4.6）中仅存在资本投资总量这一变量，那么对于这一资本总量无论什么时候投资，投资行为如何都不会对企业的就业量产生影响。然而，这样的设定与现实存在一定的差异，因为在保障利润前提下投资时点越早，企业将会在未来具有更大的投资潜力，那么能产生的就业总量也会越多。换个角度来看，对于资本投入总量相同从而产生一样的就业量的企业而言，在企业存续时间相同和技术保持不变的情形下，先投资的企业理应具有较大的就业效应。因此，投资时点应对投资量产生影响，我们应将投资时点纳入就业分析框架中。另一方面，Anderson 和 Prezas（1998）认为企业在委托代理问题下的过度投资会导致劳动力的过度雇佣。也就是说，投资行为不一样也会对劳动力雇佣的作用特征产生差异。所以，将投资概率纳入劳动力雇佣分析框架中，将有效地考虑投资时点以及投资行为的作用特征。

所以，在考虑投资概率情形下，企业在 t_0 时刻劳动力雇佣水平的期望值可以用下式予以表示：

$$L = \left(\frac{P_{t_0}}{P_e}\right)^{\beta_1} \Gamma^{\frac{-\alpha}{1-\alpha}} \qquad (4.7)$$

显然，通过这样的设定，我们将劳动力雇佣与企业的投资决策以及融资决策置于同一个分析框架，以此诠释投融资互动机制下的劳动力雇佣情况。

二　投融资互动决策基本模型下的劳动力雇佣分析

1）企业价值最大化条件下的劳动力雇佣。

为了更加直观地了解企业劳动力雇佣的变化特征，与前文相似，我们将继续采用数值分析的方法进行分析。同样，为了保持文章的一体性，我们将继续利用第三章基础数据，同时假定当前该产品的价格 P_{t_0} 等于 1，投资时资本投入量 I 等于 20。利用第三章相关融资、破产政策、投资政策等相关数据，不难求得，t_0 时刻企业的劳动力雇佣期望水平。为了与前文负债融资总量的变量代码以示区别，我们将在后续的分析中用 $Empl$ 表示企业的劳动力雇佣水平。

表 4.11　　　　　　　企业价值最大化情形下的劳动力雇佣水平

利息支付 R	破产阈值 P_d	投资阈值 P_e^f	劳动力雇佣 $Empl$
0.2	0.0845	2.6709	3.6479
0.4	0.1691	2.5227	4.0270
0.5	0.2113	2.4528	4.2278
0.6	0.2536	2.3868	4.4323
0.8	0.3381	2.2702	4.8340
1.0	0.4226	2.1797	5.1869
1.2	0.5072	2.1199	5.4430
1.4	0.5917	2.0916	5.5711
1.5	0.634	2.0885	5.5855

利息支付 R	破产阈值 P_d	投资阈值 P_e^f	劳动力雇佣 $Empl$
1.6	0.6762	2.092	5.5693
1.8	0.7608	2.1163	5.4590
2.0	0.8453	2.1594	5.2717
2.1	0.8876	2.1866	5.1586
2.2	0.9298	2.2169	5.0371
2.4	1.0144	2.2853	4.7788
2.5	1.0566	2.3228	4.6460
2.6	1.0989	2.3621	4.5129
2.8	1.1834	2.4452	4.2506
3.0	1.2679	2.5333	3.9978

表 4.11 描述了价值最大化情形下企业期望的劳动力雇佣水平。表中数据显示，在相对较低的负债水平下（$R \leqslant 1.5$）企业投资临界值会随着负债水平的增加而下降，企业投资动力会因负债水平的增加而增强，此时企业期望的劳动力雇佣水平也会逐渐增加。这是因为，在给定当前价格水平的情形下，企业投资临界值越低，企业投资动力则越强，从长期看企业会有更多的资本投资，或者说在等量资本投资情形下投资越早资本投资产生的效果则越明显，所以在劳动与资本固定函数配比情形下将需要配备的劳动力则越多，从而表现出更多的劳动力雇佣。另一方面，如果在相对较高的负债水平下（$R > 1.5$），企业投资临界值会随负债水平的提高而上升。根据第三章理论结果，这种投资临界值随负债上升的现象是因为高负债下负债产生的期望破产成本超过了期望税收利益的缘故。表 4.11 显示，随着投资临界值的上升，企业劳动力雇佣的期望水平开始下降。这一结论显示，投资临界值越高企业劳动力雇佣水平会越低，从而表明企业投资意愿越弱企业劳动力雇佣水平越低。综合而言，表 4.11 证明企业劳动力雇佣水平与投资临界值负相关，或者说与企业投资意愿与投资动力正相关；在较低负债水平下，负债水平的提高会提高劳动力雇佣水平，在较高负债水平下，负债融资的提高会降低劳动力雇佣水平。

回顾第三章结论，受负债及其影响下的投资临界值共同作用，决策者会选择一个能使企业价值最大化的融资水平，即 R 为 2.5。进一步考察表 4.11 中数据发现，在负债利息为 2.5 时，企业期望劳动力雇佣水平为 4.6460。值得注意的是，在所有方案中，劳动力雇佣水平最大值出现在利息为 1.5 之时。这是因为，企业决策原则是企业价值最大化，这一原则与劳动力雇佣水平最大化存在一定的偏差。同时，也可以说企业价值最大化决策原则与尽早投资原则存在一定偏差，所以劳动力雇佣并不是最小投资临界值所对应的水平。

2）股东价值最大化条件下的劳动力雇佣。

表 4.12 进一步阐释了股东利益最大化情形下投融资政策对劳动力雇佣水平的影响机制。表中数据显示，在较低负债水平下（$R \leqslant 2.5$），随着负债水平的提高股东投资阈值同样会下降，而在较高负债水平下，即 $R > 2.5$，负债水平的提高会导致股东投资阈值上升。与企业价值最大化情形相似，股东投资阈值下降会增加企业期望的就业水平，投资阈值上升会导致企业期望的就业水平下降。

对照表 4.11 中企业价值最大化情形，给定负债利息水平，股东价值最大化决策者的投资临界值都相对偏低，从而表现为负债融资下的过度投资行为，并且这种过度投资行为导致了企业劳动力雇佣水平会比企业价值最大化时高，并且过度投资越严重，劳动力雇佣量超过企业价值最大化时的量也越多。例如，在利息水平为 0.6 时，企业价值最大化和股东价值最大化的投资临界值分别为 2.3868 和 2.3659，股东存在 0.0209 的过度投资；在该负债水平下，企业价值最大化和股东价值最大化的劳动力雇佣水平分别为 4.4323 和 4.5004，股东价值最大化劳动力雇佣水平比企业价值最大化时多 0.0680，增加的这部分劳动力雇佣量正是 0.0209 的过度投资所致。另外，如果利息水平为 1.6，股东会存在 0.3373 的过度投资，此时劳动力雇佣水平会比企业价值最大化时多 1.9926，过度投资越严重企业劳动力雇佣水平增加的量会更高。在此，我们可以将股东过度投资增加的劳动力雇佣量称作劳动力过度雇佣，并且上述结论与 Anderson 和 Prezas（1998）有关于过度投资产生劳动力过度雇佣的结论相一致。

第三章的理论结果告诉我们，正因为股东存在过度投资的问题，所以在负债融资时企业会面临更高的融资成本，从而企业愿意融入的负债水平会减少。此时，股东会选择比企业价值最大化时更低的负债水平。表

4.12 表明，股东利益最大化的决策者会选择 1.6 作为其最优负债融资利息水平。在这个负债水平下，企业投资临界值为 1.7512，此时的劳动力雇佣水平为 7.5781。也就是说，倘若给予投融资足够的柔性，企业会选择 1.6 作为其最优负债利息，1.7512 为其最优投资政策，而与之匹配的劳动力雇佣水平将为 7.5781。很显然，如果从最优的角度看，股东虽然会选择较低的负债利息，但是因为低投资临界值的缘故，企业仍然会有较高的劳动力雇佣水平，股东价值最大化决策者会多雇佣 7.5781 − 4.6460 = 2.9321 的劳动力。

表 4.12　　　　　　　　股东价值最大化情形下的劳动力雇佣水平

利息支付 R	破产阈值 P_d	投资阈值 P_e^S	劳动力雇佣 $Empl$
0.2	0.0845	2.67	3.6500
0.4	0.1691	2.5164	4.0444
0.5	0.2113	2.4406	4.2645
0.6	0.2536	2.3659	4.5004
0.8	0.3381	2.2205	5.0230
1.0	0.4226	2.0829	5.6115
1.2	0.5072	1.9564	6.2548
1.5	0.634	1.7956	7.2565
1.6	0.6762	1.7512	7.5781
1.7	0.7185	1.712	7.8812
2.0	0.8453	1.6255	8.6216
2.2	0.9298	1.5922	8.9363
2.4	1.0144	1.5756	9.1000
2.5	1.0566	1.5727	9.1291
2.6	1.0989	1.5729	9.1271
2.8	1.1834	1.5813	9.0433
3.0	1.2679	1.5983	8.8774

三　投融资互动决策折旧模型下的劳动力雇佣分析

1）企业价值最大化条件下的劳动力雇佣。

与前文相似，本节将进一步在折旧模型的理论框架下对企业劳动力雇佣情形进行分析。首先，表4.13阐释了企业价值最大化情形下投融资政策及劳动力雇佣水平。表4.13显示，无论折旧率δ的高低，劳动力雇佣水平与投资临界值负相关；在较低负债水平下，如折旧率为0.05时负债利息不超过1.3，负债水平的增加会促进劳动力雇佣，而在较高负债水平下，如折旧率为0.05时负债利息超过1.3，负债水平的增加会降低企业的劳动力雇佣。

另一方面，表4.13对比了不同折旧率水平下的相关情形。倘若企业利息水平一致，但折旧政策存在差异，那么企业投资政策和劳动力雇佣水平都会不同。例如，当负债利息为0.6时，在前文折旧率为0的企业投资临界值为2.3868（见表4.11），此时劳动力雇佣水平为4.4323，若折旧率为0.05，企业投资临界值和劳动力雇佣水平分别为1.5854和9.0028，而若折旧率为0.1，企业投资临界值和劳动力雇佣水平分别变为0.8052和29.1078。显然，随着折旧率的提高，企业投资临界值会越低，而劳动力雇佣水平会出现上升的现象。依据第三章有关投融资理论分析可知，这一现象的出现是因为折旧会降低企业投资临界值或提高企业投资动力，从而使企业出现劳动力雇佣水平提高的现象。

表4.13　　　　　　　　　　折旧企业的劳动力雇佣水平

利息支付 R	折旧率 δ 为 0.05		折旧率 δ 为 0.1	
	投资阈值 P_e^f	劳动力雇佣 $Empl$	投资阈值 P_e^f	劳动力雇佣 $Empl$
0.2	1.8928	6.6232	1.1159	16.5402
0.4	1.7374	7.6827	0.9605	21.4460
0.6	1.5854	9.0028	0.8052	29.1078
0.8	1.4571	10.4198	0.6498	42.1993
1	1.3701	11.5923	0.4958	67.4178
1.1	1.3456	11.9603	0.4726	73.2527
1.2	1.3338	12.1441	0.5005	66.3250
1.3	1.3335	12.1489	0.5481	56.6680
1.4	1.3432	11.9973	0.6026	48.0873
1.6	1.3858	11.3657	0.7177	35.5258
1.8	1.4501	10.5070	0.8346	27.3548

利息	折旧率 δ 为 0.05		折旧率 δ 为 0.1	
支付 R	投资阈值 P_e^f	劳动力雇佣 $Empl$	投资阈值 P_e^f	劳动力雇佣 $Empl$
1.9	1.4879	10.0490	0.8931	24.3262
2	1.5284	9.5923	0.9516	21.7946
2.2	1.6158	8.7115	1.0682	17.8403
2.4	1.7094	7.9019	1.1845	14.9164
3	2.0115	5.9610	1.5315	9.5587

2）股东价值最大化条件下的劳动力雇佣。

表 4.14 继续分析了不同折旧情形下股东利益最大化情形的劳动力雇佣情形，以及股东利益最大化劳动力雇佣与企业价值最大化之间的区别。

与企业价值最大化情形相似，无论折旧率如何，劳动力雇佣水平在较低负债区间随负债的增加而增加，但在较高的负债区间随负债的增加而减少；投资临界值越高，企业劳动力雇佣则越少，企业投资动力与劳动力雇佣呈现正相关关系。与此同时，与无折旧情形相似，股东价值最大化决策者存在过度投资问题，这种过度投资导致了企业劳动力雇佣过度的现象。

进一步分析表 4.14 中数据发现，折旧率不同，企业过度投资问题的严重性也不一样，过度投资问题随折旧率提高而下降。然而，数据显示，虽然过度投资问题会随折旧率的上升而下降，但是企业劳动力雇佣过度问题并没有因此受到抑制，反而会进一步增强。例如，如果企业负债利息为 1.2，那么在无折旧情形下，过度投资会导致劳动力雇佣增加量为 0.8118（对照表 4.11 和表 4.12 即可获得），折旧率为 0.05 时，过度投资导致劳动力雇佣增加量为 2.2588，折旧率为 0.1 时，过度投资导致劳动力雇佣增加量为 18.5428，从而说明虽然企业过度投资会随折旧率提高而下降，但劳动力雇佣过度问题会变得更严重。其原因在于，在高折旧情形下，无论价值最大化还是股权利益最大化，企业劳动力雇佣水平都会大大增加，此时虽然折旧会抑制过度投资问题，但是劳动力过度雇佣问题因为劳动力雇佣基数大幅提高而无法在绝对数上得以减少。

如果企业投资和负债融资具有足够的柔性，企业能从所有方案中甄选出最优的负债融资方案及其对应的投资方案，那么由于折旧率的提高会抑制企业过度投资问题，所以股东价值最大化的最优负债水平将与企业价值最大化情形不断趋同。在无折旧时，价值最大化和股东最优负债利息分别为 2.5 和 1.6，折旧率为 0.05 时分别为 1.9 和 1.4，而折旧率为 0.1 时则分别为 1.2 和 1.16。在这样的最优负债利息以及相应的投资政策下，折旧率为 0.05 时企业价值最大化者和股东价值最大化者的最优劳动力雇佣水平分别是 10.049（见表 4.13）和 16.0293，折旧率为 0.1 时分别是 66.3250（见表 4.13）和 84.4630。不难判断，从最优化角度看，折旧率提高，股东价值最大化决策者的劳动力雇佣水平也会相对偏高。

表 4.14　价值最大化与股东利益最大化情形下劳动力雇佣水平的差异

利息支付 R	折旧率 δ 为 0.05				折旧率 δ 为 0.1			
	P_e^S	$P_e^f - P_e^S$	$Empl$	$\Delta Empl$	P_e^S	$P_e^f - P_e^S$	$Empl$	$\Delta Empl$
0.2	1.8928	0	6.6232	0.0000	1.1159	0	16.5402	0
0.4	1.7374	0	7.6827	0.0000	0.9605	0	21.4460	0
0.6	1.5836	0.0018	9.0206	0.0177	0.8052	0	29.1078	0
0.8	1.4395	0.0176	10.6414	0.2216	0.6498	0	42.1993	0
1	1.3118	0.0583	12.4991	0.9068	0.4951	0.0007	67.5830	0.1652
1.1	1.2567	0.0889	13.4634	1.5032	0.4462	0.0264	80.9213	7.6686
1.16	1.2270	0.11	14.0329	1.9390	0.4353	0.0504	84.4630	14.5985
1.2	1.2087	0.1251	14.4029	2.2588	0.4341	0.0664	84.8678	18.5428
1.3	1.1685	0.165	15.2719	3.1231	0.4447	0.1034	81.3946	24.7266
1.4	1.1363	0.2069	16.0293	4.0319	0.4662	0.1364	75.0032	26.9158
1.5	1.112	0.2491	16.6408	4.9155	0.4927	0.1669	68.1542	27.0350
1.8	1.08	0.3701	17.5040	6.9970	0.5817	0.2529	51.1191	23.7643
1.9	1.0802	0.4077	17.4984	7.4494	0.6124	0.2807	46.7623	22.4361
2	1.0846	0.4438	17.3757	7.7834	0.6432	0.3084	42.9521	21.1575
2.2	1.103	0.5128	16.8767	8.1652	0.7047	0.3635	36.6686	18.8283

续表

利息支付 R	折旧率 δ 为 0.05				折旧率 δ 为 0.1			
	P_e^S	$P_e^f - P_e^S$	Empl	ΔEmpl	P_e^S	$P_e^f - P_e^S$	Empl	ΔEmpl
2.8	1.2052	0.703	14.4754	7.9445	0.8875	0.5286	24.5926	13.6448
3	1.2482	0.7633	13.6226	7.6616	0.9479	0.5836	21.9421	12.3834

注：表中 ΔEmpl 是股东价值最大化下劳动力雇佣与企业价值最大化者的差；该表中旧产品产量水平 k 等于 1。

四 投融资互动决策动态模型下的劳动力雇佣分析

1）企业价值最大化条件下的劳动力雇佣。

在动态模型中，我们引入了存量负债和历史投资变量，以此了解这些因素对投融资决策的影响。接下来，我们将重点考察存量负债和历史投资对劳动力雇佣的影响。

表 4.15 列出了在价值最大化标准下，给定历史投资 k 等于 1，不同存量负债对投资决策及劳动力雇佣的影响。显然，表中数据继续证明了无论存量负债如何，随着新增负债的增加劳动力雇佣水平会先增加后减少，随着投资临界值的下降劳动力雇佣水平会上升。

进一步对照不同存量负债下的相关数据发现，如果存量负债水平相对偏低以至于投资前企业便不存在破产风险（根据表 4.7 知若 $R_0 \leqslant 0.4$，企业投资前便不存在破产风险），随着存量负债的增加，企业在任何新增负债水平下投资临界值都会上升，所以劳动力雇佣水平会随存量负债的增加而下降[①]。而另一方面，如果 $R_0 > 0.4$，企业投资前便存在破产风险，因为在较低新增负债水平下，企业新的项目投资会降低企业的破产风险，从而使企业具有更强的动力投资，企业投资临界值随存量负债的增加而下降；若在较高的新增负债融资下，投资便意味着新的负债的产生，此时企业破产风险不仅不会因为投资而下降，反而会变得更高（见表 4.7），所以企业投资动力会下降，投资临界值上升，最终劳动力雇佣水平下降。所

---

① 当然，如果投资后企业仍然不存在破产风险，那么投资临界值不会发生变化，从而劳动力雇佣水平不会产生差异。

以，如果企业投资前无破产风险，企业劳动力雇佣水平会随存量负债的增加而下降；若投资前存在破产风险，企业劳动力雇佣水平在较少的新增负债下会随存量负债的增加而增加，但在较高新增负债下会随存量负债的增加而减少。

表 4.15 **基于不同存量负债水平的劳动力雇佣：**
价值最大化投融资决策情形

新增负债利息	存量债务利息 $R_0 = 0$		存量债务利息 $R_0 = 0.2$		存量债务利息 $R_0 = 0.4$	
	投资阈值 P_e^f	劳动力雇佣 $Empl$	投资阈值 P_e^f	劳动力雇佣 $Empl$	投资阈值 P_e^f	劳动力雇佣 $Empl$
$R_1 = 0.2$	2.6697	3.6507	2.6697	3.6507	2.6707	3.6483
$R_1 = 0.6$	2.3601	4.5196	2.369	4.4902	2.3881	4.4282
$R_1 = 1.0$	2.0851	5.6013	2.1236	5.4265	2.1768	5.1989
$R_1 = 1.6$	1.9002	6.5786	1.953	6.2736	2.0604	5.7181
$R_1 = 2.0$	1.8485	6.9006	1.9726	6.1661	2.1	5.5326
$R_1 = 3.0$	2.1194	5.4452	2.2609	4.8685	2.4025	4.3823
新增负债利息	存量债务利息 $R_0 = 0.6$		存量债务利息 $R_0 = 0.8$		存量债务利息 $R_0 = 1.0$	
	投资阈值 P_e^f	劳动力雇佣 $Empl$	投资阈值 P_e^f	劳动力雇佣 $Empl$	投资阈值 P_e^f	劳动力雇佣 $Empl$
$R_1 = 0.2$	2.6446	3.7109	2.5309	4.0044	2.2121	5.0560
$R_1 = 0.6$	2.3977	4.3975	2.3284	4.6267	2.1551	5.2899
$R_1 = 1.0$	2.2531	4.8977	2.2499	4.9098	2.2095	5.0664
$R_1 = 1.6$	2.2477	4.9181	2.3171	4.6658	2.373	4.4771
$R_1 = 2.0$	2.3437	4.5745	2.4385	4.2708	2.522	4.0289
$R_1 = 3.0$	2.7441	3.4810	2.8642	3.2320	2.9766	3.0236

注：该表中旧产品产量水平 k 等于 1。

表 4.16 进一步呈现了企业价值最大化视角下不同历史投资水平对投资及劳动力雇佣的影响特征。很显然，无论历史投资水平如何，劳动力雇佣与投资临界值以及新增负债之间都表现出与前文一致的特征。进一步考

察不同历史投资情形下的投资和劳动力雇佣问题发现，如果历史投资比较低，以至于投资前存在破产风险，那么在较低的新增负债水平下，因为在较高历史投资的企业里投资带来的破产风险下降程度会比低历史投资企业少[1]，投资临界值会随历史投资水平上升，从而劳动力雇佣水平会下降；相反，在较高的新增负债下，投资临界值会随历史投资的增加而下降，并因此会出现劳动力雇佣水平随历史投资上升的现象。另一方面，如果历史投资相对处于较高水平以至于投资前并无破产风险，那么只要投资后企业出现破产风险，那么企业投资临界值会随历史投资上升而下降，从而出现劳动力雇佣随历史投资增加而上升的现象。总体而言，如果历史投资水平比较低以至于投资前便存在破产风险，那么在较低新增负债下劳动力雇佣会随历史投资上升而下降，在较高的新增负债下则反之；如果历史投资水平比较高以至于投资前没有破产风险，那么劳动力雇佣水平随历史投资增加而增加。

表 4.16　　　　　　　基于不同历史投资水平的劳动力雇佣：
价值最大化投融资决策情形

新增负债利息	历史投资 $k=0$		历史投资 $k=0.5$		历史投资 $k=1$	
	投资阈值 P_e^f	劳动力雇佣 $Empl$	投资阈值 P_e^f	劳动力雇佣 $Empl$	投资阈值 P_e^f	劳动力雇佣 $Empl$
$R_1=0.2$	2.5682	3.9042	2.6416	3.7182	2.6707	3.6483
$R_1=0.6$	2.3428	4.5775	2.389	4.4253	2.3881	4.4282
$R_1=1.0$	2.2355	4.9647	2.2369	4.9593	2.1768	5.1989
$R_1=1.6$	2.2779	4.8058	2.2227	5.0144	2.0604	5.7181
$R_1=2.0$	2.391	4.4189	2.3162	4.6690	2.1	5.5326
$R_1=3.0$	2.8079	3.3451	2.7134	3.5495	2.4025	4.3823

---

[1]　例如，如果新增负债利息为 0.2，在历史投资 k 等于 0 时，企业投资会使破产临界值从投资前的 0.6525 下降到 0.2536，下降幅度为 0.3989，而若在历史投资 k 等于 0.5 时，企业投资会使破产临界值从投资前的 0.3691 下降到 0.1479，下降幅度为 0.2212，所以企业会相对于历史投资 k 等于 0 时具有较低的投资动力。

续表

新增负债利息	历史投资 $k = 1.5$		历史投资 $k = 2$		历史投资 $k = 2.5$	
	投资阈值 P_e^f	劳动力雇佣 $Empl$	投资阈值 P_e^f	劳动力雇佣 $Empl$	投资阈值 P_e^f	劳动力雇佣 $Empl$
$R_1 = 0.2$	2.6697	3.6507	2.6697	3.6507	2.6697	3.6507
$R_1 = 0.6$	2.3683	4.4925	2.359	4.5232	2.359	4.5232
$R_1 = 1.0$	2.1273	5.4102	2.0848	5.6027	2.0553	5.7427
$R_1 = 1.6$	1.9696	6.1823	1.8761	6.7257	1.7824	7.3498
$R_1 = 2.0$	1.9963	6.0398	1.8864	6.6622	1.7704	7.4363
$R_1 = 3.0$	2.2931	4.7507	2.1779	5.1943	2.0562	5.7383

注：该表中旧产品产量水平 R_0 等于 0.4。

2）股东价值最大化条件下的劳动力雇佣。

表 4.17 列出了股东价值最大化情形下不同存量负债对劳动力雇佣的影响。当然，我们能继续证实无论存量负债如何，随着新增负债的增加劳动力雇佣水平会先增加后减少，随着投资临界值的下降劳动力雇佣水平会上升。接下来，我们将重点考察不同存量负债水平对劳动力雇佣的影响。

表中数据显示，如果存量负债为零，那么企业会表现出投资不足的情形，此时股东价值最大化的决策者会出现劳动力雇佣不足的情形，即劳动力雇佣水平低于企业价值最大化情形；如果存量负债比较低以至于存量负债利息满足 $0 < R_0 \leqslant 0.4$，此时企业在投资前不存在破产风险，那么在新增负债比较低时企业会表现出过度投资的现象，从而会表现出过度劳动力雇佣情形，并且存量负债越高过度劳动力雇佣越明显，而在新增负债比较高时企业会表现出投资不足的现象，此时企业会出现劳动力雇佣不足的问题，但这种现象随着存量负债增加而有所变轻；如果存量负债水平比较高以至于存量负债利息满足 $0.6 \leqslant R_0$，此时企业在投资前便存在破产风险，那么企业在较低新增负债下会存在投资不足的现象，从而使劳动力雇佣出现不足的问题，但在较高新增负债下企业会出现过度投资问题，从而使劳动力雇佣出现过度的现象。

表 4.17 　　　　基于不同存量负债水平的劳动力雇佣：
股东价值最大化投融资决策情形

新增负债利息	存量债务利息 $R_0 = 0$				存量债务利息 $R_0 = 0.2$			
	P_e^S	$Empl$	$P_e^f - P_e^S$	$\Delta Empl$	P_e^S	$Empl$	$P_e^f - P_e^S$	$\Delta Empl$
$R_1 = 0.2$	2.6697	3.6507	0	0	2.6697	3.6507	0	0
$R_1 = 0.6$	2.3604	4.5186	− 0.0003	− 0.0010	2.3679	4.4938	0.0011	0.0036
$R_1 = 1.0$	2.0944	5.5583	− 0.0093	− 0.0430	2.1235	5.4270	0.0001	0.0004
$R_1 = 1.6$	1.9112	6.5132	− 0.0110	− 0.0654	1.9763	6.1461	− 0.0233	− 0.1276
$R_1 = 2.0$	1.9462	6.3116	− 0.0977	− 0.5889	2.0227	5.9039	− 0.0501	− 0.2621
$R_1 = 3.0$	2.3020	4.7189	− 0.1826	− 0.7262	2.3824	4.4465	− 0.1215	− 0.4220

新增负债利息	存量债务利息 $R_0 = 0.4$				存量债务利息 $R_0 = 0.6$			
	P_e^S	$Empl$	$P_e^f - P_e^S$	$\Delta Empl$	P_e^S	$Empl$	$P_e^f - P_e^S$	$\Delta Empl$
$R_1 = 0.2$	2.6701	3.6497	0.0006	0.0014	2.6744	3.6396	− 0.0298	− 0.0713
$R_1 = 0.6$	2.3777	4.4618	0.0104	0.0336	2.3909	4.4192	0.0068	0.0217
$R_1 = 1.0$	2.1526	5.3005	0.0242	0.1016	2.1830	5.1733	0.0701	0.2756
$R_1 = 1.6$	2.0357	5.8388	0.0247	0.1207	2.0916	5.5711	0.1561	0.6530
$R_1 = 2.0$	2.0921	5.5688	0.0079	0.0362	2.1567	5.2831	0.1870	0.7086
$R_1 = 3.0$	2.4570	4.2153	− 0.0545	− 0.1670	2.5272	4.0146	0.2169	0.5336

新增负债利息	存量债务利息 $R_0 = 0.8$				存量债务利息 $R_0 = 1.0$			
	P_e^S	$Empl$	$P_e^f - P_e^S$	$\Delta Empl$	P_e^S	$Empl$	$P_e^f - P_e^S$	$\Delta Empl$
$R_1 = 0.2$	2.7003	3.5793	− 0.1694	− 0.4251	2.7477	3.4731	− 0.5356	− 1.5830
$R_1 = 0.6$	2.4265	4.3075	− 0.0981	− 0.3192	2.4838	4.1368	− 0.3287	− 1.1531
$R_1 = 1.0$	2.2335	4.9724	0.0164	0.0626	2.3027	4.7165	− 0.0932	− 0.3499
$R_1 = 1.6$	2.1592	5.2725	0.1579	0.6067	2.2378	4.9559	0.1352	0.4788
$R_1 = 2.0$	2.2284	4.9922	0.2101	0.7213	2.3074	4.6998	0.2146	0.6709
$R_1 = 3.0$	2.5997	3.8226	0.2645	0.5906	2.6752	3.6377	0.3014	0.6141

注：表中 $\Delta Empl$ 是股东价值最大化下劳动力雇佣与企业价值最大化者的差；旧产品产量水平 k 等于 1。

表 4.18 继续考察了不同历史投资水平下的劳动力雇佣问题。结果发

现，如果历史投资水平相对偏低（例如 $k=0.5$），投资前企业便存在破产风险，那么在较低新增负债水平下企业会存在投资不足的问题（例如 $R_1=0.6$），从而导致企业出现劳动力雇佣不足的现象，但是在较高新增负债水平下企业将产生过度投资的问题（例如 $R_1=2.0$），从而使企业表现出劳动力过度雇佣的现象。另一方面，如果历史投资水平相对偏高（例如 $k=2.5$），那么在较低新增负债水平下企业会存在过度投资问题（例如 $R_1=1.0$），从而使企业表现出劳动力过度雇佣的现象，但是如果企业新增负债比较高（例如 $R_1=2.0$），那么企业会存在投资不足的问题，从而使企业表现出劳动力雇佣不足的现象。该结果进一步说明，过度投资的企业会存在劳动力过度雇佣现象，而投资不足企业会存在劳动力雇佣不足现象。

表 4.18　　　　　基于不同历史投资水平的劳动力雇佣：

股东价值最大化投融资决策情形

新增负债利息	历史投资 $k=0$				历史投资 $k=0.5$			
	P_e^S	$Empl$	$P_e^f - P_e^S$	$\Delta Empl$	P_e^S	$Empl$	$P_e^f - P_e^S$	$\Delta Empl$
$R_1=0.2$	2.7227	3.5285	-0.1545	-0.3757	2.6788	3.6292	-0.0372	-0.0890
$R_1=0.6$	2.4595	4.2079	-0.1167	-0.3696	2.3995	4.3918	-0.0105	-0.0335
$R_1=1.0$	2.2826	4.7886	-0.0471	-0.1761	2.1997	5.1055	0.0372	0.1462
$R_1=1.6$	2.228	4.9937	0.0499	0.1880	2.1205	5.4403	0.1022	0.4259
$R_1=2.0$	2.3032	4.7147	0.0878	0.2958	2.19	5.1447	0.1262	0.4758
$R_1=3.0$	2.6786	3.6297	0.1293	0.2846	2.5643	3.9145	0.1491	0.3650

新增负债利息	历史投资 $k=1$				历史投资 $k=1.5$			
	P_e^S	$Empl$	$P_e^f - P_e^S$	$\Delta Empl$	P_e^S	$Empl$	$P_e^f - P_e^S$	$\Delta Empl$
$R_1=0.2$	2.6701	3.6497	0.0006	0.0014	2.6697	3.6507	0	0
$R_1=0.6$	2.3777	4.4618	0.0104	0.0336	2.3655	4.5017	0.0028	0.0092
$R_1=1.0$	2.1526	5.3005	0.0242	0.1016	2.114	5.4693	0.0133	0.0591
$R_1=1.6$	2.0357	5.8388	0.0247	0.1207	1.9521	6.2786	0.0175	0.0963
$R_1=2.0$	2.0921	5.5688	0.0079	0.0362	1.9924	6.0603	0.0039	0.0205
$R_1=3.0$	2.457	4.2153	-0.0545	-0.1670	2.3466	4.5647	-0.0535	-0.1860

续表

新增负债利息	历史投资 $k = 2$				历史投资 $k = 2.5$			
	P_e^S	$Empl$	$P_e^f - P_e^S$	$\Delta Empl$	P_e^S	$Empl$	$P_e^f - P_e^S$	$\Delta Empl$
$R_1 = 0.2$	2.6697	3.6507	0	0	2.6697	3.6507	0	0
$R_1 = 0.6$	2.359	4.5232	0	0	2.359	4.5232	0	0
$R_1 = 1.0$	2.0794	5.6279	0.0054	0.0252	2.0544	5.7470	0.0009	0.0044
$R_1 = 1.6$	1.8648	6.7964	0.0113	0.0707	1.776	7.3957	0.0064	0.0459
$R_1 = 2.0$	1.8858	6.6659	0.0006	0.0037	1.7721	7.4240	-0.0017	-0.0124
$R_1 = 3.0$	2.23	4.9860	-0.0521	-0.2084	2.1064	5.5035	-0.0502	-0.2348

注：表中 $\Delta Empl$ 是股东价值最大化下劳动力雇佣与企业价值最大化者的差；旧产品产量水平 R_0 等于 0.4。

五 投融资互动决策负债期限结构模型下的劳动力雇佣分析

以第三章投融资互动决策负债期限结构模型为基础，本节试图纳入前文劳动力雇佣分析模型，并对负债期限结构作用下的劳动力雇佣问题进行分析，从而诠释基于负债期限结构下投融资互动对劳动力雇佣的影响。

1）企业价值最大化条件下的劳动力雇佣。

表 4.19 描述了在正向维纳过程增量情形下，企业价值最大化决策者的劳动力雇佣问题。从表中数据分析知，无论长期负债比例如何，劳动力雇佣水平都会随投资临界值降低而上升，或者随投资临界值升高而下降，同时会随长期负债融资水平的上升而表现出先上升后下降的现象。在给定长期负债利息水平下，如果降低长期负债比例或者提高短期负债融资比例，投资临界值会下降，从而劳动力雇佣水平会上升。

另一方面，如果我们假定各种期限结构下负债融资总量 L 恒定为 30 左右，当负债融资中全部为长期负债即 $\omega = 1$ 时，结合表 4.9 的数据可知，企业将会选择支付 2.2 的长期负债利息，此时企业投资临界值为 2.2169，劳动力雇佣水平为 5.0371；而如果长期负债比例下降为 0.9，此时企业利息支付水平将处于 1.7 左右，其对应的投资临界值为 1.5925，劳动力雇佣水平为 8.9334。也就是说，即便负债融资总量固定，劳动力雇佣水平会随负债融资中短期负债水平的增加而增加。经验证，如果企业投资后价格出现负向维纳过程增量，其结论并不会发生变化。出于篇幅考虑，本书不再列出负向维纳增量过程的相关结果。

表 4.19　　　　　　价值最大化者的投融资决策与劳动力雇佣：
正向维纳过程增量情形

负债利息	$\omega = 1$		$\omega = 0.9$		$\omega = 0.7$		$\omega = 0.5$	
	P_e^f	Empl	P_e^f	Empl	P_e^f	Empl	P_e^f	Empl
$R = 0.2$	2.6709	3.6479	2.545	3.9660	2.1723	5.2176	1.45	10.5083
$R = 0.4$	2.5227	4.0270	2.2739	4.8204	1.5484	9.3787	0.486	69.7898
$R = 0.6$	2.3868	4.4323	2.0248	5.8933	1.0617	18.0299	0.4113	93.1809
$R = 0.8$	2.2702	4.8340	1.8165	7.1125	0.8544	26.2661	0.4579	77.3735
$R = 1.0$	2.1797	5.1869	1.6683	8.2421	0.8242	27.9554	0.5238	61.2985
$R = 1.2$	2.1199	5.4430	1.5866	8.9910	0.8569	26.1335	0.5961	48.9992
$R = 1.4$	2.0916	5.5711	1.561	9.2480	0.914	23.3708	0.6714	39.8756
$R = 1.6$	2.092	5.5693	1.575	9.1061	0.9827	20.6138	0.7482	33.0550
$R = 1.8$	2.1163	5.4590	1.6151	8.7180	1.0577	18.1482	0.826	27.8500
$R = 2.0$	2.1594	5.2717	1.6722	8.2089	1.1364	16.0268	0.9043	23.8067
$R = 2.2$	2.2169	5.0371	1.7406	7.6582	1.2175	14.2231	0.9831	20.5992
$R = 2.4$	2.2853	4.7788	1.8167	7.1111	1.3003	12.6911	1.0622	18.0152
$R = 2.5$	2.3228	4.6460	1.8569	6.8466	1.3422	12.0128	1.1018	16.9085
$R = 2.6$	2.3621	4.5129	1.8983	6.5900	1.3843	11.3871	1.1415	15.9030
$R = 2.8$	2.4452	4.2506	1.984	6.1048	1.4692	10.2716	1.2209	14.1545
$R = 3.0$	2.5333	3.9978	2.0727	5.6594	1.5547	9.3130	1.3005	12.6878

2）股东价值最大化条件下的劳动力雇佣。

表 4.20 以新增长期负债利息为 0.2、2.0 和 3.0 为例，分别研究了不同长期负债情形下企业劳动力雇佣水平的变化情况。经验证，无论长期负债比例如何，劳动力雇佣水平都会随投资临界值降低而上升，或者随投资临界值升高而下降，同时会随长期负债融资水平的上升而发生先上升后下降的现象。

　　表 4.20 显示，如果企业产品价格在投资后出现正向维纳过程增量以至于投资后短期负债没有任何违约风险，在企业进行部分短期负债融资的情形下，如果长期负债利息水平比较低，那么随着长期负债比例的增加，企业会由过度投资转为投资不足，相较于企业价值最大化情形，此时劳动力雇佣会由过度雇佣转为雇佣不足。直至短期负债比例降为零，此时企业又变为过度投资，从而劳动力雇佣又会出现过度雇佣的现象。考虑到投资动力与劳动力雇佣正相关，所以过度投资时投资对劳动力雇佣的促进作用变得更为明显，而投资不足时投资对劳动力雇佣的促进作用将有所弱化。

　　另一方面，如果投资后企业产品价格出现负向维纳过程增量，那么投资后产品价格有可能会出现下降并导致短期负债偿还危机的可能。从整体上看，无论长期负债利息水平如何，企业会在短期负债比例较高时出现投资不足的现象，但在短期负债比例较少或者长期负债比例较高时会出现过度投资的现象，此时企业会分别表现为劳动力雇佣不足和劳动力雇佣过度的现象。

表 4.20　　不同负债期限结构下股东投资扭曲对劳动力雇佣的影响

			$\omega=0.2$	$\omega=0.3$	$\omega=0.4$	$\omega=0.5$	$\omega=0.6$	$\omega=0.7$	$\omega=0.8$	$\omega=0.9$	$\omega=1$
正向维纳过程增量情形	$R=0.2$	P_e^S	0.0948	0.1773	0.8322	2.1549	2.3642	2.5062	2.3934	2.5485	2.67
		$Empl$	1183.7	400.23	27.492	5.2908	4.5060	4.0730	4.4112	3.9566	3.6500
		$\Delta Empl$	48.1426	1.1702	-3.5532	-5.2175	-2.1999	-1.1446	-0.0292	-0.0094	0.0021
		$P_e^f - P_e^S$	0.0023	0.0003	-0.0564	-0.7049	-0.4849	-0.3339	-0.0091	-0.0035	0.0009
	$R=2$	P_e^S	0.7143	0.728	0.7461	0.771	0.7441	0.7809	0.9656	1.1744	1.6255
		$Empl$	35.819	34.659	33.216	31.380	33.371	30.695	21.250	15.139	8.6216
		$\Delta Empl$	2.2138	4.0671	5.8899	7.5736	13.3503	14.6677	9.2776	6.9304	3.3500
		$P_e^f - P_e^S$	0.0268	0.0544	0.089	0.1333	0.2553	0.3555	0.3792	0.4978	0.5339
	$R=3$	P_e^S	1.0626	1.0736	1.0876	1.1062	1.1321	1.1703	1.3094	1.3462	1.5984
		$Empl$	18.004	17.685	17.293	16.792	16.132	15.231	12.539	11.951	8.8764
		$\Delta Empl$	1.1241	2.0934	3.0939	4.1044	5.0753	5.9183	5.0527	6.2916	4.8786
		$P_e^f - P_e^S$	0.0403	0.081	0.1311	0.1943	0.2759	0.3844	0.4542	0.7265	0.9349

			$\omega=0.2$	$\omega=0.3$	$\omega=0.4$	$\omega=0.5$	$\omega=0.6$	$\omega=0.7$	$\omega=0.8$	$\omega=0.9$	$\omega=1$
负向维纳过程增量情形	$R=0.2$	P_e^S	0.1966	1.072	2.2489	2.0216	2.2438	2.3988	2.513	2.6006	2.67
		$Empl$	334.64	17.731	4.9136	5.9095	4.9330	4.3940	4.0539	3.8203	3.6500
		$\Delta Empl$	-0.5905	-1.3897	-3.5167	-0.0995	-0.0480	-0.0245	-0.0115	-0.0033	0.0021
		$P_e^f - P_e^S$	-0.0002	-0.0457	-0.6022	-0.0194	-0.0125	-0.0077	-0.0041	-0.0013	0.0009
	$R=2$	P_e^S	2.2799	2.0902	2.038	1.6407	1.4326	1.3567	1.105	1.3182	1.6255
		$Empl$	4.7985	5.5776	5.8274	8.4838	10.730	11.791	16.824	12.394	8.6216
		$\Delta Empl$	-3.0596	-1.7858	-1.5489	-10.048	-4.2803	-0.0332	7.7368	5.4981	3.3500
		$P_e^f - P_e^S$	-0.565	-0.3097	-0.2593	-0.5957	-0.2524	-0.0022	0.4719	0.531	0.5339
	$R=3$	P_e^S	7.5916	5.6166	4.5472	3.9773	3.9058	5.4067	1.3094	1.4221	1.5984
		$Empl$	0.5974	1.0067	1.4514	1.8303	1.8887	1.0754	12.539	10.868	8.8764
		$\Delta Empl$	-5.6846	-5.2892	-4.8574	-4.4909	-6.9733	-6.3421	6.4334	5.9109	4.8786
		$P_e^f - P_e^S$	-5.6401	-3.6676	-2.6005	-2.0328	-2.3059	-3.6337	0.6745	0.8154	0.9349

注：表中 $\Delta Empl$ 是股东价值最大化下劳动力雇佣与企业价值最大化者的差。

六　本节主要结论

本节在引入柯布—道格拉斯生产函数的基础上，建立了企业投融资决策影响下的劳动力雇佣模型，并利用第三章有关投融资决策的相关理论分析和结论，研究了投融资互动机制下的劳动力雇佣问题，并得出了以下主要结论：

（1）企业新增负债水平会对劳动力雇佣产生先促进后抑制的作用，而投资临界值会对劳动力雇佣产生抑制作用，或者说投资动力越强劳动力雇佣水平越高；从最优化的角度看，一个负债融资的企业会通过价值最大化标准选择最优融资策略，从而与其对应的投资策略一起，对应一个适中的劳动力雇佣水平。

（2）企业投资决策扭曲会对劳动力雇佣产生作用，过度投资会对劳动力雇佣产生正向刺激，投资不足对劳动力雇佣具有抑制作用。

（3）如果考虑折旧因素，折旧会降低投资临界值从而对劳动力雇佣产生促进作用；虽然折旧会降低企业的过度投资程度，但是劳动力雇佣过度的问题并没有因此受到影响。

（4）在具有历史投资和存量负债动态成长的企业里，如果企业投资前无破产风险，投资后存在破产风险，企业劳动力雇佣水平会随存量负债的增加而下降；若投资前存在破产风险，企业劳动力雇佣水平在较少的新增负债下会随存量负债的增加而增加，但在较高新增负债下会随存量负债的增加而减少。如果历史投资水平比较低以至于投资前便存在破产风险，那么在较低新增负债下劳动力雇佣会随历史投资上升而下降，在较高的新增负债下则反之；如果历史投资水平比较高以至于投资前没有破产风险，此时若投资后企业存在破产风险，那么劳动力雇佣水平随历史投资增加而增加。在动态成长的企业里，在不同的存量负债和历史投资水平下，股东利益最大化决策者会表现出过度投资或投资不足的情形，这种过度投资和投资不足会相应地引起劳动力雇佣的过度雇佣和雇佣不足。

（5）短期负债比例的增加会提高企业的劳动力雇佣水平；如果企业投资后短期负债不存在偿还风险，在较低长期负债利息水平下，随着长期负债比例的增加企业会由劳动力过度雇佣逐步转为雇佣不足，最后再转为过度雇佣，而在较高长期负债利息水平下，随着长期负债比例的增加企业会在总体上表现为越来越强的劳动力过度雇佣；如果企业投资后短期负债存在一定的偿还风险，企业会在较低的长期负债比例下表现为劳动力的雇佣不足，而在较高的长期负债比例下会表现为劳动力过度雇佣。

第四节　本章小结

为了进一步研究企业投融资互动机制下社会效益的实现问题，本章在第三章理论分析的基础上，建立了信贷违约风险和劳动力雇佣的相关模型，从而以信贷违约风险和劳动力雇佣为例分析了投融资互动机制下企业社会效益的实现问题。

首先，以实物期权思路为基础，建立了有关于信贷违约风险分析的全新框架，并在投融资动态分析基本模型、折旧模型、动态模型以及负债期限结构模型等模型下对信贷违约风险进行了分析。总体上而言，模型认为新增负债融资会促进信贷违约风险的产生，而投资临界值会对信贷违约风险产生抑制；企业过度投资会进一步刺激信贷违约风险，投资不足对信贷违约风险具有约束作用；在较低新增负债下，折旧会对信贷违约风险产生约束，而在较高新增负债下则相反；在动态视角下，存量负债增加会提高信贷违约风险，但如果新增负债相对偏低，存量负债的增加会使企业由过度投资转为投资不足，所以存量负债对信贷违约风险的促进作用由相对较强而转弱，若新增负债相对较高，随着存量负债增加企业会由投资不足转为过度投资，存量负债对信贷违约风险的促进作用会由相对较弱而变强；历史投资会抑制信贷违约风险的产生，但倘若企业新增负债水平相对偏低，企业会随历史投资水平的增加由投资不足转为过度投资，此时历史投资对信贷违约风险的抑制作用会由强转弱，如果企业新增负债相对偏高，企业会由过度投资转为投资不足，此时历史投资对信贷违约风险的抑制作用会由弱变强；在进行部分短期负债融资的企业，长期负债融资比例的增加会抑制企业信贷违约风险，而若企业投资后短期负债不存在偿还风险，在较低的长期负债利息下，企业会随长期负债比例的增加而产生由过度投资转为投资不足再转为过度投资的现象，此时长期负债比例减少企业信用违约风险的现象会先变弱再变强最后再变弱，如果在较高的长期负债利息下，企业会出现过度投资，此时长期负债比例减少企业信用违约风险的现象会变弱；倘若企业投资后短期负债存在偿还风险，随着长期负债比例的增加企业会由投资不足变为过度投资，长期负债减少企业信贷违约风险的作用会随着长期负债比例的增加而由强变弱。

其次，通过引入柯布—道格拉斯生产函数，利用第三章理论分析基础，在实物期权框架下，分析了投融资互动机制下的劳动力雇佣问题。模型分析认为，新增负债会对劳动力雇佣产生先促进后抑制的作用，投资动力越强企业劳动力雇佣越多；股东利益最大化决策者产生的过度投资会导致劳动力过度雇佣，投资不足会导致劳动力雇佣不足；折旧的存在会刺激企业的劳动力雇佣；在动态成长企业里，如果企业投资前无破产风险，投资后存在破产风险，企业劳动力雇佣水平会随存量负债的增加而下降，若投资前存在破产风险，企业劳动力雇佣水平在较少的新增负债下会随存量负债的增加而增加，但在较高新增负债下会随存量负债的增加而减少；如果历史投资水平比较低以至于投资前便存在破产风险，那么在较低新增负债下劳动力雇佣会随历史投资上升而下降，在较高的新增负债下则反之，如果历史投资水平比较高以至于投资前没有破产风险，此时若投资后企业存在破产风险，那么劳动力雇佣水平随历史投资增加而增加；在进行部分短期负债融资的企业，短期负债比例的增加会提高劳动力雇佣水平；如果企业投资后短期负债不存在偿还风险，在较低长期负债利息水平下，随着长期负债比例的增加企业会由劳动力过度雇佣逐步转为雇佣不足，最后再转为过度雇佣，而在较高长期负债利息水平下，随着长期负债比例的增加企业会在总体上表现为越来越强的劳动力过度雇佣；如果企业投资后短期负债存在一定的偿还风险，企业会在较低的长期负债比例下表现为劳动力的雇佣不足，而在较高的长期负债比例下会表现为劳动力过度雇佣。

事实上，企业社会效益是一个多维指标变量，它可以从信贷违约风险、劳动力雇佣角度予以衡量，同时也能在环境保护、技术进步、税收贡献等多方面予以描述。受篇幅的限制，本书仅从信贷违约风险、劳动力雇佣两个维度进行分析，今后可以在继续考虑其他指标的基础上进行深入研究，从而勾勒一个全面的企业投融资互动决策下社会效益实现机制。

第 五 章

企业投融资决策同期互动
机制的实证检验

第一节　前　言

在前文第三章企业投融资互动决策机制的理论分析中，文章假定在投资支出之时企业便融入负债资金以弥补投资资金的不足，从而在投融资同期决策的基础上分析了两者之间存在的相互作用关系，并认为同期投融资决策会在税收利益、破产成本等不完善因素的原因产生相互作用、彼此协同的关系。对于理性决策者而言，无论是以企业价值最大化还是股东利益最大化为决策目标，其投资行为应该考虑融资方案的选择，而融资决策也必须实现对投资支出方案的匹配和策应。依此而言，在同期决策的基础上，投融资决策之间应该是相互适应和彼此依存和协同的，两者之间在时间维度上存在一种同期互动的关系。然而，从企业实际操作层面看，这种因税收利益和破产成本产生的投融资同期互动的理论关系在现实中是否存在？如果存在，这种同期相互作用的机制在负债代理冲突下又会异化成怎样的一种机制？

对于企业投融资决策同期互动关系的实证检验，西方学者在20世纪60年代开始则给予了持续的关注。基于对 Modigliani 和 Miller 有关企业投融资决策"分离法则"的怀疑，以 Dhrymes 和 Kurz（1967）为代表的学者从理论和实证两个角度对之进行了探讨，并提出了著名的资金流学说（funds flow approach）。资金流学说指出，企业用以投资的资金在经济上是一种非常稀缺的资源。作为企业的决策者，其关键的目标在于如何合理而有效地在各种支出项目中分配这种稀缺的资源，从而获得更多的利益或更高的价值。资金流学说认为，一般而言企业的资金具有三种来源渠道，即企业利润、新增负债融资和股权融资，而资金使用却包括两个方向，即投资支出和股利支付。他们认为，企业的三种资金来源渠道存在竞争关系，两种资金使用方向也会因为共同分享有限的资金来源而发生相互竞争，资金来源是资金使用和支出的源泉和支撑。对于企业的决策者，关键的问题是如何能够将三种资金来源分配于两种资金花费方式上。依此而言，企业同期投融资决策之间存在一种相互影响的互动关系。基于这样的认识，Dhrymes 和 Kurz（1967）开创性地建立了包括投资方程、负债融资方程和股利支付方程在内的联立方程组，用以探索投融资决策之间的互动关系和机理。在他们的实证方法中，投资方程以负债融资和股利支付为解释变量，负债方程以投资支出和股利支付为解释变量，以此解决其内生性问题。通过实证检验，他们发现受到有限资金流的影响，负债融资作为三种资金来源之一会对投资支出产生正向的影响，并与其他两种资金来源产生负向的关系；另一方面，作为资金支出的另一个方向，股利支付也会与投资支出资金形成竞争，并因此对投资资金的供给产生制约，限制投资支出水平。对此，包括 McDonald 等（1975）、McCabe（1979）、Peterson 和Benesh（1983）、Smirlock 和 Marshall（1983）、Baskin（1989）、Chiarella等（1991）、Mougoué 和 Mukherjee（1994）、Lin 等（2008）等在内的后续学者进行了持续的探讨，以此探索投资决策与融资决策之间的相互关系。然而，他们并没有得出完全一致的实证结论。与之相似，陆正飞等（2006）、彭程等（2011）利用中国上市公司作为样本，以类似的实证方法对投融资决策同期互动关系进行了分析，并认为同期投融资决策之间确实会产生相互作用的关系，企业应实施同期投融资联合决策。

　　然而，虽然资金流学说从资金平衡的视角重新检视了 MM 理论有关企业投融资决策分离学说，并认为同期投融资决策之间存在相互作用和相互协同的关系，但是现代公司财务相关理论认为，负债融资不仅只是企业的资金源泉，同时还能对企业产生利息税盾，并因此成为企业决策者决策过程中用以调控企业价值的核心要素和关键变量。也就是说，企业在进行外部资金筹措时通常会有限考虑债务资金，即公司融资优序理论所倡导的观点。然而，权衡理论认为，公司负债融资也会产生期望破产成本，从而会对企业负债融资行为产生抑制，企业最终会选择一个能使企业期望税收利益净值最大化的负债融资水平。正因为负债融资能作为企业决策者借以调控企业价值的因素，并在一定范围内能促进企业价值从而对投资价值及投资决策产生作用。所以，企业有可能并不只是为了满足资金需求，为了促进企业价值的最大化，企业有可能融入比资金需求量更多或更少的负债资金。与负债融资相似，投资支出也应该不只是一种资金花费，而是包含了价值创造的财务决策行为。企业合理的投资越多，未来企业盈利的能力将会越强，此时企业将产生更高的负债承受能力。因此，不同于资金流学说，投资支出在产生资金需求的同时也会为企业提供一种贷款保障。也就是说，同期投融资决策之间不仅仅是一种资金供给和需求的关系，而是基于因负债税收利益、破产成本等产生的价值因素的一种协调和适应关系。有鉴于此，对于企业投资决策和融资决策之间相互关系的认识应当超脱于Dhrymes 和 Kurz（1967）所提及的资金流学说的束缚，而从涉及企业价值的税收利益、破产成本等因素视角对两者之间的相互关系进行深入挖掘，以此丰富相关文献并为现代公司财务实践提供相应的指导。然而，目前我国有关企业投融资相关关系的实证研究基本上都集中于融资决策对投资支出的单向作用，如曹书君等（2010）、王彦超（2009）等，对于两者双向关系仅彭程等（2007）、谭英双等（2009）等学者做过一定研究，但对投融资决策内生互动的机制不曾涉猎。

因此，本章将在第三章理论研究的基础上，进一步利用中国上市公司数据对投融资决策因税收利益、破产成本以及委托代理问题产生的相互作用关系进行实证检验，以此判断中国上市公司投融资决策之间是否存在相互作用的关系，并以此为中国上市公司投融资决策的优化提供经验借鉴。由于我们对投融资决策的理解是基于税收利益、破产成本等不完善因素而产生的相互联结，所以与资金流学说不同我们并不从资金供求关系而展开研究，所以在我们接下来的研究中将不考虑股利方程对投融资决策的影响。

本章以下部分的结构安排如下：第二节是研究假设，第三节是研究设计，第四节是研究结果，第五节是本章小结。

第二节　研究假设

一　同期负债融资决策影响投资支出的相关假设

在第三章的分析中，文章以实物期权为工具构建了企业投资决策模型和融资决策模型，并以此为基础分析了同时期内的投资决策之间可能存在的相互作用的关系。分析结果表明，对于企业而言，无论是企业价值最大化的决策者还是股东利益最大化的决策者，在税收利益的作用下负债融资都会对投资支出产生刺激作用，而在破产成本或破产风险的作用下负债融资又会反过来对投资产生抑制作用，企业最终的决策行为是在税收利益和破产成本权衡之后的行为优化。以此判断，倘若企业负债水平比较低，从而会产生较低的负债破产风险，以至于企业因负债融资增加的税收利益高于其增加的破产成本，此时企业新增负债会带来正的税收利益净增加，所以企业负债越多投资项目的价值将越高，从而企业投资动力会越强，投资临界值也就越低。倘若给定企业产品市场价格，投资临界值降低将意味着可供选择的投资项目越多，企业投资机会则会增加，所以企业有可能进行更多的投资。由此可以判断，在这样的背景下，新增负债的增加有可能会促进企业投资支出。另一方面，如果企业负债融资处于较高的水平，那么其蕴含的破产风险将会比较高，此时如果增加负债融资企业期望破产成本将会随着增加，企业新增负债增加的税收利益将低于其产生的破产成本，负债融资产生的期望税收利益净值会随负债增加而减少。所以，企业投资项目价值会随负债的增加而下降，企业投资动力会减弱，投资阈值会上升。依此而言，在较高负债融资水平下，负债融资越多企业投资动力会越低，投资支出会越少。

假设 5.1a 在总体情形下，负债融资会因为期望税收利益增加促进企业投资支出；

假设 5.1b 在较低负债融资水平下，新增负债会产生正的税收利益净值从而对投资支出产生促进作用，在较高负债融资水平下，负债融资会产生负的税收利益净值从而对投资支出产生抑制作用。

然而，根据负债融资委托代理理论的观点，企业决策目标有可能会与企业价值最大化产生偏差，此时负债融资下的投资决策应该会出现不一样的结果。在负债融资有限责任机制的庇护下，股东有可能在投资决策中对负债融资产生的税收利益更加关注，而相对忽视负债融资产生的破产风险可能对企业价值产生的负面影响。其原因在于，受有限责任机制的影响，股东只需关注股东价值的增加，而相对忽略债权人的利益，从而忽视债权人在整个经营过程中将要承担的破产成本，所以负债融资下股东的决策行为约束因素会更少，企业有可能因此产生过度投资问题。

然而，众所周知的是，Jensen 和 Meckling（1976）等人提出的现代企业两权分离理论认为，在所有权和控制权分离的企业里，拥有实际控制权的通常是股东委派的职业经理人。在这样的制度背景下，作为企业所有权的拥有者，股东为了自身利益最大化通常需要花费大量的时间和精力对经理人实施监督甚至控制，从而以此实现对企业经营方向或投资政策施加影响。那么如果在一个股权相对比较分散的企业里，股东对经理人的监督和控制则有可能会显得不那么强有力，或者无力实施强力的监控。其原因在于，受信息不对称的影响，为了搜寻并掌握职业经理人拥有的有关投资项目的私人信息或者有关企业内部经营管理的相关信息，企业股东通常要花费较高的信息搜寻成本，如果企业股权相对分散，股东有可能在实施监督之后无法收获与监督成本匹配的收益，股东有可能无力承担高额的监管费用，从而导致股东出现监管疲软的弊病。另一方面，即便部分股东能够承担高额的监管费用，但由于成本收益不对等，其付出全部或大部分监管费用但是并不能获得因监管而带来的全部收益，其他收益被其他未付出监管的股东通过"搭便车"的方式共享和瓜分，这样将会使付诸监管的股东获得的监管收益低于监管成本，或者即便不会产生收益低于成本但其获得的净收益不是足够高，从而会导致有能力进行监管的股东出现监管懈怠的现象。有鉴于此，在股权分散的企业里，由于股东无法对经理人实施有效或有力的监管，所以企业的决策行为也有可能偏离股东价值最大化的原则。总而言之，在负债融资的情形下，企业也许并不一定会出现如前所述的因负债代理冲突导致的过度投资问题。如果企业股权相对集中，企业存在控制力相对较强的控股股东，其获取企业内部财务信息或管理信息的成本会相对较低，企业控股股东会有较强的监管能力。另一方面，考虑到较高的股权集中度，控制性股东拥有的利益分配权也会相对较多，因此其他股东从其监管行为中免费瓜分收益的可能性会下降，在较少的"搭便车"顾虑情形下，股东通常会对经理人实施主动的监管，以此确保企业决策的目标函数与股东利益目标高度一致。由此可见，由于在股权相对集中的企业里，控股股东能够也愿意对企业实施有效监督和控制，企业投资决策或融资决策的目标通常会与股东利益最大化时实现较高程度的匹配。所以，相对于股权相对分散的企业而言，股权集中型企业高管更有可能作为股东利益的代言人通过决策行为的改变侵害债权人的利益，从而产生更为严重的负债代理冲突（Inderst 和 Müller，1999）。因此，倘若股东债权人利益冲突情形下会出现过度投资现象，那么与股权分散情形相比，股权集中度高的企业过度投资现象会更加明显，此时负债融资对投资支出的促进现象会更突出。依此而言，可以提出如下研究假设：

假设 5.2a 对于负债水平相对偏低的企业而言，负债融资会对所有企业的投资支出产生促进作用，但考虑到股权集中型企业存在更为严重的过度投资问题，负债融资对投资的促进作用会强于低股权集中的企业。

假设 5.2b 对于负债水平足够高的企业而言，由于高负债水平下负债融资会降低企业投资水平，但考虑到股权集中型企业存在更为严重的过度投资问题，负债融资对投资的抑制作用会弱于低股权集中的企业。

回顾第三章理论分析相关结论发现，对于一个动态成长的企业，其历史投资支出水平和负债融资量均会对当前的财务状况产生影响，并因此影响其投融资决策。如果企业历史财务状态中存在一定的破产风险，而如果经过当期投资，企业破产风险发生下降，此时可以理解成过去的债权人给予企业的信贷资金违约风险发生下降，此时这部分债权人在没有付出额外成本的情形下，因为其信贷资金期望破产成本下降而致使其财富增加。然而，作为企业的股东，他们在投资之时付出了全部的投资资金但没有得到投资产生的全部收入，其中一部分被企业原有债权人通过负债资金价值增加的形式无偿攫取。从该视角而言，股东在投资之时会有利益被侵夺的感觉，从而有可能出现投资不足的现象。受投资不足问题的影响，当期负债融资促进企业投资支出的程度应该会有所下降。然而，与前文分析相似，股权分散型企业和股权集中型企业存在不同程度的负债代理冲突。由于在股权相对集中的企业会存在更为严重的股东债权人利益冲突，投资不足情形下负债对投资促进效应减弱的程度会随股权集中度的增加而增加。

第三章的分析仍显示，如果企业在投资之后会出现破产风险的上升，那么企业股东会认为其在没有给债权人增加任何利息支付的情形下，使原有债权人为新投资项目承担了额外的风险，原有债权人价值下降，这部分价值将会被股东免费获得。所以，股东投资动力会因此变强，从而表现出过度投资的现象。因此，负债增加投资支出的程度会因为这种过度投资问题的出现而变得更强。另外，如果企业新增负债越多，企业在投资后破产风险上升的幅度会变得更大，原有债权人为新增投资承担的风险或成本则会越多，同时如果给定企业项目投资成本不变，新增负债增加会提高投资中债权人承担的投资成本的比例，股东承担的投资成本会减少，也就是说新、旧债权人将共同承担更多的项目投资风险，因此股东过度投资的动力会变得更强。在此情形下，企业新增负债将会对投资支出产生更强的促进作用。考虑到股权相对集中的企业会存在更强的股东债权人利益冲突，在这类企业里负债对投资的促进作用会比股权分散企业变得更加明显。因此，我们可以得出以下研究假设：

假设5.3a　考虑到破产风险下降情形下的投资不足问题，投资随负债融资上升的幅度会下降，并且由于股权集中企业投资不足问题更加严重，所以这种投资下降的情况会比股权分散企业更加明显。

假设5.3b　受破产风险上升情形下的过度投资影响，新增负债对投资的促进作用会增强，考虑到股权集中企业更为严重的过度投资问题，新增负债对投资的促进作用会比股权分散企业更加明显。

根据第三章理论结果，企业在负债融资时通常会考虑长期负债和短期负债的结合与搭配，虽然从整体上看负债融资依然会促进企业的投资支出，但是由于负债期限结构的存在，负债融资对投资支出的影响会出现不一样的特征。分析结果表明，给定企业的长期负债利息不变，企业未来价格相对坚挺或者利润足够高以至于投资后短期负债偿还时不存在破产风险，那么短期负债会进一步促进企业投资支出，企业投资临界值会随着短期负债比例的增加而下降；相反，如果企业投资后价格并不是那么坚挺或者利润并不是很高以至于投资后短期负债偿还时出现破产的风险，那么短期负债会对投资行为产生抑制效应，投资支出随短期负债比例增加而减少。如前文所述，在不考虑其他因素的情形下，企业在整体上会因为股东债权人利益冲突产生过度投资的现象，负债融资对投资支出的促进作用在负债代理冲突下表现的更强。然而，如果企业进行短期负债融资，此时股东在投资之后面临短期负债的本息偿还压力。所以，从理性角度而言，他们会等到一个相对更高的价位或者利润水平才进行投资，从而缓解短期负债本息偿还时面临的资金压力，所以企业的过度投资问题会得到控制，甚至有可能导致投资不足。

假设 5.4a 如果企业投资后破产风险足够低，短期负债的增加只会增加企业的税收利益，所以短期负债会进一步促进企业投资；如果破产风险足够高，短期负债的增加会为企业带来足够多的期望破产成本，所以短期负债会抑制企业投资。

假设 5.4b 如果企业存在过度投资，短期负债总体上会抑制企业的过度投资甚至会引致投资不足。

二 同期投资决策影响负债融资的相关假设

从第三章理论分析结果判断可知，在权衡税收利益与破产成本之后，企业能够为任何一个潜在的投资政策找到一个最优的负债水平。然而，如果企业投资行为是充分柔性的，以至于企业能够从诸多潜在投资方案中找寻一个最优的策略，那么企业投资项目会对应一个大于零的最优负债水平。以此而言，对于任何企业，为项目投资融入部分负债资金将是最优的策略。从这个意义上看，投资支出会促进企业的负债融资。因此，我们可以得到如下假设：

假设 5.5 从整体而言，企业投资支出会对负债融资产生促进作用。

由前文分析可知，负债税收利益的存在会引致负债融资与投资决策的正相关关系。然而，公司财务理论告诉我们，除了负债税收利益，企业的资本折旧也能够从税前利润中抵扣从而产生税盾效应。考虑到企业资本折旧税收抵扣的原因，企业决策者通过改变决策行为以追逐负债税收利益的动力应该会有所减少。因为资本折旧会减少企业对负债税收利益的青睐，资本折旧会对负债融资产生"税收替代"效应。根据彭程等（2007）、刘星等（2009）以及彭程等（2011）的分析可知，考虑到企业能够从资本折旧中赚取税收节约的好处，此时若增加负债融资，企业将不仅需要考虑负债融资本身带来的期望税收利益和期望破产成本，同时还带顾及负债融资背景下潜在破产风险可能导致的折旧税盾的损失。换而言之，折旧产生的税盾会增加企业对负债融资情形下潜在破产风险的顾虑，从而会降低企业期望通过负债增加追逐利息税盾的动力。也就是说，虽然有前文所述的投资支出促进负债融资的理论判断，但是对于资本折旧比较高的企业而言，其负债融资动力将不会那么强烈，此时负债融资会相对减少。换而言之，相比于低折旧的情形，高折旧的企业投资支出增加负债融资的能力会有所减弱。因此，我们可以得到如下理论假设：

假设5.6　相对于低折旧企业，高折旧企业里投资支出对负债融资的促进作用会相对较弱。

从前文分析结论判断，由于负债代理冲突的存在，股东利益最大化情形下的企业会存在投资不足或者过度投资等投资扭曲问题。受过度投资问题的影响，企业投资支出行为将使债权人在不获得额外报酬情形下承担额外的投资风险，此时如果债权人在为企业提供贷款时能理性地预测和判断企业可能存在的过度投资风险，那么其最优的选择是降低企业的授信额度，或者通过增加信贷资金风险补偿金即提高贷款资金成本，抑或增加贷款合同中有关资金使用的限制性条款等手段，并因此对企业负债融资的能力或者动力产生抑制，最终对企业负债融资水平形成负向影响。另一方面，如果企业存在投资不足，此时股东会认为在较低新增负债水平下企业原有的债权人从企业的项目投资中免费获得了利益，从而股东认为其财富受到了债权人的侵害。所以，作为理性的选择，股东会大量增加当期负债融资，以此提高投资后的破产风险从而使原有债权人在投资中承担相应的成本，并因此减少债权人侵蚀股东财富的能力。与此同时，受投资不足的影响，企业具有较低的概率通过投资支出增加债务的风险，此时在债权人的授信过程中会降低企业负债融资的成本。而倘若负债融资成本果真减少，那么股东又会具有进一步提高负债融资水平的动力。综合而言，在过度投资机制作用下，企业负债融资能力和动力会受到不利的影响而发生下降，此时投资支出促进负债融资的效果会得以弱化；在投资不足机制作用下，企业负债融资能力和动力会得以巩固和强化，此时投资支出促进负债融资的效果将会变强。以此，我们可以得出如下研究假设：

假设5.7a　过度投资会降低企业投资的负债促进作用，并且股权集中企业存在更加严重的过度投资，所以投资支出对负债融资的促进作用会更小。

假设 5.7b 投资不足会提高企业投资的负债促进作用，并且股权集中企业存在更加严重的投资不足，所以投资支出对负债融资的促进作用会更大。

第三节　实证研究设计

一　研究样本

本书研究样本主要来自国泰安信息技术有限公司开发的 CSMAR 数据库。样本选取标准如下：

本书选取的研究样本都来自 2001 年 12 月 31 日以前在沪深股市上市的公司。之所以选择从 2001 年开始，是因为本书研究过程中需要利用季度财务数据。而《公开发行证券的公司信息披露编报规则第 13 号 ——季度报告内容与格式特别规定》【证监发〔2001〕55 号】规定，2001 年第一季度结束后，股票交易实行特别处理的上市公司应尽量编制并披露季度报告，鼓励其他上市公司编制并披露季度报告；2001 年第三季度结束后，股票交易实行特别处理的上市公司必须编制并披露季度报告，其他上市公司尽量编制并披露季度报告；2002 年第一季度起，所有上市公司必须编制并披露季度报告。因此，自 2002 年开始，中国上市公司全面披露季度报告，考虑到部分指标中需要利用到滞后期数据，因此我们采用自 2001 年 12 月 31 日以前上市公司为研究样本。此外，为了满足本书的研究目的，我们按照以下程序和标准对样本进行了筛选，不满足条件的予以剔除：

（1）由于金融业类上市公司与企业类型的上市公司财务行为和财务特征存在较大的差异，所以本研究将剔除具有较大财务异质性的金融业上市公司，最终按照证监会《上市公司行业分类指引（2012 年修订）》公布的分类原则，在样本中剔除 11 家金融类上市公司。

（2）通过查阅公司年报和网上资料对数据库中数据不全的公司进行补充后，仍然发现一些上市公司的部分指标数据（尤其是股权结构指标）难以补缺，为了保证研究资料的一致性，故将这些数据缺省公司予以剔除。

最终，我们得到了 836 家样本公司从 2001 年 12 月 31 日到 2014 年 12

月 31 日 52 个季度的样本数据。

二 模型建立与变量定义

1）投融资决策变量定义。

依据第三章理论结果以及前文研究假设可以初步推定企业同期投融资决策存在相关关系，两者是相互影响的两个变量。为了验证这一点，我们将首先对样本公司的投融资决策进行了相关关系分析。

对于企业投资支出变量，我们将用变量 I_t 来表示，它用公司长期性投资支出的增加额与上期资本存量之比来衡量。自从 Fazzari, Hubbard 和 Petersen（1988）等学者提出企业投资的融资因素假说以来，理论界则对企业投资行为的研究开辟了一个新的视角，也就是说开启了一个从微观视角研究公司财务行为或财务状况对投资决策影响的新时代。这种企业投资决策的融资因素假说在后来得到越来越多学者的实证支持，从而使新古典综合派企业投资理论和视角得到了较大的突破（Mougoué 和 Mukherjee，1994；Gilchrist 和 Himmelberg，1995；Chapman 等，1996；Kaplan 和 Zingales，1997；Vilasuso，1997；Aivazian 等，2005），从而使企业投资决策理论和文献得到了极大的丰富。他们的研究成果都采用了相关的方法对企业投资支出和投资规模进行了实证度量。综合而言，他们对投资支出的度量思路可以归结为以下几种：第一，投资支出 = Log（本期固定资产净值）－ Log（上期固定资产净值）；第二，投资支出 =（本期固定资产净值 － 上期固定资产净值）/上期固定资产净值；第三，投资支出 = 固定资本存量重置价值增加额/本期固定资本存量重置价值；第四，投资支出 = 厂房、设备投资数额/期初资本存量。借鉴国外已有研究文献，国内学者根据我国企业行为特征尤其是财务报表特征，形成了研究我国企业投资支出的度量指标，具体可以归纳为以下几类：其一，投资支出 = 本期固定资产原价、工程物质与在建工程三项之和的增加值/上期固定资产净值（魏锋、刘星，2004；郝颖、刘星，2005）；其二，投资支出 =（本期固定资产净值 － 上期固定资产净值 + 本期累计折旧）/上期固定资产净值（郭丽虹，2004；李胜楠、牛建波，2005）；其三，投资支出 = 本期固定资产净值、长期投资及在建工程三者的增加值/上期总资产（冯巍，1999；童盼、陆正飞，2005；彭程、刘星，2007；彭程等，2011）。除此之外，国内也有学者直接借鉴国外的度量方法计算企业投资支出，例如，何金耿（2001）就直接采用本期固定资产增加值/上期固定资产净值进行研究。然而，不管国内学者在企业投资支出的度量上是否存在差别，但是总体结论都支持了企业投资的融资因素假说。因此，我们认为对于度量企业投资支出的细微差别并不会对实证结果产生实质性的影响。考虑到企业投资支出长期性的特征，同时确保企业投资支出的完整性，本书将采用冯巍（1999）、童盼和陆正飞（2005）、彭程和刘星（2007）以及彭程等（2011）用本期固定资产净值、长期投资以及在建工程三者的增加值进行度量的方法。当然，考虑到异方差问题的影响，我们将用上期资本存量即总资产对上述长期性资本支出增加值进行标准化处理。

对于负债融资而言，我们将采用新增负债即总负债的变化额进行描述。当然，为了控制企业规模的影响，我们将利用上期资产总额对负债增加额进行标准化处理。目前，有关负债融资与投资支出同期协同关系的研究大多只局限于长期负债的研究（如 Dhrymes 和 Kurz，1967；McCabe，1979；Chiarella 等，1991；Mougoué 和 Mukherjee，1994；陆正飞、韩霞和常琦，2006），仅少数学者从全部新增负债的角度进行了探讨（如 Peterson 和 Benesh，1983；彭程、刘星，2007；彭程等，2011）。从这点来看，我们的研究能够对现有文献形成有益的补充。

2）同期投融资决策相关关系初步检验。

为了充分了解投资支出以及新增负债的相关特征，从而为后续实证回归模型以及实证方法选择奠定基础，我们将首先对样本期间投资支出和负债融资的相关决策做描述性统计，结果如表 5.1 所示：

表 5.1　　　　　　　　　投资支出与新增负债的描述性统计结果

		全部	2002 年一季度	2002 年二季度	2002 年三季度	2002 年四季度	2003 年一季度	2003 年二季度	2003 年三季度	2003 年四季度
I_t	均值	0.01504	-0.034	0.096	0.030	0.041	0.027	0.019	0.038	0.039
	中位数	0.00031	0.002	0.012	0.011	0.021	0.003	0.006	0.010	0.020
	标准差	0.84091	0.470	0.475	0.144	0.217	0.164	0.222	0.238	0.297

续表

		全部	2002年一季度	2002年二季度	2002年三季度	2002年四季度	2003年一季度	2003年二季度	2003年三季度	2003年四季度
ND_t	均值	0.0363	0.004	0.021	0.022	0.094	0.040	0.030	0.043	0.050
	中位数	0.0094	0.004	0.013	0.015	0.055	0.020	0.022	0.022	0.031
	标准差	1.1646	0.207	0.233	0.286	0.373	0.228	0.218	0.267	0.301
样本数		43472	836	836	836	836	836	836	836	836

		2004年一季度	2004年二季度	2004年三季度	2004年四季度	2005年一季度	2005年二季度	2005年三季度	2005年四季度
I_t	均值	0.020	0.034	0.016	0.021	0.015	0.020	0.006	0.016
	中位数	0.003	0.007	0.007	0.019	-0.001	0.002	0.000	0.010
	标准差	0.132	0.147	0.129	0.187	0.107	0.093	0.143	0.152
ND_t	均值	0.034	0.057	0.038	0.014	0.022	0.055	0.021	0.018
	中位数	0.021	0.028	0.019	0.009	0.014	0.028	0.015	0.015
	标准差	0.207	0.240	0.237	0.204	0.152	0.221	0.211	0.208
样本数		836	836	836	836	836	836	836	836

		2006年一季度	2006年二季度	2006年三季度	2006年四季度	2007年一季度	2007年二季度	2007年三季度	2007年四季度
I_t	均值	0.005	0.023	0.025	0.024	-0.435	0.025	0.018	-0.016
	中位数	-0.002	0.000	0.002	0.008	-0.188	-0.002	0.002	0.003
	标准差	0.097	0.195	0.156	0.262	0.723	0.227	0.295	0.347
ND_t	均值	0.029	0.024	0.036	0.011	0.038	0.039	0.050	0.020
	中位数	0.023	0.019	0.019	0.009	0.023	0.026	0.022	0.006
	标准差	0.168	0.185	0.254	0.242	0.191	0.206	0.214	0.271
样本数		836	836	836	836	836	836	836	836

		2008年一季度	2008年二季度	2008年三季度	2008年四季度	2009年一季度	2009年二季度	2009年三季度	2009年四季度
I_t	均值	0.027	0.027	0.010	0.006	0.002	0.006	0.015	0.003
	中位数	-0.003	0.001	0.002	0.002	-0.007	-0.004	0.001	0.004
	标准差	0.264	0.359	0.249	0.370	0.249	0.293	0.221	0.314
ND_t	均值	0.023	0.038	0.033	-0.030	0.021	0.037	0.051	0.023
	中位数	0.013	0.022	0.015	-0.027	0.013	0.023	0.027	0.009
	标准差	0.201	0.252	0.221	0.228	0.157	0.205	0.244	0.262
样本数		836	836	836	836	836	836	836	836

续表

		2010 年一季度	2010 年二季度	2010 年三季度	2010 年四季度	2011 年一季度	2011 年二季度	2011 年三季度	2011 年四季度
I_t	均值	-0.007	0.022	0.014	0.022	0.006	0.015	0.050	0.015
	中位数	-0.003	0.000	0.003	0.011	-0.002	0.004	0.009	0.016
	标准差	0.472	0.173	0.199	0.290	0.253	0.392	0.422	0.201
ND_t	均值	0.053	0.035	0.044	0.033	0.037	0.042	0.047	0.011
	中位数	0.038	0.029	0.030	0.024	0.023	0.029	0.023	0.010
	标准差	0.190	0.175	0.212	0.191	0.150	0.204	0.244	0.207
样本数		836	836	836	836	836	836	836	836

		2012 年一季度	2012 年二季度	2012 年三季度	2012 年四季度	2013 年一季度	2013 年二季度	2013 年三季度	2013 年四季度
I_t	均值	0.014	0.023	0.037	0.044	0.015	0.025	0.025	0.052
	中位数	0.000	0.005	0.009	0.017	-0.002	0.001	0.004	0.013
	标准差	0.099	0.270	0.328	0.332	0.194	0.201	0.203	0.430
ND_t	均值	0.020	0.031	0.035	0.017	0.021	0.023	0.049	0.012
	中位数	0.016	0.023	0.019	0.012	0.017	0.017	0.022	0.007
	标准差	0.198	0.226	0.189	0.230	0.149	0.196	0.202	0.187
样本数		836	836	836	836	836	836	836	836

		2014 年一季度	2014 年二季度	2014 年三季度	2014 年四季度				
I_t	均值	0.010	0.003	0.009	0.011				
	中位数	-0.004	-0.001	0.000	0.007				
	标准差	0.164	0.274	0.123	0.302				
ND_t	均值	0.015	0.028	0.010	0.026				
	中位数	0.010	0.021	0.010	0.015				
	标准差	0.198	0.150	0.200	0.199				
样本数		836	836	836	836				

表 5.1 显示，整体样本公司的投资支出平均值为 0.01504，中位数为 0.00031，标准差为 0.84091，大部分样本公司投资支出均为正数，但是标准差是平均值的 56 倍，说明投资支出在样本公司间或者季度间存在较大的差异。具体看 2002—2014 年各季度的投资情况发现，在这 13 年间，

各年度季度之间的投资水平并没有表现出鲜明的季度特征，说明样本公司投资支出并不会明显地受季度的影响。纵观各年度投资水平变化发现（见图5.1），各季度之间投资支出的平均水平相对平稳，除了2007年第一季度、第四季度和2010年第一季度平均投资水平出现了负值，并且在2007年第一季度和2010年第一季度有百分之五十以上的样本公司出现了负投资，说明在这些时间段尤其2007年的宏观经济对公司投资水平产生了不利的影响。比较各季度标准差与投资均值发现，除了2008年第四季度到2010年第一季度以及2014年第二季度投资支出公司间差异比较大外，在其他季度里，样本公司投资水平差异并不是很大。

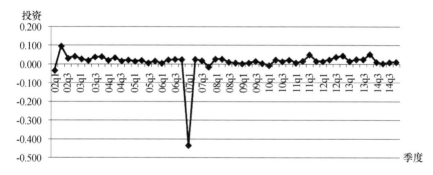

图5.1　样本公司各期投资支出均值波动图

在考察期间内，整体而言，样本公司的负债融资水平在总体上平均值为0.0363，中位数为0.0094，标准差为1.1646，大部分样本公司负债融资均为正数，标准差是平均值的32倍左右。具体看2002—2014年各季度的负债融资情况发现，在这13年间，各年度季度之间的负债融资水平同样没有表现出鲜明的季度特征。综观各年度负债融资水平变化发现，各季度之间负债融资的平均水平相对平稳，除了2002年第四季度和2008年第四季度，其他时间段均表现比较平稳，样本公司负债融资水平差异不是很大。

比较投资支出与新增负债的变化趋势（见图5.3），在2002年到2014年投资支出平均值和负债融资平均值表现出了同步变动的特征，初步表明投资支出和负债融资之间可能存在相互影响的关系。

在上述分析中，我们初步判断投资支出和负债融资之间存在同步的特

负债融资

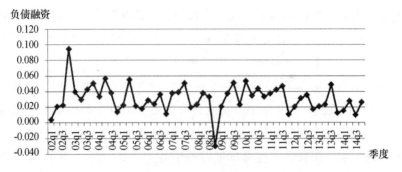

图5.2　样本公司各期负债融资均值波动图

负债融资/投资

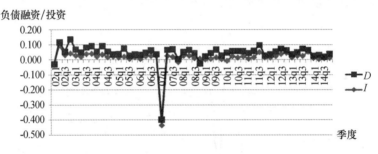

图5.3　样本公司各期投资支出与负债融资均值比较图

性。接下来，我们将进一步对两者进行相关性分析。所谓相关性分析，是研究现象之间是否存在某种依存关系，并对具体有依存关系的现象讨论其相关方向以及相关程度，是研究随机变量之间相关关系的一种统计方法。相关性分析方法包括三种，即 Pearson 相关系数、Spearman 和 Kendall 相关系数。其中，Pearson 相关系数是用于定距连续变量的数据进行计算，Spearman 和 Kendall 相关系数是用于分类变量的数据或变量值的分布明显非正态或分布不明时，计算时先对离散数据进行排序或对定距变量值求秩。本书该部分将分别利用 Pearson 相关系数和 Spearman 相关系数验证同期投融资之间是否存在相关性，以此判断两者之间是否存在相互影响的关系。

从表5.2 中 Pearson 相关系数、Spearman 相关系数判断，企业同期投资支出和负债融资存在正的相关系数，并且均在1% 的显著性水平上通过了统计检验。由此表明，在总体样本的角度，企业同期投资支出与负债融资具有显著的正向相关性，并因此表明企业同期投融资决策之间具有显著的且方向为正的相互影响的关系。

表 5.2　　　　　　　　　　基于整体样本的投融资同期决策相关系数

	Pearson 统计值	Spearman 统计值
相关系数	0.8064 ***	0.2418 ***
Prob > ｜ *t* ｜	0.0000	0.0000
观测值	43472	

注："＊＊＊"表示在1%的水平上显著；"＊＊"表示在5%的水平上显著；"＊"表示在10%的水平上显著。

　　为了进一步了解企业投融资同期决策相关性问题，我们进一步对整体样本按照行业、季度分别进行了检验。从表5.3判断，除了房地产业和综合产业，其余所有行业的企业投资支出和负债融资之间 Pearson 相关系数和 Spearman 相关系数均为正，并且除了教育、卫生和社会工作业两个行业只在 Pearson 检验上通过了显著性检验，其余所有行业两种检验都通过了显著性检验。虽然，上述两个行业并没有在 Pearson 系数和 Spearman 系数下全部通过显著性检验，但通过了其中一种系数的显著性检验，从而并不能说明这两个行业的企业同期投资支出和负债融资之间不存在显著相关的关系。另一方面，表中数据显示，房地产业和综合业的 Pearson 系数为负，但是综合业并未通过显著性检验，并且两者的 Spearman 系数显著为正，说明我们并不能排除投资支出和负债融资之间的正相关关系。总体而言，我们可以初步判断整体样本企业与同期投融资决策存在相互影响的结论并不会因行业而产生差异。

　　此外，表5.4进一步检验了各个季度样本企业投资支出与负债融资之间的 Pearson 系数和 Spearman 系数。结果显示，样本企业在各季度投资支出与负债融资之间的 Spearman 系数均为正，且都在 1% 的显著性水平上。但是，从 Pearson 系数来看，2006 年第三季度、2007 年第三季度、2008 年第二季度、2008 年第四季度、2010 年第一季度、2011 年第二季度的系数为负，但是显著性水平大部分并不高，从而说明这种负相关的关系可能并不能完全代表其真实的情形。从上述结论综合判断，企业投资支出和负债融资可能具有正向相互影响的关系，并且这一结论似乎并没有因为时间的变化而发生根本性改变。

表 5.3　　　　基于整体样本的投融资同期决策相关系数：分行业

行业代码	Pearson系数	Spearman系数	样本数	行业代码	Pearson系数	Spearman系数	样本数
A	0.3052 ***	0.2262 ***	583	K	− 0.0405 ***	0.1203 ***	4452
B	0.8779 ***	0.2278 ***	1325	L	0.7175 ***	0.3863 ***	477
C	0.9265 ***	0.2548 ***	24062	M	0.5482 ***	0.1709 ***	53
D	0.9968 ***	0.4626 ***	2438	N	0.9944 ***	0.3428 ***	636
E	0.0668 **	0.1748 ***	848	P	0.3466 **	0.1970	53
F	0.2051 ***	0.1941 ***	4770	Q	0.8499 ***	0.0163	53
G	0.4607 ***	0.3521 ***	2173	R	0.6845 ***	0.1716 ***	318
H	0.4481 ***	0.1320 ***	159	S	− 0.0062	0.1351 ***	1060
I	0.4283 ***	0.1705 ***	848				

注：（1）"***"表示在1%的水平上显著；"**"表示在5%的水平上显著；"*"表示在10%的水平上显著；（2）根据《上市公司行业分类指引（2012年修订）》，表中行业代码代表行业分别为：A为农、林、牧、渔业；B为采矿业；C为制造业；D为电力、热力、燃气及水生产和供应业；E为建筑业；F为批发和零售业；G为交通运输、仓储和邮政业；H为住宿和餐饮业；I为信息传输、软件和信息技术服务业；K为房地产业；L为租赁和商务服务业；M为科学研究和技术服务业；N为水利、环境和公共设施管理业；P为教育；Q为卫生和社会工作；R为文化、体育和娱乐业；S为综合。

表 5.4　　　　基于整体样本的投融资同期决策相关系数：分季度

样本期间	Pearson系数	Spearman系数	样本期间	Pearson系数	Spearman系数	样本期间	Pearson系数	Spearman系数
02q1	0.1761 ***	0.1438 ***	06q3	− 0.0594 *	0.2719 ***	11q1	0.1846 ***	0.2943 ***
02q2	0.1616 ***	0.2151 ***	06q4	0.1885 ***	0.2509 ***	11q2	− 0.0690 *	0.1994 ***
02q3	0.3186 ***	0.2263 ***	07q1	0.1114 ***	0.1383 ***	11q3	0.7063 ***	0.2291 ***
02q4	0.5831 ***	0.3199 ***	07q2	0.2843 ***	0.2559 ***	11q4	0.2300 ***	0.1921 ***
03q1	0.8800 ***	0.3028 ***	07q3	− 0.0898 **	0.2568 ***	12q1	0.0920 **	0.2279 ***
03q2	0.3155 ***	0.2423 ***	07q4	0.3526 ***	0.2433 ***	12q2	0.5871 ***	0.0972 **
03q3	0.9988 ***	0.3227 ***	08q1	0.2618 ***	0.2511 ***	12q3	0.2451 ***	0.2083 ***
03q4	0.8598 ***	0.2543 ***	08q2	− 0.0598 *	0.2313 ***	12q4	0.5554 ***	0.1913 ***

续表

样本期间	Pearson系数	Spearman系数	样本期间	Pearson系数	Spearman系数	样本期间	Pearson系数	Spearman系数
04q1	0.4023***	0.2909***	08q3	0.0159	0.1899***	13q1	0.2564***	0.2167***
04q2	0.6408***	0.3642***	08q4	−0.1255***	0.1151***	13q2	0.3925***	0.2045***
04q3	0.4445***	0.3067***	09q1	0.2887***	0.2595***	13q3	0.5042***	0.1135***
04q4	0.3421***	0.2670***	09q2	0.2522***	0.2515***	13q4	0.1772***	0.1928***
05q1	0.3659***	0.2234***	09q3	0.3408***	0.2479***	14q1	0.6660***	0.2656***
05q2	0.5959***	0.2583***	09q4	0.0493	0.2401***	14q2	0.4617***	0.1837***
05q3	0.2033***	0.2533***	10q1	−0.1318***	0.2285***	14q3	0.0761*	0.1930***
05q4	0.2272***	0.2468***	10q2	0.5658***	0.2536***	14q4	0.3976***	0.1943***
06q1	0.4408***	0.2734***	10q3	0.5032***	0.2445***			
06q2	0.5613***	0.2442***	10q4	0.3034***	0.2607***			

注：（1）"***"表示在1%的水平上显著；"**"表示在5%的水平上显著；"*"表示在10%的水平上显著；（2）表中"q1"表示第一季度、"q2"表示第二季度、"q3"表示第三季度、"q4"表示第四季度；（3）各季度样本观测值为836个。

为了进一步检验对于单个企业而言，企业同期投融资决策是否存在相互影响的关系，我们分别检验了每个企业投资支出与负债融资的相关关系（受篇幅限制，对836家公司的相关性系数本书并未一一列出）。结果表明，在836家样本企业中，711家企业同期投资支出与负债融资之间存在正相关关系，具有正向关系的企业占85%以上。其中，具有显著相关关系的样本企业有485家，占总体样本公司的58.02%。而在485家企业中，449家表现为显著的正相关关系，另外36家企业表现为显著的负相关关系。由此可以判断，样本公司中绝大多数企业同期投融资决策之间具有正向的相关关系，并且半数以上的企业投融资决策具有显著的正相关关系。由此表明，多数企业同期投融资决策之间存在正向的相互影响关系。

此外，我们进一步分析了这些企业的行业特征，以此判断企业在投融资决策上是否存在显著的行业差异。从公司的行业属性发现，在所有同期投融资决策具有显著相关性的企业中，有50%以上的企业属于制造业，其次比重相对较重的就是批发和零售业，电力、热力、燃气及水生产和供应业、交通运输、仓储和邮政业以及房地产业等行业。考虑到这些行业本身上市公司数量就偏多，因此我们分别比较分析了各行业中同期投融资决策具有显著相关性的企业占该行业样本公司总数的比重，其中半数以上企业存在同期投融资决策显著相关的行业为农、林、牧、渔业、采矿业、制造业、电力、热力、燃气及水生产和供应业、交通运输、仓储和邮政业、住宿和餐饮业、租赁和商务服务业、科学研究和技术服务业、水利、环境和公共设施管理业、教育、文化、体育和娱乐业等行业，比例低于50%但高于40%的行业包括批发和零售业以及房地产业，而比例低于40%的行业为建筑业、信息传输、软件和信息技术服务业、卫生和社会工作业以及综合业。因此，虽然各行各业都会有企业显著地强调同期投融资决策的相互关联，但是在部分行业存在比例偏低的问题。诚如前文所述，企业同期投融资决策正相关关系的结论并不会受到太多行业因素的影响，但是考虑到这种正向关系的显著性水平，部分行业正相关企业相对偏低，其原因应该是受到企业个体特质的影响所致。

3）实证模型与相关变量。

根据理论研究结果以及前文有关投融资决策相关关系检验发现，同期负债融资与投资支出是相互影响的两个变量，因此彼此之间存在相互解释和被解释的关系。接下来，为了检验投融资决策之间存在的同期互动机制，参照彭程等（2011）的方法，我们将建立投融资决策联立方程组模型对其进行分析，其中投资方程以新增负债为解释变量，负债融资方程以投资支出作为解释变量，两者分别表示成式（5.1）和式（5.2）。

$$I = \alpha_1 + \gamma_1 ND + \gamma_2 C + \gamma_3 Q_{t-1} + \gamma_4 Szzl + \gamma_5 P_{t-1} + \gamma_6 VarLr$$
$$+ \gamma_7 Size + \sum_{t=1}^{50} \lambda_{1t} Dum_t + \varepsilon_{1it} \tag{5.1}$$

$$ND = \alpha_2 + \eta_1 I + \eta_2 C + \eta_3 Q_{t-1} + \eta_4 E + \eta_5 L_{t-1} + \eta_6 Dep + \eta_7 Size$$
$$+ \sum_{t=1}^{50} \lambda_{2t} Dum_t + \varepsilon_{2it} \tag{5.2}$$

其中I和ND分别表示第t期的投资支出和新增负债。对于新增投资和新增负债两者的计量方法，我们采用了与前文一致的度量方法，以保持实证检验的统一性。

表 5.5　　　　　　　　　　　　　　　变量定义表

变量代码	变量名称	变量计算
I	新增投资	［（本期末：固定资产净值＋在建工程＋长期投资）－（上期末：固定资产净值＋在建工程＋长期投资）］／上期末总资产
ND	新增负债	（本期末总负债－上期末总负债）／上期末总资产
C	现金流量	本期经营活动产生的现金流量净额／上期末总资产
Q	Tobin'Q 值	［人民币普通股×今收盘价当期值＋境内上市的外资股 B 股×今收盘价当期值×当日汇率＋（总股数－人民币普通股－境内上市的外资股 B 股）×所有者权益合计期末值／实收资本本期期末值＋负债合计本期期末值］／资产总额
$Szzl$	销售增长率	（本期销售收入－上期销售收入）／上期销售收入
P	利润率	期末利润总额／期末总资产
$Size$	企业规模	期末总资产的自然对数
E	股权融资	［（本期末：股本＋资本公积）－（上期末：股本＋资本公积）］／上期末总资产
L	期末负债率	期末总负债／期末总资产
Dep	折旧费用	累计折旧／期末总资产
$VarLr$	利润波动	"总利润／总资产"过去三期的标准差

　　为了更加有效地揭示企业投融资决策同期互动机制，我们在新增投资方程和新增负债方程中分别引入了其他自变量，从而控制这些变量对投融资决策的影响，同时借助这些变量在一定程度上揭示投融资决策之间的互动机制。

　　首先，对于投资方程而言，除了新增负债融资，按照 McDonald 等（1975）、Peterson 和 Benesh（1983）的观点，其解释变量通常可以分为四大类，具体包括生产加速变量、利润变量、流动性变量和风险变量。根据他们的研究，销售增长率被证实是生产加速模型中投资加速变量的一个良好替代，而滞后期利润则可以用作企业投资模型的利润变量，现金流量则被视作流动性变量的良好替代。对于这几类变量，我们采用了相似的方法进行处理，本书将用销售增长率、滞后期利润和现金流量分别作为投资加速变量、利润变量以及流动性变量的替代变量。但是，在变量的具体计算上，与他们用销售收入作为利润数据以及现金流量数据标准化处理的基础不一致，我们将采用企业资产总量作为上述变量标准化处理的基础。之所以如此处理，是因为相较于销售收入，采用资产总额能够更加真实地反映企业规模，从而以更为稳定的方式控制企业的异方差。与此同时，如果将资产总量对利润变量进行标准化处理，这个变量不仅能够反映资金流学说中利润作为资金来源对投资行为的影响，而且由于处理后的变量也能直接表现为资产回报率从而体现投资利润对投资效益的参考。对于第四类变量——风险变量而言，McDonald 等（1975）采用了财务风险作为其替代，与之不同我们将采用利润波动变量作为其替代。之所以如此处理，其原因在于 McDonald 等（1975）采用的财务风险指标是一个描述企业综合财务风险的指标，而并不能有效地描述投资风险。也正是因为这样，现实中企业并不会因为财务风险高而约束其投资支出行为，这在一个破产机制不甚完善的国家表现得尤为突出。然而，如果我们采用利润波动指标替代风险变量，其最具说服力的方面在于利润波动可以理解成投资项目选择和经营的直接后果，显然它对未来的投资行为具有典型的参考意义。所以，将利润波动指标作为反映风险因素的变量放入投资方程之中具有更强的说服力。除了上述四类变量，我们认为还有其他变量能够对投资支出产生影响。其中，Tobin'Q 值作为能够描述投资需求的变量[①]，若能加入投资方程将有效地控制投资需求因素的影响。对于 Tobin'Q 值的度量，国外学者们通常将之视作最常用的投资机会的评估方法，并用公司市场价值与其重置成本之间的比值予以衡量。至于具体计算方法，国外研究各有差异，其中 Lang 和 Litzenberger（1989）在描述公司市场价值时表示它应该等于普通股市场价值、优先股账面价值以及公司长期债券的账面价值之和，而公司重置价值则可以用全部账面资产加上工厂和存货重置成本减去工厂和存货账面价值之差予以表示。Chung 和 Pruitt（1994）则利用一种相对简化的方法计算了 Tobin'Q 值，他们认为 Tobin'Q 值可以用普通股市场价值、优先股市场价值、短期负债与短期资产之差、长期负债四个指标之和除以总资产予以表示。另外

---

①　通常而言，Tobin'Q 值与企业规模都会对投资需求产生正向的影响。

一个被其他文献经常引用的一个 Tobin'Q 值的计算法是 Smith 和 Watts (1992) 的计算方式，他们将 Tobin'Q 值描述成股票市值、总资产扣除净资产两个指标与总资产之比，国外一部分研究发现这种描述方法十分接近真实的 Tobin'Q 值。然而，这些都是基于发达市场经济国家资本市场作出的描述，与我国股票市场存在较大的差异。在股权分置改革之前，我国上市公司普遍存在流通股和非流通股并存的二元股权结构现象，所以研究者们认为因为非流通股的非市场交易性问题，在 Tobin'Q 值的计算过程中应对之进行单独估价。由于在我国非流通股普遍存在时，其转让和定价通常是以每股净资产为参考，所以大部分国内学者将每股净资产视作非流通股市场价格计算的合理依据 (李志文，2003；汪辉，2003；江伟，2004)。所以，基于非流通股价值计算的这种处理，国内学者在描述股权二元结构时期 Tobin'Q 值时通常采用如下公式，即 Tobin'Q 值 = (流通股股数 × 每股收盘价 + 非流通股股数 × 每股净资产 + 负债账面价值) ÷ 总资产账面价值。出于计算的直接性，本书将对非流通股的计算做细微的调整，即非流通股价值 = (总股数 − 人民币普通股 − 境内上市的外资股 B 股) × 所有者权益合计期末值 ÷ 实收资本本期期末值。所以，我们采用的 Tobin'Q 值的计算方式为，[人民币普通股 × 收盘价当期值 + 境内上市的外资股 B 股 × 收盘价当期值 × 当日汇率 + (总股数 − 人民币普通股 − 境内上市的外资股 B 股) × 所有者权益合计期末值/实收资本本期期末值 + 负债合计本期期末值] /资产总额。由于本书样本期间涵盖了股权分置改革前后，这样的处理能有效兼顾股权分置改革前后的相关特征。最后，为了控制公司规模因素对投资支出的影响，我们在投资模型中引入了企业规模指标，即总资产的对数。

其次，对于融资方程而言，除了新增投资变量，我们将引入其他可用作项目投资资金来源渠道的变量，具体包括具有内源融资特性的现金流量指标、固定资产折旧，以及与负债融资具有替代效应的另一外源融资变量股权融资指标。根据前文所述资金流学说的观点，作为资金来源的途径，企业负债融资会与其他融资方式形成竞争，包括股权融资、内源融资以及固定资产折旧在内的其他投资资金源泉筹措的资金越多，企业进行负债融资的可能性将会越少。除了相互竞争的资金来源变量，我们还在融资方程中引入了用以反映资金需求量的变量，因为资金需求的多少往往会影响企业负债融资的多寡。对于这类变量，我们认为 Tobin'Q 值具有较好的刻画能力。如前所述，Tobin'Q 值能够反映企业投资机会的多寡，从而承载了企业潜在投资需求或资金需求的相关信息，所以我们将引入 Tobin'Q 值变量用以控制企业资金需求因素的影响。当然，负债融资的多寡还应与企业债务承载能力相关，如果企业当前已经处于债台高筑的状况，很显然其风险过高，债务承载能力太弱，从而可能会导致负债融资量较少。因此，我们在融资方程中引入了历史负债水平用以控制负债承载能力的影响。最后，与投资方程相似，我们也在融资方程中引入了企业规模指标，即总资产的对数，一方面用以描述企业负债风险抵抗能力，另一方面用以控制规模因素对负债融资量多寡的影响。

当然，在新增投资和新增负债两个方程中，我们引入了 Dum_t 变量用以控制投融资决策过程中因时间因素产生的影响。该变量是关于时间的虚拟变量，因为在实证样本中总共存在 52 个季度，考虑到部分指标的计算需以过去三期原始数据为基础来计算，所以需要滞后两期的数据并相应损耗两个季度数据，然而在计算这些数据过程中 2001 年 12 月的数据也可以当作一期原始数据使用，所以只会从 2002 年起只会损耗 1 个季度数据，最终有效观测时期为 51 期，所以各模型中的时间虚拟变量为 50 个。模型中 ε_{1it}、ε_{2it} 是误差项。

三 研究方法的选择

第三章理论分析以及本章投融资决策相关关系初步检验结果表明，同时期投资支出和负债融资存在相互影响的关系。所以，在上述投资方程中解释变量新增负债会受到被解释变量投资支出的影响，而作为负债融资方程解释变量的投资支出也会被作为被解释变量的负债融资影响。由此可以判断，投资方程中的误差项 ε_{1it} 会与其自变量新增负债存在相关关系，负债方程中的误差项 ε_{2it} 也会与投资变量相关，这种现象的出现显然违反了经典线性回归有关误差项与解释变量相互独立或者至少不相关的要求。在此背景下，倘若采用最小二乘法对投资方程和融资方程进行回归估计，那么其回归参数将有可能是有偏的，同时其结果也可能不属于一致性估计。换而言之，即便不断地扩大样本容量，最小二乘法回归也并不能够收敛于真实的参数值（古扎拉蒂，2000）。基于这样的考虑，我们必须在回归检验之前对投融资决策之间是否真的存在内生性问题进行检验和判断，以此确定最小二乘估计方法是否具有应用的合理性。为此，我们将首先对上述实证模型的联立性问题进行检验。根据古扎拉蒂（2000）出版的《计量经济学》（第三版），我们将采用 Hausman 设定误差检验方法对上述投融资方程的联立性问题进行鉴别。

第一步，根据古扎拉蒂（2000）的思路，我们将在检验过程中建立新增负债融资方程的简化式方程，也就是将联立方程模型中所有外生变量作为负债融资的解释变量，简化式方程如式（5.3）所示：

$$ND = \pi_{10} + \pi_{11}C + \pi_{12}Q_{t-1} + \pi_{13}Szzl + \pi_{14}P_{t-1} + \pi_{15}VarLr + \pi_{16}Size$$
$$+ \pi_{17}E + \pi_{18}L_{t-1} + \pi_{19}Dep + \sum_{t=1}^{50} \varphi_{1t}Dum_t + v_{it} \tag{5.3}$$

第二步，以样本数据为基础，对上述简化式方程进行普通最小二乘法回归检验，并得到误差项 v_{it} 的估计值 $\hat{v}_{it}$；

第三步，将得到的误差项估计值 $\hat{v}_{it}$ 代入联立方程模型中的投资方程式（5.1），并利用样本数据对模型进行普通最小二乘法回归检验。对于回归检验结果中误差项估计值 $\hat{v}_{it}$ 的系数进行判断，如果该系数不是显著地异于零，那么上述投融资联立方程组不存在联立性问题，普通最小二乘法可以适用于投融资方程组的检验，但是如果该系数显著地异于零，那么可以判断上述方程组存在联立性问题，普通最小二乘法将不适用于投融资方程组的检验，此时将采用另外的更为合理的方法进行检验。

以上述检验步骤为指导，我们利用样本数据进行了先后检验，最终得到了误差项估计值 $\hat{v}_{it}$ 的回归系数为 - 0.9262842，其 T 值为 - 28.60，在 99% 的概率下显著不为零。结果证实上述投融资方程之间确实存在联立性问题，普通最小二乘法将无法适用于该模型的估计。这个结果也说明，同期新增负债与新增投资之间确实存在内生性问题，从而进一步验证了前面章节有关同期投融资决策之间存在相关关系或互动关系的实证结论。

按照童恒庆（1997）的《经济回归模型及计算》思路，除了 Hausman 设定误差检验方法，对于方程组联立性问题的判别还有第二种验证方法，即 R^2 型 F 统计量（R-square form of the F statistics）的检验方法。为了谨慎起见，我们将继续对上述联立性问题进行进一步检验。依照童恒庆（1997）的思路，具体检验步骤如下：

第一步，将联立方程组中所有外生变量作为负债融资方程的解释变量，以建立负债融资方程的简化式，如方程式（5.3）所示；

第二步，对简化式方程进行最小二乘估计，并求出负债融资变量的估计值 $\hat{ND}$；

第三步，将负债融资估计变量 $\hat{ND}$ 代入投资方程，建立不受约束型模型（unrestricted model）即方程（5.4）。对不受约束型方程进行最小二乘估计，求得回归方程的 R^2，并将之记为 R_{ur}^2；

$$I = \eta_0 + \eta_1 ND + \eta_2 C + \eta_3 Q_{t-1} + \eta_4 Szzl + \eta_5 P_{t-1} + \eta_6 VarLr + \eta_7 Size$$

$$+ \eta_8 \hat{ND} + \sum_{t=1}^{50} \varphi_t Dum_t + \varepsilon_{1it} \tag{5.4}$$

第四步，对受约束型模型（restricted model），即投资方程（5.1）进行最小二乘估计，求得回归方程的 R^2，并将之记为 R_r^2；

第五步，计算 R^2 型 F 统计量。依照童恒庆（1997）的思路，F 统计量可以计算如下：

$$F = \frac{(R_{ur}^2 - R_r^2)/q}{(1 - R_{ur}^2)/(n - k - 1)}$$

式中变量 q 是排除性约束的个数，在该模型中其值为 1；k 是不受约束模型中变量的个数，在该模型中为 58；n 是样本观测数，其值为 42636 个。通过对 R^2 型 F 统计量进行测算和判断，可以实现对不受约束型模型中的 $\hat{ND}$ 的系数的联合检验。若 F 统计量不显著，我们将无法拒绝 $\hat{ND}$ 的系数显著为零的假设，此时可以采用最小二乘法分别对投资和融资方程进行估计；如果 F 统计量显著，则 $\hat{ND}$ 的系数显著不为零，此时不能利用最小二乘法对模型进行估计。

按照上述思路，我们利用样本数据进行了检验，并得到了相关检验值（见表5.6）。根据表中参数值进行计算，我们可以得到 F 统计量的值为 820.12，并在 99% 的概率上显著。因此可以判定，普通最小二乘法并不适用于上述联立方程模型的估计，我们需采用另外的方法进行检验。

表 5.6　　　　　　方程（5.1）和方程（5.4）的 OLS 估计结果

OLS 估计结果	R^2	ESS	TSS	n
不受约束模型（5.4）	0.1612	427.732168	2653.87489	41800
受约束模型（5.1）	0.1407	373.475141	2280.39975	41800

上述分析表明，在投融资决策联立方程模型的估计过程中，我们无法采用 OLS 进行估计，根据 Theil（1953）的建议，对于不能适用 OLS 估计的模型最好的选择是使用 2SLS（二阶段最小二乘法）进行替代。根据其思路，2SLS 的方法是设法寻找一个能够替代模型中内生变量的变量。对于这些替代变量，Theil（1953）认为应该具备两个条件：第一个条件是该变量必须与内生变量高度相关，从而能够高度反映内生变量的变化；第二个条件是该替代变量必须与方程中的随机误差项无关。对于这两个条件，他认为如果用内生变量简化式方程表示的变量则能很好地满足。因此，在 2SLS 方法下通常需要首先求得两个内生变量 I 和 ND 的简化方程式，它们分别可以用式（5.5）和式（5.3）表示。

$$I = \pi_{20} + \pi_{21}C + \pi_{22}Q_{t-1} + \pi_{23}Szzl + \pi_{24}P_{t-1} + \pi_{25}VarLr + \pi_{26}Size$$

$$+ \pi_{27}E + \pi_{28}L_{t-1} + \pi_{29}Dep + \sum_{t=1}^{48} \varphi_{2t}Dum_t + w_{it} \qquad (5.5)$$

方程式（5.3）和式（5.5）中 π_{ni}（$n = 1, 2$；$i = 0, 1, \cdots, 9$）是简化式方程的系数。经过如此处理，简化式方程中将不再存在内生性变量，此时如果再用 OLS 估计将可以得到投资支出和负债融资变量的估计值。依照内生变量的定义，内生性变量的取值都是由前定变量决定的，由此可知，模型中 I 和 $\hat{I}$ 以及 ND 和 $\hat{ND}$ 通常会存在高度的相关性；同时，由前述简化式的分析思路不难判断 $\hat{I}$ 和 $\hat{ND}$ 是前定变量的函数，因此与方程中的随机误差项不相关。由此可见，投资支出和负债融资的估计量 $\hat{I}$ 和 $\hat{ND}$ 分别是 I 和 ND 的良好替代。在找到投资支出和负债融资替代变量后，我们将能够采用普通最小二乘法分别对用替代变量替代后的投资方程和负债融资方程进行估计。毫无疑问，有了这样的估计方法，之前面临的随机干扰项影响作为内生变量随机解释变量的问题将得到很好的解决，并能够得到一致性的估计量，随着样本的无限增大，这些估计量将收敛于其真值。

根据上述分析思路，我们可以判断 2SLS 估计方法是分两个阶段利用 OLS 估计得出每个方程的参数。由此可知，2SLS 方法实际是一种单方程估计的方法。对于这样的估计方法，Zellner 和 Theil（1962）认为虽然 2SLS 能够得到一致性估计，但是也许并不一定有效，因为 2SLS 是用基于每个单独的方程进行估计的，从而将无法利用在各方程中并未出现的内生变量提供的信息，同时各个方程中的方差也并未得到利用。鉴于这样的问题，Zellner 和 Theil（1962）认为可以用 3SLS（三阶段最小二乘法）的方法得以解决，并认为通过这样的方法可以得到一致的且有效的结构参数估计。

按照 Zellner 和 Theil（1962）的思路，3SLS 可以按照如下步骤进行估计：第一步，与 2SLS 一样，利用普通最小二乘法估计各内生变量的简化式方程，并得到内生变量投资支出和负债融资的估计值；第二步，将第一步得到的投资支出和负债融资估计值与每个方程中的内生变量进行替换，同时利用普通最小二乘法对内生变量替换后的结构方程进行估计，由此得到结构参数的 2SLS 估计值；第三步，利用第二步中估计出来的结构方程式，计算每个方程的残差向量 e_i（$i = 0, 1, \cdots, G$；G 是方程个数），并在此基础上得到误差项的方差 – 协方差矩阵估计量；第四步，利用广义最小二乘法估计出结构参数。由上述过程可以看出，3SLS 方法是系统地对联立方程模型中每一个方程从一个完整的系统视角进行同时估计，这样保证能够充分利用每个方程中的所有信息。从前文 2SLS 方法的分析看，2SLS 方法只能够对联立方程中的单个方程进行参数估计，从而只能利用联立方程参数中的部分信息。从理论上看，联立方程的总体结构应该会对每个结构参数都产生不同程度的影响，忽略这些信息的影响将会导致估计值出现一定的偏差。因此，因为 3SLS 方法能够利用模型中的所有信息，这种方法得到的参数估计理应具有更加优良的统计特征。另一方面，前文的分析表明 2SLS 方法是假定联立方程之间的随机干扰项是序列不相关的，但实际上这样的假定并不确切，因为联立方程模型之间的随机项很有可能是相关的。而采用 3SLS 方法将会利用广义最小二乘法对结构参数进行估计，这样的操作不仅可以克服方程之间随机项彼此相关导致的偏误估计，同时可以解决回归方程中包括截面数据异方差和时间序列异方差在内的异方差问题，因而表明 3SLS 应该具有更加优良的统计特征。鉴于这样的认识，我们在后续的回归中将采用 3SLS 进行模型估计。

第四节　实证研究结果

一　单变量的相关性分析

表 5.7 描述了整体性样本下各变量的 Pearson 相关系数矩阵以及显著性检验结果。从表中结果看，我们可以初步得到以下结论：①从整体上看，企业投资支出与新增负债之间存在显著的正相关关系，这与前文有关同期投融资决策相关性结论一致。值得指出的是，表 5.2 中投资支出和负债融资的相关系数为 0.8064，而此处为 0.823，其差异主要是因为表 5.2 中样本数量为 43472，而此处受滞后期变量要求的影响，减少了 836 个观测样本。此外，根据前面章节中有关不同季度企业投融资同期相关性检验结论，企业同期投融资决策在各样本期间基本上全部表现出显著的正相关关系。②从投资支出与投资方程中各外生变量之间的相关系数判断，在整体样本条件下，绝大多数变量都与投资支出存在显著的相关性，并且经过按样本期间进行分别检验发现（受篇幅的限制，并未列出相关结果），各相关系数的符号保持着较高的稳定性，其并不会随样本的变化而变化，也就是说具有样本独立性的特点。③对于负债融资方程而言，新增负债与大部分变量具有显著的相关关系，并且这一关系也不会随样本期间的变化出现大的变化（受篇幅的限制，按样本期间检验的结果并未列出）。④从检验结果看，无论在整体样本下还是分季度样本条件下，各个外生变量间的相关系数并不大，从而说明方程（5.1）和方程（5.2）中的解释变量之间应该不存在高度的相关性问题，所以可以初步排除模型的多重共线性问题。

表 5.7　　　整体样本及分年度样本各变量间的 Pearson 相关系数

变 量	ND	C	Q_{t-1}	Szzl	P_{t-1}	Size	E	L_{t-1}	Dep	VarLr
I	0.823 ***	0.296 ***	− 0.003 **	0.172 ***	− 0.014 ***	0.019 ***	0.420 ***	0.020 ***	− 0.001	0.009 *
ND		− 0.003 **	− 0.003	0.336 ***	− 0.006	0.028 ***	0.368 ***	0.028 ***	− 0.001	0.032 ***
C			− 0.041 ***	− 0.199 ***	− 0.025 ***	0.063 ***	− 0.048 ***	− 0.085 ***	0.056 ***	− 0.046 ***
Q_{t-1}				0.013 ***	0.094 ***	− 0.237 ***	− 0.001 ***	0.602 ***	0.051 ***	0.113 ***

续表

变量	ND	C	Q_{t-1}	Szzl	P_{t-1}	Size	E	L_{t-1}	Dep	VarLr
Szzl					0.015 ***	-0.008 *	0.151 ***	0.043 ***	0.002	0.027 ***
P_{t-1}						0.057 ***	0.008 *	-0.052 ***	-0.004	-0.141 ***
Size							0.013 ***	-0.114 ***	-0.052 ***	-0.108 ***
E								0.016 ***	-0.000	0.011 **
L_{t-1}									0.107 ***	0.204 ***
Dep										0.010 **

注：*** 表示在 1% 的水平上显著；** 表示在 5% 的水平上显著；* 表示在 10% 的水平上显著。

二　企业投融资决策同期互动机制的初步检验

1）回归结果与分析。

为了检验投融资决策之间的同期互动机制，我们利用三阶段最小二乘法（3SLS）对联立方程组进行回归检验，其回归结果见表 5.8。表中数据显示，在投资方程中解释变量新增负债的系数为 0.9380，该系数在 1% 的水平上显著，结果说明企业负债融资能够较大幅度地促进企业的投资支出，一个单位的新增负债会带来 0.938 个单位的投资支出，从而可以初步断定负债融资是影响企业投资支出的一个重要因素。从整体样本来看，企业也许在综合权衡负债税收利益和负债破产成本的基础上产生了更强的投资动力。继续分析其他变量的系数，销售增长率对投资支出具有负的系数，同时也在 1% 的水平上显著，从而表明销售增长率并没有体现投资加速理论的预期或者说明企业也许存在一定的投资不足。现金流变量的系数为 1.6245，并在 1% 的水平上显著，从而表明企业现金流量越多，其操控的自由现金流越多，此时企业投资支出会显著增加，从而印证了传统有关自由现金流促进企业投资支出的观点，企业现金流作为内源融资的资金来源，对投资支出具有重要的影响。对于滞后期利润指标，其回归系数虽然为正，但是并没有通过显著性检验，说明滞后期利润指标对投资支出虽然可能存在一定的指导作用，但企业在投资过程中对该变量的参考意义并不够重视。与传统的认识一致，利润变动指标会对企业的投资支出具有负向影响，并且回归系数在 1% 的水平上显著，说明利润变动越大，企业投资支出越少，从而说明企业经营利润越不稳定其投资动力越弱。其一方面的原因在于，利润波动大会阐释企业未来投资过程中可能需要承受的风险，从而对投资热情有所抑制，另一方面的原因是因为利润波动越大，企业潜藏的能够用以支付投资支出的资金可能会越不稳定，从而也对投资支出产生负面影响。滞后期托宾 Q 值作为企业投资机会常用的替代变量，按照前文的分析，投资机会越好企业投资支出应越多。显然，实证结果印证了这种理论预期，投资机会的回归系数不仅为正而且在 1% 的水平上通过了显著性检验。最后，企业规模与投资支出也存在显著的负相关关系，表明规模大的企业并不一定会进行更多的投资，也许规模大的企业可能存在投资不足问题导致投资动力不够。综合上述解释变量的系数可以判断，中国上市公司的投资行为并没有完全遵循传统的投资理论，它不仅没有完全体现投资加速理论预期，也没有体现规模越大投资越多的理论观点，所以公司投资也许存在一定的非理性因素。

表 5.8　　　　　　　　　联立方程模型的 3SLS 回归结果

投资方程（因变量为 I）					融资方程（因变量为 ND）				
变量名称	参数估计	z 值	Prob. $> \lvert z \rvert$	VIF 值	变量名称	参数估计	z 值	Prob. $> \lvert z \rvert$	VIF 值
常数项	0.4807 ***	10.60	0.000		常数项	−0.5744 ***	−7.17	0.000	
ND	0.9380 ***	137.53	0.000	1.13	I	2.2583 ***	74.76	0.000	1.39
$Szzl$	−0.0066 ***	−45.50	0.000	1.18	C	−4.377 ***	−63.56	0.000	1.16
C	1.6245 ***	84.88	0.000	1.05	E	−1.149 ***	−34.46	0.000	1.27
P_{t-1}	0.0163	1.19	0.233	1.04	Dep	0.0068 ***	7.44	0.000	1.02
$VarLr$	−0.0664 ***	−5.83	0.000	1.05	L_{t-1}	−0.0507 ***	−10.01	0.000	1.60
Q_{t-1}	0.0012 ***	2.17	0.030	1.09	Q_{t-1}	0.0037 ***	3.22	0.001	1.64
$Size$	−0.0241 ***	−11.63	0.008	1.08	$Size$	0.0317 ***	8.64	0.000	1.07
时间	控制				时间	控制			
R^2	0.6274				R^2	0.3492			
RMSE	0.5231				RMSE	0.9308			
Chi^2	35378.22 ***				Chi^2	14577.63 ***			
P 值	0.0000				P 值	0.0000			
观测值	42636				观测值	42636			

注：*** 表示在 1% 的水平上显著；** 表示在 5% 的水平上显著；* 表示在 10% 的水平上显著。

　　对于融资方程来说，投资支出对企业负债融资具有正向作用，其系数为 2.2583，并且在 1% 的水平上通过了显著性检验。也就是说，一个单位的投资支出会带来 2.2583 个单位的负债融资，投资支出对负债融资具有很强的促进作用，从而进一步验证了前文有关相关性分析的结论。企业投资支出正向影响负债融资的结论，一方面有可能源自于投资支出对企业通过负债融资增加资金供给的一种内在需求，另一方面有可能源自于企业在权衡负债税收利益与破产成本后能获得正的净税收利益，从而由于可以提升投资项目价值而产生的增加负债融资行为。至于这两种原因中究竟哪一种影响机制占据了主导地位，我们仍需要进一步的分析。继续考察现金流量与负债融资的关系发现，现金流会导致负债融资减少，并且在 1% 的水平上通过了显著性检验，从而表明企业负债融资和内部现金流量同为投资资金的来源渠道，两者之间会存在竞争关系。此处我们的研究并没有得到彭程等（2011）有关企业会存在一定的资金饥渴症的现象。与之相仿，股权融资的回归系数也显著为负，从而说明股权融资也与负债融资存在竞争关系，从而表明企业会因为股权融资增加而减少负债融资。这一结论进一步印证了 Dhrymes 和 Kurz（1967）提出的资金流学说。因为资金流学说认为，作为企业资金来源的不同渠道，股权融资应该与负债融资存在相互替代和竞争的关系，因此两者之间理应存在负相关的关系。然而，这种负向的关系也许还存在其他潜藏的推动力。比方说，根据前文理论研究分析，企业投资如果能够改善其财务状况，从而使企业感觉债权人从中免费攫取了利益，所以让股东有不再愿意增加负债融资的可能。所以说，这一负向影响机制背后的机理仍需要进一步深入地分析。根据 DeAngelo 和 Masulis（1980）的观点，折旧费用与负债融资都会产生税收利益，并且前文的分析表明两种折旧税盾会存在竞争关系，折旧税盾在一定程度上会对利息税盾产生替代，所以折旧应该与负债融资产生负相关关系。然而，表 5.8 中数据并未支持这一观点，折旧与负债融资正相关。这其中的原因也许在于，折旧越高表明企业投资意愿越强，同时折旧越高表明资本存量相对处于较高水平，所以会对负债融资形成担保作用，两者共同作用最终使折旧对负债融资产生促进作用。与理论设想一致的是，存量负债的回归系数为负，且在 1% 的水平上通过了显著性检验，说明存量负债水平是债权人以及公司决策层重点关注和追踪的指标。同时，作为能够阐释企业负债承载能力的变量，滞后期杠杆比率是制约债权人授信额度的重要因素，也是抑制企业负债融资动力的重要参考。这进一步说明，中国上市公司融资决策中破产因素或者财务风险因素是一个重要的决策参考①，从而表明企业融资决策从而投资决策的互动机理除了部分来自资金流学说的支撑外，还有一部分是来自企业对税收利益和破产成本的权衡。此外，投资机会与负债融资存在显著的正相关关系，从而表明投资机会也许确实能描述企业因投资需求而产生更强的债务资金需求。最后，企业规模与负债融资具有正相关的关系，且在1%的水平上通过了显著性检验。对此，资金流学说的观点认为企业规模越大其资金需求则会越多，因此会产生更强的负债融资动力。然而，权衡理论则认为企业规模之所以能够促进负债融资是因为其强有力的风险担保能力，从而会降低负债融资期望破产成本。

2）模型稳健性检验。

在前文的分析中，我们已经初步探讨了企业投融资决策之间的互动机制，及其背后的权衡理论以及资金流学说机理。然而，出于谨慎性考虑，我们将进一步考察模型的稳健性，以此在确定模型稳定性的基础上明确模型结论的普适性特征。

（1）多重共线性检验。

虽然，我们在前文变量相关系数分析中得出模型变量之间可能不存在太高相关性的结论，从而初步认定模型构建过程中并没有受到多重共线性问题的影响。但是，计量经济学相关理论认为，即便是零阶或者简单相关系数比较低，回归模型也有可能会存在多重共线性问题。因此，基于谨慎性考量，我们对模型进行了多重共线性检验。表5.8列出了投资方程和负债方程的方差膨胀因子（VIF）的数值，结果表明投资方程和负债方程中的方差膨胀因子均不大，投资方程的平均VIF值只有1.09，其中VIF值最大的也只有1.18，而融资方程的平均VIF值为1.31，VIF值最大的为Tobin'Q的1.64，整体而言VIF值并高。因此，回归模型不存在严重的多重共线性问题，模型比较稳定，其回归结果也比较可靠。

（2）行业因素检验。

前文通过多重共线性检验了模型的稳定性，接下来我们将继续关注人

---

① 因为存量负债越多，破产风险则越高。

们普遍顾虑的行业因素是否会影响模型的结果。事实上，行业因素确实有可能对实证结果产生重要的影响，因为不同行业有可能意味着不同的财务特性，此时投融资决策行为和决策机制也有可能有不一样的特征。另外，从宏观的角度看，不同行业可能意味着企业不一样的盈利模式和盈利能力，所以不同行业的企业可能有着不一样的风险特征，加上我国通常会实施各种产业政策从而对不同行业给予各种优惠或扶持，所以这些产业投融资行为因资金流学说所述的机制或者权衡理论所述的理论产生的互动机制应该会有所差异。为了避免行业因素可能导致的对模型及实证结论的影响，我们将在模型式（5.1）和式（5.2）中引入行业虚拟变量，以此控制并检验行业因素可能带来的影响。

与前文相似，此处我们采用的是证监会《上市公司行业分类指引（2012 年修订）》公布的行业分类原则。按照该分类原则，中国上市公司可以分为从 A 到 S 的 19 个行业[①]。由于本书剔除了金融业 J，同时在样本公司中不存在居民服务、修理和其他服务业 O，因此本书样本公司共涉及 17 个行业。所以，我们在联立方程模型的各个方程中加入了 16 个虚拟变量，分别用 $Duma$，$Dumb$，$\cdots$，$Dumi$，$Dumk$，$Duml$，$\cdots$，$Dump$，$Dumq$，$Dumr$ 等虚拟予以表示（回归结果见表 5.9）[②]。

表 5.9　　　　　　　　　　控制行业因素的 3SLS 回归结果

Panel A：投资方程（因变量为 I）				Panel B：融资方程（因变量为 ND）			
变量名称	参数估计	z 值	Prob. >|z|	变量名称	参数估计	z 值	Prob. >|z|
常数项	0.5296 ***	10.93	0.000	常数项	−0.5992 ***	−7.01	0.000
ND	0.9379 ***	137.60	0.000	I	2.2573 ***	74.87	0.000

---

① 证监会公布的上市公司行业分类及行业代码：A 农、林、牧、渔业；B 采矿业；C 制造业；D 电力、热力、燃气及水生产和供应业；E 建筑业；F 批发和零售业；G 交通运输、仓储和邮政业；H 住宿和餐饮业；I 信息传输、软件和信息技术服务业；J 金融业；K 房地产业；L 租赁和商务服务业；M 科学研究和技术服务业；N 水利、环境和公共设施管理业；O 居民服务、修理和其他服务业；P 教育；Q 卫生和社会工作；R 文化、体育和娱乐业；S 综合。

② 当为某一个行业时，我们将之记为 1，其余都记为 0。例如，$Duma$ 是一个 0，1 变量，在企业所述行业为 A 时记为 1，否则记为 0。

续表

Panel A：投资方程（因变量为 I）				Panel B：融资方程（因变量为 ND）			
变量名称	参数估计	z 值	Prob. > | z |	变量名称	参数估计	z 值	Prob. > | z |
$Szzl$	− 0.0067 ***	− 45.50	0.000	C	− 4.3989 ***	− 63.53	0.000
C	1.6292 ***	84.62	0.000	E	− 1.1487 ***	− 34.50	0.000
P_{t-1}	0.0171	1.24	0.213	Dep	0.0068 ***	7.47	0.000
$VarLr$	− 0.0677 ***	− 5.95	0.000	L_{t-1}	− 0.0493 ***	− 9.63	0.000
Q_{t-1}	0.0011 **	2.03	0.042	Q_{t-1}	0.0035 ***	3.01	0.003
$Size$	− 0.0241 ***	− 11.36	0.000	$Size$	0.0303 ***	8.08	0.000
$Duma$	− 0.0448	− 1.63	0.104	$Duma$	0.0535	1.09	0.275
$Dumb$	− 0.0793 ***	− 3.60	0.000	$Dumb$	0.1405 ***	3.57	0.000
$Dumc$	− 0.0488 ***	− 2.90	0.004	$Dumc$	0.0555 *	1.85	0.064
$Dumd$	− 0.0496 **	− 2.50	0.012	$Dumd$	0.0905 ***	2.56	0.010
$Dume$	− 0.0210	− 0.85	0.393	$Dume$	0.0092	0.21	0.833
$Dumf$	− 0.0547 ***	− 3.01	0.003	$Dumf$	0.0724 **	2.23	0.026
$Dumg$	− 0.0656 ***	− 3.26	0.001	$Dumg$	0.1357 ***	3.77	0.000
$Dumh$	− 0.0740	− 1.63	0.103	$Dumh$	0.1175	1.45	0.147
$Dumi$	− 0.0209	− 0.85	0.394	$Dumi$	− 0.0301	− 0.69	0.493
$Dumk$	− 0.0405 **	− 2.21	0.027	$Dumk$	0.0007	0.02	0.983
$Duml$	− 0.1160 ***	− 3.94	0.000	$Duml$	0.0337	0.64	0.520
$Dumm$	− 0.1588 **	− 2.12	0.034	$Dumm$	0.2901 **	2.17	0.030
$Dumn$	− 0.0525 **	− 1.96	0.050	$Dumn$	− 0.0186	− 0.39	0.696
$Dump$	− 0.0563	− 0.75	0.453	$Dump$	0.0452	0.34	0.735
$Dumq$	− 0.0815	− 1.08	0.279	$Dumq$	0.1821	1.36	0.175
$Dumr$	− 0.0628 *	− 1.84	0.065	$Dumr$	0.0732	1.20	0.228
时间	控制			时间	控制		
R^2	0.6277			R^2	0.3509		
RMSE	0.5229			RMSE	0.9295		
Chi^2	35501.91 ***			Chi^2	14647.93 ***		
P 值	0.0000			P 值	0.0000		
观测值	42636			观测值	42636		

注：*** 表示在 1% 的水平上显著；** 表示在 5% 的水平上显著；* 表示在 10% 的水平上显著。

表 5.9 列出了在加入行业变量后联立方程组的回归检验结果，结果表明投资支出与负债融资之间在加入行业因素后回归系数的正负关系没有发生变化，显著性结论也与没有控制行业因素时一致。对于其他控制变量而言，在投资方程和负债方程中，引入行业因素的实证结果与没有控制行业因素时保持高度一致，系数的方向以及显著性并没有发生根本性改变。另外，从整个模型的拟合度看，R^2 和 Chi^2 在控制行业因素后都没有发生根本的差异。这些证据表明，行业因素对联立方程模型式（5.1）和式（5.2）中各变量的回归系数不会产生根本性的改变，在模型分析中是否控制行业因素对模型的结果不会产生任何差异。所以，我们在后续的实证分析中将不再加入行业变量的分析。

（3）时间因素检验。

在前述分析中，我们都加入了时间虚拟变量以期控制时间变化对投融资决策及其相互关系的影响。然而，这样的操作并不能完全充分地展现出投融资决策之间相互作用关系是否会随时间变化而显著地变化。所以，接下来我们有必要以不同时间的数据为样本重新检验联立方程模型。因此，我们将回归模型按照不同季度的数据重新对联立方程模型式（5.1）和式（5.2）进行了实证检验。

总体而言，在各个季度样本下，联立方程模型回归结果基本上与总体样本保持一致，并进一步验证了投融资决策相互影响的观点。整体而言，按照 51 个季度分别对回归模型进行检验，结果仅 1 期投资方程不显著，1 期融资方程不显著，其余各期联立方程均通过了显著性检验；对于投资方程而言，51 期样本共有 43 期负债融资会显著地影响投资支出，且显著正相关者为 38 期，显著负相关者为 5 期，如果不考虑显著性水平，负债融资对投资支出具有正向影响的有 42 期，占所有时期的 82%；对于融资方程而言，51 期样本共有 34 期投资支出会显著地影响负债融资，且显著正相关者为 29 期，显著负相关者为 5 期如果不考虑显著性水平，投资支出对负债融资具有正向影响的有 37 期，占所有时期的 73%。也就是说，整体趋势上而言，投资支出对负债融资的正向关系和负债融资对投资支出的正向关系并没有因时间的变化而产生太大的差异，时间区间对整体模型显著性及主要结论并不会产生较大的影响。

然而，虽然在分季度样本下，投资支出与负债融资的相互促进关系并没有显著改变，但是表中数据显示，投资方程中部分变量的作用系数并没有保持方向上的一致，其显著性也受到了时间因素的影响。也就是说，公司在各个期间投融资行为可能会有部分的区别。为了控制时间因素对投资行为及融资行为特征的作用，在后续的分析中，我们将继续在模型中保留时间虚拟变量，以此控制时间对投融资决策的影响，从而确保实证结论的有效性和科学性。

从上述稳健性分析可以看出，联立方程模型（5.1）—式（5.2）具有较高的稳健性，其在研究我国企业投融资决策同期互动关系的过程中具有较强的适应性和稳健性。所以，后文的研究，我们将继续采用该模型对相关问题进行深入研究，以此探索投融资同期互动中的相关机理。

三 不同负债水平下负债融资与投资支出互动机制的进一步检验

上述实证表明，总体样本下企业负债融资会正向地促进投资支出，投资支出也会对负债决策产生刺激作用，并认为其中一个原因也许是受负债融资税收利益的影响。同时，前文实证分析也指出，投资支出之所以促进负债融资也有可能是源自投资支出对资金需求增加的缘故。然而，根据前文理论分析可知，如果企业投融资决策相互影响是因为税收利益与破产成本权衡的结果，那么在低负债水平下，破产风险也会比较低，此时负债融资增加的税收利益会超过破产成本。也就是说，企业通过负债融资可以获得正的税收利益净值，并且负债融资越多，项目投资临界值也会因此变得更低。按照这样的逻辑，在给定价格情形下，此时企业会产生更多的投资支出；相反，若企业已经处于较高的负债水平，那么负债融资产生的破产成本会超过其产生的税收利益，因此企业投资动力会变得更弱。倘若该理论逻辑成立，回顾前文的实证结果，企业负债融资会对投资支出产生正的促进作用，那么我们可以初步判断整体上中国上市公司的负债水平处于相对较低的层级。为了进一步确认投融资决策之间互动机制源自企业对税收利益与破产成本的权衡这一观点，我们可以进一步通过对照不同负债水平下投融资情况予以检验。为了进行检验，我们将样本按照负债水平高低进行排序，其中最高三分之一的样本为高负债情形，最低三分之一的样本为最低负债情形。此外，为了谨慎起见，我们对高低负债情形进行了再定义，即将最高五分之一的样本定为高负债，最低五分之一的样本定为低负债。

表 5.10　　高、低负债水平下负债融资与投资决策互动机制的检验

高负债水平							
以负债排名前三分之一定义为高负债				以负债排名前五分之一定义为高负债			
投资方程		融资方程		投资方程		融资方程	
常数项	0.2156 *** (2.90)	常数项	− 0.4878 *** (− 4.36)	常数项	0.3583 *** (3.36)	常数项	− 0.6749 *** (− 3.29)
ND	0.4707 *** (90.39)	I	0.6492 *** (5.84)	ND	0.4704 *** (67.21)	I	0.3629 ** (2.20)
$Szzl$	0.0021 *** (9.08)	C	0.3264 (0.74)	$Szzl$	0.0032 *** (9.30)	C	1.5118 ** (2.11)
C	2.562926 *** (97.35)	E	6.4157 *** (11.99)	C	2.8485 *** (81.79)	E	8.0098 *** (9.45)
P_{t-1}	0.0434 ** (2.47)	Dep	− 0.0005 (− 0.38)	P_{t-1}	0.0641 *** (2.98)	Dep	0.0001 (0.05)
$VarLr$	0.0019 (0.14)	L_{t-1}	− 0.0236 *** (− 3.85)	$VarLr$	− 0.0083 (− 0.48)	L_{t-1}	− 0.0394 *** (− 3.87)
Q_{t-1}	0.0026 *** (4.08)	Q_{t-1}	0.0052 *** (4.11)	Q_{t-1}	0.0026 *** (3.43)	Q_{t-1}	0.0094 *** (4.85)
$Size$	− 0.0119 *** (− 3.54)	$Size$	0.0239 *** (4.76)	$Size$	− 0.0183 *** (− 3.81)	$Size$	0.0329 *** (3.59)
时间	控制	时间	控制	时间	控制	时间	控制
R^2	0.8041	R^2	0.7906	R^2	0.8251	R^2	0.6982
RMSE	0.5782	RMSE	0.8692	RMSE	0.7044	RMSE	1.3394
Chi^2	29907.61 ***	Chi^2	33865.62 ***	Chi^2	21752.34 ***	Chi^2	14403.50 ***
P 值	0.0000	P 值	0.0000	P 值	0.0000	P 值	0.0000
观测值	14212	观测值	14212	观测值	8528	观测值	8528
低负债水平							
以负债排名后三分之一为定义低负债				以负债排名后五分之一为定义低负债			
投资方程		融资方程		投资方程		融资方程	
常数项	0.0530 *** (3.18)	常数项	− 0.0737 *** (− 3.40)	常数项	0.0454 ** (2.23)	常数项	− 0.0810 *** (− 3.96)
ND	0.7190 *** (33.34)	I	1.3292 *** (7.58)	ND	0.4775 ** * (17.42)	I	1.2109 *** (9.90)

续表

低负债水平							
以负债排名后三分之一为定义低负债				以负债排名后五分之一为定义低负债			
投资方程		融资方程		投资方程		融资方程	
$Szzl$	0.0000 (0.32)	C	-0.1496*** (-6.14)	$Szzl$	0.0001** (2.08)	C	-0.1668*** (-6.53)
C	0.1123*** (11.69)	E	0.0120 (0.15)	C	0.1664*** (13.49)	E	-0.0441 (-0.77)
P_{t-1}	-0.0002 (-0.06)	Dep	3.97e-06 (0.05)	P_{t-1}	-0.0039 (-0.43)	Dep	-0.0002 (-0.37)
$VarLr$	-0.0009 (-0.17)	L_{t-1}	-0.0137 (-1.22)	$VarLr$	-0.0170 (-1.19)	L_{t-1}	-0.1665*** (-14.38)
Q_{t-1}	-0.0004 (-0.95)	Q_{t-1}	0.0003 (0.66)	Q_{t-1}	-0.0005 (-1.30)	Q_{t-1}	-0.0000 (-0.11)
$Size$	-0.0024*** (-3.14)	$Size$	0.0035*** (3.48)	$Size$	-0.0019** (-2.05)	$Size$	0.0055*** (5.90)
时间	控制	时间	控制	时间	控制	时间	控制
R^2	0.0633	R^2	0.2916	R^2	0.2479	R^2	0.4190
RMSE	0.0846	RMSE	0.1141	RMSE	0.0805	RMSE	0.0978
Chi^2	1396.58***	Chi^2	13826.43***	Chi^2	649.50***	Chi^2	3311.60***
P 值	0.0000	P 值	0.0000	P 值	0.0000	P 值	0.0000
观测值	14212	观测值	14212	观测值	8527	观测值	8527

注：括号内是 t 值；*** 表示在 1% 的水平上显著；** 表示在 5% 的水平上显著；* 表示在 10% 的水平上显著。

表 5.10 列出了针对高低负债样本进行的联立方程组 3SLS 回归检验，结果发现无论是将负债排名前三分之一还是五分之一定义为高负债企业，在高负债的情形下负债融资都会显著地促进企业的投资支出，从而说明即便在高负债水平下，企业负债融资带来的税收利益也会超过其期望破产成本水平，从而得出负债水平越高企业投资动力越强的结论。与此同时，在投资方程中，无论采用哪种方式对高负债企业进行定义，负债融资对投资支出的作用系数均约为 0.47，因此高负债样本的定义并没有对分析结果产生显著的影响。因为表中结论展现了即便企业在高负债水平下，负债融

资也会对投资支出产生促进作用，结合第三章理论分析结果，这是因为我国上市公司负债水平并没有达到前文理论分析中所说的新增负债导致企业负税收利益净值的水平，新增负债融资都处于"新增负债—投资临界值"U形图最低点左侧的较低水平。以此判断，我们在后文的分析中可以默认所有样本负债水平都属于理论分析中较低水平的层次，因而我们可以忽略前文研究假设中假设 5.1b 和假设 5.2b 有关于高负债融资水平下企业投融资互动机制的相关检验。此外，对照表 5.8 整体样本回归与高负债水平样本情况发现，整体样本下销售增长率回归系数显著为负，而高负债水平样本则显著为正。在前文分析中，我们认为之所以销售增长率反而导致投资负增长是有可能企业存在投资不足的问题，而目前在高负债水平下销售增长率与投资正相关则表明高负债水平可能使债权人更多地卷入其投资经营之中，股东需要承担的成本会相应减少，此时其投资不足问题反而受到抑制。这一现象在滞后期利润率能够得到进一步证实，因为在整体样本下滞后期利润并没有带来投资支出的显著增加，而在高负债情形下反而出现了显著为正的现象，这也许正是因为企业投资不足得到了缓和的缘故。与高负债情形相似，表 5.10 表明，无论以哪种方式进行低负债情形的定义，负债融资对投资支出也同样表现为正的作用关系，且作用系数没有明显差别。但是仔细对比发现，高负债与低负债样本下负债融资对投资支出的作用系数虽然都在 1% 的水平上显著，但是低负债情形下负债融资对投资支出的作用系数都要大于高负债情形。从而说明，虽然整体而言样本公司的负债融资处于"新增负债—投资临界值"U形图最低点左侧，但是高负债水平已经开始产生更高的期望破产成本，从而对投资支出的促进作用不如低负债水平下那么强烈。

进一步考察融资方程，无论采取哪种方式对高低负债水平进行定义，高负债水平下投资支出对负债融资决策的作用均显著为正。结果表明，无论负债水平的高低，投资支出都会显著地促进企业的负债融资，企业投资项目的开展都会带来正的负债融资，这也许是企业决策者出于对负债税收利益追逐而显现的融资行为特征。与此同时，比较投资支出对负债融资的作用系数可知，在低负债水平下，投资支出促进负债融资的系数要明显大于高负债情形，这说明在高负债水平下虽然企业投资具有强烈的资金需求，在高负债水平下高期望破产成本的影响下，企业会相对减少对债务资金的融入。这在一定程度上印证了企业融资行为可能是负债税收利益与破产成本权衡的结果，企业投融资决策之间会因为税收利益、破产成本产生互相作用的机制。此外，比较高低负债样本与整体样本情形发现，在整体样本下现金流量水平以及股权融资水平与负债融资显著负相关，从而在一定程度上证实了资金流学说有关融资渠道之间存在资金相互竞争的关系，但是在高负债情形下这一现象不仅没有进一步得到证实反而情形完全相反，即现金流量和股权融资与负债融资成正相关关系。也就是说，资金流学说不能完全解释企业的融资行为，在高负债情形下现金流量越高企业流动性越强，其为了追逐负债带来的好处反而产生了负债融资动力更强的现象，而股权融资也不再与负债融资产生竞争关系，反而会为负债融资提供最强的担保，从而对负债融资产生促进作用。

四　不同折旧条件下负债融资与投资决策同期互动机制的进一步检验

根据第三章理论分析结果，我们发现企业投资决策会受到利息税盾效应的影响，负债税收利益越多投资项目价值则会越高，企业投资水平也会越高。在这样的背景下，企业在为投资项目进行资金筹措时通常会尽可能增加负债资金的使用，以此在满足投资资金需求的同时充分享受负债利息提供的税收节约。然而，正如 DeAngelo 和 Masulis（1980）所论述的，负债利息并不是企业税收利益的唯一源泉，企业资本折旧也可以通过税前抵扣的方式为企业提供税收节约。在第三章理论分析中我们发现，正因为资本折旧为企业提供节税效应的事实，企业在筹措负债资金一方面满足资金需求，另一方面追逐负债税收利益的时候，决策者不仅需要考虑负债融资为企业带来的期望破产成本，同时还要顾及潜藏的破产风险有可能对折旧税盾造成损失的风险。此时，与没有折旧或者折旧比较低的企业相比，具有较高折旧计提的企业应该会减少负债融资的水平从而避免企业因负债破产丧失折旧税盾的可能。所以说，如前文分析所述企业投资支出会对负债融资产生促进作用，此时如果企业具有较高的折旧计提，那么投资支出对负债融资的促进作用会减弱。为了验证高折旧企业投资支出对负债融资的影响是否真的存在差异，与前文分析相似，我们将企业按照资本折旧水平进行高低排序，排序最高的三分之一称为高折旧企业，最低的三分之一为低折旧企业。当然，为了谨慎起见，我们同样也按照五分位方法对高低折旧企业进行了另一种定义，即最高五分之一的企业为高折旧企业，最低五分之一的企业为低折旧企业。

在上述基础上，我们将首先利用交互变量的方式进行检验。首先，我们将用虚拟变量用以描述高低折旧，即创建新的虚拟变量 hd，如果企业属于按折旧高低排序后最高的三分之一（或者五分之一）的范围，此时虚拟变量 hd 为 1，否则为 0。其次，建立一个交互变量 $hd*I$，即用虚拟变量乘以投资变量。最后，将交互变量引入上述投融资决策联立方程的负债融资中，并用 3SLS 对之进行重新检验。通过检验，如果交互项系数大于零，说明与较低折旧的企业比，高折旧企业投资支出对负债融资会产生更大的促进作用，反之则说明对负债融资产生更小的促进作用。

表 5.11 列出了不同折旧水平下投资支出与负债融资相互关系的相关结果。表中数据显示，如果以折旧排名前三分之一的标准定义高折旧企业，此时投资支出对负债融资的影响为 -5.5916，而交互项 $hd*I$ 的系数为 6.506，两者都通过了显著性检验。然而，分析方差膨胀因子 VIF 的值发现，投资变量 I 和交互项 $hd*I$ 的 VIF 值分别为 61.29 和 49.28，其他变量的 VIF 值都低于 8，所以交互项变量和投资变量之间产生了很严重的多重共线性问题。因此，我们认为该方法测定的回归系数并不稳定和可靠，以折旧排名前三分之一的标准定义高折旧企业的方法在交互变量方法下并不可取。然而，如果将折旧排名前五分之一作为高折旧企业的界定标准，然后同样在模型中引入交互变量进行 $hd*I$ 回归，结果发现此时方程的多重共线性问题得到了很好地解决，所有变量中 VIF 值最高也只有 1.64。所以，我们认为该方法下的回归检验是有效的。从表 5.11 看，投资支出对负债融资的作用系数为 2.2709，也就是说每个单位的投资会增加 2.2709 个单位的负债融资，而交互变量 $hd*I$ 对负债融资的作用系数为 -1.2143，从而说明对于高折旧企业而言，投资对负债融资的总体作用系数会变成 2.2709 - 1.2143 = 1.0566。也就是说对于高折旧企业，一个单位的投资支出会导致负债融资增加 1.0566 个单位，小于非高折旧类企业的 2.2709，高折旧类企业投资支出对负债融资表现出了较弱的促进作用，假设 5.6 得以证实。这个结果验证了折旧税盾会对负债利息税盾产生替代效应。依此可以判断，企业同期投融资决策相互作用的关系似乎更多地源自于权衡理论的理论基础，资金流学说所强调的资金平衡观点在此处

并未得到印证。以为按照资金流学说的观点,只要企业需要进行投资,那么就会对负债融资产生促进作用,企业折旧水平的高低应该对其不会产生明显的影响。事实上,倘若从权衡理论的观点来分析,则不难理解为什么资金流学说至今未能给出一个一致的结论①,其原因在于企业具有不同的负债水平②和折旧水平,从而存在不一样的破产风险和税收利益状况,最终对企业投融资决策及其相互关系产生影响。

表 5. 11 　　**基于交互变量的不同折旧下投资支出与负债融资的**

相互关系检验:融资方程

以折旧排名前三分之一定义为高折旧企业				以折旧排名前五分之一定义为高折旧企业			
变量名称	参数估计	z 值	VIF 值	变量名称	参数估计	z 值	VIF 值
常数项	− 0. 7277 ***	− 10. 68		常数项	− 0. 5899 ***	− 7. 97	
I	− 5. 5916 ***	− 31. 55	61. 29	I	2. 2709 ***	81. 27	1. 57
C	− 0. 2627 ***	− 4. 24	1. 28	C	− 4. 4130 ***	− 69. 24	1. 18
E	5. 3641 ***	38. 23	7. 89	E	− 1. 1248 ***	− 38. 33	1. 28
Dep	− 0. 0017 **	− 2. 29	1. 02	Dep	0. 0073 ***	8. 37	1. 02
L_{t-1}	− 0. 0015	− 0. 38	1. 60	L_{t-1}	− 0. 0453 ***	− 9. 48	1. 60
Q_{t-1}	0. 0008	0. 81	1. 64	Q_{t-1}	0. 0029 ***	2. 72	1. 64
$Size$	0. 0353 ***	11. 33	1. 07	$Size$	0. 0325 ***	9. 59	1. 07
$hd*I$	6. 506 ***	38. 68	49. 28	$hd*I$	− 1. 2143 ***	− 41. 66	1. 14
时间	控制			时间	控制		
R^2	0. 5367			R^2	0. 4351		
RMSE	0. 7853			RMSE	0. 8671		
Chi^2	72063. 6 ***			Chi^2	19640. 30 ***		
P 值	0. 0000			P 值	0. 0000		
观测值	42636			观测值	42636		

注: *** 表示在 1% 的水平上显著; ** 表示在 5% 的水平上显著; * 表示在 10% 的水平上显著。

---

① 虽然 McCabe(1979)、Peterson 和 Benesh(1983)等人支持了 Dhrymes 和 Kurz 资金流学说的观点,认为投融资决策间存在双向的正向关系,但是包括 McDonald 等(1975)等在内的学者却认为这种关系并不存在。

② 表 5. 10 表明,在较高负债水平的企业里,投资支出对负债融资的促进作用将会减弱。

表 5.11 是基于交互变量的引入，然后对调整后的投融资决策模型进行检验得出的结果。谨慎起见，我们也可以不创建新的交互变量，而只在原有模型的基础上，分高低折旧样本进行检验，然而比较这些系数与整体样本的差异也能在一定程度上解释高低折旧下投融资相互作用关系的差异。因此，表 5.12 以高折旧企业为样本，对联立方程模型式（5.1）和式（5.2）进行了重新检验，结果发现无论以哪一种标准定义高折旧企业，投资支出对负债融资都是显著的正相关。然而，对照表 5.8 中投资支出对负债融资的作用系数发现，在整体样本下其作用系数为 2.2583，而在高折旧样本下，无论哪种高折旧定义标准，投资支出对负债融资的作用系数都低于 1。所以，进一步验证了高折旧企业投资支出对负债融资具有较弱的促进作用的结论。

表 5.12　高折旧样本下投资支出与负债融资的相互关系检验：融资方程

以折旧排名前三分之一定义为高折旧企业				以折旧排名前五分之一定义为高折旧企业			
变量名称	参数估计	z 值	VIF 值	变量名称	参数估计	z 值	VIF 值
常数项	−0.3642 ***	−6.60		常数项	−0.3952 ***	−3.66	
I	0.9044 ***	37.86	1.06	I	0.7480 ***	21.88	1.27
C	−0.0418	−1.10	1.02	C	−0.9053 ***	−14.54	2.17
E	0.0714	1.55	1.06	E	4.3015 ***	49.66	2.44
Dep	1.6343 ***	3.46	1.07	Dep	−0.0005	−1.32	1.10
L_{t-1}	−0.0525 ***	−13.86	1.73	L_{t-1}	−0.0093 *	−1.66	2.62
Q_{t-1}	0.0058 ***	8.51	1.77	Q_{t-1}	−0.0015	−1.15	2.58
$Size$	0.0184 ***	7.26	1.10	$Size$	0.0191 ** *	3.87	1.07
时间	控制			时间	控制		
R^2	0.2423			R^2	0.5632		
RMSE	0.718934			RMSE	0.7820		
Chi^2	2883.00 ***			Chi^2	31382.26 ***		
P 值	0.0000			P 值	0.0000		
观测值	14214			观测值	8529		

注：*** 表示在 1% 的水平上显著；** 表示在 5% 的水平上显著；* 表示在 10% 的水平上显著。

五 负债代理冲突下负债融资与投资决策同期互动机制的进一步检验

1）负债代理冲突下投融资决策同期互动机制的初步分析。

前文实证分析检验的是不考虑委托代理问题背景下企业投融资决策因税收利益、破产成本而产生的相互作用的机制。然而，如前文分析所述，在负债融资的企业里可能会因为股东债权人利益冲突产生委托代理问题，这种代理问题通常会表现为过度投资或投资不足等投资行为扭曲的问题。并且在过度投资情形下，企业负债融资会相应减少，而在投资不足情形下，企业也许会增加债务资金的融入。由此可以判断，负债代理冲突下企业投融资决策相互作用的关系可能会发生变化。为了检验负债代理冲突下的投融资互动机制，首先我们必须明确什么样的企业更有可能存在负债代理冲突。依据 Inderst 和 Müller（1999）的观点，股东对债权人利益的侵害行为亦即股东债权人负债冲突通常会在股东将项目选择权委派给与之存在潜在冲突的内部经理人后得以缓解，这种项目经营管理的委派权其可信度高低取决于股东在事后具有的否决能力或者操控能力。毫无疑问，股东这种否决能力或操控能力的大小与其掌握的股权大小或企业股权的集中度息息相关。所以，Inderst 和 Müller（1999）认为，股权集中度较高的企业会比股权分散型企业存在更为严重的负债代理冲突。对于股权集中度高低，我国《股份有限公司国有股权管理暂行办法》规定，第一大股东持股比例大于等于30%则说明企业属于绝对控股或相对控股的状态，此时股东通常有动力也有能力对企业内部经理人实施有效的控制，从而保障股东利益与企业投资经营目标高度一致。所以，我们可以认为对于第一大股东持股比例大于或等于30%的企业通常应该具有更加严重的负债代理冲突。

接下来我们将通过比较股权集中度高的企业投融资决策相互关系与非股权集中类企业的差异。为了进行这样的比较，我们首先试图利用在模型式（5.1）和式（5.2）中引入交互变量的方法，即在联立方程组中分别增加了一个变量，即 $dgdrz$ 和 $dgdtz$。

$$I = \alpha_1 + \gamma_1 ND + \gamma_2 C + \gamma_3 Q_{t-1} + \gamma_4 Szzl + \gamma_5 P_{t-1} + \gamma_6 VarLr$$
$$+ \gamma_7 Size + \gamma_8 dgdrz + \sum_{t=1}^{50} \theta_{1t} Dum_t + \varepsilon_{1it} \tag{5.6}$$

$$ND = \alpha_2 + \eta_1 I + \eta_2 C + \eta_3 Q_{t-1} + \eta_4 E + \eta_5 L_{t-1} + \eta_6 Dep$$

$$+ \eta_7 Size + \eta_8 dgdtz + \sum_{t=1}^{50} \theta_{2t} Dum_t + \varepsilon_{2it} \quad (5.7)$$

这两个变量的构造原理如下：当公司第一大股东持股比例大于或等于30%时，$dgdrz$ 等于新增负债变量 ND，否则等于零；如果第一大股东持股比例大于或等于30%时，$dgdtz$ 等于公司投资支出变量 I，负责等于零。之所以设置 $dgdrz$ 这样的变量，是因为通过这样的设定可以检验如果第一大股东持股比例大于或等于30%，新增负债促进投资支出的差异，如果其回归系数为正，那么说明第一大股东持股比例大于或等于30%的企业负债融资促进投资支出的作用会更大，反之则更小。与之相同，如果 $dgdtz$ 的系数大于零，说明在股权相对集中的企业里（第一大股东持股比例大于等于30%）投资支出会导致更多的负债融资。然而，这样对模型进行改造，却造成了比较严重的多重共线性问题（见表5.13）。所以，我们无法利用这样的模型调整实现代理冲突下的投融资互动机制的分析。

表 5.13　引入交互变量后投资支出与负债融资的 VIF 值

变量名称	VIF 值	变量名称	VIF 值
ND	37.82	I	213.89
$Szzl$	1.19	C	1.20
C	1.08	E	1.27
P_{t-1}	1.05	Dep	1.03
$VarLr$	1.06	L_{t-1}	1.62
Q_{t-1}	1.11	Q_{t-1}	1.69
$Size$	1.21	$Size$	1.20
$dgdrz$	37.73	$dgdtz$	213.10
时间变量	控制	时间变量	控制
平均 VIF	3.12	平均 VIF	9.20

基于这样的认识，我们将直接采用分样本回归且对照回归结果的方式进行分析，回归结果见表5.14。从表中数据看，如果第一大股东股权比例大于或等于30%，负债融资对投资支出的作用系数为0.9724，并且在1%的水平上显著，而若第一大股东股权比例小于30%，那么负债融资对

投资支出的作用系数为 0.4530，且在 1% 的水平上显著。对照两个系数可知，股权比例相对集中的企业也许更有可能出现负债代理冲突的现象，负债融资对投资支出具有更强的促进作用，并且该作用系数还大于整体样本的系数 0.9380，从而表明虽然负债融资会促进投资支出，但是在股权集中型企业或者存在负债代理冲突的企业表现出了更强的投资动力，负债融资对投资支出的促进作用更为明显，企业也许表现出了过度投资的问题，假设 5.2a 在一定程度上得到了验证。此外，对照股权集中型样本下融资方程与整体样本的差异发现，股权集中型样本下投资支出对负债融资的作用系数为 1.9949，而整体样本下其作用系数为 2.2583。这一差异也许正是因为股权集中企业在负债代理冲突下产生了过度投资的现象，这种过度投资反过来影响了企业负债融资成本，从而降低了企业负债融资的能力，过度投资减少了负债融资水平，从而在一定程度上验证了假设 5.7a。

表 5.14　　　　基于不同股权集中度的联立方程 3SLS 回归结果

Panal A：第一大股东持股比例大于等于 30% 的样本									
投资方程（因变量为 I）					融资方程（因变量为 ND）				
变量名称	参数估计	z 值	Prob. > |z|	VIF 值	变量名称	参数估计	z 值	Prob. > |z|	VIF 值
常数项	0.5897 ***	6.34	0.000		常数项	−0.5744 ***	−7.17	0.000	
ND	0.9724 ***	113.45	0.000	1.24	I	1.9949 ***	96.03	0.000	1.12
$Szzl$	−0.0101 ***	−38.61	0.000	1.35	C	−5.4043 ***	−76.44	0.000	1.08
C	2.0835 ***	71.61	0.000	1.16	E	−0.9058 ***	−36.84	0.000	1.09
P_{t-1}	0.0342	1.18	0.236	1.37	Dep	−0.0050 ***	−1.61	0.108	1.05
$VarLr$	0.0792 ***	2.56	0.010	1.36	L_{t-1}	−0.3154 ***	−18.56	0.000	1.77
Q_{t-1}	−0.0140 ***	−4.38	0.000	1.40	Q_{t-1}	0.0381 ***	8.44	0.000	1.83
$Size$	−0.0341 ***	−8.98	0.000	1.46	$Size$	0.0768 ***	14.21	0.000	1.18
时间	控制				时间	控制			
R^2	0.6805				R^2	0.6352			
RMSE	0.6234				RMSE	0.8867			
Chi^2	30865.40 ***				Chi^2	20102.21 ***			
P 值	0.0000				P 值	0.0000			
观测值	25620				观测值	25620			

Panal B：第一大股东持股比例小于30%的样本									
投资方程（因变量为 I）					融资方程（因变量为 ND）				
变量 名称	参数 估计	z 值	Prob. ＞｜z｜	VIF 值	变量 名称	参数 估计	z 值	Prob. ＞｜z｜	VIF 值
常数项	0.1119 ***	4.11	0.000		常数项	− 0.5329 ***	− 7.26	0.000	
ND	0.4530 ***	16.30	0.000	1.03	I	− 1.2434 ***	− 2.70	0.007	1.39
$Szzl$	0.0000	1.48	0.139	1.01	C	0.1537 ***	3.65	0.000	1.16
C	0.0413 ***	3.94	0.000	1.05	E	1.0922 ***	6.65	0.000	1.27
P_{t-1}	0.0231 ***	4.49	0.236	1.03	Dep	− 0.0009 **	− 2.51	0.012	1.02
$VarLr$	− 0.0390 ***	− 8.00	0.010	1.05	L_{t-1}	0.0006	0.31	0.755	1.60
Q_{t-1}	− 0.0003 **	− 2.43	0.015	1.14	Q_{t-1}	0.0014 ***	3.21	0.001	1.64
$Size$	− 0.0059 ***	− 4.87	0.000	1.21	$Size$	0.0262 ***	8.18	0.000	1.07
时间	控制				时间	控制			
R^2	0.4631				R^2	0.2308			
RMSE	0.3471				RMSE	0.3313			
Chi^2	1719.52 ***				Chi^2	1453.61 ***			
P 值	0.0000				P 值	0.0000			
观测值	17016				观测值	17016			

　　注：＊＊＊ 表示在 1% 的水平上显著；＊＊ 表示在 5% 的水平上显著；＊ 表示在 10% 的水平上显著。

　　2）负债代理冲突下投融资决策同期互动机制的进一步检验。

　　虽然，我们找到了一定的证据证明负债代理冲突下企业存在的过度投资问题，以及过度投资对负债融资产生的负面作用，但是根据前文的理论分析，企业出现怎样的负债代理问题会受到投资前后财务风险状况的影响，倘若投资后企业的破产风险上升，股东会出现过度投资的问题，而若投资后企业破产风险下降，股东会投资不足。鉴于这样的认识，我们将进一步检验破产风险因素变化背景下负债代理冲突对企业投融资决策的同期互动机制。

　　（1）破产风险的度量。

　　为了检验破产风险因素变化背景下负债代理冲突与企业投融资决策的

同期互动机制，首先我们必须找到一个合适的指标以描述企业的破产风险，以此度量企业破产风险的变化。当前，国内外学者在企业财务风险度量方法上进行了较有成就的研究，主要包括单变量分析方法和多变量分析方法两种研究范式。其中，在财务界比较著名且广为应用的是由美国学者奥特曼（Altman）于 1968 年提出的"Z 记分法"。其判别函数公式为：

$$Z = 1.2X_1 + 1.4X_2 + 3.3X_3 + 0.6X_4 + 0.99X_5$$

其中 X_1 ＝（流动资产 － 流动负债）／总资产；X_2 ＝留存收益／总资产；X_3 ＝息税前利润／总资产；X_4 ＝股东权益的市场价值／总负债；X_5 ＝销售收入／总资产。这种方法主要适用于公开上市的企业，其中心思想在于首先计算一组能够反映企业财务危机程度的单因素财务比率，然后对于这些比率按照其财务预警作用的大小赋予不同的权重，最后将所有财务比率与其权重之积进行加总即可获得一个能够综合评判企业财务风险的分值，即 Z 分值。以向德伟（2002）为代表的学者，曾经利用我国上市公司的数据对 Z 分值的适用性和准确性进行过研究，并认为 Z 分值方法对我国上市公司财务风险评判过程具有较强的指导作用，并且随着我国会计准则与国际准则的接轨，会计信息质量不断提高，该方法对我国上市公司的适用前景将更为广泛。所以，Z 分值应该能够在破产风险度量中起到较好的作用。该指标认为，Z 分值越高企业财务风险即破产风险会越小。然而，考虑到我国财务制度的独有特性，我们将对上述各项单一指标作部分调整：

X_1 ＝营运资金／总资产 ＝（流动资产 － 流动负债）／总资产；

X_2 ＝留存收益／总资产 ＝未分配利润／总资产；

X_3 ＝息税前利润／总资产 ＝（税前利润 ＋ 财务费用）／总资产；

X_4 ＝股东权益的市场价值／总负债 ＝［（人民币普通股 × 今收盘价当期值 ＋ 境内上市的外资股 B 股 × 今收盘价当期值 × 当日汇率 ＋（总股数 － 人民币普通股 － 境内上市的外资股 B 股）× 所有者权益合计期末值／实收资本本期期末值）］／总负债；

X_5 ＝销售收入／总资产 ＝主营业务收入／总资产。

如果用 Z 分值度量企业的破产风险，显然 Z 分值越高破产风险则越低，此时如果将投资前后的 Z 分值相减，则可以得到企业破产风险的变化，从而近似地描述企业因投资产生的破产风险变化状况。倘若 $Z_t - Z_{t-1} > 0$，那么企业投资后的财务风险状况所有改善，企业破产风险下降。根据前文的理论分析，此时企业有可能会出现投资不足的问题；相反，如果 $Z_t - Z_{t-1} < 0$，那么表明企业投资后财务状况变差，破产风险增加。根据前文的理论分析，此时企业有可能出现过度投资的问题。

（2）破产风险上升情形下的过度投资及其融资行为。

首先，过度投资及其融资行为检验。

根据第三章理论分析，企业如果在投资后破产风险上升，将有可能使股东感觉其在不用支付额外利息成本的情形下，使债权人承担了额外的成本，或者债权人为其承担了部分投资风险或投资成本。所以，企业有可能存在过度投资的可能。因此，我们将对风险增加情形下的企业进行重新回归。当然，我们同样可以采用建立交互变量，即创建一个有关风险增加的虚拟变量，将该虚拟变量与投资支出和负债融资变量分别相乘，然后将这两个交互变量分别加入投融资方程中，从而通过分别检验交互变量系数的正负，以此判断风险增加型样本投资支出对负债融资影响的差别以及负债融资对投资支出影响的差别。然而，与前文分析相似，我们将联立方程模型式（5.1）和式（5.2）进行如此调整后发现，模型将会出现比较严重的多重共线性，方差膨胀因子（VIF）最高值为 9.10。所以，我们只能按照不同样本进行回归，然后将不同样本下的回归系数进行比较，以此剖析企业投融资决策特征。所以，我们接下来将对 $Z_t - Z_{t-1} < 0$ 样本进行单独的检验，回归结果见表 5.15。

表 5.15 结果显示，对于破产风险上升的样本而言，三阶段最小二乘法归回结果与整体样本总体上没太大差异。在投资方程中，对所有风险上升企业而言，负债融资变量 ND 的系数为 1.0965，且在 1% 水平上显著。然而，对于破产风险上升企业，其投资行为是否存在过度投资问题？通过回顾表 5.8 的实证结果发现，在整体样本情形下或者从全部企业平均角度来看，负债融资对投资支出的作用系数为 0.9380，且在 1% 水平上显著。也就是说，对所有风险上升企业而言，其负债融资对投资支出的作用系数比整体样本或平均情况要大 1.0965 - 0.9380 = 0.1585，即单位负债融资会促进 0.1585 个单位的投资支出。所以，从整体上看，破产风险上升的企业都会出现比平时更强的投资动力，从而可以推断，只要企业破产风险

在投资后上升，企业都会表现出过度投资的现象①。此外，表 5.15 也列出了对于破产风险上升且第一大股东股权比例超过 30% 的企业投融资决策问题，结果发现，破产风险上升且股权集中的企业，负债融资对投资支出的作用系数为 1.0967，略大于全部破产风险上升企业的 1.0965，所以股权集中型企业表现出来更强的投资动力，从而证明破产风险上升的股权集中型企业确实存在过度投资或者更严重的过度投资问题。假设 5.3b 得以证明。

表 5.15　　　基于破产风险上升样本的投融资决策相互关系检验

Panel A：所有破产风险上升的样本							
投资方程（因变量为 I）				Panel B：融资方程（因变量为 ND）			
变量名称	参数估计	z 值	Prob. > | z |	变量名称	参数估计	z 值	Prob. > | z |
常数项	0.4465 ***	5.10	0.000	常数项	-1.7109 ***	-3.88	0.000
ND	1.0965 ***	104.67	0.000	I	-8.0968 ***	-3.30	0.001
$Szzl$	-0.0004 *	-1.93	0.054	C	0.3598	0.73	0.468
C	1.5828 ***	44.21	0.000	E	7.4582 **	3.67	0.000
P_{t-1}	0.2629 ***	8.53	0.000	Dep	-0.0046 **	-2.23	0.026
$VarLr$	-0.2050 ***	-13.04	0.000	L_{t-1}	-0.0058	-0.42	0.676
Q_{t-1}	0.0001	0.08	0.938	Q_{t-1}	0.0047 *	1.65	0.098
$Size$	-0.0374 ***	-10.11	0.000	$Size$	0.1137 ***	4.64	0.000
时间	控制			时间	控制		
R^2	0.6037			R^2	0.1235		
RMSE	0.5693			RMSE	0.366396		
Chi^2	11192.68 ***			Chi^2	1789.17 ***		
观测值	20093			观测值	20093		

---

① 虽然，从直接意义上看，对破产风险上升企业来说，负债融资对投资支出作用系数比其他时候更强，难以看出企业是否存在过度投资。但是我们仍可以如此推断：如果整体样本不存在过度投资，那么破产风险上升型企业投资动力更强，说明其投资超过了平均水平，我们可以认为其存在过度投资的问题；如果整体样本存在过度投资，破产上升型企业投资动力更强则说明其过度投资问题更严重。所以，我们可以推定破产风险上升的企业确实会出现过度投资问题。

续表

PanelB：破产风险上升且股权集中的样本							
投资方程（因变量为 *I*）				Panel B：融资方程（因变量为 *ND*）			
变量名称	参数估计	z 值	Prob. > | z |	变量名称	参数估计	z 值	Prob. > | z |
常数项	1.1439 ***	6.87	0.000	常数项	−0.9170 ***	−3.75	0.000
ND	1.0967 ***	81.17	0.000	*I*	−3.6773 ***	−3.55	0.000
Szzl	−0.0050 ***	−4.20	0.000	*C*	−0.6638 **	−2.45	0.014
C	2.1559 ***	40.12	0.000	*E*	3.8100 ***	4.44	0.000
P_{t-1}	1.3536 ***	12.86	0.000	*Dep*	0.0010	0.31	0.756
VarLr	0.0275	0.78	0.434	L_{t-1}	0.0273	1.13	0.260
Q_{t-1}	−0.0454	−7.12	0.000	Q_{t-1}	0.0059	0.62	0.536
Size	−0.0749 ***	−10.91	0.000	*Size*	0.0837 ***	6.93	0.000
时间	控制			时间	控制		
R^2	0.4697			R^2	0.3565		
RMSE	0.6983			RMSE	0.9921		
Chi^2	7313.64 ***			Chi^2	3465.12 ***		
观测值	12083			观测值	12083		

注：*** 表示在 1% 的水平上显著；** 表示在 5% 的水平上显著；* 表示在 10% 的水平上显著。

继续考察表 5.15 中负债融资方程发现，从全部破产风险上升企业看，投资支出变量对负债融资的作用系数为负，且通过了显著性检验。结果表明，企业投资支出越多，其负债融资会更少。之所以会这样也许是源自两个方面的原因：其一，在破产风险上升企业里，即便属于股权分散情形，企业也会存在过度投资的问题（投资方程分析表明确实存在这样一种可能，并且这类企业过度投资问题比股权集中企业更弱而已），所以此时企业会受到较强的负债融资约束，从而会减少负债融资水平；其二，即便股权分散性企业本身没有过度投资的问题，但是受信息不对称问题的影响，债权人无法完全揭示企业的行为特征，但是从风险规避动机考虑减少了对所有破产风险上升型企业负债资金的供给。因此，假设 4.6a 关于过度投资企业负债融资会减少的假设得到证实。然而，进一步分析对于破产风险上升且股权集中样本下投资支出对负债融资的作用系数发现，其作用系数显著为负，但是低于全部破产风险上升企业。然而，从前文分析可知，这类企业存在更加明显的过度投资问题。根据第三章理论分析结果可知，企业之所以会投资过度是因为在新增负债水平足够多的情形下股东不用承担全部投资成本，部分投资风险或投资成本由新旧债权人共同承担，但是一旦投资成功，股东能够获得扣除固定利息费用外的全部收益。此时，如果债权人能够在授予信贷资金时理性预期这种过度投资问题，那么他们会通过提高利息要求等方式提高债务资金的风险溢价，或者会增加限制性条款提高对负债资金的保护，如此将大大地增加企业对负债资金使用的难度，从而抑制企业负债融资的热情。以此推断，投资支出对负债融资的促进作用将会受到抑制，过度投资越严重，抑制效应会越强，投资支出对负债融资的作用系数会更小。但是，表5.15没有支持这样的推断。这样的现象说明对于存在相对控股或绝对控股情形的企业，有可能存在一定的融资决策非理性或者非效率问题。这一方面的原因也许是因为这类企业即便债权人提高债务筹资门槛股东仍然会极力筹入资金，从而形成企业对债务资金"贪婪"的现象或者过度融资现象；另一方面的原因也许是我国信贷市场存在不尽完善的地方，银行放贷行为以及贷款利率没有完全反映企业的资信水平和投资经营状况。事实上，我国企业最大的债权人是银行，其贷款利率没有完全市场化，从而不能完全反映企业经营状况。此外，在股权集中类企业里，大部分企业都是国有性质，其社会资源更加广泛，社会形象更加稳定，加之大部分银行同属国有性质，其贷款行为在一定程度上仍受行政因素的影响，所以即便这类企业存在一定的投资过度，银行业不会有太强的反应从而使其负债融资受到太大的影响。

其次，折旧对过度投资的抑制效应检验。

根据第三章理论分析，过度投资的企业如果折旧水平增加，企业股东会因为折旧税盾的增加而放弃对负债税盾的过度追逐，与此同时，股东在过度投资情形下会增加企业的破产风险，从而导致企业在未来因投资过度而丧失折旧税盾的可能性也会增加，并使股东过度投资问题得到缓解。为了对折旧抑制过度投资行为的预测进行检验，我们将破产风险上升的样本划分为高、中、低折旧三个子样本，样本数量分别为6698个、6698个和6697个。值得注意的是，因为前文我们发现只要处于风险上升情形，企

业便存在过度投资的问题，只是存在控股股东的企业过度投资问题会稍显
严重而已，所以我们不必再单独对大股东情形进行检验，而只需对破产风
险上升企业分为高中低折旧进行检验和对比即可①。

表 5.16 列出了高低折旧情形下破产风险上升企业过度投资的变化情
况。从表中数据可知，对于风险上升企业或者存在过度投资的企业而言，
无论企业属于高折旧情形还是低折旧情形，负债融资与投资支出都具有显
著的正向关系。在高折旧企业里，负债融资对投资支出的作用系数为
0.1063，而在低折旧企业里，负债融资对投资支出的作用系数为 0.6677，
高折旧企业里负债融资对投资支出的作用系数在较大幅度上小于低折旧企
业里，低折旧企业该作用系数为高折旧企业作用系数的 6.2 倍。也就是
说，对于破产风险上升的企业而言，折旧水平的提高确实抑制了企业的投
资热情，企业过度投资问题会大幅度得到缓解和控制。

表 5.16 基于折旧因素对破产风险上升情形下过度投资问题的影响检验：投资方程

变量名称	高折旧情形			低折旧情形		
	参数估计	z 值	Prob. > | z |	参数估计	z 值	Prob. > | z |
常数	−0.0606	−1.52	0.129	−0.0461 *	−1.66	0.098
ND	0.1063 ***	30.66	0.000	0.6677 ***	42.04	0.000
$Szzl$	0.0001	1.10	0.273	−0.0034 ***	−3.11	0.002
C	0.2896 ***	21.84	0.000	0.1319 ***	8.54	0.000
P_{t-1}	0.1935 ***	10.32	0.000	0.0550 ***	11.06	0.000
$VarLr$	−0.0201	−1.16	0.245	−0.0808 ***	−16.11	0.000
Q_{t-1}	0.0001	0.42	0.678	0.0007 ***	3.29	0.001
$Size$	0.0060 ***	3.54	0.000	−0.0020 *	−1.76	0.078
时间	控制			控制		
R^2	0.0987			0.6070		

① 当然，由于多重共线性问题，我们同样没有用交互变量的方式进行检验，而只是对不同
样本进行分析。当然，由于在联立方程组模型中尚未发现一个比较有效的检验方法，这种直接比
较的方法仍不失为一个有效的阐释问题的手段。

变量名称	高折旧情形			低折旧情形		
	参数估计	z 值	Prob. > | z |	参数估计	z 值	Prob. > | z |
RMSE	0.1598			0.1034		
Chi^2	1242.49 ***			6437.26 ***		
观测值	6698			6697		

注：括号内为 t 值；*** 表示在 1% 的水平上显著；** 表示在 5% 的水平上显著；* 表示在 10% 的水平上显著。

（3）破产风险下降情形下的投资不足问题及其融资行为。

前文分析的是破产风险上升情形下负债融资可能存在的过度投资，以及过度投资过程中投融资相互作用的机理。接下来，我们将分析破产风险下降情形下是否会真的出现投资不足的问题。因为按照第三章的理论结果，如果投资后企业破产风险下降，那么企业以往的债权人在没有增加额外的成本基础上获得了财务状况的改善，即债务资金期望破产风险减少以及由此增加的期望价值。因此，股东通常会表现出投资动力不足的问题。为了验证这一点，我们首先利用破产风险下降的样本对联立方程模型进行了重新检验，回归结果见表 5.17。

表中数据显示，对于所有破产风险下降的企业而言，负债融资对投资支出的作用系数为 0.6137，系数在 1% 的水平上显著。然而，对于所有企业来看，表 5.8 数据显示负债融资对投资支出的作用系数为 0.9380，大于破产风险下降情形。所以，可以初步判断，对于所有破产风险下降的企业，其投资动力比平均水平要低，这些企业相较于整体样本或者说全部企业平均情况来看有可能存在投资不足的现象。为了进一步确认这种投资不足现象，我们又将破产风险下降企业中存在控股股东（股东持股比例大于或等于 30%）的企业进行了实证检验。结果发现，在这类企业里负债融资对投资支出的作用系数进一步下降为 0.5533。所以说，在存在控股股东的企业里，由于企业负债代理冲突更加明显，此时因为企业在投资后出现破产风险下降的现象，股东认为原有债权人攫取了股东的财富，从而导致股东有被剥夺的感觉，致使其投资动力更加不足。倘若对于所有破产风险下降的企业而言，受破产风险下降的影响，他们虽然投资动力下降了,但是并不能称为投资不足,但是对于存在控股股东的企业,其投资动力更大程度下降,那么说明其投资动力甚至低于所有破产风险下降企业的平均值,显然我们可以称为投资不足;倘若对于所有破产风险下降的企业而言,其投资动力下降也是因为投资不足所致,那么存在控股股东的企业投资动力更弱,此时则说明他们投资不足更为严重。所以,无论怎样判断,存在控股股东的企业确实会出现投资不足的现象,假设 5.3a 得到证实。

表 5.17　　　基于破产风险下降样本的投融资决策相互关系检验

Panel A:所有破产风险下降的样本							
投资方程(因变量为 I)				Panel B:融资方程(因变量为 ND)			
变量名称	参数估计	z 值	Prob. >｜z｜	变量名称	参数估计	z 值	Prob. >｜z｜
常数项	0.3628 ***	6.60	0.000	常数项	−0.6940 ***	−4.02	0.000
ND	0.6137 ***	193.11	0.000	I	2.4426 ***	19.41	0.000
$Szzl$	−0.0012 ***	−12.88	0.000	C	−7.3402 ***	−13.43	0.000
C	2.3331 ***	121.85	0.000	E	−3.7940 ***	−6.08	0.000
P_{t-1}	0.0778 ***	6.78	0.000	Dep	−0.0008	−0.36	0.720
$VarLr$	0.15591 ***	12.58	0.000	L_{t-1}	0.0014	0.23	0.816
Q_{t-1}	0.0011 **	2.09	0.037	Q_{t-1}	−0.0060 ***	−3.15	0.002
$Size$	−0.0235 ***	−10.27	0.000	$Size$	0.0555 ***	7.22	0.000
时间	控制			时间	控制		
R^2	0.8671			R^2	0.3137		
RMSE	0.4009			RMSE	1.2042		
Chi^2	75882.35 ***			Chi^2	15506.86 ***		
观测值	22543			观测值	22543		
PanelB:破产风险下降且股权集中的样本							
投资方程(因变量为 I)				Panel B:融资方程(因变量为 ND)			
变量名称	参数估计	z 值	Prob. >｜z｜	变量名称	参数估计	z 值	Prob. >｜z｜
常数项	0.5774 ***	7.63	0.000	常数项	−0.6760 ***	−6.47	0.000
ND	0.5533 ***	272.17	0.000	I	1.2016 ***	40.74	0.000

续表

PanelB：破产风险下降且股权集中的样本							
投资方程（因变量为 I）				Panel B：融资方程（因变量为 ND）			
变量名称	参数估计	z 值	Prob. > |z|	变量名称	参数估计	z 值	Prob. > |z|
$Szzl$	0.0002 ***	5.13	0.000	C	−2.7758 ***	−13.63	0.000
C	3.2752 ***	155.97	0.000	E	2.3417 ***	11.44	0.000
P_{t-1}	−0.4346 ***	−10.27	0.000	Dep	0.0034	1.06	0.291
$VarLr$	−0.7278 ***	−9.84	0.000	L_{t-1}	0.0170 **	2.19	0.028
Q_{t-1}	−0.0135 ***	−5.41	0.000	Q_{t-1}	0.0131 ***	3.68	0.000
$Size$	−0.0311 ***	−10.00	0.000	$Size$	0.0344 ***	7.69	0.000
时间	控制			时间	控制		
R^2	0.9264			R^2	0.9240		
RMSE	0.3843			RMSE	0.5107		
Chi^2	125571.72 ***			Chi^2	116749.84 ***		
观测值	13537			观测值	13537		

注：*** 表示在 1% 的水平上显著；** 表示在 5% 的水平上显著；* 表示在 10% 的水平上显著。

继续考察融资方程发现，对于所有破产风险下降的企业来说，投资支出会显著地增加负债融资，且作用系数为 2.4426。回顾表 5.8 数据发现，在全部样本情形下，投资支出对负债融资的作用系数为 2.2583，小于破产风险下降情形。这说明由于企业投资动力下降或者说投资更为谨慎，企业获取负债资金的渠道更为宽广或者条件更为宽松，企业利用负债资金筹措投资成本的能力大为增强。然而，由于我们无法判断此时是否真的属于投资不足问题，因此尚不能确定这种负债能力增强是否属于投资不足所致。进一步查看具有控股股东的企业发现，此时投资支出对负债融资的作用系数变为 1.2016，较大幅度小于全部破产风险下降的企业。然而，我们从上文的分析可知，存在控股股东的破产风险下降企业会出现投资不足的问题。按道理，此时投资不足的现象会强化债权人对其未来信贷资金的信心，所以债权人会更加倾向于以更加优惠的条件为这些企业贷款。但是，这种现象并未得到证实，从而假设 5.7b 没有得到验证，其原因有可能是因为投资不足情形下股东对未来债权人进一步侵蚀其利益表示担忧，从而显得负债融资动力不足。当然，这也许是由于我国信贷市场利率市场化等市场因素障碍导致信贷条件无法与借贷企业资质完全匹配所致。

六　负债期限结构下负债融资与投资决策同期互动机制的进一步检验

按照第三章理论分析，如果企业在投资后破产风险足够低，短期负债的增加会导致企业投资支出的增加，而若破产风险足够高，短期负债的增加又会对企业投资支出产生抑制作用。为了对这种机制进行检验，我们将联立方程组式（5.1）和式（5.2）进行了调整，将投资方程中解释变量换成短期负债融资（用 SD 表示）[①]，将融资方程中被解释变量换成短期负债融资。接下来，我们将样本划分为投资后破产风险低的样本和投资后破产风险高的样本。与前文一致，我们将用 Z 分值来描述企业的破产风险，并且根据第三章分析思路，我们将取与投资同期的 Z 分值作为投资后的破产风险。对于破产风险高低的界定，Altman（1968）认为，如果 Z 分值大于 2.99，公司在一年之内将不会出现破产危机，Z 分值小于 1.81 则企业有可能会在一年之内出现破产危机。但是，根据我国上市公司情况，42636 个样本中有 23764 个样本的 Z 分值低于 1.81，15359 个样本的 Z 分值低于 1，4159 个样本 Z 分值低于 0。鉴于前文所述破产风险足够高是指投资后短期负债偿还时企业即有可能破产，所以破产风险足够高的企业数量应属于少数，为此我们将 Z 分值低于 0 定义为破产风险足够高的企业。另一方面，Altman（1968）认为，Z 分值大于 2.99，企业在一年之内将不会破产。因为，前文所论及的破产风险足够低是指投资后短期负债偿还时企业不会出现破产可能，所以我们直接借用该标准用以界定破产风险足够低的企业。

---

① 短期负债融资 SD 的计算方式为，（t 期短期负债 −（t−1）期短期负债）÷（t−1）期总资产。

表 5.18　　　　　基于负债期限结构的投融资决策相互关系检验

Panel A：破产风险足够低的样本

投资方程（因变量为 I）				Panel B：融资方程（因变量为 SD）			
变量名称	参数估计	z 值	Prob. > | z |	变量名称	参数估计	z 值	Prob. > | z |
常数项	−0.0250	−1.27	0.204	常数项	0.1926 **	2.49	0.013
SD	0.1060 ***	7.78	0.000	I	5.9344 ***	8.44	0.000
$Szzl$	−0.0001 **	−2.01	0.045	C	−0.6047 ***	−6.49	0.000
C	0.1153 ***	11.18	0.000	E	−1.0130 ***	−3.09	0.002
P_{t-1}	0.0176 ***	4.70	0.000	Dep	0.0001	0.13	0.896
$VarLr$	−0.0485 ***	−6.56	0.000	L_{t-1}	−0.1663 ***	−8.56	0.000
Q_{t-1}	0.0001	0.52	0.600	Q_{t-1}	0.0013	1.18	0.239
$Size$	0.0009	1.12	0.264	$Size$	−0.0048	−1.45	0.148
时间	控制			时间	控制		
R^2	0.1138			R^2	0.5781		
RMSE	0.0880			RMSE	0.4935		
Chi^2	1724.14 ***			Chi^2	8203.65 ***		
观测值	11518			观测值	11518		

PanelB：破产风险足够高的样本

投资方程（因变量为 I）				Panel B：融资方程（因变量为 SD）			
变量名称	参数估计	z 值	Prob. > | z |	变量名称	参数估计	z 值	Prob. > | z |
常数项	0.05071	0.16	0.875	常数项	−1.0134 ***	−3.71	0.000
SD	1.8742 ***	46.39	0.000	I	−3.9291 ***	−27.04	0.000
$Szzl$	−0.0279 ***	−32.00	0.000	C	0.3994 ***	4.03	0.000
C	0.4669 ***	4.78	0.000	E	3.6853 ***	31.46	0.000
P_{t-1}	0.0865 **	2.48	0.013	Dep	−0.0020 *	−1.93	0.053
$VarLr$	0.0159	0.58	0.565	L_{t-1}	0.0165 **	2.67	0.008
Q_{t-1}	−0.0013	−0.93	0.351	Q_{t-1}	−0.0002	−0.16	0.871
$Size$	−0.0566 ***	−4.50	0.000	$Size$	0.0748 ***	7.04	0.000
时间	控制			时间	控制		
R^2	0.7371			R^2	0.1437		
RMSE	1.2456			RMSE	1.0543		
Chi^2	2269.33 ***			Chi^2	3247.49 ***		
观测值	4159			观测值	4159		

注：*** 表示在 1% 的水平上显著；** 表示在 5% 的水平上显著；* 表示在 10% 的水平上显著。

表 5.18 的结果显示，当企业破产风险足够低时，短期负债融资对投资支出的作用系数为 0.106，且在 1% 的水平上通过了显著性检验。该结果说明，每单位短期负债融资都会带来 0.106 单位的投资支出。在企业没有破产风险的情况下，由于短期负债只会增加企业的税收利益，从而对投资项目的价值产生正向作用，最终促进企业投资支出。然而，对于破产风险足够高的企业而言，短期负债融资对投资支出的作用系数为 1.8742。结果说明，即便在企业未来存在很大破产可能性的情形下（Z 分值小于 0），企业通过短期负债融资的增加能够带来投资支出较大程度的增加。假设 5.4a 没有完全得到支持，按正常的推断，在企业存在较高破产风险的情形下，短期负债会给企业带来足够多的期望破产成本，企业投资价值会相对偏低以至于不适合投资。所以，对于这类企业而言，其投资行为存在投资扭曲的问题。这一现象的出现应该是我国上市公司退市制度不完善所致。同时，因为我国企业在短期负债融资过程中即便企业出现较高的破产风险，他们也会通过债务展期解决债务偿还问题，从而不会导致企业破产。进一步考察融资方程发现，在破产风险足够低时，投资支出会在较大程度上促进短期负债融资，说明我国企业存在利用短期负债筹措投资资金的现象①。然而，对于破产风险足够高时，投资支出对短期负债融资的作用系数为负，从而说明破产风险高的企业确实出现了短期负债融资能力下降的现象。

根据第三章理论观点，由于短期负债会增加企业现金流的压力，从而迫使企业采取更为谨慎的投资策略，以此寻找更为优质的项目以应付短期负债本息偿还需求。所以，对于存在过度投资的企业而言，短期负债比例的增加会对其过度投资行为产生抑制作用，甚至有可能导致企业投资不足。为了验证这种现象，我们首先对原有联立方程模型进行了部分调整，即在投资方程中加入了一个交互变量 $ND * SD$，即将新增负债融资与短期负债融资相乘。然后，利用破产风险上升样本对调整后的联立方程模型进行回归，如果交互变量的回归系数为负，即可推断短期负债对负债促进投资支出的促进作用起到了抑制作用。从表 5.19 可知，对于投资风险上升的样本来看，新增负债的系数为 0.6094，交互变量的系数为 -0.0009，

---

① 事实上，我国上市公司短期负债占总负债比例的均值为 0.8240，中位数为 0.8944，上市公司存在短期负债比例偏高的现象，从而说明上市公司存在大量使用短期负债的动力。

且都在 1% 的水平上显著。结果说明，对于之前我们验证存在过度投资问题风险上升的企业而言，新增负债会促进投资支出，但是短期负债融资会抑制这种效应的发挥。进一步看风险上升且存在控股股东的企业，交互变量同样显著为负，且大于全部风险样本的系数，从而说明存在控股股东的企业因为过度投资问题更为严重，短期负债对其抑制作用更大，假设 5.4b 得到验证。

表 5.19　　短期负债融资抑制过度投资问题的检验：投资方程结果

Panel A：破产风险足够低的样本									
PanelA：风险上升的全部样本					Panel B：风险上升且存在控股股东的样本				
变量名称	参数估计	z 值	Prob. >｜z｜	VIF 值	变量名称	参数估计	z 值	Prob. >｜z｜	VIF 值
常数项	0.0724	1.34	0.179		常数项	0.2876 ***	2.82	0.005	
ND	0.6094 ***	61.49	0.000	5.69	ND	0.6634 ***	48.53	0.000	6.11
$ND*SD$	-0.0009 ***	-3.07	0.002	5.59	$ND*SD$	-0.0020 ***	-5.29	0.000	5.65
$Szzl$	0.0003 ***	2.86	0.004	1.19	$Szzl$	0.0056 ***	8.95	0.000	1.11
C	0.9776 ***	44.39	0.000	1.35	C	1.2559 ***	38.33	0.000	1.38
P_{t-1}	0.0918 ***	6.02	0.000	1.05	P_{t-1}	0.2914 ***	5.27	0.000	1.29
$VarLr$	-0.1233 ***	-15.29	0.000	1.05	$VarLr$	0.0218	1.05	0.294	1.02
Q_{t-1}	0.0006	1.15	0.250	1.11	Q_{t-1}	-0.0187 ***	-4.78	0.000	1.53
$Size$	-0.0114 ***	-5.04	0.000	1.22	$Size$	-0.0245 ***	-5.88	0.000	1.58
时间	控制				时间	控制			
R^2	0.3195				R^2	0.3568			
RMSE	0.3709				RMSE	0.4619			
Chi^2	32529.84 ***				Chi^2	21363.83 ***			
观测值	20093				观测值	12083			

注：*** 表示在 1% 的水平上显著；** 表示在 5% 的水平上显著；* 表示在 10% 的水平上显著。

第五节　本章小结

以第三章理论结果为基础，本章对投融资决策同期互动机制进行了实证检验。结果发现：一方面，在税收利益的作用下，负债融资的增加会显著地提高企业的投资支出水平，这种正向作用的关系在高、低负债水平下都存在；另一方面，为了充分享受负债税收利益的好处，企业在筹措投资成本时也会尽量采用负债融资，投资会促进负债融资，但是因为受高负债融资下高期望破产成本的影响，投资对负债融资的促进作用会有所弱化，并且如果考虑折旧税盾对负债利息税盾的替代作用，高折旧水平下投资对负债融资的促进作用也会有所下降。考虑到负债期限结构，短期负债融资也会对投资支出产生促进作用，但是在企业存在较高破产风险时这种促进作用并没有下降，从而表明存在一定的投资扭曲。整体意义上，我国上市公司企业同期投融资决策会因税收利益和破产成本产生相互促进的关系。

考虑到企业存在的负债代理冲突问题，本章发现在破产风险上升的企业里，负债融资对投资支出的促进作用比平均意义更大，而对于股权集中型企业这种促进作用则更为强烈，从而验证了股东存在的过度投资问题。由于折旧税盾会减少企业提前投资从而最大可能利用负债税收利益的动力，所以折旧税盾会抑制企业过度投资热情。此外，由于短期负债会增加企业资金偿还压力，从而会促使企业推迟投资以等到更好的价位或利润水平，所以短期负债融资也会对企业过度投资问题产生抑制。对于融资行为而言，虽然全部破产风险上升企业以及股权集中型破产风险上升企业投资支出都会减少负债融资，从而说明过度投资确实导致了负债融资的资质下降，但是对于股权集中型破产风险上升企业亦即过度投资更为严重的企业，这种负向关系相对较弱，从而表明我国信贷市场仍然存在一定不完善的地方。另一方面，在破产风险下降的企业里，企业投资动力会比平均意义更小，并且在股权集中型企业负债对投资支出产生的促进作用会更小，从而说明企业因股东债权人利益冲突会在破产风险下降情形下出现投资不足问题。对于存在投资不足问题的企业，投资支出对负债融资的正向关系并没有因此变得更强，反而会融入更少的负债融资以此缓解债权人对企业利益的侵蚀。

第 六 章

企业投融资决策跨期互动
机制的实证检验

第一节 前 言

前文针对企业投资支出和负债融资之间的同期互动机制进行了实证检验，并得到了两者在各种情形下的相互作用机制。然而，正如第三章所述，作为一个动态成长的企业，其决策行为不能与历史成长路径完全割裂，投融资决策行为也会对其历史决策路径产生依赖。并且，第三章的理论探讨表明，之所以投融资决策会受到历史决策行为的影响，是因为历史投融资行为对存量税收利益和存量破产成本具有直接的影响，并且成为左右当期投融资决策新增税收利益和破产成本的关键变量。由此可以判断，企业历史投融资决策同样会通过税收利益以及破产成本对当期投融资决策产生跨期的影响，企业投融资决策之间会在时间动态视角而产生相互作用的关系。

对企业投融资决策之间存在的跨期动态作用关系，以往的文献主要集中于负债融资对投资支出单向关系的检验，并且普遍认为负债融资通常会导致企业投资过度、投资不足或者说相机治理三个方面的作用关系（Aivazian 等，2005；童盼、陆正飞，2005）。虽然，经过长期的深入研究，负债融资对投资决策的作用机制有了较深的研究，但是从时间维度刻画投融资决策之间跨期动态作用的关系和机制一直没有得到应有的关注。企业投融资决策跨期动态作用关系亟待人们的大胆尝试，并以此全面揭示企业投融资决策之间的相互作用机制。有鉴于此，有部分学者例如

Mougoué 和 Mukherjee（1994）等希望通过建立向量自回归模型直接检验投资支出和负债融资之间存在的彼此动态作用的关系。在他们的动态模型中既包含投资方程，也包括负债融资方程。在投资方程中，他们将若干个滞后期的负债融资作为解释变量，同时在负债融资方程中也将若干个滞后期投资支出作为解释变量。通过这样的模型设定，他们达到了投融资决策在同一联立方程模型中进行检验的目的。他们的研究结果表明，企业投资支出和负债融资之间存在一种正向的双向因果关系，以往的负债融资会对企业投资支出产生正向的作用关系，而以往的投资支出也会对负债融资形成促进作用。在他们的分析中认为投资支出之所以会对负债融资产生正向的作用关系，是因为投资支出会提高企业对外部资金的需求程度，所以会促进企业负债融资；另一方面，负债融资之所以会对投资支出产生促进作用，其原因在于负债融资能够作为一种显示企业具有良好投资机会的信息传递机制，如果企业进行负债融资，那么企业应该具有良好投资机会并且有较强负债承载能力，而如果企业减少负债融资，那么说明企业的负债融资水平已经达到或者超过其储备的借贷能力（reserve borrowing capacity），这样讲会导致企业融资约束变强从而限制企业的投资能力。然而，McCabe（1979），Peterson 和 Benesh（1983），以及 Bskin（1989）等学者认为，企业投融资决策之间的动态作用机制应该受其他因素的影响。根据前文的分析，企业投融资决策之间的跨期动态作用关系也有可能源自于企业税收利益与破产成本的联结。所以，本章希望以中国上市公司为样本，一方面检验投融资决策之间是否存在动态因果关系，另一方面在因果检验的基础上，验证投融资决策之间动态作用关系是否源自于税收利益和破产成本，以此丰富投融资决策相互关系研究的内涵，以此为中国上市公司投融资决策的科学性以及社会经济资源优化配置提供经验证据。

本章以下部分的结构安排如下：第二节是研究假设，第三节是研究设计，第四节是研究结果，第五节是本章小结。

第二节　研究假设

一　基于投资决策的相关假设

对于融资因素作用于投资支出的命题，最早起源于学者们对经典 MM

理论的讨论。1963 年 Modigliani 和 Miller 认为 MM 理论有着过强的前提假设，为了放宽这些假设，他们引入了公司所得税重新对企业投融资决策之间的关系进行了研究。通过研究他们发现，在考虑了公司所得税后，企业通过负债融资将得到利息支付的免税优惠，从而通过企业税收成本的减少将相应提高企业的价值。所以，在存在税收的环境中，企业投资决策将不再独立于其融资方案的选择。因为企业负债融资的高低直接影响企业应纳所得税的多寡，从而会对企业投资项目的经营成本和投资项目价值产生影响，并因此对企业投资项目的取舍偏好产生作用，最终改变企业的投资支出行为 (Myers, 1974; Hite, 1977)。他们有关负债融资会提高负债税收利益，从而对投资行为产生激励作用的观点在后来诸多学者的理论研究中得到了进一步的支持 (Cooper 和 Franks, 1983; Mauer 和 Triantis, 1994; Mauer 和 Sarkar, 2005)。根据彭程和刘星 (2007) 以及本文第三章分析的结果可知，新增负债和存量负债都会产生税收节约，如果给定新增负债不变，随着存量负债增加企业享受的税收利益会越高，此时决策者会有更强的投资动力。因此，我们可以初步形成如下研究假设：

假设 6.1 存量负债越高，企业税收利益则越高，企业会产生更多的投资支出。

除了试图揭示负债税收利益增加企业价值的研究文献，另一种观点认为负债还会产生破产成本，从而会对企业价值和投资行为产生影响。Baxter (1967) 作为 MM 理论后第一个在财务杠杆中引入破产风险的学者，他们期望通过引入负债破产风险以重新研究负债对企业价值的影响。经过分析，他们认为如果存在负债破产成本，企业将不会无限制地增加企业的负债资金。其原因在于，随着负债水平的提高，企业会出现递增的破产风险，从而导致企业期望破产成本增加，并因此对负债税收利益产生抵减效应。在税收利益和破产成本的共同作用下，企业资金成本将不再随负债水平单调减少，而会在低负债水平下单调下降但在高负债水平下呈现单调增加的特征。Kraus 和 Litzenberger (1973) 通过研究企业最优负债杠杆水平更为直观地展示了负债破产风险对企业的影响。他们认为，负债企业的价值可以由三个部分构成，即企业无杠杆条件下的价值加上企业所得税率与负债市场价值的乘积，然而再扣除期望破产成本的税后价值，从而将负债破产成本对企业价值的负向影响公式化和直观化。与 Kraus 和 Litzenberger

(1973) 的观点相似，Stiglitz（1972）认为企业负债引起的破产概率会通过对投资项目价值的影响，从而对包括兼并在内的投资行为产生作用。因为如果考虑企业负债融资背景下潜藏的破产风险以及由此导致的高额期望破产成本，企业的兼并行为可能变得毫无价值，从而促使企业更为慎重地选择兼并对象，企业投资支出将减少。与他们的分析不一样，本文第三章利用实物期权对上述问题进行了研究。分析结果认为，与新增负债融资一样，存量负债也会增加企业破产风险从而提高企业投资临界值。因为投资临界值上升意味着投资动力下降，所以存量负债会通过破产风险对投资支出产生抑制效应。所以，我们可以得出如下研究假设：

假设 6.2 存量负债会增加企业破产风险，并因此对投资支出产生抑制作用。

上述分析表明，存量负债不仅会因为负债税收利益对投资支出产生正向作用，而且会因为破产成本对投资支出形成负向影响。然而，公司治理理论中委托代理理论认为，在以委托代理关系作为典型特征的现代企业里，投资行为通常不是对价值最大化条件的一种反映。所以，存量负债通过税收利益和破产成本对投资行为的影响应该不会依循常规的作用路径。根据第三章的理论分析可知，倘若企业存在存量负债，并且在投资前存量负债导致了部分破产风险，此时若企业通过投资导致了未来的破产风险下降，那么股东会将此理解成原有债权人的一种利益攫取，因为他们在没有增加任何成本的基础上得到了债务资金风险的下降，债权人从投资中无偿地瓜分了部分利益，所以股东会出现投资不足的现象，并且存量破产风险越高，股东认为原有债权人瓜分利益的可能性会越大，企业投资不足问题将更严重；相反，如果投资后企业破产风险增加，此时股东将会认为他们在没有支付额外利息的基础上，使原有债权人分担了超额的投资风险或者投资成本，所以股东会产生过度投资的问题，并且存量负债越高，原有债权人承担超额投资成本的量将会越高，企业过度投资问题将越明显。依照上述逻辑，存量负债借由存量破产风险会对不同特性企业的投资行为产生不一样的影响。如果企业投资项目增长前景很好，或者投资机会非常好，那么投资之后企业破产风险下降的概率会相对较高，此时原有债权人可以在不通过增加任何投入的情形下从投资中获利，此时存量负债会借由破产风险抑制企业的投资热情，企业会表现出投资不足的现象。当然，这样的分析逻辑与 Myers（1977）有关负债融资下股东投资不足理论非常相似。与之相反，如果企业投资项目增长前景并不乐观，或者说投资机会并不良好，此时企业在投资后出现破产风险上升的可能性非常高，所以股东可以在不承担额外利息费用的情况下使原有债权人被动地承担了部分投资风险，此时存量负债借由破产风险将导致企业过度投资。事实上，如果企业不存在较好的投资项目，倘若存量负债高从而存量破产风险较高，此时即便企业投资失败，受有限责任的影响，企业只会产生少量的损失，其他大部分成本将由原有债权人承担，而倘若投资成功，股东将会从投资项目中获得大部分收益，因此股东会产生过度投资现象。当然，这种过度投资问题也与 Jensen 和 Meckling（1976）论及的资产替代问题具有高度的相似性。另一方面，如果企业投资机会少，企业具有低成长特性，那么负债融资也会通过存量破产风险对过度投资产生治理效应，其原因在于较高的存量破产风险给决策者造成未来企业转移控制权的压力也会比较高，此时如果企业投资不够谨慎，投资失败的情形将是企业控制权被转移给债权人。所以，我们可以进一步提出如下假设：

假设 6.3a 高成长企业因为存量破产风险产生股东的投资不足效应，破产风险对投资支出的抑制作用会更强。

假设 6.3b 在低成长企业，存量破产风险一方面有可能导致过度投资，从而使其投资支出抑制效应相对减弱，另一方面有可能对过度投资产生治理效应，从而使存量破产风险对投资的抑制作用变得更强。

综合而言，企业负债融资应该会对投资支出产生影响，历史负债水平应该是当期投资支出的因，所以我们还可以提出如下假设：

假设 6.4 总体上而言，历史负债融资和投资支出之间存在因和果的关系。

二　基于融资决策的相关假设

综合第三章理论分析结果，企业融资方案的选择也是融资策略中税收利益和破产成本之间权衡的结果，而企业历史投资情况也是影响负债税收利益和破产成本的重要因素。因为随着历史投资的增加，在给定利润率的情形下，企业会产生更多的经营利润，从而会存在更多的应税收入，税收成本也会因此增加。然而，负债融资因为利息成本税前抵扣的原因能够对税收负担产生抵减作用，因此企业会倾向于在融资方案中增加负债融资的比例。Dammon 和 Senbet（1988）将投资决策置入税收分析框架中，通过这样一个内生化投资决策的模型分析得出了类似的结论，并认为企业投资支出可导致企业经营利润的增加，从而增加企业负债税盾的价值，企业投资支出会通过收入效应增加其负债融资水平。

然而，另一方面 MacKie-Mason（1990）却认为，虽然利息支出可以减少企业当年的课税所得从而具有税盾效应，但是除了负债利息税盾，企业还存在其他非负债类的税盾，例如营业损失的前向或后向抵减、投资税额抵减等。如果企业营业损失抵减金额和投资抵减金额足够大，企业将免于纳税，从而使企业并不需要通过负债融资的方式以减少所得税。由此判断，税盾会在企业不同的经营背景下赋予负债融资不一样的价值，其价值的高低取决于负债利息扣除额对应的有效边际税率。倘若企业存在较高的有效边际税率，那么利息税盾将赋予增量负债融资较高的价值，相反如果有效税率比较低，负债融资将会具有较低的税盾价值。特别地，倘若企业税前利润趋近于零，那么企业会存在税收穷竭（tax-exhausted）的现象，此时企业边际税率会足够低以至于进一步的负债融资并不能有效降低其税收负担，企业会融入更少的负债资金。在 MacKie-Mason（1990）研究的基础上，Graham（1996）进一步以模拟的方式估算了单个企业的边际税率，并以此为基础实证检验了边际税率对企业融资决策的作用机制，结果表明边际税率越高企业负债融资将会越多。Lasfer（1995）则认为，对于企业的边际税率，其最大的弊病在于难以客观度量，所以他建议可以选择利用平均意义的有效税率来探讨企业税收状况与负债融资之间的关系。然而，他们利用有效税率进行实证研究并没有得到与理论预期相符的有力证据。对于这个现象的解释，Graham（1996）认为是 Lasfer（1995）以负债总量作为因变量的缘故，因为有效税率的高低更多的是影响企业进一步举债的能力，而于总量负债的多寡没有太多的直接关系。所以，Givoly 等（1992）以滞后期的所得税费用同应税收入之间的比值作为企业税收状况的代理变量，对企业税收状况与新增负债融资之间的关系进行了实证检验。检验结果表明，税收负担高的企业通常会比税收负担低的企业融入更多的负债资金。然而，Pittman（2002）等学者认为，上述研究都是在没有考虑企业财务状况情形下进行的研究，所以他们认为虽然企业税率与负债融资之间在客观上也许存在正相关的关系，但是在一些财务状况下这种关系也许表现得并不会那么明显。其原因在于，虽然企业负债税收节约能够增加企业的价值，但是负债同样会导致企业陷入财务约束的境地，在财务约束的情形下企业往往会面临更高的再融资成本和财务拮据成本，所以企业融资策略的选择应该以兼顾再融资成本、财务拮据成本和税收利益后的税收利益净值为依据。如果企业存在较强的财务约束，虽然负债融资可以使高税率企业产生较高的税收利益，但是同时也会引致高额的财务拮据成本和再融资成本，所以最后会产生更低的税收利益净值，因此企业并不会显著增加负债融资。

假设 6.5a 投资支出能通过收入效应提高企业税收负担，增加企业有效税率水平，并因此对负债融资产生促进作用。

假设 6.5b 在较强财务约束企业，有效税率对负债融资的促进作用比较弱，而在财务约束较弱的企业里，有效税率对负债融资的促进作用比较强。

上述分析是基于投资收入效应展开的，与之不同，DeAngelo 和 Masulis（1980）则着重分析了非负债税盾对融资决策的影响。在研究中他们建立了一个状态偏好模型，并指出负债利息支付并不是企业税盾的唯一源泉，企业还可以在固定资产投资中享受资本折旧带来的税收节约。他们的模型认为，企业在某些市场状态下产生的经营收入有可能不能完全满足折旧计提和利息支付的总额，从而会让两种税盾之间产生替代效应。在实际操作中，如果给定企业经营收入水平既定不变，企业计提的折旧越多用以支付利息的收入则会越少，在经营收入较低的情形下甚至不能完全涵盖负债利息的支付，这种利息支付缺口将导致企业丧失部分利息税盾，此时企业负债融资的价值将会下降。由此判断，债务利息与折旧费用的税收抵扣效应之间存在相互替代和相互竞争的关系。在折旧税盾替代效应的作用下，投资支出的增加将会减少企业的负债融资。考虑到这种税盾替代效应，学者们开启了税收因素下投融资决策的再思考。Dotan 和 Ravid（1985）通过研究指出，从边际的角度而言，企业更高的生产产能应该利用更少的负债融资，也就是说更高的投资应对应更低的负债融资。与此同时，Dammon 和 Senbet（1988）在其税收框架模型中也得出了类似的结论，也就是说与投资相关的税盾效应会降低企业负债融资的水平。所以，我们可以初步得出如下研究假设：

假设6.6 在税盾替代效应的作用下，投资会通过折旧税盾减少企业的负债融资水平。

与前文的分析相似，企业负债融资的多寡不仅会受到税收利益的影响，而且与期望破产成本紧密关联。第三章的分析也指出，因为企业历史投资水平会直接增加企业的经营收入，从而对财务风险状况产生作用，最终企业往期的投资支出同样会通过对破产风险的抑制作用对当期的负债融资行为产生影响。

对于融资决策中破产因素的作用，以往的学者包括 Martin 和 Scott（1976）、Hong 和 Rappaport（1978）与 Rhee 和 McCarthy（1982）等在企业负债能力（debt capacity）和资本预算决策的研究中进行了重要的启迪性思考。在他们的研究中认为，之所以企业会破产是因为其现金流量无法满足还本付息的要求从而出现了资金亏缺的缘故。由此而言，不仅负债融资量本身而且企业现金流的分布状况也会对企业破产概率的高低产生作用。所以，企业不仅可以通过负债融资量的管控来影响企业的破产风险，而且可以通过投资行为的优化对企业现金流量及其波动状况进行有效的管理，从而对企业财务亏空的风险即期望破产成本产生约束，最终对最优负债水平施加影响。对此，Martin 和 Scott（1976）在研究中指出，那些有助于控制企业现金流波动的投资行为，往往能够使企业负债融资的能力得到扩充，企业最优负债水平将提高。Hong 和 Rappaport（1978）在资本预算与最优资本结构的研究中发现，因为多元化投资能够起到降低企业整体收入波动的水平，因此能够降低企业的破产风险，提高其最优负债水平。然而，Rhee 和 McCarthy（1982）却认为，虽然企业的投资支出能够通过收入水平增加而改善其破产风险状况，并因此提高企业的负债能力，但是在这样的过程中也可能涉及股东财富转移问题，从而使股东投资动力下降（Higgins 和 Schall，1975）。也就是说，如果企业存在负债代理冲突，企业并不一定会进行投资从而改善其财务风险。事实上，前文分析结论表明，在低成长的企业里，负债融资有可能导致股东的过度投资，也有可能对企业过度投资产生治理效应。如果负债融资下的过度投资问题占据主导地位，此时企业投资不仅不会改善企业财务风险状况，反而会导致财务风险增加。由此，我们可以初步得出如下研究假设：

假设 6.7a 投资支出会通过经营收入的增加从而降低企业的破产风险，最终对负债融资产生促进作用。

假设 6.7b 在低成长企业里，如果企业产生过度投资的现象，此时投资支出并不会减少企业的破产风险。

综合上述分析，企业投资支出会对负债融资产生作用，历史投资情况应该是当期负债融资的因，所以我们还可以提出如下假设：

假设 6.8 总体上来看，历史投资决策和负债融资之间存在因和果的关系。

第三节　实证研究设计

一　研究样本与数据来源

本章研究样本仍然来自国泰安信息技术有限公司开发的 CSMAR 数据库。与前文一致，我们将继续选取来自 2001 年 12 月 31 日以前在沪深股市上市的公司，样本公司选择的标准与第五章一致，所以最后共选择了 836 家样本公司从 2001 年 12 月 31 日到 2014 年 12 月 31 日 52 个季度的样本数据。

二　研究模型与变量说明

本章主要希望对跨时期投融资决策之间的动态关系进行检验，首先我们将从整体上检验两者动态关系的存在性，然后我们将检验两者因税收利益和破产成本联结下产生的动态作用机制。

1）企业投融资决策跨期动态作用关系存在性检验。

本章希望首先能够检验企业跨期投融资决策之间是否存在相互作用的关系，也就是说滞后期投资决策是否会对负债融资决策产生影响，滞后期负债融资决策是否会对投资决策产生影响。对于这种影响的研究，学者们基本上用以下三种方法建立模型进行过研究：其一，以 Baskin（1989）为代表的学者建立截面数据或面板数据模型进行 OLS 检验；其二，以 Mougoué 和 Mukherjee（1994）为代表的学者，建立时间序列模型，进行 Granger 因果检验；其三，以 Peterson 和 Benesh（1983）为代表的学者建立面板数据模型，进行 2SLS、3SLS、SUR 等实证检验。虽然 OLS、2SLS、

3SLS、SUR 等实证方法在截面数据或面板数据模型下，对整体样本进行实证研究时能够在加入适当的外生变量的基础上有效地检验两者的动态关系以及动态机理，然而在利用单个企业时间序列进行检验时 Granger 因果检验方法存在较大的优势。所以，我们在该部分的研究将采用 Granger 因果检验方法。

Granger 因果关系检验方法由 2003 年诺贝尔经济学奖得主克莱夫·格兰杰（Clive W. J. Granger）开创，用于分析经济变量之间的因果关系。他给因果关系的定义为"依赖于使用过去某些时点上所有信息的最佳最小二乘预测的方差"。由于文章该部分不仅希望对整体样本进行整体检验，而且希望对存在动态投融资关系的企业进行检验和判断，以此调查哪些企业在统计上投融资之间存在因果关系，从而标明这些企业遵循了投资以融资能力为基础或者融资以投资需求为背景的互动决策原则。因此，本书需要对单个企业进行基于时间序列的 Granger 因果检验，从而参照 Smirlock 和 Marshall（1983）以及 Mougoué 和 Mukherjee（1994）的方法，建立如下时间序列模型：

$$I_t = \pi_{11}(L)I_t + \pi_{12}(L)D_t + \varepsilon_t \tag{6.1}$$

$$D_t = \pi_{21}(L)D_t + \pi_{22}(L)I_t + \zeta_t \tag{6.2}$$

其中，I_t 和 ND_t 分别是 t 期的新增投资和新增负债融资（具体定义见表 5.5）；π_{ij}（L）是滞后期多项式 $\sum_{k=1}^{p} \theta_{ijk}L^k$，$L^k$ 表示滞后期运算因子（$L^k I_t = I_{t-k}$），θ_{ijk} 是需要估计的系数；（ε_t, ζ_t）是具有常数方差 - 协方差矩阵的常规零均值误差项；p 是给定变量的一维自回归过程的最优滞后期。

2）企业投融资决策跨期动态作用机制检验。

在对企业投融资决策之间跨期动态作用关系存在性得以确认之后，本部分将重点分析投融资决策因税收利益和破产成本产生的双向动态作用机制，也就是说分析历史投融资行为如何通过税收因素和破产因素对未来投融资决策产生作用。根据前文的分析，我们建立了如下联立方程组模型：

$$R_{t-1} = \alpha_1 + \beta_1 I_{t-1} + \beta_2 L_{t-1} + \beta_3 I_{t-2} + \beta_4 B_{t-1} + \beta_5 APD_{t-1} + \beta_6 VarLr_{t-1}$$
$$+ \beta_7 Size_{t-1} + \sum_{t=1}^{49} \lambda_{1t} Dum_t + \varepsilon_{1it} \tag{6.3}$$

$$TR_{t-1} = \alpha_2 + \beta_1 I_{t-1} + \beta_2 L_{t-1} + \beta_3 I_{t-2} + \beta_4 Szzl_{t-1} + \beta_5 ROA_{t-1} + \beta_6 FA_{t-1}$$

$$+ \beta_7 Size_{t-1} + \sum_{t=1}^{49} \lambda_{2t} Dum_t + \varepsilon_{2it} \tag{6.4}$$

$$I = \alpha_3 + \gamma_1 R_{t-1} + \gamma_2 TR_{t-1} + \gamma_3 C + \gamma_4 Q_{t-1} + \gamma_5 Szzl + \gamma_6 P_{t-1}$$

$$+ \gamma_7 VarLr + \gamma_8 Size + \sum_{t=1}^{49} \lambda_{3t} Dum_t + \varepsilon_{3it} \tag{6.5}$$

$$ND = \alpha_4 + \eta_1 R_{t-1} + \eta_2 TR_{t-1} + \eta_3 C + \eta_4 Q_{t-1} + \eta_5 E + \eta_6 Dep$$

$$+ \eta_7 Size + \sum_{t=1}^{49} \lambda_{4t} Dum_t + \varepsilon_{4it} \tag{6.6}$$

在联立方程模型中，我们分别采用破产风险和有效所得税率，即 R 和 TR 变量描述企业的期望破产成本和税收利益。根据 Childs 等（2005）、Mauer 和 Sarkar（2005）以及本书第三章理论分析对期望破产成本的定义，企业破产成本是破产时的破产损失与破产概率的乘积。对于破产时的破产损失，至今学者们尚未得到一个准确的刻画方式。其中，Fries 等（1997）近似地将破产时的破产损失定义为对于价格的一个非降的函数，Childs 等（2005）以及 Mauer 和 Sarkar（2005）则直接将之假设为破产时企业净资产价值的一个大于零小于 1 的部分。对于其定义，本书近似地采用了 Childs, et al（2005）以及 Mauer 和 Sarkar（2005）的方法，即企业股权价值的一部分。对于这些研究采用的方法，其共同特征就是破产损失的高低与破产时企业价值的高低紧密相关。对于一个特定的企业而言，因为其破产临界值应该是根据企业典型的特征预设的，所以可以近似地理解为每个企业在破产时的损失应该是固定的，那么期望破产成本将主要取决于另一个变动因素，即企业破产概率。所以，破产概率或破产风险应该是对企业破产成本的一个良好替代。显然，破产风险越高，期望破产成本则越高。对于破产风险指标 R，其度量方法将与第五章相似，即利用能够反映企业综合财务风险的 Z 分值予以刻画。Z 分值指标认为，Z 分值越高，那么企业的破产风险会越小。出于直观的考虑，我们将对 Z 分值进行反向处理以表示企业的破产风险，即 $R = -Z$。显然，通过反向处理，R 值越高企业的破产风险将会越高。

与破产风险相似，目前同样没有一个直接的方法以刻画企业的税收利益。通常而言，学者们会采用平均意义上的有效所得税率（如 Lasfer，

1995）和边际意义上的边际所得税率（如 Pittman，2002）进行间接的替代。有效所得税率或者边际所得税率越高，说明企业并没有利用好多种财务手段以充分享受税收利益，此时企业通常会面临较高的资金使用成本，从而对投资支出产生不利的影响。在高税率背景下，企业通常具有较大空间利用各种手段进行筹划以提高税收节约带来的好处，负债融资则是其中有效的手段之一。也就是说，在高税率背景下企业负债融资的边际税收利益会处于较高的位置。由于边际所得税率必须从边际意义上进行描述，其度量存在难度较大的弊病，所以尚无一个有效的度量方式。然而，有效税率旨在从平均概念入手，实际操作中应用相对更为广泛。所以，我们将采用有效税率以描述企业的税收利益状况。对于有效税率指标 TR，目前普遍的理解是平均意义上企业每单位盈利所承担的应税义务。在此，我们将借鉴 Porcano（1986）的思路以描述企业的有效税率，其计算方法为：有效税率 =（所得税费用 − 递延税款贷项）/EBIT，分子反映的是排除纳税影响会计法对所得税产生的实践性差异，从而计算出当期企业实际所得税费用，分母则是息税前利润。在此，我们采用了会计上的息税前利润作为分母而不是经过纳税调整的应纳税所得，其原因在于：首先，我们很难得到税务部门有关纳税调整的相关数字；其次，从研究角度而言，学者们通常关注的是基于财务会计制度计算出来的会计收益；最后，息税前利润真实地反映了企业在支付债权人、股东以及政府等利益相关者相关利润之前的企业当期盈利情况，也是企业利用其控制的与税负对应的总体经济资源进行盈利活动的结果。所以，利用息税前利润作为分母，有效税率指标将能反映企业在一定会计期间内利用其拥有的总体资源产生的盈利在平均意义上需要承担的税收义务。

由于投融资方程的被解释变量在第五章已经作了详细的说明，此处将不再赘述。

接下来，我们将重点分析联立方程中每个方程解释变量和控制变量选择的原因。首先，对于投资方程而言，本章主要是为了集中研究破产风险和有效税率对投资决策的影响，因此其解释变量是滞后期破产风险和滞后期有效税率，而并非新增负债融资。之所以采用滞后期有效税率和滞后期破产风险，是因为企业投资决策者通常会根据投资前的税收状况而非投资后的经营后果作为决策参考，同时投资决策者通常会感受到决策前破产风险对其施加的影响和压力，而通常对投资后的不定的风险状况较少考虑，同时企业当前的债权人也会通过往期累计的风险水平追踪和确定其对企业投资行为施加的压力和干涉的程度。所以，滞后期有效税率和破产风险将更能反映企业的决策行为特征。当然，为了尽量控制其他因素对投资支出的影响，我们还是投资方程中引入了其他控制变量。这些控制变量与第五章的选择相同，此处不再一一赘述。

其次，对于负债融资方程，与投资方程相似我们也采用滞后期破产成本和滞后期有效税率当作其解释变量。显然，从现实决策逻辑看，企业负债融资行为更多会受到决策时企业风险规模的影响，这一方面是决策者融资行为本身会受到存量破产风险的约束，另一方面是因为企业债权人往往会通过存量风险水平的追踪和评估以确定其授信额度。对于有效税率的选择，因为企业在进行税收筹划时往往会根据过去的税收负担状况以确定其即将筹措的债务资金，所以我们同样会选择滞后期有效税率作为方程的解释变量。对于融资方程控制变量的选择，我们基本上沿用了第五章的思路。唯一不同的是，我们剔除了滞后期财务杠杆水平。因为在本章的融资方程中已然包含了一个滞后期财务风险变量，这个变量显然会同滞后期负债率水平产生高度的相关性。如果两个变量被强行置入同一个方程，将会毫无疑问地产生严重的多重共线性问题。事实上，第五章中融资方程之所以加入滞后期负债水平，其目的也是在于控制企业进一步筹措负债资金的能力，而滞后期破产风险变量将会起到同样的效果。因此，在存在滞后期破产风险指标基础上剔除滞后期杠杆率并没有导致两个融资方程太多实质性区别。

我们在投资方程和融资方程中分别将滞后期破产风险和滞后期有效税率当作解释变量，由于我们希望勾勒出滞后期投融资行为借由破产风险和税收利益对当期投融资决策的跨期动态作用机制，在此我们将滞后期破产风险和滞后期有效税率当作风险方程和税收方程的被解释变量，并相应地将与之同期的投资支出和负债水平作为其解释变量。值得一提的是，因为我们旨在了解企业存量负债行为对破产风险和税收状况的影响，所以对于负债水平这个解释变量我们并没有用新增负债而是用总负债水平 L_{t-1}。与投资方程和融资方程一样，我们将在风险方程和税收方程中引入控制变量以尽可能控制其他因素对它们的影响：①在风险方程中，我们引入了投资的滞后变量，以控制投资对企业财务风险的长期效应①。此外，作为能够对破产风险产生作用或高度相关的指标，我们认为应该还包括利润水平（用平均利润加折旧 *APD* 表示）、经营风险（用利润波动 *VarLr* 表示）、市场风险（用 Beta 系数表示）以及企业规模 *Size*；②在税收方程中，我们同样引入了投资的滞后变量，以控制投资对企业税收状况的长期效应。此外，国内外学者如 Porcano（1986）、王延明（2003）等人认为，有效税率会与企业规模存在显著的关系，Stickney 和 McGee（1982）认为有效税率与企业资产组成特征如固定资产密度相关，而 Gupta 和 Newberry（1997）的研究认为，有效税率与盈利能力之间存在显著的正向关系，所以税收方程中还加入了企业规模、固定资产密度、资产回报率和销售增长率等控制变量。此外，为了控制时间效应的影响，我们在每个方程中都加入了一组时间虚拟变量，用 Dum_t 表示，其中 t 分别表示 2002 年第三季度到 2014 年第三季度等 49 个季度，方程中的 ε_{kit}（$k = 1$，2，3，4）是误差项。

表 6.1   新增变量定义表

变量代码	变量名称	变量计算
R	期末破产风险	期末 Z 分值的相反数，$Z = 1.2X_1 + 1.4X_2 + 3.3X_3 + 0.6X_4 + 0.99X_5$。其中 $X_1 =$（流动资产 − 流动负债）/总资产；$X_2 =$ 留存收益/总资产；$X_3 =$ 息税前利润/总资产；$X_4 =$ 股东权益的市场价值/总负债；$X_5 =$ 销售收入/总资产

---

① 之所以没有纳入新增投资的更长滞后期，一方面的原因是更长滞后期变量的引入会大量减少样本的数量，另一方面的原因是我们在后续 Granger 因果检验过程中确定最优滞后期时发现，投融资最优滞后期是 1。虽然，这个最优滞后期并不是以该方程为基础展开的检验，但是毫无疑问会具有非常重要的参考作用，因为那个最优滞后期的选择是针对投融资决策行为被解释变量展开的，显然融资方程作为税收利益和破产成本综合作用的结果，所以对以这两个变量作为被解释变量时也应该具有较好的适用性。当然，为了谨慎起见，我们也利用比有效税率和破产风险滞后两期的投资支出作为控制变量，结果发现其作用系数并不显著。

续表

变量代码	变量名称	变量计算
APD	平均利润折旧	"（本期净利润＋本期折旧）／本期末总资产"过去3期的平均值
B	Beta系数	企业本期Beta系数。在计算beta值时，对沪市股票，取沪市市场回报率为市场回报率；同理，对深市股票，取深市市场回报率为市场回报率
ROA	资产回报率	期末净利润/期末总资产
FA	固定资产密度	期末固定资产净值/期末总资产

三　研究方法的选择

1）企业投融资决策跨期动态作用关系存在性检验。

由于文章该部分希望检验滞后期投融资信息对本期投融资的影响，参照 Mougoué 和 Mukherjee（1994）方法，本书将采用 Granger 因果检验的方法。Granger 因果检验的目的在于调查投资决策历史信息的加入是否会增强融资变量在单独依靠其本身历史信息进行预测下的预测能力，同时调查融资决策历史信息的加入是否会增强投资变量在单独依靠其本身历史信息进行预测下的预测能力。

假设存在一个双变量协方差静态随机过程 $Z_t = \{I_t, ND_t\}$，其中 I_t 和 ND_t 分别代表企业在时间 t 期的投资和负债融资。也就是说，随机过程 Z_t 的静态特征不会随着时间变化而变化，其均值 $E(Z)$ 和方差 $VAR(Z)$ 是独立于时间的常数，协方差 $COV(Z_m, Z_n)$ 也不会因时间的变化而变化，对于任何时间点 m、n、h，都会存在 $COV(Z_m, Z_n)$ 等于 $COV(Z_{m+h}, Z_{n+h})$。假设在时间 $t-1$ 期，我们希望预测下一期的投资 I_t。如果将负债融资历史时间序列加入投资历史时间序列中，I_t 能够比在单独利用投资历史时间序列信息情况下被更好地预测，那么我们将负债融资解释成投资的 Granger 因；类似地，如果负债融资 ND_t 在投资和负债融资双变量时间序列下比在负债融资单变量时间序列下被更好地预测，那么我们说投资是负债融资 Granger 因。现假设 $\bar{I}_{t-1}$、$\bar{D}_{t-1}$ 和 $\bar{Z}_{t-1}$ 分别代表投资、负债融资以及双变量时间序列，即 $\bar{I}_{t-1} = (I_{t-1}, I_{t-2}, \cdots)$，$\bar{D}_{t-1} = (D_{t-1}, D_{t-2}, \cdots)$，$\bar{Z}_{t-1} = (Z_{t-1}, Z_{t-2}, \cdots)$。记 $\sigma^2 (I_t / \bar{Z}_{t-1})$ 为利用历史投资和历史负债融资时间序列预测 t 期投资的预测误差。与之相对应，$\sigma^2 (I_t / \bar{Z}_{t-1} - \bar{D}_{t-1})$ 是剔除历史负债融资时间序列预测 t 期投资的预测误差，也就是说仅利用历史投资时间序列预测 t 期投资。如果 $\sigma^2 (I_t / \bar{Z}_{t-1}) < \sigma^2 (I_t / \bar{Z}_{t-1} - \bar{D}_{t-1})$，即负债融资是投资决策的 Granger 因。同样的，若 $\sigma^2 (D_t / \bar{Z}_{t-1}) < \sigma^2 (D_t / \bar{Z}_{t-1} - \bar{I}_{t-1})$，则说明投资是负债融资决策的 Granger 因。

李子奈曾经指出，一些非平稳的经济时间序列往往表现出共同的变化趋势，而这些序列之间本身并不一定具有直接的关联。在这种情况下，若对这些数据进行回归，尽管有较高的 R^2，但其结果是没有任何实际意义的，这种情况称为虚假回归或伪回归（spurious regression）。并且，他认为平稳时间序列的真正含义是，一个时间序列剔除了不变的均值（可视为截距）和时间趋势以后，剩余的序列为零均值，同方差，即白噪声。因此，进行 Granger 因果关系检验的一个前提条件是时间序列必须具有平稳性，否则可能会出现虚假回归问题。正因为此，在进行格兰杰因果关系检验之前首先应对各指标时间序列的平稳性进行单位根检验（unit root test）。所以，本书首先对各公司分别进行了投资变量和负债融资变量的单位根检验，并剔除了具有单位根的企业。本书共剔除具有单位根企业150家。

此外，进行 Granger 因果关系检验对于滞后期长度的选择有时很敏感。其原因可能是被检验变量平稳性的影响，或是样本容量长度的影响。不同的滞后期可能会得到完全不同的检验结果。因此，一般而言，常进行不同滞后期长度的检验，也就是确定上述模型中一维自回归过程的最优阶 p。通常而言，参数 p 是通过检查三种决定最优滞后期的标准 PPE（final prediction error）、AIC（akaike's information criterion）和 SC（schwarz criterion）获得。其中，PPE 是基于最小预测误差，而 AIC 是基于扩展的最大似然原则，SC 是基于最大化模型选择的后验概率的贝叶斯估计值。SC 与 AIC 具有相似的特征，但是对额外的解释变量给予了更高的惩罚值。SC 的这一特点对本书的研究尤为有用，因为本文研究中样本期限相对较短。对于这些选择标准，最优方程的选择是基于如下标准：

$$Criterion(p) = \min\{Criterion(k) \mid k = 1, \cdots, m\}$$

其中，m 是最大滞后期的预设量，例如可以设定为 $m = \min\{\text{floor}(n/2) - 2, 40\}$ 或 $m = n^{1/4}$，$m = 0.75n^{1/3}$。

完成上述两个步骤后，因果关系即可以从上述方程式（6.1）、式（6.2）中得出。如果 $\pi_{12}(L) = 0$，也就是说对于所有的 k 都有 $\theta_{ijk} = 0$，从而表明历史负债融资对未来投资不会产生影响，或者说负债融资不会导致投资。同样的，如果 $\pi_{22}(L) = 0$，那么投资不会导致负债融资。与此相反，如果对于某些 k 值会存在 $\pi_{12}(L) \neq 0$，那么说明负债融资是投资的 Granger 因，为了预测下一期投资水平，信息集中必须包括当期的负债融资水平。

2）企业投融资决策跨期动态作用机制检验。

对于投融资决策相互作用的机制研究，McCabe（1979）、Peterson 和 Benesh（1983）等学者期望在联立方程模型下进行研究。受同期投融资决策之间内生性问题的影响，他们建议采用 2SLS 或 3SLS 的回归检验方法。然而，本章主要是期望分析在有效税率和破产风险的联结下投融资决策之间产生的跨期动态双向作用关系，并不存在内生性问题。对于不存在内生性问题的联立方程组，Peterson（1980）认为虽然在不存在内生性问题的联立方程中，用普通最小二乘法对单个方程进行逐一回归也可以得到一致性的估计，但是倘若每个方程的随机干扰项存在同期相关的问题，此时这些随机干扰项中存在的信息将无法在普通最小二乘法中予以体现，从而无法实现参数的有效估计。对此，Peterson（1980）认为似然不相关回归 SUR（seemingly unrelated regressions）将是最优的选择。SUR 方法同时也被人们称作联合广义最小二乘法（joint generalized least squares），是一种以联合方式将 Aitken 估计应用于多个方程估计的方法（Zellner，1962）。这种检验方法是按照两个阶段进行估计的：第一阶段，利用普通最小二乘法方法对每个方程进行独立的估计，从而得到每个方程随机干扰项的方差－协方差矩阵估计量；第二阶段，利用估计的方差－协方差矩阵估计量，在广义最小二乘法下计算回归模型的参数。由于 SUR 方法能够利用每个方程的方程－协方差矩阵估计量计算模型参数，所以一方面它将得到回归参数的有效估计，同时因为这种方法能够通过随机干扰项考虑联立方程组中每个方程之间的内在联系，从而能够强化参数估计过程中方程联合影响的效果，因此能够比普通最小二乘法更为有效地体现各因变量之间相互作用。同理，因为 SUR 方法利用了各方程随机干扰项之间的同期相关关系，从而反映出模型设定过程中有可能被忽略的关系或者变量，从而能够使联立方程模型的估计更为有效。此外，由于在本章分析中利用了面板数据样本，其中有可能存在序列相关问题或者异方差问题，而如果利用 SUR 方法进行检验则可以有效地消除这些问题的影响（沈坤荣和田源，2002）。基于上述原因，我们并不计划采用 OLS 方法对模型进行估计，而是采用 SUR 方法以得到更为有效的估计。

第四节　实证研究结果

一　描述性统计

在实证回归检验之前，本书首先将对联立方程被解释变量进行描述性统计，以此了解其总体特征。表 6.2 显示，从总体样本来看，企业破产风险均值为 -2.8808，但中位数为 -1.5411，从而说明我国上市公司在整体上破产风险不高，但是一半以上的企业存在破产风险较高的问题[1]。从各个样本期间来看，样本企业的滞后期破产风险均值都处于比较良好的状态，但是大部分样本期间的中位数都低于 1.8，从而说明半数以上的企业在各样本期间都存在破产风险比较高的状态。另外，对于有效税率而言，样本企业滞后期有效税率处于较低的水平，中位数为 10% 左右，而平均值则为 -35%，从而说明企业税收负担总体而言处于很低的水平。结果也

---

[1]　Altman 认为，如果 Z 得分低于 1.8，那么企业面临着严重的财务危机，存在很高的破产概率。滞后期破产风险中位数为 -1.5411，说明一半以上的企业属于财务危机严重的情形。

许说明中国上市公司存在大量的税收优惠，或者进行了主动的税收筹划。从各样本期间来看，各季度滞后期有效税率的中位数都大于零，说明一半以上的样本公司存在进行税收筹划降低税收负担的潜力。然而，分析各期间样本均值发现，2008 年以前几乎所有样本公司滞后期有效税率均值都大于零，说明从平均意义上看企业也具有税收筹划空间，有效税率应该会对企业投融资决策产生影响；但是自从 2009 年开始，几乎所有样本公司滞后期有效税率均值都小于零，从而说明企业在平均意义上进行税收筹划的空间不是很大。之所以从 2009 年开始企业滞后期有效税率发生比较大的变化，这也许是因为 2008 年我国颁布了新的税法《中华人民共和国所得税法》并规定企业的基本税率由之前的 33% 下降为 25% 的缘故。也就是说，自 2009 年开始，我国企业有效税率影响投融资的能力应该会有所变化。

表 6.2　　　　　　　滞后期破产风险和有效税率的描述性统计

		全部	2002 年三季度	2002 年四季度	2003 年一季度	2003 年二季度	2003 年三季度	2003 年四季度
R_{t-1}	均值	-2.8808	-5.618	-5.76	-3.77	-3.48	-3.42	-3.23
	中位数	-1.5411	-3.141	-3.00	-2.48	-1.98	-1.99	-1.89
	标准差	9.0669	10.92	16.34	6.46	6.93	6.618	5.99
TR_{t-1}	均值	-0.3533	0.103	0.143	0.142	-2.13	0.130	0.112
	中位数	0.1057	0.123	0.122	0.134	0.126	0.130	0.126
	标准差	51.3618	1.08	0.398	0.170	65.47	0.518	0.827
样本数		43472	836	836	836	836	836	836
		2004 年一季度	2004 年二季度	2004 年三季度	2004 年四季度	2005 年一季度	2005 年二季度	2005 年三季度	2005 年四季度
R_{t-1}	均值	-2.94	-3.31	-2.33	-2.63	-2.43	-1.66	-1.44	-1.67
	中位数	-1.86	-1.61	-1.32	-1.46	-1.45	-0.724	-0.764	-1.01
	标准差	5.670	10.56	5.86	8.14	7.59	6.31	5.349	4.75
TR_{t-1}	均值	0.213	0.117	0.215	0.138	0.157	0.136	0.126	0.120
	中位数	0.132	0.122	0.126	0.121	0.129	0.111	0.111	0.110
	标准差	2.06	1.45	2.28	0.353	0.804	0.752	0.369	0.279
样本数		836	836	836	836	836	836	836	836

续表

		2006 年一季度	2006 年二季度	2006 年三季度	2006 年四季度	2007 年一季度	2007 年二季度	2007 年三季度	2007 年四季度
R_{t-1}	均值	-1.51	-1.04	-1.807	-1.918	-2.12	-2.79	-3.49	-5.20
	中位数	-1.12	-0.485	-0.957	-1.14	-1.42	-1.43	-1.91	-2.80
	标准差	4.552	4.14	5.736	5.94	4.95	6.625	8.87	17.58
TR_{t-1}	均值	0.126	0.104	0.117	0.142	0.145	0.083	0.112	0.112
	中位数	0.120	0.103	0.114	0.115	0.115	0.096	0.104	0.103
	标准差	0.254	1.41	0.758	0.436	0.429	1.54	0.989	1.06
样本数		836	836	836	836	836	836	836	836
		2008 年一季度	2008 年二季度	2008 年三季度	2008 年四季度	2009 年一季度	2009 年二季度	2009 年三季度	2009 年四季度
R_{t-1}	均值	-5.32	-3.38	-2.21	-1.80	-1.76	-1.68	-2.36	-2.62
	中位数	-3.02	-1.79	-1.38	-1.25	-1.38	-1.14	-1.59	-1.71
	标准差	17.60	10.22	5.76	4.865	6.22	15.72	15.04	11.73
TR_{t-1}	均值	-0.041	3.73	-0.024	-0.008	-0.034	-0.129	-0.466	-0.074
	中位数	0.100	0.067	0.082	0.086	0.089	0.047	0.076	0.092
	标准差	1.47	89.91	1.703	2.26	2.58	10.29	9.057	2.64
样本数		836	836	836	836	836	836	836	836
		2010 年一季度	2010 年二季度	2010 年三季度	2010 年四季度	2011 年一季度	2011 年二季度	2011 年三季度	2011 年四季度
R_{t-1}	均值	-3.60	-3.02	-2.68	-3.79	-3.95	-3.57	-3.57	-3.17
	中位数	-2.38	-1.76	-1.45	-2.02	-2.38	-1.59	-1.68	-1.68
	标准差	11.66	13.31	7.71	9.81	9.00	10.22	11.4	8.667
TR_{t-1}	均值	-0.119	-2.23	-0.165	-0.017	-0.055	-0.256	-0.112	0.012
	中位数	0.097	0.057	0.097	0.100	0.103	0.072	0.101	0.108
	标准差	4.22	33.80	5.07	3.75	1.693	4.346	2.269	0.873
样本数		836	836	836	836	836	836	836	836
		2012 年一季度	2012 年二季度	2012 年三季度	2012 年四季度	2013 年一季度	2013 年二季度	2013 年三季度	2013 年四季度
R_{t-1}	均值	-2.76	-2.31	-2.66	-2.69	-2.70	-2.28	-2.14	-2.74
	中位数	-1.67	-0.930	-1.20	-1.281	-1.52	-0.877	-1.023	-1.39
	标准差	7.161	8.015	8.182	7.941	5.77	5.88	5.36	6.21

续表

		2012年一季度	2012年二季度	2012年三季度	2012年四季度	2013年一季度	2013年二季度	2013年三季度	2013年四季度
TR_{t-1}	均值	−7.53	−0.662	−0.064	0.040	−0.000	−0.345	−0.046	0.041
	中位数	0.115	0.050	0.084	0.093	0.108	0.055	0.097	0.108
	标准差	218.4	10.69	2.26	2.24	0.845	5.80	1.43	1.04
样本数		836	836	836	836	836	836	836	836
		2014年一季度	2014年二季度	2014年三季度	2014年四季度				
R_{t-1}	均值	−2.92	−2.407	−2.608	−3.53				
	中位数	−1.57	−0.925	−1.04	−1.59				
	标准差	5.70	6.39	7.32	7.75				
TR_{t-1}	均值	0.060	−9.82	−0.017	0.017				
	中位数	0.111	0.063	0.094	0.097				
	标准差	0.742	264.8	2.90	1.95				
样本数		836	836	836	836				

二　单变量的相关性分析

表6.3展现了联立方程组各方程中变量之间的相关性系数，从而为模型的分析提供了初步证据。首先，在投资方程中，破产风险与投资支出之间的相关性为正，且在1%是水平上显著，从而说明也许破产风险会对投资产生促进作用。有效税率和投资支出之间存在显著的正相关，表明企业税收负担越高投资则会越高，这与最初的理论判断存在出入。此外，投资支出与现金流量、投资机会、销售增长率和企业规模都显著正相关，这与理论预期相符。但是投资支出并没有随着滞后期利润率上升，同时也没有受到利润波动率的负向影响，这些与最初的理论判断相左。其次，负债融资与滞后期破产风险负相关，说明企业的负债融资并没有受到破产风险的约束，负债融资与有效税率正相关，说明企业确实会因为高税率负担而通过负债融资进行税收筹划的动力，但是该系数并没有通过显著性检验。对于其他控制变量，现金流量和折旧的系数为负，从而说明两者之间可能存在资金来源竞争的关系，投资机会和企业规模会增加负债融资，这与理论判

断一致，但是股权融资的系数为负说明它并不只会与负债融资形成竞争，更会对负债融资产生担保效应。再次，在风险方程中，负债融资与风险正相关，投资及其滞后变量会对破产风险形成不显著的正相关，表明投资支出并没有对风险形成显著的抑制效应。Beta 系数与破产风险并没有形成显著的正相关关系，但是平均利润水平和破产风险之间却存在正相关的关系，这与理论预期相左，从而需要进一步的实证检验。最后，在税收方程中，投资支出与有效税率存在不显著的正相关关系，说明投资也许真会通过收入效应提高企业的税收负担，有效税率与负债融资存在负相关的关系，从而在一定程度上表明企业负债融资能产生节税效应，从而降低企业的税收负担。值得提及的是，各方程中自变量之间相关系数并不是太高，所以可以初步判断方程并不存在严重的多重共线性问题。诚然，这些分析还只是基于单变量的分析，考虑到结论的稳定性，还需进行多变量的回归检验。

表 6.3　　　　　　　　各方程变量间的 Pearson 相关系数

Panel A：投资方程变量的相关性系数

变量	R_{t-1}	TR_{t-1}	C	Q_{t-1}	$Szzl$	P_{t-1}	$VarLr$	$Size$
I	0.5392 ***	0.9602 ***	0.2968 ***	0.0415 ***	0.1726 ***	- 0.0143 ***	0.0088 *	0.0186 ***
R_{t-1}		0.4763	- 0.0766 ***	0.2195 ***	0.0199 ***	- 0.0951 ***	0.0875 ***	0.0803 ***
TR_{t-1}			0.0014	- 0.0033	- 0.0004	0.0017	0.0011	0.0092 *
C				- 0.0582 ***	- 0.1990 ***	- 0.0258 ***	- 0.0458 ***	0.0626 ***
Q_{t-1}					0.0139 **	0.0665 ***	0.0870 ***	- 0.2243 ***
$Szzl$						0.0153 ***	0.0257 ***	- 0.0070
P_{t-1}							- 0.1419 ***	0.0572 ***
$VarLr$								- 0.1074 ***

Panel B：融资方程变量的相关性系数

变量	R_{t-1}	TR_{t-1}	C	Q_{t-1}	E	Dep	$Size$
ND	0.0131 ***	0.0000	- 0.0026	0.0480 ***	0.3686 ** *	- 0.0013	0.0283 ***
R_{t-1}		- 0.0035	- 0.0766 ***	0.2195 ***	0.0072	0.0424 ***	0.0803 ***
TR_{t-1}			0.0014	- 0.0033	0.0001	0.0004	00.0092 *
C				- 0.0582 ***	- 0.0482 ***	0.0557 ***	0.0626 ***
Q_{t-1}					0.0090 *	0.0450 ***	- 0.2243 ***
E						- 0.0001	0.0144 ***
Dep							- 0.0521 ***

变量	I_{t-1}	L_{t-1}	I_{t-2}	B_{t-1}	APD_{t-1}	$VarLr_{t-1}$	$Size_{t-1}$
R_{t-1}	0.0023	0.5408 ***	0.0026	-0.0034	0.0462 ***	0.1363 ***	0.0841 ***
I_{t-1}		-0.0014	-0.0011	-0.0067	0.0148 ***	0.0119 **	0.0184 ***
L_{t-1}			-0.0013	-0.0014	0.1137 ***	0.3139 ***	-0.1207 ***
I_{t-2}				-0.0065	0.0039	0.0047	0.0135 ***
B_{t-1}					-0.0067	-0.0315 ***	-0.0370 ***
APD_{t-1}						0.0196 ***	-0.0772 ***
$VarLr_{t-1}$							-0.1287 ***

Panel C：风险方程变量的相关性系数

Panel D：税收方程变量的相关性系数

变量	I_{t-1}	L_{t-1}	I_{t-2}	$Szzl_{t-1}$	ROA_{t-1}	FA_{t-1}	$Size_{t-1}$
TR_{t-1}	0.0002	-0.0012 **	0.0001	0.0004 **	0.0014 *	0.0060 **	0.0094 *
I_{t-1}		-0.0014	-0.0011	0.1727 ***	0.0038	0.0143 **	0.0184 ***
L_{t-1}			-0.0013	0.0076	-0.0486 ***	0.0189 ***	-0.1207 ***
I_{t-2}				-0.0009	-0.0001	0.0137 ***	0.0135 ***
$Szzl_{t-1}$					0.0025	-0.0239 ***	-0.0077
ROA_{t-1}						-0.0324 ***	0.0501 ***
FA_{t-1}							0.0237 ***

注：*** 表示在1%的水平上显著；** 表示在5%的水平上显著；* 表示在10%的水平上显著。

三 负债融资与投资支出跨期互动关系存在性检验

为了对负债融资与投资支出之间是否存在跨期互动关系进行检验，我们将对方程式（6.1）和式（6.2）进行基于总体样本和单个企业的Granger 因果检验。通过总体样本，我们可以从宏观的角度探索企业整体的投融资决策行为，从而有利于制定适用于整体上市公司的相关政策；通过单个企业的分析，我们将可以判断单个企业的投融资行为特征，从而有利于股票交易人员、市场分析人员或者公司管理人员对公司特征的掌握，同时也能为本书的研究提供更为扎实的数据支撑。

1）总体样本因果检验分析。

由于本书研究涉及对时间序列数据的分析，以此检验各公司投融资决策的因果关系。为了避免伪回归问题，确保估计结果的有效性，我们对各公司时间序列的平稳性进行检验，并对存在单位根的企业予以剔除。最后，我们剔除了投资支出或负债融资存在单位根的150家样本公司。因此，可以确定，总体面板数据中，投资支出或负债融资都是序列平稳的。当然，为了谨慎起见，我们对面板数据进行了单位根检验，发现样本数据确实不存在单位根问题。

为了进行有效的 Granger 因果检验，我们首先必须确定最优的滞后期。利用 Abrigo 和 Love（2015）的 *VAR* 模型选择方法和程序，我们进行了最优滞后期的选择，结果发现除了 *MAIC* 指标外，*J Pvalue*、*MBIC*、*MQIC* 三个指标都是滞后期为 1 时为最小值，而 *MAIC* 虽然滞后期为 1 时比滞后期为 2 时要大，但是两者差别不大。因此，我们选择最优滞后期为 1。

表6.4   **最优滞后期选择结果**

lag	CD	J	J pvalue	MBIC	MAIC	MQIC
1	0.07079	28.585	0.00038	-42.845	3.7983	-6.4434
2	0.07760	11.435	0.02208	-24.279	3.4354	-6.0788
3	0.23453	—	—	—	—	—
Obs.	8232					
Panels	686					
Ave. no. of T	12					

在确定了最优滞后期后，我们利用 Abrigo 和 Love（2015）关于 *GMM* 估计检验面板数据 Granger 因果的方法对总体样本因果关系进行了检验，检验结果见表6.4。从表中数据判断，在投资方程中，滞后期投资和负债融资对目前投资支出的影响系数分别是 -0.1121 和 0.0373，其显著性水平分别为1%和10%。也就是说，在10%的显著性水平上，滞后期负债是当前投资的 Granger 因，并且1个单位的负债融资增加会导致下一期投资增加 0.0373。在负债融资方程中，滞后期投资支出和负债融资对当前负债融资的影响系数分别为 0.0232 和 -0.1260，其显著性水平分别为5%和1%。也就是说，在5%的显著

性水平上，滞后期投资支出是当前负债融资的 Granger 因，并且 1 个单位的投资支出的增加会导致下一期负债融资增加 0.0232。所以，从表中结果可以判断，从总体样本上看，投资支出和负债融资在 10% 的显著性水平上互为彼此的 Granger 因。

出于谨慎性考虑，为了避免样本数据的序列相关问题，我们进行了 Wooldridge 检验，结果发现在两个方程中都不存在序列相关问题，上述统计结果具有较强的稳健性。

表 6.5 基于总体样本的因果检验结果

方程	自变量	系数	标准差	Z	P $> \mid z \mid$	[95% Conf. Interval]		Wooldridge test F 值（Prob $> F$）
投资方程	I_{t-1}	−0.1121	0.0353 ***	−3.18	0.001	−0.1813	−0.0429	13.930 ***
(I_t)	ND_{t-1}	0.0373	0.0216 *	1.73	0.084	−0.0050	0.0796	(0.0002)
融资方程	I_{t-1}	0.0232	0.0113 **	2.05	0.041	0.0010	0.0454	13.503 ***
(ND_t)	ND_{t-1}	−0.1260	0.0287 ***	−4.40	0.000	−0.1822	−0.0699	(0.0003)
No. of obs		26068						
No. of panels		686						
Ave. no. of T		38.000						

2）单个企业因果检验分析。

基于本书的研究目的，我们接下来分别对 686 家样本公司分别利用投资支出、负债融资 52 期的时间序列进行了 Granger 因果检验，以考察各公司独特的投融资决策行为。从表 6.6 可以看出，在确定最优滞后期的基础上，半数以上的企业通过了 Granger 因果关系检验，支持企业投资支出与负债融资之间具有统计意义上的因果关系。诚然，从比例数字上来看，具有统计意义上因果关系的企业并不占绝大多数。但是，结合上述整体样本检验结果看，这并不能用以否定企业投资支出与负债融资之间存在因果关系这一总体判断的根据，只能用以定义某个企业特定的投融资决策表现特征，并近似地用作后续研究中企业是否遵循投融资互动决策规则的统计参考。与前文相似，我们也对具有显著因果关系企业的行业特性进行了分析，结果发现在存在因果关系①的企业中制造业、电力、热力、燃气及水生产和供应业、批发和零售、交通运输、仓储和邮政业、房地产业等行业占据较大的比例。而在各行各业中，投融资决策间存在因果关系的企业占据其行业样本企业数比例超过50%的包括农、林、牧、渔业、采矿业、制造业、电力、热力、燃气及水生产和供应业、建筑业、批发和零售业、交通运输、仓储和邮政业、住宿和餐饮业、房地产业、租赁和商务服务业、教育以及文化、体育和娱乐业，而信息传输、软件和信息技术服务业、科学研究和技术服务业、水利、环境和公共设施管理业以及综合业所占比例均低于50%。也就是说，虽然每个行业可能都存在投融资因果关系的企业，但是在后续几个行业这类企业占据的比例相对较少。为什么会表现出一定的行业特征，文章该部分并不能得出确切的结论，也许是受企业异质性管理因素或其他因素影响所致。

表6.6   基于单个企业的因果检验结果

因变量	F 均值②	最佳滞后期均值③	具有因果关系的企业个数及百分比④	
			I	D
I	7.1567 (2.759)	1.96 (0.854)	—	357 (52.04%)
D	7.9678 (4.099)	2.02 (0.859)	365 (53.21%)	—

---

① 此处我们将投资支出为负债融资的因或者负债融资为投资支出的因的企业都归类为存在因果关系的企业。

② 检验的样本公司共计686家，每家公司都进行一次统计检验，每次检验都有一个 F 值。由于篇幅所限，无法列出基于各个公司回归的 F 值，所以此列出的 F 值是指所有样本公司回归检验所得 F 值的均值和标准差，其中括号中数字是指所有 F 值的标准差。

③ 此处最佳滞后期是指对样本公司进行因果检验之前所进行的滞后期检验，采用的标准即 AIC 标准和 SC 标准，最佳滞后期的确定是选择能让 AIC 值或 SC 最小的滞后期。由于篇幅所限，无法列出所有公司的最优滞后期，所以此处提供的是所有具有因果关系企业的最优滞后期的均值和标准差，其中括号中数字为标准差。

④ 此处具有因果关系的企业个数是指在最优滞后期的基础上，在统计上具有 Granger 因果关系的企业的个数，括号中数字是代表具有因果关系企业占样本企业个数的百分比。

四　负债融资与投资支出动态作用关系的初步检验

1）SUR 回归结果与分析。

以 2002 年第三季度到 2014 年第四季度数据为基础，我们首先对联立方程模型进行了初步的检验，检验结果见表6.7。表中结果显示，在风险方程中与风险同期的投资支出会显著地促进破产风险水平的增加，其回归系数为 0.013，显著性水平为 1% 。结果说明从整体上看，投资支出并没有改善企业的破产风险，从而与前文的理论预期相左。之所以会出现这样的结果，有可能是因为中国上市公司的投资行为存在一定的不合理性，从而没有有效地增加企业的利润水平和控制企业的收入波动，相反投资支出增加了财务亏空的风险，提高了企业的破产风险水平。当然，这个结果也许跟我们实证考察时间过短有关，因为投资行为作为长期财务决策，其产生效果有可能需要超过一年及以上的时间，而我们采用的是季度数据，显然投资支出在一个季度内产生效益的可能性似乎并不高，相反有可能因为持续的投资资金流出，导致企业现金出现短缺从而破产风险增加的概率得到提高。当然，当我们进一步分析滞后期投资发现，其作用系数同样为正，进一步说明要么投资行为存在不合理或不理性的问题，要么就是投资效益的显现需要等待更长的时间来检验。与投资支出相似，负债水平的高低与破产风险形成了显著的正相关关系，其回归系数为 4.81，且在 1% 的水平上显著。比较投资支出的回归系数，负债融资的系数远大于投资支出系数，说明负债融资对破产风险的作用更为直接，效果更加明显。对于风险方程的控制变量，市场风险 Beta 的回归系数为 0.255，经营风险的系数为 0.915，说明市场风险和经营风险都会增加企业的破产风险，但是由于经营风险系数更大，说明企业破产风险更多的是来自于企业内部经营状况而非外部资本市场的影响。由此可以说明，上市公司应更加注重通过组织效率的提高，着力培育内部价值创造力，以此打造持续的竞争力。此外，平均利润率指标的作用系数为负，但不显著，说明它对破产风险并没有起到显著的控制作用。值得指出的是，企业规模对破产风险的作用系数为正，说明随着企业规模增加，企业破产风险越大，企业规模不仅没有起到平复风险的作用，反而会显著地促进其增长，这也许是因为规模大的企业投资越多，而投资对破产风险又具有显著促进作用。

表 6.7 基于总体样本的联立方程模型回归结果

①风险方程 R_{t-1}		②税收方程 TR_{t-1}		③投资方程 I		④融资方程 ND	
cons	-30.6*** (-40.7)	cons	-16.4*** (-3.17)	cons	-0.235*** (-2.85)	cons	-0.977*** (-8.78)
I_{t-1}	0.013*** (3.06)	I_{t-1}	0.0145* (1.69)	R_{t-1}	-0.001*** (-4.20)	R_{t-1}	-0.002*** (-4.04)
L_{t-1}	4.81*** (135.5)	L_{t-1}	-0.064** (-2.24)	TR_{t-1}	-0.006* (-1.73)	TR_{t-1}	-0.000 (-0.27)
I_{t-2}	0.013** (2.01)	I_{t-2}	0.008 (0.03)	C	1.921*** (66.28)	C	0.0004 (0.01)
B_{t-1}	0.255** (2.52)	$Szzl_{t-1}$	0.000 (0.69)	Q_{t-1}	0.011*** (13.32)	Q_{t-1}	0.015*** (13.28)
APD_{t-1}	-0.020 (-1.55)	ROA_{t-1}	0.0289** (2.09)	$Szzl$	0.0002** (2.08)	E	0.199*** (19.19)
$VarLr_{t-1}$	0.915*** (3.81)	FA_{t-1}	0.129 (0.08)	P_{t-1}	0.000 (0.80)	Dep	0.003*** (4.12)
$Size_{t-1}$	1.029*** (33.47)	$Size_{t-1}$	0.597*** (2.74)	$VarLr$	-0.020 (-1.48)	$Size$	0.042*** (9.13)
				$Size$	-0.007** (-2.18)		
Time	控制	Time	控制	Time	控制	Time	控制
Chi² 值	25150.32***	Chi² 值	1109.55***	Chi² 值	4714.88***	Chi² 值	674.80***
R^2	0.3755	R^2	0.026	R^2	0.0979	R^2	0.0471
RMSE	1.1652	RMSE	1.2941	RMSE	0.8221	RMSE	1.1373
n	41800	n	41800	n	41800	n	41800

注：括号内为 t 值；*，**，*** 分别表示系数在 10%，5%，1% 的水平下显著。

表 6.7 中税收方程投资支出对有效税率指标的作用系数为 0.0145，显著性水平为 10%。根据前文的分析，投资支出提高有效税率一方面的原因是企业投资支出存在的收入效应。因为对于一个企业而言，投资支出一旦产生收益，将会增加企业的收入水平，从而对于原本处于亏损的企业而言，收入增加会直接改变其盈亏状况而使其有效税率变成大于零的值，而对于原本盈利水平为正的企业而言，投资项目增加的收益会进一步导致

其应税收入的增加，从而提高其有效税率水平。然而，根据我国税法的相关规定，企业借款用于固定资产建造、购置过程中所发生的利息支出，在竣工投产之前应当予以资本化处理，应计入固定资产价值。所以，投资支出的增加也有可能使企业负债利息的税收抵减减少，从而有可能提高企业的税收负担。结合风险方程的分析结果，投资支出会显著地提高企业的破产风险，由此可以判断企业投资支出的收入效应似乎并不乐观。因此，投资支出对有效税率正向作用系数可能主要是归因于投资资金的利息成本资本化抵消了负债利息抵税效应的发挥，从而增加了企业实际税收负担。滞后期投资支出的系数虽然为正，但是并不显著，这也许是因为滞后期投资支出的收入效应相对更差，或者是因为我国上市公司通常乐于采用短期融资解决投资资金的问题，从而使投资资金利息资本化问题在后续期限并不那么突出，所以滞后期投资对有效税率的作用不再显著。与理论预期一致，税收方程中负债融资的回归系数显著为负，从而表明企业负债融资确实能够通过利息抵税效应降低其税收负担的作用。考察其他控制变量，销售增长率系数为正，但并不显著，说明销售状况好确实在一定程度上会提高企业的税收负担。资产回报率与有效税率正相关，表明企业收入越高其税收负担将会越严重，从而对 Dammon 和 Senbet（1988）有关投资的税盾收入效应起到了间接的印证作用。因为如果企业投资决策足够优化，并能带来正的资产回报率，那么这样的投资必定能够对有效税率起到正向的作用。固定资产密度作用系数为正，但是并不显著。按照公司所得税的相关条款，固定资产能在一定期限内予以折旧，并且折旧费用能够作为费用在当期应税收入之前予以抵扣，这样的话固定资产密度越高，企业折旧水平将会越高，此时企业将会面临更低的应纳税所得从而更低的有效税率水平。然而，表中结论并没有显著地支持这种观点，这也许是因为我国企业大部分收益状况都比较差，从而抵消了其抵税效应的影响。最后，企业规模与有效税率显著正相关，说明企业规模越大其税收负担则会越重，从而为 Zimmerman（1983）剔的税收政治成本假说提供了间接的证明。Zimmerman（1983）的税收政治成本假说认为，企业规模越大接受的社会关注度也会越高，此时企业会承担更高的税收责任。

继续考察投资方程发现，在投资方程中滞后期破产风险的回归系数为 -0.001，且具有 1% 的显著性，也就是说企业高破产风险意味着较高的期望破产成本，此时企业会放缓投资的步伐，从而在一定程度上证实了权衡理论在企业投资决策过程中的指导意义。然而，从另一方面看，破产风险对投资支出的负向作用关系表明破产成本可能会对企业投资决策非理性形成约束。有效税率的回归系数为 -0.006，显著性水平为10%。这一结果说明税收负担确实能够对投资支出产生作用，过去企业的税收节约少则意味着资金成本高，此时企业投资动力会受到一定的负向影响。对于投资方程中的其他控制变量，现金流量会显著地促进企业的投资，说明投资行为具有一定的现金敏感性。投资机会和销售增长率同样会对投资支出产生促进作用，说明投资机会越好，市场前景越明朗，企业投资动力也会越强。与前文分析一致，滞后期利润率并没有对企业投资产生显著的作用，说明企业投资决策对单独的利润率指标并不过分依赖，同时也说明企业投资决策依据存在一定的不合理。

最后，从融资方程看，破产风险与负债融资行为产生了显著的负相关关系，往期的风险水平对企业债务扩张行为产生了束缚。然而，有效税率系数为负，但并不显著，从而并没有找到企业负债融资与所得税率正相关的证据。对于这样的现象，Pittman（2002）认为企业在实际操作中并不一定会增加负债融资以获取负债利息带来的节税效应，因为如果企业存在较强的财务约束，负债融资带来的高额融资成本和财务拮据成本会降低企业的利息税盾净值[①]，所以潜在税盾价值比较高的企业也不会增加负债融资。除了风险变量和有效税率，现金流量并没有与负债融资形成显著的负相关关系，从而在某种意义上否定了资金流学说的观点。投资机会的回归系数显著为正，说明债权人会看中企业未来的增长前景，企业决策者也会依据未来发展潜力有序地增加负债融资。与现金指标相同，股权融资指标并没有与负债融资形成竞争关系，反而会促进负债融资，说明股权融资水平在负债融资中发挥了支撑作用。与前文分析的关系相似，折旧水平并不会抑制负债融资，反而对之形成促进作用。其原因在于，折旧越多意味着企业投资水平相对越高，所以会产生较强的负债融资动力。最后，企业规模作为重要的负债担保，其回归系数显著为正。

综合上述分析，负债融资可通过两个通道对投资支出产生作用：第一

---

① 负债税盾净值是指负债税收利益与再融资成本、财务拮据成本两项成本的差。

个通道，负债融资会降低企业的有效税率，作为衡量企业税收负担的一种指标，有效税率降低又会减少企业的资金成本从而对投资产生促进，所以负债融资会减少企业税收负担并对投资支出产生刺激作用，研究假设 6.1 得到验证；第二个通道，负债融资会提高企业的破产风险，并通过破产风险的投资抑制作用最终对投资支出产生负向作用，研究假设 6.2 得到验证。对于这两条路径，我们再结合表 6.7 中的数据，绘制了往期负债融资对投资决策的影响路径图，具体见图 6.1。图中逻辑显示，负债融资借由有效税率对投资支出产生的作用系数为 $-0.064 \times (-0.006) = 0.006384$，而负债融资借由破产风险对投资支出产生的作用系数为 $4.81 \times (-0.001) = -0.00481$。最终，往期负债融资借由税收利益和破产成本对投资支出的综合作用效果为 $-0.00481 + 0.006384 = -0.001574$，往期负债融资会负向地影响企业投资支出。与此对应，投资支出对负债融资的影响也来自两个方面：第一个方面，投资支出会正向地影响企业有效税率，但是有效税率并没有对负债融资产生显著的影响，所以投资支出因税收因素对负债融资的作用关系并不明显，假设 6.5a 并未得到验证。根据前文的假设，有效税率对负债融资的作用关系需要根据财务约束情况而定，所以我们将会在后续的分析中进一步对此展开研究；第二个方面，投资支出会导致企业破产风险增加，而破产风险又会对负债融资产生约束。作为结果，投资支出经由破产风险对负债融资的作用效果为 $0.013 \times (-0.002) = -0.000026$，但是税收因素联结下的作用机制并不明确。

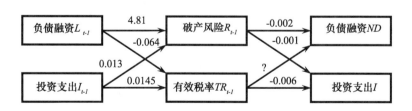

图 6.1　负债融资与投资支出的作用路径图

2）稳健性检验。

上述回归分析对投融资决策之间动态作用机制作了初步的实证检验，并勾勒出了两者之间的跨期动态作用机制图。然而，这些结果是否稳靠？

此时，我们通常会对模型的稳健性产生极大的关注，从而对上述结果可靠性进行再检验，同时也对实证模型在未来研究中的适用性进行检测。所以，接下来我们将从几个方面进行稳健性检验。

（1）多重共线性检验。

虽然，我们在前文变量相关系数分析中得出模型变量之间可能不存在太高相关性的结论，从而初步认定模型构建过程中并没有受到多重共线性问题的影响。但是，计量经济学相关理论认为，即便是零阶或者简单相关系数比较低，回归模型也有可能会存在多重共线性问题。因此，基于谨慎性考量，我们对模型进行了多重共线性检验。表 6.8 列出了联立方程中各方程因变量的方差膨胀因子 VIF 值。显然，表中数据显示，所有变量中方差膨胀因子最高也只有 1.10，表明联立方程模型中各因变量之间并不存在多重共线性问题，模型稳健性高。

表 6.8   基于总体样本回归的方差膨胀因子（VIF 值）表

①风险方程 R_{t-1}		②税收方程 TR_{t-1}		③投资方程 I		④融资方程 ND	
变量	VIF 值	变量	VIF 值	变量	VIF 值	变量	VIF 值
I_{t-1}	1.01	I_{t-1}	1.03	R_{t-1}	1.10	R_{t-1}	1.08
L_{t-1}	1.13	L_{t-1}	1.02	TR_{t-1}	1.01	TR_{t-1}	1.03
I_{t-2}	1.01	I_{t-2}	1.01	C	1.05	C	1.02
B_{t-1}	1.01	$Szzl_{t-1}$	1.03	Q_{t-1}	1.14	Q_{t-1}	1.12
APD_{t-1}	1.02	ROA_{t-1}	1.01	$Szzl$	1.04	E	1.06
$VarLr_{t-1}$	1.12	FA_{t-1}	1.01	P_{t-1}	1.05	Dep	1.01
$Size_{t-1}$	1.03	$Size_{t-1}$	1.02	$VarLr$	1.04	$Size$	1.08
				$Size$	1.09		

（2）行业因素检验。

前文通过多重共线性检验了模型的稳定性，接下来我们将继续关注人们普遍顾虑的行业因素是否会影响模型的结果。事实上，与第五章相似，行业因素确实有可能对实证结果产生重要的影响，因为不同行业有可能意味着不同的财务特性，此时投融资决策行为和决策机制也有可能有不一样的特征。同时，不同行业享受的各种优惠或扶持也会对投融资行为产生不同的影响，从而导致投融资决策之间的关系产生差异。为了避免行业因素可能导致的对模型及实证结论的影响，我们将在模型式（6.3）到式（6.6）中引入行业虚拟变量，以此控制并检验行业因素可能带来的影响。

与前文相似，此处我们遵循的是证监会《上市公司行业分类指引（2012 年修订）》公布的行业分类原则。按照该分类原则，中国上市公司可以分为从 A 到 S 的 19 个行业。由于本书剔除了金融业 J，同时在样本公司中不存在居民服务、修理和其他服务业 O，因此本书样本公司共涉及 17 个行业。所以，我们在联立方程模型的各个方程中加入了 16 个虚拟变量，分别用 $Duma$，$Dumb$，$\cdots$，$Dumi$，$Dumk$，$Duml$，$\cdots$，$Dump$，$Dumq$，$Dumr$ 等虚拟予以表示（回归结果见表6.9）[1]。

表 6.9　　　　　　　　　　增加行业变量的联立方程回归结果

①风险方程 R_{t-1}		②税收方程 TR_{t-1}		③投资方程 I		④融资方程 ND	
常数	$-27.2\,^{***}$ (-40.09)	常数	$-8.30\,^{*}$ (-1.76)	常数	$-0.250\,^{***}$ (-3.36)	常数	$-0.916\,^{***}$ (-9.11)
I_{t-1}	$0.012\,^{**}$ (2.19)	I_{t-1}	$0.101\,^{***}$ (4.36)	R_{t-1}	$-0.012\,^{***}$ (-5.12)	R_{t-1}	$-0.0023\,^{***}$ (-3.69)
L_{t-1}	$4.78\,^{***}$ (133.7)	L_{t-1}	$-0.023\,^{***}$ (-8.58)	TR_{t-1}	$-0.031\,^{**}$ (-2.02)	TR_{t-1}	-0.000 (-0.16)
I_{t-2}	0.018 (0.46)	I_{t-2}	-0.007 (-0.97)	C	$1.88\,^{***}$ (65.83)	C	0.012 (0.34)
B_{t-1}	$0.183\,^{*}$ (1.87)	$Szzl_{t-1}$	$0.001\,^{*}$ (1.69)	Q_{t-1}	$0.011\,^{***}$ (13.53)	Q_{t-1}	$0.015\,^{***}$ (13.18)
APD_{t-1}	-0.017 (-1.30)	ROA_{t-1}	$0.150\,^{***}$ (2.73)	$Szzl$	$0.0001\,^{**}$ (1.66)	E	$0.202\,^{***}$ (19.45)
$VarLr_{t-1}$	$-0.968\,^{***}$ (-4.00)	FA_{t-1}	$0.952\,^{**}$ (2.05)	P_{t-1}	-0.005 (-0.34)	Dep	$0.003\,^{***}$ (4.03)

---

[1]　当为某一个行业时，我们将之记为 1，其余都记为 0。例如，$Duma$ 是一个 0，1 变量，在企业所述行业为 A 时记为 1，否则记为 0。

①风险方程 R_{t-1}		②税收方程 TR_{t-1}		③投资方程 I		④融资方程 ND	
$Size_{t-1}$	0.913 (31.17)	$Size_{t-1}$	0.384* (1.86)	$VarLr$	-0.018* (-1.77)	$Size$	0.039*** (9.03)
				$Size$	0.009*** (2.99)		
$Duma$	2.604*** (6.74)	$Duma$	-11.3*** (-4.16)	$Duma$	-0.001 (-0.03)	$Duma$	0.052 (0.92)
$Dumb$	0.335 (1.08)	$Dumb$	-0.294 (-0.13)	$Dumb$	-0.050 (-1.50)	$Dumb$	0.034 (0.76)
$Dumc$	2.07*** (8.75)	$Dumc$	-0.163 (-0.10)	$Dumc$	-0.006 (-0.26)	$Dumc$	0.050 (1.44)
$Dumd$	2.15*** (7.76)	$Dumd$	-0.559 (-0.28)	$Dumd$	-0.001 (-0.02)	$Dumd$	0.054 (1.33)
$Dume$	2.56*** (7.43)	$Dume$	-10.2*** (-4.17)	$Dume$	0.017 (0.45)	$Dume$	0.047 (0.93)
$Dumf$	1.96*** (7.68)	$Dumf$	-0.975 (-0.54)	$Dumf$	-0.010 (-0.38)	$Dumf$	0.053 (1.40)
$Dumg$	0.345 (1.22)	$Dumg$	-1.09 (-0.54)	$Dumg$	-0.057* (-1.85)	$Dumg$	0.013 (0.32)
$Dumh$	-16.4*** (-25.7)	$Dumh$	0.138 (0.03)	$Dumh$	-0.062 (-0.88)	$Dumh$	-0.036 (-0.38)
$Dumi$	-0.599* (-1.73)	$Dumi$	-0.072 (-0.03)	$Dumi$	0.012 (0.33)	$Dumi$	0.022 (0.43)
$Dumk$	1.79*** (6.96)	$Dumk$	-0.193 (-0.11)	$Dumk$	0.044 (1.58)	$Dumk$	0.103*** (2.71)
$Duml$	0.905** (2.19)	$Duml$	-0.048 (-0.02)	$Duml$	0.067 (1.48)	$Duml$	0.186*** (3.03)
$Dumm$	1.56 (1.48)	$Dumm$	0.651 (0.09)	$Dumm$	-0.125 (-1.09)	$Dumm$	0.037 (0.24)
$Dumn$	1.76*** (4.70)	$Dumn$	-0.085 (-0.03)	$Dumn$	0.060 (1.48)	$Dumn$	0.123** (2.21)

续表

①风险方程 R_{t-1}		②税收方程 TR_{t-1}		③投资方程 I		④融资方程 ND	
Dump	3.82 ***	Dump	0.154	Dump	0.012	Dump	0.074
	(3.64)		(0.02)		(0.11)		(0.48)
Dumq	−41.2 ***	Dumq	1.11	Dumq	−0.143	Dumq	−0.110
	(−39.15)		(0.15)		(−1.21)		(−0.69)
Dumr	1.60 ***	Dumr	0.115	Dumr	−0.023	Dumr	0.036
	(3.35)		(0.03)		(−0.45)		(0.51)
时间	控制	时间	控制	时间	控制	时间	控制

注：括号内为 t 值；＊，＊＊，＊＊＊分别表示系数在10%，5%，1%的水平上显著。

　　表6.9中结果显示，在风险方程中有较多行业虚拟变量的系数通过了显著性检验。其中农、林、牧、渔业、制造业、电力、热力、燃气及水生产和供应业、建筑业、批发和零售业、房地产业、租赁和商务服务业、水利、环境和公共设施管理业、教育业、文化、体育和娱乐业的系数显著为正，住宿和餐饮业、信息传输、软件和信息技术服务业、卫生和社会工作的系数显著为负，说明这些行业的风险水平与平均状况具有显著的差异。然而，虽然破产风险具有显著的行业特征，但是这些行业因素并未导致破产风险方程解释变量系数的显著变化，解释变量以及大部分控制变量回归系数的方向并未发生根本性的变化。所以，即便存在行业差异，破产风险方程也具有较强的稳定性，是否加入行业虚拟变量对回归结果没有产生显著的影响。税收方程中行业虚拟变量除了农、林、牧、渔业和建筑业，其他行业虚拟变量的系数都不显著。投资方程中行业虚拟变量中只有交通运输、仓储和邮政业回归系数在10%的水平上显著。融资方程中只有租赁和商务服务业、房地产业、水利、环境和公共设施管理业回归系数显著。显然，即便存在部分行业回归系数显著，但是解释变量和其他控制变量的系数符号没有发生显著的变化。所以，即便加入行业虚拟变量，模型的回归结果也不会发生显著变化，从而表明联立方程模型具有较高的稳定性，是否控制行业因素，模型结果都不会发生变化。有鉴于此，我们在后续的研究中将不会加入行业虚拟变量。

五　不同财务约束下负债融资行为的进一步检验

在前文分析中我们发现，对于总体样本来说，有效税率对负债融资的作用关系并不显著。之所以如此，按照 Pittman（2002）的观点，这有可能是有效税率对负债融资的作用关系需要视企业面临的财务约束状况而定。同时，Pittman（2002）也认为企业财务约束的产生源自于负债融资难度的增大，或者说财务风险的加大。因此，我们认为用滞后期 Z 分值应该能够很好地衡量企业面临的财务约束程度。因为我们认为，Z 分值作为目前一个被广泛接受的衡量财务风险的指标，它不仅能够为资金提供方揭示企业的财务资讯，影响资金提供方对资金供给要求的风险回报，并由此对企业融资成本产生作用，与此同时，该指标很明显能够衡量企业破产可能性的高低，从而对决策者负债融资动力产生影响，因而能够作为一个衡量财务约束程度很好的替代变量。为了区分财务约束程度高低，参照前文的思路，我们将滞后期 Z 分值进行高低排序，然而将最高三分之一的样本作为低财务约束企业，最低三分之一的样本作为高财务约束企业，其他样本则是中等财务约束企业。按照这样的分类，我们将约束程度最高和最低两种类型的样本进行再次回归检验，从而得到不同财务约束程度下有效税率对负债融资的作用机制。

表 6.10　　　　　不同财务约束程度下有效税率对负债融资的影响

变量名称	较低财务约束企业		中等财务约束企业		较高财务约束企业	
	参数估计	Z 值	参数估计	Z 值	参数估计	Z 值
常数项	− 0.9259 ***	− 12.29	− 0.8665 ***	− 8.46	− 0.3891 **	− 2.51
R_{t-1}	− 0.105 ***	− 5.03	− 0.0139 *	− 1.68	− 0.0018 ***	− 2.72
TR_{t-1}	0.0004 **	2.07	0.0000	1.07	− 0.004 **	− 2.21
C	− 1.457 ***	− 43.40	− 2.297 ***	− 55.66	3.4272 ***	60.55
Q_{t-1}	0.0157 ***	9.64	0.0119 *	1.79	0.0124 ***	5.17
E	5.526 ***	95.35	0.7356 ***	96.93	5.9720 ***	107.32
Dep	− 0.0004	− 0.36	0.0014	0.23	− 0.0005	− 0.60
$Size$	0.0437 ***	12.65	0.0411 ***	9.20	0.0153 **	2.18

续表

变量名称	较低财务约束企业		中等财务约束企业		较高财务约束企业	
	参数估计	Z 值	参数估计	Z 值	参数估计	Z 值
时间	控制	控制	控制			
Chi^2 值	15441.39 ***	11948.27 ***	12594.96 ***			
R^2	0.5394	0.4653	0.5128			
RMSE	0.4064	0.5469	1.23972			
n	13934	13933	13933			

注：括号内为 t 值；*，**，*** 分别表示系数在 10%，5%，1% 的水平下显著。

　　从表 6.10 中的数据分析可知，如果企业面临较弱的财务约束，融资方程中有效税率的回归系数为 0.0004，并在 5% 的水平上显著。结果表明，在财务约束比较低时，企业决策层因为面临的财务拮据成本以及再融资成本相对较低，此时如果利用负债融资，那么可以获得净负债税盾增加，此时他们通常会利用负债融资以缓解企业的税收负担。倘若随着财务约束上升为中等约束水平，融资方程中有效税率的回归系数将为 0.00001，但没有通过显著性检验。结果说明，如果企业财务约束相对上升，企业再融资成本和财务拮据成本将提高，此时企业并不具备利用负债融资方式增加其利息税盾的典型融资特征。倘若再进一步提高财务约束，当企业面临较高的财务约束，融资方程中有效税率的回归系数将变为 −0.004，且在 5% 的水平显著。也就是说，在强财务约束的影响下，有效税率与负债融资之间会变成负向关系，此时即便负债融资能为企业带来税收利益，但是它同时会增加更多的再融资成本和财务拮据成本。所以，企业不仅不会提高负债融资的水平，反而会减少企业的负债总量，从而为企业在高财务约束下降低再融资成本和财务拮据成本创造条件，并且减持负债的动力会随有效税率的提高而加强。所以，假设 6.5b 得到证实。

　　综上所述，可以继续完善图 6.1 投融资跨期动态作用关系图。因为有效税率会对低财务约束企业负债融资产生促进作用，所以滞后期投资支出会通过对有效税率的正向影响，对低财务约束企业负债融资产生刺激作用；但是由于有效税率对高财务约束企业负债融资的抑制作用，最终滞后期投资支出会通过对有效税率的正向作用，对高财务约束企业负债融资产生负向的作用关系。

六 负债代理冲突下破产风险影响企业投资行为的进一步检验

图 6.1 中投融资跨期动态作用机制图表明，与第三章理论分析结论一致，破产风险会对投资支出产生显著的抑制作用。但是，根据公司治理理论，企业管理者并不一定依循企业价值最大化的决策逻辑，他们有可能因为股东债权人之间的利益冲突而表现出委托代理问题。根据第三章理论分析结果，委托代理冲突下的企业投资行为受破产风险的影响可能出现不一样的特征。所以，接下来我们有必要进一步分情况展现负债代理冲突下破产风险对投资支出的作用机制，从而更加全面地了解滞后期负债融资通过破产风险影响投资支出的作用机理。根据本章理论假设部分对第三章理论结果的深入剖析发现，倘若企业投资机会并不是很好，那么企业在投资之后必然会产生破产风险上升的现象，此时企业会随存量破产风险表现出过度投资的问题；倘若企业投资项目的增长前景比较乐观，投资后企业很有可能产生破产风险下降的现象，此时破产风险会导致企业的投资不足。另一方面，由于存量破产风险也会增加企业在破产之后转移控制权的概率，所以会迫使那些存在过度投资动机的企业采取更为负责和更为谨慎的投资策略，此时企业的破产风险又会对那些具有潜在过度投资问题的低成长企业产生治理作用，即破产风险降低企业投资支出。基于这样的认识，我们可以将总样本企业按照成长性的高低水平进行分类，以此探析企业投资过程中的代理问题①，并深入剖析代理冲突下破产风险对投资支出作用关系

---

① 诚然，倘若以第三章理论结果为依据，我们也可以进行简单化的处理并直接将破产风险上升的企业定义为过度投资企业，而破产风险下降的企业定义为投资不足的企业。然而，目前有关于存量负债水平引致企业投资过度和投资不足问题的相关研究基本上都是基于按照企业成长性高低分类展开的（如 McConnell 和 Servaes，1995；Lang，Ofek 和 Stulz，1996；Aivazian 等，2005）。为了充分利用现有研究文献并与前人研究工作有效衔接，从而确保本书的研究能够实现对现有文献有继承的突破，我们期望以第三章理论分析为基础，推演出能够最大化程度与现有文献研究框架和研究思路相契合的方法。另外，根据研究假设部分的分析，以高低成长性为企业投资过度或投资不足的划分依据，确实能够与第三章的分析保持高度的抑制。所以，此处我们将高成长企业定义为具有投资不足潜质的企业，而将低成长企业定义为具有过度投资潜质的企业。当然，如果我们直接利用第三章的标准进行划分，其结论没有太大的出入。

的异化。有鉴于此，我们将按照企业成长性高低①进行排序，排序为最高的三分之一样本为高成长企业，而排序为最低三分之一的样本为低成长企业，其余的企业均为中等成长企业。

表6.11列出了企业在不同成长性样本下联立方程中投资方程的回归结果。结果表明，对于中等成长性的企业而言，破产风险和有效税率都会负向地影响企业的投资支出，并在10%的水平上通过了显著性检验。中等成长性企业的回归结果与整体样本的回归结果没太大差别，从而进一步印证了整体样本下企业的投资行为特征。进一步分析低成长企业和高成长企业情形发现，企业投资行为并没有完全表现出与总体样本一致的情形。这样的差异也许正是因为前文所述的负债代理冲突下企业投资行为扭曲所致。接下来，我们将重点分析这两种情形下的投资行为。

表6.11　　基于高低成长样本的联立方程模型回归结果：投资方程

变量名称	低成长性样本		中等成长性样本		高成长性样本	
	参数估计	Z 值	参数估计	Z 值	参数估计	Z 值
常数项	− 0.1242	− 7.40	− 0.1248 ***	− 8.37	0.0957	0.45
R_{t-1}	0.0015 ***	4.67	− 0.0002 *	− 1.71	− 0.0003 **	2.46
TR_{t-1}	7.26e − 07	1.05	− 2.58e − 06 **	− 2.02	− 0.00002	− 1.17
C	0.0229 ***	3.92	0.0602 ***	9.35	5.4518 ***	72.02
Q_{t-1}	− 0.0011	− 0.27	0.0050 *	1.87	0.0187 ***	12.98
$Szzl$	0.0001 ***	3.95	− 6.77e − 06	− 0.33	0.0038 ***	11.56
P_{t-1}	0.0137 **	2.33	0.0299 ***	2.97	− 0.1032 ***	− 3.51
$VarLr$	− 0.0177 ***	− 3.35	− 0.0531 ***	− 5.82	− 0.1321 ***	− 5.68
$Size$	0.0057 ***	8.24	0.0056 ***	8.91	− 0.0095	− 0.97
时间	控制		控制		控制	
Chi² 值	180.40 ***		349.51 ***		5839.49 ***	
R^2	0.0119		0.0238		0.2930	
RMSE	0.0998		0.0688		1.2562	
n	13933		13933		13934	

注：括号内为 t 值；*，**，*** 分别表示系数在10%，5%，1%的水平上显著。

———————————

① 目前，对于投资机会的衡量比较通用的指标是滞后期托宾 Q 值的大小，滞后期托宾 Q 值越大则投资机会越好（如 McConnell 和 Servaes，1995；Aivazian 等，2005 等）。

1）低成长企业的投资行为分析

表 6.11 的数据显示，对于低成长企业而言，破产风险对企业投资支出的作用系数为 0.0015，且在 1% 的水平上通过了显著性检验，而有效税率的作用系数为 7.26e-07，但没有通过显著性检验。这些回归结果与整体样本产生了较大的差异。这些结果阐释出一个问题，即低成长企业的投资行为并不会受到破产风险的约束，反而会因破产风险产生正向的促进作用。之所以会表现出这样的投资行为特征，我们认为这应该是企业表现出了过度投资的现象。因为按照常规情况来看，成长性低的企业投资机会并不良好，此时投资支出会比正常情形下更加少，此时如果企业的财务风险增加，为了减少未来可能的破产损失或相关成本，企业投资行为会趋于谨慎，投资支出会相应减少，此时财务风险对投资支出的约束作用应该更加显著。然而，表中结果显示破产风险不仅不会抑制投资支出，反而表现出显著的促进作用。因此，可以初步断定，这是因为企业出现了投资过度问题。这种过度投资问题的判断可以通过有效税率的系数得到进一步印证，因为前文的分析表明，有效税率会对通过提高资金成本或企业投资成本对投资支出产生抑制作用，但是表 6.11 中的结果表明，有效税率不仅不会抑制投资支出，反而会在一定的显著性水平上对之产生促进作用。这样的结果说明，企业在过度投资问题影响下，其决策行为并不会严格遵循成本—效益法则，从而表现出投资决策的非理性问题。事实上，我们之所以认为破产风险对投资支出的负向关系是因为负债代理冲突下的非效率投资问题所致，而不是因为决策者投资认知短缺带来的不科学行为所致，利润波动率回归系数显著为负能够对此做出更强的印证。正是因为企业投资行为具有一定的科学性，体现企业经营风险的利润波动才会对投资行为产生抑制，因为对于股东自身利益而言，利润波动过大，其投资行为应该更趋谨慎。然而，如果是破产风险上升，因为存在债权人与之分担相关风险的现实可能，股东可能并不会因此而减少投资支出，更严重的时候股东还会进行更多的投资。

表 6.12　　　　基于低成长企业投资行为的进一步检验：投资方程

变量名称	全部样本		股权分散企业		股权集中企业	
	参数估计	VIF 值	参数估计	VIF 值	参数估计	VIF 值
常数项	-0.281^{***} (-3.72)		-0.533^{***} (-7.97)		-0.098 (-0.88)	
R_{t-1}	-0.0004^{***} (-4.94)	1.23	-0.0041^{***} (-9.15)	1.42	0.001^{*} (1.67)	1.15
TR_{t-1}	$-8.21e-06^{*}$ (-1.67)	1.01	$-5.40e-06$ (-1.13)	1.04	-0.000^{*} (-1.78)	1.02
C	1.890^{***} (65.85)	1.07	0.047^{*} (1.83)	1.34	3.509^{***} (78.26)	1.04
Q_{t-1}	0.012^{***} (13.81)	1.18	0.011^{*} (15.05)	1.35	0.009^{***} (6.62)	1.12
$Szzl$	0.0001 (1.39)	1.06	0.0002^{**} (2.43)	1.30	0.002^{***} (15.50)	1.02
P_{t-1}	-0.006 (-0.38)	1.05	-0.017 (-0.56)	1.04	0.026 (1.46)	1.06
$VarLr$	-0.020^{*} (-1.87)	1.05	0.205^{***} (7.55)	1.14	-0.068^{***} (-4.58)	1.05
$Size$	0.011^{***} (3.36)	1.20	0.021^{***} (7.47)	1.21	0.003 (0.67)	1.20
$dczfx$	0.003^{**} (2.12)	1.13	0.006^{***} (3.73)	1.27	0.0055^{**} (2.27)	1.09
时间	控制		控制		控制	
Chi^2 值	4589.42^{***}		397.82^{***}		6724.58^{***}	
R^2	0.0950		0.0136		0.2146	
RMSE	0.8234		0.4417		0.9359	
n	41800		16680		25120	

注：括号内为 t 值；*，**，*** 分别表示系数在 10%，5%，1%的水平上显著。

　　为了更加明确低成长情形下企业是否存在过度投资问题，以及这种过度投资问题究竟源自何种原因，接下来我们将在联立方程组中引入一个交互变量 $dczfx$，它由代表低成长的虚拟变量 dcz 和破产风险 R_{t-1} 相乘计算而来。如果属于低成长企业，交互变量 $dczfx$ 将等于破产风险，否则为零。借助这个变量，我们可以通过观测其回归系数的正负关系判断企业在高低成长性差别下风险与投资支出作用系数的差异。如果交互变量系数大于零，则低成长企业破产风险对投资支出会比其他企业产生更强的促进作用，此时说明低成长企业可能存在过度投资的现象；若交互变量系数小于零，那么低成长企业破产风险对投资支出会比其他企业产生更多的抑制作用。

表 6.12 表明，对于全部样本来说，破产风险对投资支出的作用系数为 -0.0004，但是交互变量 $dczfx$ 的回归系数却为 0.003，两者都具有统计显著性。结果表明，从总体样本来看，破产风险依然会对企业投资支出产生抑制作用，但是如果企业属于低成长企业，其抑制效应将发生变化，其最终的效果将为 0.003 - 0.0004 = 0.0026。也就是说，对于低成长企业，破产风险对投资支出的综合作用效果为 0.0026，破产风险不会对投资支出产生抑制，反而对之形成促进效应，与前文的结论相似，低成长企业存在过度投资行为。所以，假设 6.4b 有关于过度投资的理论预期得到了印证。在低成长企业里，破产风险对投资支出的促进作用大于其治理作用。除了整体样本情形，表 6.12 还列出了不同股权集中度情形下破产风险对投资支出作用关系的差异。表中结果显示，$dczfx$ 的回归系数在股权集中企业的作用系数为 0.0055，且通过了显著性检验。该结果进一步表明，低成长企业破产风险对企业投资支出具有促进作用，低成长企业破产风险的治理作用会低于其过度投资效应，企业最终会表现出过度投资的现象。值得提及的是，在股权集中情形下，破产风险对投资支出的作用系数为 0.001，且在 10% 的水平上显著，所以即便不是低成长企业，只要是股权集中的企业，他们的投资支出也会随破产风险的上升而上升，从而背离了理性决策预期。然而，与前文相似，$VarLr$ 对投资支出的作用系数为负，从而说明对于全部股权集中的企业，其投资支出还是会受到经营风险的抑制，表明企业决策还是依循了股东利益最大化的原则。所以，上述结果进一步表明，只要是股权集中性企业，破产风险都会引致过度投资，而低成长的企业过度投资问题更为严重。另一方面，由股权分散企业来看，破产风险对投资支出的作用系数为 -0.0041，所以对全部股权分散企业破产风险对投资支出产生了抑制作

用，此时企业投资行为符合了基本的理论预期。但是，交互变量 *dczfx* 的回归系数也为正，说明即便在股权分散企业，如果其属于低成长性，企业也有可能会出现过度投资的问题。之所以会出现过度投资问题，这也许是因为即便在股权分散企业，经理人同样会表现出与股东相似的利益取向，从而与债权人存在类似的利益冲突，最终表现出过度投资效应大于破产风险的治理效应。

2）高成长企业的投资行为分析。

表 6.11 显示，高成长企业破产风险对投资支出的回归系数为 - 0.0003，且在 5% 的水平下通过了显著性检验。这负向作用系数表明企业即便存在较高的增长前景，投资机会偏于乐观，但是其投资支出仍旧会考虑破产风险的高低，破产风险越高企业投资预算会倾向于更为紧张。根据第三章代理理论分析的思路，高成长企业有可能并不会因为投资机会较好而进行投资，因为在负债代理冲突下，执行良好的投资机会使企业整体破产风险趋于下降，从而新的投资项目有可能降低债权人信贷资金的风险，因而债权人在不支付任何成本的情形下从新的项目投资中获益，且以往破产风险越高，债权人获益的可能性越大。所以，股东在没有获得额外报酬的情形下，通过支付投资成本执行项目期权，但是并不会得到因投资产生的全部效益。在此情形下，股东会表现出投资不足的问题。所以，表 6.11 中破产风险对投资支出的负向关系有可能正好是企业投资不足的一种数字表征。那么究竟是否是因为投资不足，抑或是破产风险本身的期望破产成本等成本约束效应导致了投资下降，我们需进一步进行分析。为此，与低成长情形相似，我们在投资方程中引入了一个交互变量 *gczfx*，它由代表高成长的虚拟变量 *gcz* 和破产风险 R_{t-1} 相乘计算而来，其中虚拟变量 *gcz* 表示在企业属于高成长情形时变量值为 1，否则为 0。所以，该交互变量在企业属于高成本企业时为破产风险，否则为 0。同样，该交互变量的系数如果为正，则表明高成长企业破产风险会对投资支出产生更强的正向作用，如果系数为负，那么高成长企业破产风险会对投资支出产生更强的负向作用，高成长企业表现为投资不足的问题。表 6.13 描述了高成长企业投资行为的相关情况。

表6.13   基于高成长企业投资行为的进一步检验：投资方程

变量名称	全部样本		股权分散企业		股权集中企业	
	参数估计	VIF 值	参数估计	VIF 值	参数估计	VIF 值
常数项	-0.2648 *** (-3.53)		-0.5067 *** (-7.66)		-0.0798 (-0.72)	
R_{t-1}	-0.0014 *** (-3.82)	5.25	-0.0003 (-0.28)	3.54	0.0028 ** (2.32)	5.15
TR_{t-1}	-7.90e-06 * (-1.68)	1.05	-4.96e-06 (-1.12)	1.04	0.0000 (0.05)	1.02
C	1.8889 *** (65.84)	1.07	0.0423 * (1.65)	1.33	3.5084 *** (78.24)	1.04
Q_{t-1}	0.0120 *** (13.67)	1.17	0.0110 *** (14.82)	1.33	0.0089 *** (6.57)	1.12
$Szzl$	0.0001 (1.51)	1.01	0.0002 ** (2.59)	1.30	0.0028 *** (15.60)	1.02
P_{t-1}	-0.0055 (-0.33)	1.05	-0.0102 (-0.33)	1.04	0.0266 (1.45)	1.06
$VarLr$	-0.0196 *** (-3.42)	1.05	0.2145 *** (7.96)	1.56	-0.0685 *** (-4.57)	1.05
$Size$	0.0104 *** (3.18)	1.17	0.0207 *** (7.18)	1.19	0.0025 (0.51)	1.17
$gczfx$	-0.0018 (-1.47)	5.33	-0.0036 *** (-2.67)	3.63	-0.0039 * (-1.72)	5.22
时间	控制		控制		控制	
Chi² 值	4584.65 ***		389.64 ***		6722.67 ***	
R^2	0.0949		0.0139		0.2146	
RMSE	0.8234		0.4416		0.9359	
n	41800		16680		25120	

注：括号内为 t 值；*，**，*** 分别表示系数在10%，5%，1%的水平上显著。

表6.13显示，以全部样本为基础，调整后的投资方程其总体回归系数情形并没有发生太大变化，破产风险在总体上仍然会抑制企业投资支出。交互变量 $gczfx$ 的系数为正，但是不显著，说明在高成长情形下，总

体而言企业破产风险并不会对投资支出产生更显著或更弱的作用。进一步分析股权分散企业看，在整体上，破产风险不会对投资支出产生显著的影响，但是交互变量却出现了负的作用系数。这个结果表明，股权分散性企业里，高成长的情形下破产风险对投资支出的作用为负，企业因此有可能表现出投资不足。此外，在股权集中性企业里，交互变量同样为负，说明高成长型股权集中企业也有可能出现投资不足的迹象，或者至少表明在这类企业里破产风险对投资支出的正向作用不再那么明显。所以，研究假设6.4a 部分得到证实。

七　企业投资决策风险后果的进一步检验

前述分析表明，在股东债权人利益冲突的作用下，低成长企业产生了明显的过度投资问题，所以投资支出的增加并没有降低企业的破产风险，反而会对之产生显著的促进作用。与此同时，对于高成长企业而言，破产风险在整体上并没有对企业产生显著的投资不足效应，但有可能在股权集中企业里导致一定的投资不足问题，或者说导致企业投资动力减弱的现象。在这样的情况下，企业有可能因为更加谨慎的投资行为导致破产风险下降。但是对于其具体效果，我们还需进一步予以检验。

为了对不同情形下投资支出是否导致了破产风险不一样的变化，我们将重点考察风险方程中解释变量 I_{t-1} 对破产风险的作用效果。与前文相似，我们将首先对样本进行高低成长性分类，不同的是因为此时我们着重研究 $t-1$ 期投资行为的风险后果。依据前文的分析思路，企业 $t-1$ 期的投资行为会受到 $t-2$ 期的投资机会的影响，也就是说 $t-2$ 期的 Q 值会影响企业的投资支出。据此，我们将按照 $t-2$ 期的 Q 值对样本进行高低成长性分类，对于 $t-2$ 期 Q 值最低三分之一的企业，我们将之定义为低成长企业，最高三分之一的企业为高成长企业。与此同时，与前文分析相似，我们将按照不同股权集中度进行分析，$t-1$ 期第一大股东持股比例大于或等于 30% 的企业我们将之定义为股权集中的企业，否则我们将之定义为股权分散的企业。根据这样的设定，我们对联立方程模型进行了再次的检验，检验结果见表 6.14。

表 6.14　　　　基于分组样本的联立方程模型回归结果：风险方程

	低成长企业			高成长企业		
	全部	股权分散	股权集中	全部	股权分散	股权集中
常数项	-0.9708 **	-1.0725	-1.4370 ***	-34.208 ***	-32.533 ***	-46.795 ***
	(-2.20)	(-1.19)	(-3.19)	(-16.41)	(-10.08)	(-16.94)
I_{t-1}	-0.0349	0.4660	0.1696 ***	0.0417	0.0191	0.1354
	(-0.15)	(0.83)	(4.51)	(0.64)	(0.28)	(0.95)
L_{t-1}	3.4086 ***	3.0965 ***	4.2651 ***	4.9576 ***	4.6834 ***	8.5693 ***
	(96.50)	(58.11)	(70.30)	(77.46)	(74.86)	(32.04)
I_{t-2}	-0.0013	-0.0012	-0.0010	1.1898	0.6377	0.8019 **
	(-0.08)	(-0.06)	(-0.23)	(1.26)	(0.36)	(2.49)
B_{t-1}	-0.7258 ***	-0.7554 ***	-0.7058 ***	0.3669	-0.3669	-0.1075
	(-10.17)	(-5.81)	(-9.28)	(1.51)	(-1.03)	(-1.58)
APD_{t-1}	0.0278 ***	0.0089	0.1484 ***	-0.0117	-0.0036	-0.1758
	(3.03)	(0.75)	(5.01)	(-0.44)	(-0.13)	(-0.40)
$VarLr_{t-1}$	2.3788 ***	2.7708 ***	-0.2413	2.7420 ***	3.1266 ***	-5.157 ***
	(16.89)	(15.25)	(-0.63)	(5.14)	(5.38)	(-4.79)
$Size_{t-1}$	-0.0774 ***	-0.1001 ***	-0.0583 ***	1.0414 ***	1.1828 ***	1.2904 ***
	(-4.23)	(-2.79)	(-3.08)	(11.12)	(7.97)	(10.67)
时间	控制	控制	控制	控制	控制	控制
Chi^{2}值	17621.56 ***	5702.30 ***	15309.70 ***	7649.54 ***	6862.82 ***	2192.92 ***
R^2	0.5551	0.4984	0.6458	0.3540	0.5592	0.2044
RMSE	0.7049	0.3453	1.109432	1.53601	1.65223	1.746
n	13933	5541	8392	13934	5401	8533

注：括号内为 t 值；*，**，*** 分别表示系数在 10%，5%，1% 的水平下显著。

　　表 6.14 显示，对于低成长企业和高成长企业，无论是全部样本或者是按股权集中度区分的子样本，企业负债融资的高低都会与破产风险显著的正相关，但是对于投资支出变量而言，其回归系数则有较大的差别，不同性质的企业投资支出的风险后果将会有较大的差异。首先，从低成长企业来看，滞后期投资支出与同期的破产风险负相关，但是系数没有通过显著性检验。该结果说明，低成长企业投资支出不会显著地降低企业的破产风险，但是也没有对破产风险产生促进效应。结合表 6.12，这也许是由

于低成长企业存在一定的投资过度，所以投资不会降低企业破产风险，而同时这种过度投资问题若以整体低成长企业来看显得并不是很严重，所以并没有表现出显著的促进效应。所以，假设 6.7b 有关低成长企业投资支出不会减少破产风险的观点得到印证。然而，进一步查看表 6.14 中股权分散型低成长企业数据发现，此时投资支出对破产风险的作用系数虽然依然不显著，但是却变为正数。结合表 6.12 数据看，即便股权分散，低成长企业也有可能存在一定的过度投资问题，因此投资对破产风险表现出一定的正相关关系。但是，不难发现，股权分散型企业过度投资的问题也许不是很严重，从而使投资对破产风险正向的作用系数并不显著。最后，对于股权集中的低成长企业，投资支出会正向地作用于破产风险，从而说明在低成长同时负债代理冲突更为严重的企业里，它们会产生显著的过度投资行为，从而对破产风险形成显著的正向作用。其次，对于高成长企业而言，投资支出 I_{t-1} 对破产风险的作用系数全部为正，但是在统计上并不显著。结果表明，即便在高成长情形下，我国企业投资支出也不会产生足够的收入效应，从而对破产风险起到缓和的作用。由前文的分析可知，在高成长的企业里也许存在一定的投资不足现象。在这样的情形下，企业的投资行为应该更趋谨慎，并因此会对企业的收入增长形成积极的促进作用，并最终抑制企业破产风险的提高。但是，表 6.14 中投资支出与破产风险表现出弱的正相关关系，从而表明企业并没有利用各种投资机会为企业创造更高的价值，上市公司普遍存在资本配置低下的问题。这也许可归因于我国上市公司管理层存在一定的投资决策技术偏误，从而导致企业创值能力低下，甚至存在耗值的现象（刘芍佳和丛树海，2002）。

第五节　本章小结

本章以分析负债融资与投资决策之间跨期动态作用机制为出发点，以第三章理论分析结果为基础，构建了包括滞后期破产风险、滞后期有效税率、投资决策、负债融资决策四个联立方程，并利用 *SUR* 估计方法对负债融资和投资支出之间因税收利益和破产风险产生的跨期动态作用机制。实证检验发现：①投资支出能通过收入效应对有效税率产生促进作用，从而增加企业负债融资的税盾价值，同时企业负债税盾价值的增加只会对财务约束较低的企业形成负债促进作用，在高财务约束企业里，有效税率反而会制约企业的负债融资。作为结果，滞后期投资支出通过税收利益会对低财务约束企业负债融资形成促进作用，但对高财务约束企业产生抑制作用。②滞后期投资支出会对企业的破产风险形成促进作用，从而对负债融资产生约束。对于高成长性企业，虽然企业有可能通过投资支出增加企业的收入，降低其风险水平，但是由于我国上市公司资本配置效率低下的问题，投资支出并不会显著降低其风险；对于低成长企业，由于企业存在的过度投资问题或者管理人员决策技术偏误等原因，企业投资支出在股权集中情形下反而会对风险形成促进作用，在其他情形下也没有形成显著的风险抑制。③滞后期负债水平会显著地降低企业有效税率水平，并产生负债税收利益，有效税率会对投资支出产生约束作用，最终滞后期负债融资会通过有效税率对投资支出形成正向的作用。④滞后期负债水平对企业破产风险具有显著的促进作用，而在总体上破产风险会对企业投资形成约束，所以滞后期负债水平会通过破产风险对企业投资产生抑制作用。如果考虑到企业成长性水平，低成长性企业会存在过度投资问题，从而破产风险对投资支出的抑制作用将会下降，高成长企业在整体上并没有出现投资不足问题，所以破产风险并不会对投资支出产生更强的抑制作用，对于股权集中企业而言，企业有可能表现出投资不足问题，所以破产风险对企业投资动力的抑制作用会相对减少，但破产风险对投资支出的总体作用效果依然为正。

第七章

企业投融资互动机制下的信贷违约
风险抑制效应实证检验

第一节 前 言

众所周知，2008 年金融危机的爆发引起了全世界的经济恐慌，同时也吸引了众多学者对现行经济运行模式的反思。至今，有关金融危机爆发原因的论述可谓汗牛充栋，有人将之归咎于政府对金融机构监管不力，有人将之视为金融过度创新的后果，有人认为美国巨额贸易赤字和国际经济不平衡产生重要的影响，还有人直接认为这是美国式资本主义痼疾使然，等等。虽然各种观点都在一定层面上起到了解惑与释疑的作用，但是这样的论述似乎都没有深入到一个重要的核心问题，即实体经济运行的情况。事实上，作为虚拟经济，金融产业无论从其诞生还是发展到如今的繁荣景象，从来都没有脱离于实体经济而单独运行。金融运行的好坏虽说能影响实体经济的运行效率，但实体经济的效率高低也对金融业绩或金融风险水平起着决定性的作用。换而言之，导致该轮金融危机的更深层次的原因之一是实体经济运行的低效率，其中企业投融资决策的效率问题即是值得人们重点关注的问题之一。正是由于在微观层面上企业投融资决策的低效率，如投融资关系的割裂，才出现了产品供需曲线的断裂以及价格的上升，从而为美国巨额赤字等经济恶果埋下了种子，也正是由于投融资决策的低效率，才导致了部分产品市场出现过度繁荣（如住宅产品，甚至金融产品），而另外一些产品却相对匮乏，并因此导致美国国内消费超出本国生产承受能力的现象，等等。在企业投融资非效率如投融资决策相互割裂问题的影响下，难免会形成一个国家在宏观层面的产业畸形，并在某些催化剂的作用之下从某一过度繁荣产业开始演化出一场信贷偿还危机，并由此波及更多产业的问题即在所难免了。也就是说，企业投融资决策的低效率会产生信贷偿还风险，并在宏观层面演变成影响更加广阔的金融风险。

在我国，目前不少企业存在融资困难的现象。针对这种现象，不少学者在理论上进行了诸多的探讨，银行也在实践上进行了不懈的摸索并取得了一定的成效。即便如此，信贷违约仍是悬在银行心头的一把利剑，并严重地束缚着银行的信贷供给行为，这一现象在 2008 年世界金融危机之后表现得更为严重。另一方面，我国 2015 年信贷资金总额为 117200 亿元，信贷市场中依然存在规模庞大的信贷规模。然而，在如此规模庞大的新增贷款中，部分拥有良好投资项目的企业所获无几，而大多数资金流入了投资机会并不很好的企业尤其是大型国有企业之中，这些企业一方面将获得的资金以更高的利率转借给中小企业或其他民间资金需求者，另一方面将大量的资金投向房市或股市。这个现象一方面表明即便是大型企业，其融资行为也有可能并非源自投资需求或资本结构调整等内在需求，投资行为也并没有真实地反映融资决策的内在诉求，从而表明其投融资决策模式上的不和谐或低效率，另一方面说明银行对中小企业贷款违约风险心有顾忌，即便企业拥有良好的发展前景。然而，从理性经济人角度而言，企业贷款违约从根本上讲是因为内部资金短缺而进行的一种被动选择，而资金短缺则是因为企业经营管理尤其是包括投融资决策在内的财务决策行为低效率所致。据齐寅峰（2005）等学者的研究表明，我国企业普遍存在投融资决策相互割裂等非效率的问题。在这样的决策行为中，投资往往不以融资能力、融资类型以及融资水平为依据，而融资也通常会忽略投资对资金的需求，并导致企业对资金的盲目追求，形成典型的"资金饥渴症"。正是因为企业投融资决策模式的不合理或者效率低下，导致了我国企业较低的资源配置效率以及较弱的竞争能力，从而使企业潜藏着较高的贷款违约风险。

以此而言，企业投融资决策模式会对企业的债务清偿能力起到非常重要的作用，从而能够抑制其信贷违约风险，进而对宏观金融效率以及宏观金融风险发生作用。因此，深入研究企业投融资决策模式，以及投融资决策模式与企业贷款违约风险的内在关系，以此为基础，促进投融资决策的互动优化和企业财务状况的改善，不仅有助于从根本上提升企业的财务清偿能力，遏制其贷款违约的现象，从而解决某些企业"融资难"的问题，而且能在宏观层面改善金融生态环境，降低大范围金融危机爆发的风险。

　　然而，目前我国学者对于企业信贷违约风险的注意力主要集中在通过构建信贷违约风险测度模型，以此更为准确地预测企业的风险水平。其中，马若微和唐春阳（2005）主要期望利用 Fisher 判别原理构建一个准确而简约的判别模型；唐春阳和冯宗宪（2005）及管七海（2008）则希望采用多维判断或多元线性回归的方法对信贷违约风险予以准确预测；以石晓军等（2007）为代表的学者则希望通过边界 Logistic 违约率模型对中国上市公司违约率进行预测，以此探究出一个能够准确预测企业违约的风险预测模型。与这些基于风险预测模型的研究相似，马九杰等（2004）、马宇（2010）、仇荣国和张建华（2010）期望从信贷违约风险影响因素视角探究企业信贷违约特征，从而以此为依据对信贷违约的可能性作出一种新的判断。另外的学者则期望从企业外部关系型特征入手进行分析，例如陈林和周宗放（2010）从企业集团控制下企业之间关联性问题入手，周梅（2012）则从银企之间关系入手，探析了在这些关系特征的影响下，企业信贷违约风险的表现特征，以期在分析出典型特征的基础上对存在这类关系的企业在信贷违约风险上予以区别对待。然而，这些文献对于信贷风险识别与预测的关注无法掩盖企业信贷违约风险防范的重要性和紧迫性。为此，Stiglitz 和 Weiss（1984）等学者从信息不对称角度研究了信贷市场上道德风险和逆向选择如何影响企业贷款违约风险的问题，并因此提出了借助借贷双方博弈机制设计信贷条款以控制信贷风险的相关视角。与这些学者不同，Kornai（1980）等学者主张从预算软约束角度分析贷款违约现象，并期望在制度层面规范政府、银行、企业三者之间的关系，从而规避部分信贷风险。然而，无论是信息不对称理论或是软预算约束理论，他们都是基于企业败德行为进行分析的，但是在一个制度健全的环境下，作为理性的经济人，其信贷违约行为更有可能是源自于内部资金短缺或企业价值太低以至于无法偿还债务资金的缘故（Merton，1974），也就是说贷款违约更多是受困于企业较低的经营效率。国内学者刘小明（2005）等认为，应该将信贷风险防范的重点拓展到集团内部关联交易体上；而于瑞峰（2007）则认为，信贷风险的防范不能只对申贷企业进行孤立评判，而应从供应链的角度进行全面分析；李成青和李础蓝（2008）则表明，信贷风险防范应关注企业更多差异化的经营特征，如出口加工贸易型企业的两头在外特征。所有研究都表明，随着市场经济的深化，尤其在经济全球化以及当前金融危机背景下，信贷风险防范变得越来越复杂，所需关注的面也越来越广泛和深入。然而，从信贷风险的成因来看，剔除系统因素的影响，企业财务行为的不合理与非效率是导致信贷风险爆发的根源，控制这些非合理因素和非效率因素，增进企业财务效率，将会使信贷风险防范的思路变得更加简单与清晰。然而，鲜有学者从企业经营模式尤其是投融资决策模式入手分析企业的信贷违约风险。第四章理论结果认为，企业投融资决策会对企业信贷违约风险产生不同的作用，并在投融资互动关系下对信贷违约风险形成不一样的影响。

因此，本章将以上市公司为样本，从企业投融资决策尤其是投融资互动决策机制下信贷违约风险的变化，以此探索投融资决策模式是否会对信贷违约风险形成制约，或者何种投融资决策模式会对信贷违约风险形成抑制。本章以下部分的结构安排如下：第二节是研究假设，第三节是研究设计，第四节是研究结果，第五节是本章小结。

第二节   研究假设

一   同期投融资互动决策影响信贷违约风险的相关假设

第四章对投融资同期互动情形下企业信贷违约风险的变化进行了理论分析，并认为随着负债利息水平的增加，企业破产临界值和投资临界值均会发生相应的变化，通过对两者的作用，最后负债水平会对信贷违约风险产生了正向的作用关系。负债水平越高，企业信贷违约风险越高。显然，这一结果与现代公司财务理论高度吻合。从公司财务角度看，负债融资的增加会加大企业本息偿还的压力，从而对公司的现金状况提出更高的要求，在其他情况保持不变的情形下，公司出现信贷资金偿还困境的概率将会不断上升。另一方面，如果负债水平比较低，企业负债税收利益会大于负债期望破产成本，此时企业投资动力会相对较强。然而，倘若其他指标保持不变，企业投资动力增强意味着投资门槛会降低，此时企业会接受更多盈利前景不甚乐观的投资项目。显然，这样的投资模式会相应降低未来企业的盈利能力，从而对信贷资金偿还能力产生不利影响，此时信贷违约风险会增加。所以说，投资动力会与企业的信贷违约风险呈现出正向相关的作用。换个角度来看，投资动力越强，企业将会进行更多的投资，此时投资支出会因此增加。所以，倘若其他情况不变，那么投资支出越多，企业将会有更高的信贷违约风险。在这样的机制下，如果投资决策和融资决策具有足够的柔性，那么企业会确定一个最优的负债融资，并对应一个最优的投资政策，在两者的共同作用之下，企业会面临一个适中的信贷违约风险水平。也就是说，即便从最优角度看，企业也会存在信贷违约风险，在企业投融资决策共同作用下，企业会面临一个最优的信贷违约风险水平。

　　然而，根据现代公司治理理论认为，企业并不一定按照企业价值最大化决策的标准，并在负债融资情形下会因此表现出股东债权人利益冲突。Jensen 和 Meckling（1976）认为负债融资下，股东债权人利益冲突会导致股东或经理人投资目标产生异化，并产生投资决策非效率问题。他们强调，受负债代理冲突的影响，股东通常具有资产替代的可能。也就是说，由于股东债权人之间收益和风险分担存在不对称的问题，在有限责任机制的作用下，股东具有将债务资金投向那些投资风险很高，但是一旦成功企业收益颇高的项目。因为这些项目一旦成功，股东在扣除债权人的固定索取权后可获得大量的收益，而倘若失败，因为有限责任机制的庇护，股东只需要承担有限的成本。因此，股东或经理人会过度投资或者资产替代。根据第四章的理论结果，过度投资也就是说股东会相对降低投资项目的投资门槛。因为投资门槛与信贷违约风险负相关，所以过度投资越严重，即投资临界值越低，企业信贷违约风险越高。由第四章的分析可知，如果企业存在过度投资的问题，倘若债权人能够有效地掌握股东有关过度投资的相关信息，那么他们会相应地对股东的负债融资资金索要更高的资金成本，从而对企业最优负债融资产生负向的作用。所以，假设企业投融资决策具有足够的柔性，股东价值最大化情形下也会选择一个最优的负债水平，并对应一个最优的投资政策，最终会催生出最优决策背景下企业面临的信贷违约风险。由于整体而言，过度投资会降低最优负债水平，从而会降低企业的信贷违约风险。相对应，前文分析认为过度投资本身会对信贷违约风险形成促进作用。综合这两者效应，第四章结论显示，过度投资下企业在投融资决策相互作用下会容忍更低的信贷违约风险。也就是说，从投融资最优化角度出发，同时假设债权人能理性预期企业的过度投资行为，过度投资企业应该会比企业价值最大化情形下存在更低的信贷违约风险。另一方面，Myers（1977）认为，在股东债权人利益冲突下，企业的负债水平相对偏高，如果企业执行其投资机会，因为高负债水平下企业存在的高破产风险会让股东产生即便执行投资机会企业也会破产的顾虑。在此背景下，一旦发生破产，股东也许无法再获得任何投资所得的利益。因为债权人在破产之时享受优先求偿权，当投资带来的现金流量小于债务资金偿还需求时，清偿债务后股东将享受不到任何项目创造的价值。因此，即便投资项目能为企业带来正的净现值，股东也有可能不会进行投资。所以，与低负债企业相比，高负债企业有可能会出现投资不足的现象。依据第三章和第四章的观点，企业投资不足意味着对于同一项目而言，其投资临界值会更高，决策者通常会等待更高的价格以期为股东获得更高或更稳定的回报。所以，投资不足表明投资临界值偏高，根据第四章有关投资临界值与信贷违约风险负相关的结论可知，投资不足会相对降低企业的信贷违约风险。

综上所述，我们可以初步提出如下研究假设：

假设 7.1a 给定其他情况不变，企业负债融资与信贷违约风险正相关，投资支出与信贷违约风险正相关，在投融资决策相互影响下，企业会存在一个适中的信贷违约风险水平。

假设 7.1b 受负债融资的影响，企业有可能存在过度投资的行为，过度投资会进一步提高企业的信贷违约风险，如果债权人能够预测企业的过度投资行为，在投融资互动优化之后，企业会存在比企业价值更低的最优信贷违约风险。

假设 7.1c 受负债融资的影响，企业有可能在高负债水平下产生投资不足，投资不足会降低企业的信贷违约风险。

权衡理论认为，企业的投融资决策与税收利益和破产成本紧密关联。在企业整体税收利益的作用下企业项目价值会发生波动，从而左右决策者对投资项目的判断，进而影响企业的投资行为。与此同时，企业负债融资的选择其中一部分重要原因便是源自于负债融资为企业提供的税收节约。

在税收节约下，企业会因负债融资得到更高的价值。所以，税收利益也会影响企业的融资行为。然而，在对税收利益的研究过程中，DeAngelo 和 Masulis（1980）认为负债税盾只是企业税收利益源泉的一部分，企业还会通过资本折旧的方式享受其税收利益。所以，在资本折旧税盾的作用下，企业投资决策和融资决策会发生变化，而投融资决策的变化又会相应地影响信贷违约风险的高低。因此，折旧税盾的存在应使企业信贷违约风险发生不一样的变化。根据第四章的理论结果，如果企业负债水平相对偏低，那么低折旧企业的信贷风险会高于高折旧企业，在较低负债融资背景下，折旧率的提高会促使企业信贷违约风险下降；相反，如果企业负债水平相对偏高，折旧率的提高会增加企业的信贷违约风险。之所以如此，其原因在于，随着折旧率提高，企业破产临界值和投资临界值都会下降，从而分别对信贷违约风险产生下降和上升的作用力。如果在负债水平比较低的情形下，投资临界值下降的幅度会比破产临界值小，所以信贷违约风险上升的动力会小于下降的动力，从而在两者综合作用下使信贷违约风险出现下降的现象；相反，倘若负债水平比较高，投资临界值下降的幅度会大于破产临界值下降的幅度，最终致使信贷违约风险上升的动力会相对偏大，从而使信贷违约风险上升。在投融资决策共同作用下，如果投融资决策具有足够的柔性，折旧率的提高会降低企业的最优负债融资水平，而在较低最优负债融资水平情形下，企业将会产生较低的信贷违约风险。或者说，考虑到高折旧企业高信贷违约风险可能带来的高折旧税盾损失，所以能够忍受的信贷违约风险会相对偏低。所以，我们可以进一步提出如下研究假设：

假设 7.2a　在投融资决策共同作用下，低负债企业折旧率的提高会促使企业信贷风险的下降。

假设 7.2b　在投融资决策共同作用下，高负债企业折旧率的提高会导致企业信贷风险的增加。

假设 7.2c　如果企业投融资决策同时实现最优化，高折旧企业会存在更低的最优信贷风险。

事实上，有关公司融资行为的研究，其中有部分学者认为负债融资的期限结构具有重要的意义。现代财务理论也指出，期限结构的选择作为企业资金策略的一个核心部分，在资本预算安排中起着重要的作用，通过资金来源与资金使用期限匹配政策的分析也能够对公司财务行为特征是否具有激进特性予以定义。通常来说，资金来源中短期资金比例高，而资金使用中代表长期资金的资本投资比例相对偏低，那么企业具有激进的财务安排。由此而言，我们可以初步判断，负债资金中短期资金越少，企业应当具有较高的财务风险，或者信贷违约风险。对于这一观点，第四章予以了证实，给定其他情形不变，短期负债比例上升会促进企业信贷风险的增加。然而，正如前文所述，企业负债融资背景下通常会产生负债代理冲突。在考虑期限结构的情形下，企业是否也会存在负债代理冲突？其代理冲突变化又存在怎样的特征？本书第四章的研究显示，如果企业在短期负债偿还时不存在任何破产概率，也就是说破产概率为零，那么在给定长期负债量不变的情形下，增加短期负债融资则意味着总体负债水平会增加，此时股东需要为投资投入的资金会减少，此时股东会表现出过度投资的现象；相反，如果短期负债融资减少，则意味着总体负债资金减少，股东将为项目的投资注入更多的自有资金，此时相对而言股东会表现出投资不足的问题。然而，从现实情形看，能够实现破产概率为零的财务状况的企业几乎不存在。为了验证这一现象，我们将选择财务风险较低的企业予以验证。当然，第四章结果也表明，对于破产风险很低的企业，如果其负债融资全部采取长期融资，那么他们又会表现出过度投资的现象。然而，对于我国上市公司而言，采取全部长期负债融资的企业几乎为零。因此，我们将在后续的实证研究中对这一理论结果予以忽略。另一方面，如果企业在短期负债偿还时存在较高的破产风险，第四章结果认为，如果给定长期负债总量不变，此时增加短期负债比例意味着总体负债会增加，在高水平的负债下企业进行投资有可能在未来一旦企业破产，那么股东将无法获得应有的回报，而大部分投资报酬被债权人获取，此时股东会表现出投资不足的现象；相反，如果短期负债比例下降，那么在短期负债偿还时企业出现偿付危机的概率会减少，此时股东投资不足的现象会下降甚至会表现出过度投资。与前文的结论一致，在考虑负债期限结构下，过度投资依然会导致信贷违约风险上升，而投资不足依然可导致信贷违约风险下降。综上所述，我们可以得出如下研究假设：

假设 7.3a 短期负债比例的上升会促进企业信贷违约风险的增加。

假设 7.3b 若短期负债偿还时企业破产风险比较低，增加短期负债融资导致企业投资不足，此时信贷违约风险相对较低，而减少短期负债融资会带来企业的过度投资，此时信贷违约风险相对偏高。

假设 7.3c 若短期负债偿还时企业破产风险高，增加短期负债融资会导致企业投资不足，此时企业会存在较低的信贷违约风险，而减少短期负债融资企业投资不足会得到缓解甚至出现过度投资，此时信贷违约风险相对偏高。

二　跨期投融资互动决策影响信贷违约风险的相关假设

对于一个成长的企业而言，其投融资决策通常需要置于动态的环境中。作为决策者，企业投资必须以历史融资水平为依据，融资政策也必须以历史投资水平作为参考，从而意味着企业投融资决策之间存在动态的作用关系。在这样的动态作用关系下，企业投融资决策会因此产生变化，从而有可能对信贷违约风险构成影响。根据第四章理论结果，如果企业在投资前便不存在破产风险，在此背景下，存量负债的增加会加大投资后企业承受的偿贷压力。显然，倘若给定企业经营收入水平和新增负债量，企业存量负债水平会增加企业的信贷违约风险。虽然，第四章数据也表明，在存量负债达到某一水平时，信贷违约风险出现下降的现象，但是在此之后，信贷违约风险又会表现出随存量负债水平增加而上升的现象。因此，从总体上看，存量负债水平具有提高信贷违约风险的趋势。另一方面，第四章分析也显示，历史投资水平越高，企业投资前的破产风险将会越少，同时历史投资用以保障新增负债偿付的经营收入也越多，所以历史投资在收入效应的作用下会对信贷违约风险产生负向的作用关系。然而，根据第三章的理论分析，历史投资也会降低企业新增负债融资的顾虑，同时也会降低企业的投资临界值，此时企业信贷违约风险又存在上升的压力。然而，综合这两种作用效果，第四章结果显示历史投资最终会对信贷违约风险形成负向作用，历史投资支出会降低企业的信贷违约风险。

假设 7.4a 存量负债水平会促进企业信贷违约风险的提高。

假设 7.4b 历史投资水平会降低企业的信贷违约风险水平。

考虑到企业有可能存在的股东债权人利益冲突，股东利益最大化情形下的投融资决策会表现出不一样的特征，在投融资决策的相互作用下，企业信贷违约风险也会相应发生变化。对于一个存在存量负债的企业而言，如果新增负债水平相对偏低，在较低存量负债水平下以至于投资前不存在破产风险，但是由于新增负债的出现导致企业投资后产生破产风险，此时股东会因为存量负债债权人在没有获得额外利息情形下为企业承担了部分投资风险而表现出过度投资的现象；而如果存量负债水平比较高，投资前本身就存在破产风险，但在较低新增负债下，投资后破产风险反而会下降，此时股东会认为存量负债债权人在没有投入更多成本的前提下通过企业投资得到了好处，从而表现出投资不足的问题。相反，根据第三章和第四章的分析可知，如果在较高的新增负债水平下，企业会在较低的存量负债水平下表现出投资不足，而在较高的存量负债水平下表现出过度投资问题。由前述分析知，存量负债融资会促进企业信贷违约风险的提高，而过度投资会使信贷违约风险变得更高，投资不足会使信贷违约风险上升的情形有所缓解。所以，我们可以提出如下研究假设：

假设 7.5a 在较低新增负债水平下，随着存量负债水平的提高，企业会由过度投资转为投资不足，存量负债促进企业信贷违约风险的现象在较低存量负债水平下会更严重，而在较高存量负债水平下会有所缓解。

假设 7.5b 在较高新增负债水平下，随着存量负债水平的提高，企业会由投资不足转为过度投资，存量负债促进企业信贷违约风险的现象在较低存量负债水平下相对较弱，而在较高存量负债水平下会更为显著。

前述分析表明，在企业价值最大化角度下，历史投资决策会对信贷违约风险产生抑制作用。但是考虑到股东存在的委托代理问题，如果历史投资水平比较低以至于投资前便存在破产风险，那么随着新增负债的增加，企业会首先表现出投资不足的现象，而在高的新增负债水平下，企业会表现出过度投资；如果历史投资水平相对比较高，以至于投资前企业不存在破产风险，此时在较低新增负债水平下企业会表现为过度投资，而在较高新增负债下企业会转为投资不足。对于历史投资水平比较低的企业，如果给定历史负债水平不变，新增负债较少时通常会导致企业在投资后破产风险下降，所以历史债权人在企业投资项目中攫取了财富，从而企业表现出投资不足；而若新增负债比较高，投资后破产风险不降反升，那么原有债权人被迫在投资项目中承担了部分风险，股东因此会过度投资。对于历史投资水平比较高的企业，因为投资前企业便不存在破产风险，那么在较低的新增负债下，企业投资后会出现少量的破产风险，此时股东迫使原有债权人为其承担了部分投资风险，股东因此会过度投资；若新增负债比较高，此时破产风险会相对偏高，股东投资后即发生破产的概率较高，所以股东宁可享受历史投资带来的低风险收益，也不愿冒破产的风险进行投资，此时股东会投资不足。所以，随着历史投资水平的增加，企业信贷违约风险会下降，但是如果企业新增负债水平相对偏低，企业会由投资不足转为过度投资，此时历史投资对信贷违约风险的抑制作用会由更强变为更弱；如果企业新增负债相对偏高，企业会由过度投资转为投资不足，此时历史投资对信贷违约风险的抑制作用会由相对较弱变得更强。所以，可以提出如下研究假设：

假设 7.6a 在较低新增负债水平下，随着历史投资水平的提高，企业会由投资不足转为过度投资，历史投资抑制企业信贷违约风险的现象在较低历史投资水平下会更显著，而在较高历史投资水平下会有所弱化。

假设 7.6b 在较高新增负债水平下，随着历史投资水平的提高，企业会由过度投资转为投资不足，历史投资抑制企业信贷违约风险的现象在较低历史投资水平下相对较弱，而在较高历史投资水平下会更为显著。

第三节　实证研究设计

一　研究样本与数据来源

本章研究样本仍然来自国泰安信息技术有限公司开发的 CSMAR 数据库。与前文一致，我们将继续选取 2001 年 12 月 31 日以前在沪深股市上市的公司，样本公司选择的标准与第五章一致，所以最后共选择了 836 家样本公司从 2001 年 12 月 31 日到 2014 年 12 月 31 日 52 个季度的样本数据。

二　研究模型与变量说明

本章主要研究投融资互动决策机制对信贷违约风险的影响，以此诠释投融资互动决策机制的信贷违约风险抑制效应。为此，首先我们需要对信贷违约风险予以界定。众所周知，违约风险又称信用风险，是指债务人在债务到期时无法还本付息而使债权人遭受损失的风险。本书所指的信贷违约风险，则是信贷资金拆借者到期无法偿还资金本息而使资金提供者出现损失的风险。对于违约风险的计量，主要包括 Fisher 判别法、多元线性回归法、Logistics 方法、Z - score 方法、KMV 方法和主成分分析法等。然而，在判断企业是否进入违约状况，现有学者基本上都是以企业是否出现特别处理（ST）进行的。但是，对于企业是否存在信贷违约风险的判断应该是其是否存在违约的现实财务基础。一般情况而言，上市公司被特别处理是因为其财务状况出现异常。所谓财务状况异常则通常是以下几种情况导致：第一，最近两个会计年度财务报表显示其净利润为负数；第二，最近一个会计年度公司股权价值低于注册资本，或者上市公司连续两年亏损或每股净资产低于股票面值；第三，审计师出具年度财务报告审计意见时出具无法表示意见或者否定意见的审计报告；第四，最近一个会计年度经审计的股东权益价值扣除审计师或有关部门不予确认的部分，低于注册资本；第五，最近一份经审计的财务报告对上年度利润进行调整，导致连续两个会计年度亏损；第六，净交易所或者证监会认定为财务状况异常。显然，这种利用是否被特别处理定义企业是否进入违约状况的方法主要关注的是企业是否存在净利润为负或是否出现净资产过低的问题。然而，企业出现信贷违约风险是指企业对于本该履约偿还的债务本息，因为其现实财务状况约束无法实现履约义务。而根据特别处理的原因，对于那些无法偿还到期债务本息的企业如果净利润并不为负或者每股净资产不低于股票面值，或者实际的股权价值不低于注册资本，通常并不会被特别处理。也就是说，那些发生信贷违约的企业有可能并不会被特别处理。因此，用是否被特别处理来界定企业是否处于违约状态并不严谨，也并不准确。那么用哪种方法更为可取？由信贷违约风险发生的事实依据来看，企业因为没有足够的资金偿还到期的债务本息就属于事实的信贷违约事件。所以，如果企业拥有的货币资金少于所有短期负债以及一年内即将到期的长期负债总额，那么企业将在未来有可能出现信贷违约的可能，两者的差额越大，企业出现信贷违约的概率会越大，反之亦然。值得提及的是，我们此处并不认为 Z - score 方法能够很好地度量企业的信贷违约风险，因为该方法主要是用于判别企业存在的破产概率，而我们关注的仅为企业是否会对到期债务存在违约可能性。显然，即便企业对部分到期债务采取违约处理，在实际操作中也不会执行破产。所以，我们将用如下方法对信贷违约风险进行度量：

信贷违约风险＝（短期负债＋一年内到期的长期负债－货币资金）÷
上期期末资产

其中，短期负债与一年内到期的长期负债总额是企业需要承担的债务
偿还义务，货币资金是企业可以调度的用以偿还即将到期债务的能力。显
然，两者之差越高，企业信贷违约风险也就越高，反之亦然。当然，考虑
到企业规模因素的影响，与前面章节分析一致，我们利用滞后期资产总额
对两者之差进行了标准化处理。

为了研究投融资互动决策对企业信贷违约风险的影响，我们建立了如
下实证模型：

$$CDR_t = \alpha_1 + \beta_1 I_t + \beta_2 ND_t + \beta_3 TI_{t-1} + \beta_4 L_{t-1} + \beta_5 ROA_t$$
$$+ \beta_6 TurnA_t + \beta_7 Szzl_t + \beta_8 Q_t + \beta_9 Size_t + \varepsilon_{it} \qquad (7.1)$$

其中，CDR_t是回归方程的被解释变量，代表企业的信贷违约风险水
平，I_t和ND_t分别表示企业资本投资水平和新增负债水平。为了研究企业
投融资决策跨期互动作用机制下的信贷违约风险水平，我们在方程中引入
了TI_{t-1}和L_{t-1}分别表示历史投资和存量负债的影响。其中，TI_{t-1}是经资
产标准化后的滞后期企业固定资产净值、长期投资和在建工程之和。显
然，一个会计期间末期固定资产净值、长期投资和在建工程的总量可以用
作表示企业往期资本投资的累积性指标，其值越高说明企业往期资本投资
越多，反之亦然。L_{t-1}是滞后期负债总额经资产总额标准化后的指标，它
表示企业截至上期期末负债融资的总额，即存量负债水平，同时该指标也
可以反映滞后期企业的资产负债率。此外，为深化对信贷违约风险的认
识，尽量控制其他因素对信贷违约风险的影响，我们还引入了其他控制变
量。对于信贷违约风险的影响因素，以往的研究学者认为总共有四大类指
标会对信贷违约风险形成影响，即企业偿债能力水平、盈利能力水平、营
运能力水平、发展潜力水平等指标（唐春阳和冯宗宪，2006；管七海和
冯宗宪，2004；杨蓬勃等，2009；仇荣国和张建华，2010）。对于偿债能
力的指标，前述指标中L_{t-1}可以用作滞后期长期偿债能力指标予以替代，
所以我们将不再引入新的偿债能力指标。对于盈利能力指标，我们将在模
型中引入能够反映总资产报酬率的资产收益率ROA，从而在总体资产层
面上描述和审查企业的盈利水平或盈利能力。对于营运能力水平，我们在
模型中引入了反映总体资产利用效率的资产周转率，期望通过揭示总体资

产经营效率来描述企业的营运能力。在模型中，$TurnA_t$即为企业资产周转率。最后，对于发展潜力指标，我们一方面用传统的财务指标销售增长率$Szzl_t$予以表示，同时也引入了财务界公认的能够很好描述企业增长前景的$Tobin'q$值予以描述。当然，与前文相似，为了控制企业规模因素的影响，我们还引入了$Size_t$表示企业规模。模型式（7.1）中ε_{it}是方程的误差项。表7.1中描述了本节新增变量的定义和计算方法。

表7.1 新增变量定义表

变量代码	变量名称	变量计算
CDR	信贷违约风险	（短期负债＋一年内到期的长期负债－货币资金）÷上期期末总资产
TI	历史投资总量	（期末固定资产净值＋期末长期投资＋期末在建工程）÷上期末总资产
TurnA	资产周转率	销售收入净额÷［（期初总资产＋期末总资产）÷2］

三 研究方法的选择

本书将利用上述样本，采用 Stata12.0 软件进行回归检验。由于本书采用的实证样本为面板数据，而目前研究投融资决策以及公司信贷违约风险的相关文献之中大都假设不可观测的公司个体效应为零，并因此使用混合样本回归方法进行实证检验，而没有使用其他方法进行稳定性检验。事实上，对于样本中不可观测的个体效应为零的假设是一个太强的假设。因为对于不同行业之间以及相同行业中不同企业通常会存在较大的异质性，所以企业实际上可能会存在明显的个体效应。为了控制这种样本公司中存在的个体效应，我们将同时使用随机效应模型和固定效应模型进行估计，并利用相关统计检验判断相关回归方法对模型估计的适用性。

第四节 实证研究结果

一 描述性统计

表7.2对本章新增变量进行了描述性统计。表中结果显示，样本企业

信贷违约风险 *CDR* 的均值为 0.0370，中位数为 0.0392，说明无论从均值角度还是从中值概念上看，企业都存在一定的信贷违约风险。但是从标准差 0.4312 来看，样本观测者之间标准差比较大，是均值的 11 倍多，说明样本观测值之间的信贷违约风险存在较大的差异。这其中一部分原因可能来自不同企业的行业属性存在不一样的借贷行为特征，也有可能是因为时间因素导致了企业在整体宏观环境变化下信贷风险的差异。另外，从总体历史投资水平 *TI* 看，均值和中值分别为 0.3694 和 0.3358，而标准差为 0.8811，是均值的 2.4 倍，表明企业之间的历史投资水平可能不存在较大差异。总资产周转率均值为 0.4396，中值为 0.2980，标准差为 1.1752，是均值的 2.7 倍，说明企业之间资产周转率也不存在较大的差异。

表 7.2　　　　　　　　　　　**新增变量描述性统计结果**

变量代码	均值	中位数	标准差
CDR	0.0370	0.0392	0.4312
TI	0.3694	0.3358	0.8811
TurnA	0.4396	0.2980	1.1752

表 7.2 表明信贷违约风险在样本观测点之间存在较大差异，这种差异有可能源自企业特性的差别，也有可能源自同一企业不同时间的变化特征。为了了解这一时间变化特征，表 7.3 对信贷违约风险随时间变化的特征进行了描述。表中结果显示，企业信贷违约风险在 2002 年度处于 0.02 到 0.03，从 2003 年到 2006 年信贷违约风险逐步上升到 0.08 到 0.09 左右，然后逐步回落，2007 年到 2008 年处于 0.06 到 0.07 左右，从 2009 年开始进一步下降到 0.01 左右，甚至有些时候低于零，即企业不存在信贷违约风险。显然，结果诠释了一个信贷违约风险会随时间发生变化的现实特征。这个随时间变化的现象也许表明，企业在宏观环境的作用下存在不一样的投融资行为，从而会表现出不同的信贷违约风险水平。从我国现实的宏观环境看，2002 年到 2006 年是经济高速发展的时期，企业投资水平大量增加，负债水平也会逐渐累积，因此企业信贷违约风险可能会因此不断攀升。然而，从 2007 年尤其是 2008 年开始，受国际经济环境的影响，我国宏观经济开始出现下降的趋势，企业投资因此放缓，借贷规模也因此

受到约束，所以企业会因此表现出信贷违约风险逐渐下降的现象。这一现象初步表明了企业投资支出有可能与信贷违约风险正相关，或者负债融资有可能与信贷违约风险正相关。

表 7.3　　　　　　　　　信贷违约风险随时间的变化特征

时间	均值	中位数	时间	均值	中位数	时间	均值	中位数
2002Q2	0.0291	0.0308	2002Q3	0.0381	0.0360	2002Q4	0.0301	0.0322
2003Q1	0.0594	0.0514	2003Q2	0.0610	0.0544	2003Q3	0.0826	0.0542
2003Q4	0.0514	0.0513	2004Q1	0.0685	0.0718	2004Q2	0.0690	0.0694
2004Q3	0.0727	0.0832	2004Q4	0.0667	0.0670	2005Q1	0.0883	0.0896
2005Q2	0.0900	0.0915	2005Q3	0.0924	0.0860	2005Q4	0.0753	0.0724
2006Q1	0.0958	0.0876	2006Q2	0.0912	0.0858	2006Q3	0.0900	0.0836
2006Q4	0.0657	0.0767	2007Q1	0.0796	0.0793	2007Q2	0.0764	0.0723
2007Q3	0.0623	0.0649	2007Q4	0.0543	0.0522	2008Q1	0.0629	0.0536
2008Q2	0.0633	0.0619	2008Q3	0.0669	0.0619	2008Q4	0.0477	0.0556
2009Q1	0.0376	0.0503	2009Q2	0.0189	0.0231	2009Q3	0.0128	0.0174
2009Q4	-0.0265	0.0072	2010Q1	0.0024	0.0031	2010Q2	0.0009	0.0013
2010Q3	0.0100	0.0005	2010Q4	-0.0153	-0.0048	2011Q1	-0.0027	-0.0019
2011Q2	-0.0162	-0.0010	2011Q3	0.0016	0.0032	2011Q4	-0.0053	0.0093
2012Q1	0.0059	0.0209	2012Q2	0.0035	0.0188	2012Q3	0.0028	0.0175
2012Q4	0.0028	0.0175	2013Q1	0.0661	0.0108	2013Q2	0.0004	0.0135
2013Q3	0.0070	0.0117	2013Q4	-0.0119	0.0026	2014Q1	0.0065	0.0113
2014Q2	0.0065	0.0113	2014Q3	0.0004	0.0090	2014Q4	-0.0512	-0.0002

表 7.4 进一步描述了回归模型（7.1）中各变量之间的 Pearson 相关性系数。从表中数据可以判断，对于信贷违约风险，当期投资和当期负债融资都与之存在正相关关系，且在 1% 的水平上显著，滞后期投资存量和负债存量同样会与信贷违约风险形成显著的正向关系。对于反映增长前景的销售增长率与信贷违约风险也会形成显著的正向相关关系，但是与投资机会相关的 Q 值与信贷违约风险又显著负相关。与这些指标不一样，企业的资产回报率与信贷违约风险显著负相关，Z 分值会对信贷违约风险产生显著抑制。另外，企业规模与信贷违约风险负相关，说明企业规模能够

抑制信贷违约风险的产生。资产周转率与信贷违约风险负相关，说明资产利用率越高的企业，信贷违约可能性越低。这些相关系数基本上反映了回归方程中诸多因素都会对信贷违约风险产生影响，并且大部分与理论预期一致。此外，其他自变量之间大部分都存在显著的相关性，但是相关系数并不高，从而在一定程度上反映了回归模型中自变量之间不存在严重的多重共线性问题。

表 7.4　　　　　　　　　　　　各变量间的 Pearson 相关系数

	CDR_t	I_t	ND_t	TI_{t-1}	L_{t-1}	$Szzl_t$	ROA_t	Z_t	$Size_t$	$TurnA_t$	Q_t
CDR_t	1										
I_t	0.699 ***	1									
ND_t	0.5459 ***	0.828 ***	1								
TI_{t-1}	0.0314 ***	−0.0014	−0.0022	1							
L_{t-1}	0.1410 ***	0.020 ***	0.027 ***	−0.0019	1						
$Szzl_t$	0.1179 ***	0.172 ***	0.336 ***	−0.0051	0.04 ***	1					
ROA_t	−0.0292 ***	0.0025	−0.04 ***	0.0009	0.032 ***	0.001	1				
Z_t	−0.1563 ***	−0.0024	−0.012 **	−0.01 ***	−0.45 ***	0.01 **	0.1 ***	1			
$Size_t$	−0.0538 ***	0.018 ***	0.028 ** *	0.016 ***	−0.11 ***	−0.008	0.04 ***	−0.1 ***	1		
$TurnA_t$	−0.02 ***	0.007	0.0084 *	−0.01 ***	0.0032	0.05 **	0.009 **	0.2 ***	0.002	1	
Q_t	−0.0306 ***	−0.0034	−0.0029	−0.01 ***	0.60 ***	0.01 **	−0.212 **	−0.2 ***	0.2 ***	0.038 ***	1

注：*，**，*** 分别表示系数在 10%，5%，1% 的水平上显著。

二　同期投融资互动决策影响信贷违约风险的实证检验

1）总体样本检验。

利用总体样本，表7.5 对回归模型（7.1）进行了普通最小二乘法回归。结果显示投资支出对信贷违约风险具有显著的促进作用，其系数为0.4013，且在 1% 的水平上显著，从而初步验证了假设 7.1a 中有关投资支出与信贷违约风险正相关的结论。也许正是因为投资支出增加使企业降低了投资门槛，从而使在同等破产临界值的背景下企业违约概率升高。另一方面，如果企业增加投资支出，直接的后果应该是增加了资金的支出，减少了资金的流动性，从而使短期内信贷资金偿付压力上升，信贷违约风险也因此增加。表 7.5 表明，新增负债对信贷违约风险的作用系数为 -0.0470，且在 1% 的水平上显著。也就是说，新增负债融资会对企业信贷违约风险产生抑制作用。这个初步结果与研究假设 7.1a 中有关于负债融资与信贷违约风险正相关的论点相左。其原因也许在于，因为企业在拆借负债资金时大部分属于长期负债，所以在短期内并没有增加企业偿付资金的压力，相反由于信贷资金的借入增加了企业财务流动性，企业能以此偿还到期债务，所以企业表现出信贷违约风险下降的现象。进一步考察历史投资水平的作用系数发现，其作用系数为 0.0145，且在 1% 水平上显著，从而表明历史投资并没有通过收入效应降低企业的信贷违约风险。对于存量负债水平而言，其作用系数为 0.0695 且通过了显著性检验，这个结果则证实了负债越多信贷违约风险越高的假设。之所以存量负债会表现出正向关系，而新增负债表现出负向关系，也许是因为存量负债累积了全部的信贷偿还压力，而新增负债在长期借款占多的情况下主要表现为流动性增加而非提高近期偿还压力。此外，表中结果表明，企业销售增长率越高信贷违约风险越高，这也许是因为销售增长率的提高并未相应增加企业的现金收入，相反会因此诱使企业进行更多的投资，从而导致信贷违约风险的增加。与财务基本常识一致，资产报酬率、Z 分值、Q 值以及企业规模，都会与信贷违约风险显著负相关，说明资产报酬率的增加会压低企业的信贷违约风险，代表综合财务风险的 Z 分值也会降低企业的信贷违约风险，代表企业综合发展潜力的 Q 值以及企业规模都是信贷违约风险降低的积极因素。值得指出的是，虽然资产周转率与信贷违约风险在表 7.4 中的相关系数显著为负，但其回归系数并没有显著为负，所以资产的利用效率并没有对信贷违约风险产生积极作用。

表 7.5　　　　　　　　　　　　混合面板 OLS 回归结果

变量名称	参数估计	t 值	Prob. > ｜ t｜	VIF 值
常数项	0.7516 ***	29.59	0.000	
I_t	0.4013 ***	133.76	0.000	3.34

续表

变量 名称	参数 估计	t 值	Prob. > | t |	VIF 值
ND_t	− 0. 0470 ***	− 20. 15	0. 000	3. 67
TI_{t-1}	0. 0145 ***	9. 11	0. 000	1. 00
L_{t-1}	0. 0695 ***	37. 24	0. 000	1. 96
$Szzl_t$	0. 0003 ***	5. 27	0. 000	1. 18
ROA_t	− 0. 0311 ***	− 6. 26	0. 000	1. 06
Z_t	− 0. 0056 ***	− 31. 28	0. 000	1. 41
$TurnA_t$	0. 0002	0. 22	0. 826	1. 04
Q_t	− 0. 0161 ***	− 42. 76	0. 000	1. 65
$Size_t$	− 0. 0332 ***	− 28. 67	0. 000	1. 09
F 值	5130. 36			
Prob > F	0. 000			
Adj R-squared	0. 5461			
Number of obs	42636			

注：*，**，*** 分别表示系数在10%，5%，1% 的水平下显著。

　　正如前文所述，本书采用的样本属于面板数据，其间有可能存在公司个体效应的差异，因此混合样本回归方法有可能不能得到有效的回归结果。为此，我们采用了固定效应模型进行了进一步检验（见表7.6），结果发现 F 值为 14.61，在 1% 的水平上显著，从而拒绝了混合效应模型，并认为固定效应模型的检验结果更为可取。另一方面，我们采用了 LM 检验的方法进行了进一步检验（见表7.6），发现 chibar2 值为 44454.98，在 1% 的水平上显著，从而说明个体效应显著不为零，随机效应模型也要优于混合效应模型。至此，我们认为上述利用混合面板进行的普通最小二乘法回归不是最好的检验方法，而应采用随机效应模型或固定效应模型。为了确定随机效应模型和固定效应模型中哪种方法更为恰当，我们进行了 Hausman 检验（见表7.6），结果发现 chi2 值等于 197.60，在 1% 的水平上显著，从而说明个体效应和自变量之间存在显著的相关性，表明固定效应模型要比随机效应模型更优。在三种模型选择之后，我们认为固定效应模型的回归结果更为可取。然而，从回归结果来看，除了历史投资对信贷违约风险的变化系数发生较大的变化，同时资产周转率的回归系数显著性较大提高外，其他系数的显著性水平和系数的大小都没有发生太大的变化。因此，除了资产周转率外，上述回归结论的分析基本保持不变。对于资产周转率的回归系数为何为正，这也许是因为资产利用效率越高，企业投资动力越强，同时资产利用效率虽然高但并没有全部转化为现金的增加，因此不能对信贷违约可能性产生抑制效应，所以综合而言资产周转率并没有降低信贷违约风险，反而对之产生促进作用。

表 7.6　　　　　　基于整体样本的随机效应和固定效应模型结果

变量名称	随机效应模型		固定效应模型	
	参数估计	z 值	参数估计	t 值
常数项	0.9157 ***	23.19	0.9841 ***	22.74
I_t	0.4019 ***	149.09	0.4018 ***	149.24
ND_t	− 0.0472 ***	− 22.49	− 0.0470 ***	− 22.44
TI_{t-1}	0.0080 ***	5.49	0.0073 ***	5.05
L_{t-1}	0.0564 ***	30.25	0.0548 ***	29.07
$Szzl_t$	0.0003 ***	6.20	0.0003 ***	6.21
ROA_t	− 0.0262 ***	− 5.83	− 0.0259 ***	− 5.77
Z_t	− 0.0041 ***	− 21.95	− 0.0039 ***	− 20.46
$TurnA_t$	0.0023 **	1.98	0.0024 **	2.07
Q_t	− 0.0127 ***	− 34.78	− 0.0123 ***	− 33.45
$Size_t$	− 0.0408 ***	− 22.68	− 0.0440 ***	− 22.15
Wald chi2 (10)	59923.45 ***			
F 值			5977.96 ***	
Adj R-squared	0.5425		0.5410	
Number of obs	42636		42636	
LM 检验	chibar2 (01) = 44454.98 ***			
Hausman 检验	chi2 (10) = 197.60 ***			

注：*，**，*** 分别表示系数在 10%，5%，1% 的水平下显著。

　　为了确保模型回归结果的稳健性，我们进一步利用方差膨胀因子检验了模型是否存在多重共线性，见表 7.5。结果发现，新增投资和新增负债

的 *VIF* 值分别为 3.34 和 3.67，其余变量的方差膨胀因子都低于 2。所以，可以肯定的是，回归方程并不存在严重的多重共线性。

另一方面，考虑到前文分析中发现了行业因素可能对信贷违约风险产生显著的影响，我们应对行业因素进行控制。然而，因为在固定效应模型检验过程中已经涵盖了行业因素对信贷违约风险的影响，而混合面板模型又无法有效地考虑样本的个体效应，因此在对模型加入行业变量进行稳健性检验时，我们只利用随机效应模型进行了分析，以此验证行业因素的加入是否会对上述回归结果产生显著影响，结果见表 7.7。表 7.7 显示，在加入行业变量后原有变量的回归系数及其显著性没有发生根本性改变，是否加入行业虚拟变量对整个回归结果没有产生显著的影响。与此同时，表中结果显示各行业中只有电力、热力、燃气及水生产和供应业信贷违约风险在 10% 的显著性水平上增加，科学研究和技术服务业在 5% 的显著性水平上减少，其他行业与平均水平并不存在显著的差异。然而，在加入行业虚拟变量后，我们发现模型出现了较高的多重共线性，方差膨胀因子最高达到了 11.11。也就是说，加入虚拟变量会影响回归结果的有效性。综合这些结论看，加入行业变量一方面不会导致自变量和控制变量回归系数及其显著性发生明显的变化，另一方面却会导致模型出现多重共线性，因此我们认为不加入行业虚拟变量不会降低回归结果的有效性，在后文的研究中，我们将不再考虑行业虚拟变量。

表 7.7　　　　　　　　加入行业变量的随机效应模型回归结果

变量名称	参数估计	t 值	Prob. > | t |	*VIF* 值
常数项	0.9131 ***	18.99	0.000	
I_t	0.4018 ***	149.05	0.000	3.35
ND_t	− 0.0471 ***	− 22.46	0.000	3.67
TI_{t-1}	0.0079 ***	5.41	0.000	1.02
L_{t-1}	0.0564 ***	30.24	0.000	2.00
$Szzl_t$	0.0003 ***	6.18	0.000	1.18
ROA_t	− 0.0262 ***	− 5.84	0.000	1.06
Z_t	− 0.0041 ***	− 21.80	0.000	1.48

续表

变量名称	参数估计	t 值	Prob. >	t		VIF 值
$TurnA_t$	0.0025 **	2.15	0.000	1.13
Q_t	− 0.0127 ***	− 34.71	0.000	1.68
$Size_t$	− 0.0413 ***	− 22.87	0.000	1.14
Dummya	0.0532	1.11	0.269	1.54
Dummyb	0.0241	0.63	0.530	2.22
Dummyc	0.02356	0.80	0.422	11.11
Dummyd	0.0582 *	1.69	0.090	3.21
Dummye	0.0165	0.39	0.700	1.79
Dummyf	− 0.0328	− 1.04	0.300	5.02
Dummyg	0.0045	0.13	0.897	2.98
Dummyh	− 0.0045	− 0.06	0.954	1.18
Dummyi	− 0.0631	− 1.47	0.142	1.79
Dummyk	0.0128	0.40	0.688	4.77
Dummyl	− 0.0249	− 0.49	0.627	1.45
Dummym	− 0.2727 **	− 2.08	0.038	1.05
Dummyn	− 0.0145	− 0.31	0.756	1.60
Dummyp	0.1604	1.22	0.222	1.05
dummyq	− 0.1404	− 1.06	0.287	1.17
Dummyr	− 0.0683	− 1.15	0.252	1.30
Wald chi2 值	59969.80			
Prob > F	0.000			
Adj R-squared	0.5465			
Number of obs	42636			

注：*，**，*** 分别表示系数在 10%，5%，1% 的水平上显著。

2）委托代理冲突下投融资互动机制对信贷违约风险的影响。

（1）过度投资背景下的信贷违约风险。

根据委托代理理论，股东会因为与债权人之间目标函数的差异而产生过度投资或者投资不足。根据 Jensen 和 Meckling（1976）的观点，股东通常会存在过度投资的动机。根据前文的分析，如果第一大股东的股权比例大于或等于30%，那么股东通常能够对企业实行比较强的控制，从而确保企业经营方向与股东利益保持较大程度的一致。所以说，在这种企业里，股东债权人冲突通常表现得更为明显。如果股东确实存在过度投资问题，那么在股权集中度相对较高的企业，其过度投资问题应该更为明显。所以，我们将整体样本区分为第一大股东占股大于或等于30%的企业，即股权集中型企业和第一大股东占股小于30%的企业，即股权分散型企业。通过比较股权分散型和股权集中型企业的差别可以判断过度投资对信贷违约风险影响的差异性。

表 7.8　　　基于不同股权集中情形的固定效应回归结果

变量名称	股权分散型企业		股权集中型企业	
	参数估计	t 值	参数估计	t 值
常数项	0.8845 ***	15.28	0.9492 ***	22.74
I_t	0.1392 ***	9.98	0.4238 ***	121.51
ND_t	0.0170 ***	4.75	− 0.0672 ***	− 24.41
TI_{t-1}	0.0029 **	2.25	0.0366 ***	8.32
L_{t-1}	0.0307 ***	13.40	0.0744 ***	26.01
$Szzl_t$	− 0.0006 ***	− 9.15	0.0006 ***	6.86
ROA_t	− 0.0903 ***	− 6.15	− 0.0271 ***	− 5.18
Z_t	− 0.0050 ***	− 18.79	− 0.0031 ***	− 11.82
$TurnA_t$	0.0015	0.72	0.0022	1.54
Q_t	− 0.0104 ***	− 23.38	− 0.0121 ***	− 18.45
$Size_t$	− 0.0385 ***	− 14.50	− 0.0435 ***	− 15.34
F 值	129.38 ***		4926.90 ***	
Adj R-squared	0.1191		0.6294	
Number of obs	17016		25620	

注：* ，** ，*** 分别表示系数在10% ，5% ，1%的水平上显著。

从表7.8看，股权分散型企业投资支出对信贷违约风险的作用系数为0.1392，小于整体样本时的系数水平（见表7.6），而股权集中型企业投资支出对信贷违约风险的作用系数为0.4238，且大于整体样本时的系数。由此可以看出，股权集中型企业，即股东债权人利益冲突更为明显的企业投资支出对信贷违约风险的促进作用更强。为了进一步确认股权集中企业是否存在过度投资，从而解释股权集中型企业投资支出对信贷违约风险具有更强促进作用的原因，表7.9对比了股权集中企业与股权分散企业之间投资支出的差异。结果发现，股权集中型企业无论均值还是中位数都比股权分散性企业更高，从而说明股权集中型企业确实存在过度投资的问题，并且这种过度投资导致了更高的信贷违约风险。所以，企业过度投资确实会产生更多的信贷违约风险，假设7.1b得到部分的证实。

表7.9　　　　　　　　　股权集中型企业过度投资行为验证

	组1（股权分散样本）	组2（股权集中样本）	组1 vs 组2
投资支出均值（t值）	0.0040	0.0231	（-2.2491**）
投资支出中位数（z值）	-0.0002	0.0011	（-16.799***）
观测值数量	17016	25620	—

注：（1）表中组间均值比较采用的是 t 检验，中位数采用的是 Mann - Whitney U 检验；（2）表中 *，**，*** 分别表示系数在10%，5%，1%的水平上显著。

表7.10　　　　　　　　不同股权集中度下信贷违约风险比较

	组1（0, 30%）	组2［30%，1)	组1 VS 组2
均值（t值）	0.0612	0.0209	（9.4402***）
中位数（z值）	0.0510	0.0321	（13.288***）
观测值数量	17016	25620	

注：（1）表中组间均值比较采用的是 t 检验，中位数采用的是 Mann - Whitney U 检验；（2）表中 *，**，*** 分别表示系数在10%，5%，1%的水平上显著。

根据前文的分析，受过度投资的影响，债权人如果能够预测企业的这种投资扭曲问题，在投融资互动优化之后，过度投资企业有可能会比价值最大化企业拥有更低的最优信贷违约风险。从上述分析，我们已经得知股权集中度高的企业更有可能表现为过度投资，这种过度投资确实会导致信贷违约风险的增加。然而，从最优的角度看，过度投资企业是否存在更低的最优信贷违约风险？我们通过股权集中度大于或等于30%和小于30%两个组别的信贷违约风险进行比较发现（见表7.10），第一大股东持股比例大于或等于 30% 的企业和小于 30% 的企业之间，信贷违约风险水平的均值和中位数存在显著的差异。出于这种差异显著性考虑，我们对两组信贷违约风险的均值进行了 t 值检验，对中位数进行了 Mann-Whitney U 检验（见表 7.10）。结果显示，无论均值检验还是中位数检验，控股型企业即存在过度投资可能的企业信贷违约风险都要低于非控股型企业即过度投资可能性较低的企业，这也许正是信贷市场通过相关信息判断，甄别出过度投资可能性大的企业，并在企业投融资相互作用的机制下得出了更低的最优信贷违约风险，假设 7.1b 得以证实。

（2）投资不足情形下的信贷违约风险。

按照 Myers（1977）的思想，受股东债权人利益冲突的影响，在高负债企业里，股东通常会产生投资不足的现象。投资不足问题的出现，意味着企业投资临界值偏高，此时企业有可能会有更低的信贷违约风险。也就是说，从总体上看，企业投资支出会促进企业信贷违约风险的提高，但是对于投资不足企业来看，这种促进作用会下降。为了检验这点，我们首先将企业负债水平分成高、中、低三个层次，并将高负债样本以及高负债且第一大股东持股比例大于或等于 30% 的样本进行了分别的回归检验。表7.11 显示，对于高负债企业投资对信贷违约风险的作用系数为 0.4240，且在 1% 水平上显著。该系数大于整体样本情形下投资支出的回归系数，说明高负债企业投资对信贷违约风险的促进作用并没有减少，相反促进作用变得更大。与此同时，考虑到负债代理冲突会在股权集中度高的企业中表现得更为明显，从而更有可能发生投资不足的现象，所以我们对高负债企业中股权集中样本进行了进一步检验。检验结果表明，投资支出对信贷违约风险的作用系数进一步提高到了 0.4656，从而表明投资支出对信贷违约风险的促进作用变得更为明显。

表 7.11　基于投资不足及其信贷违约风险效应的固定效应模型结果

变量名称	高负债样本		高负债股权集中型样本	
	参数估计	t 值	参数估计	t 值
常数项	1.734***	15.07	0.5963***	3.29
I_t	0.4240***	94.77	0.4656***	99.29

续表

变量名称	高负债样本		高负债股权集中型样本	
	参数估计	t 值	参数估计	t 值
ND_t	-0.0570 ***	-15.63	-0.0861 ***	-22.31
TI_{t-1}	0.0032	1.34	-0.0023	-0.95
L_{t-1}	0.0020	0.62	-0.2846 ***	-16.76
$Szzl_t$	0.0012 ***	8.59	0.0028 ***	17.30
ROA_t	0.0229 *	1.90	0.4600 ***	14.28
Z_t	-0.0171 ***	-17.51	-0.0837 ***	-17.53
$TurnA_t$	-0.0133	-2.03	0.0707 ***	6.65
Q_t	-0.0150 ***	-20.16	0.0646 ***	13.55
$Size_t$	-0.0716 ***	-13.71	-0.0144 *	-1.79
F 值	2563.82 ***		2548.94 ** *	
Adj R-squared	0.6191		0.7351	
Number of obs	14212		7759	

注：*，**，*** 分别表示系数在 10%，5%，1% 的水平上显著。

　　按照前文的分析，表 7.11 表明如果高负债股权集中企业存在投资不足问题，那么这种投资不足并没有带来信贷违约风险的下降。为了验证这类企业是否存在投资不足，我们将样本分为高负债股权集中型和低、中负债及高负债且股权分散型两类样本，并进行了均值检验和中位数检验（表 7.12）。表中结果显示，从均值看高负债且股权集中的企业并没

表 7.12　　　　　　　　　股权集中型企业投资不足行为验证

	组 1（低、中负债样本和高负债且股权分散型样本）	组 2（高负债且股权集中型样本）	组 1 VS 组 2
投资支出均值（t 值）	0.0107	0.0366	（-2.4024 ***）
投资支出中位数（z 值）	0.0003	0.0004	（-1.237）
观测值数量	34877	7759	—

注：（1）表中组间均值比较采用的是 t 检验，中位数采用的是 Mann - Whitney U 检验；（2）表中 *，**，*** 分别表示系数在 10%，5%，1% 的水平上显著。

有表现出投资不足反而出现了过度投资的迹象，中位数检验虽然没有发现这类企业存在显著的过度投资问题，但也没有发现任何投资不足的现象。因此，在高负债股权集中企业里并不存在投资不足问题，甚至有一定程度的过度投资，因而企业投资支出对信贷违约风险的促进作用变得更加明显，假设 7.1c 没有得到证实。

　　3）资本折旧影响下的信贷违约风险。

　　根据 DeAngelo 和 Masulis（1980）的观点，除了负债税盾，企业还能从资本折旧中享受利息税盾的好处。因此，在资本折旧税收利益的作用下，企业投融资决策会发生改变，从而对信贷违约风险的高低产生影响。根据第四章的理论分析，在较低负债水平下低折旧企业相对于高折旧企业具有更高的信贷违约风险，随着折旧率的提高会降低企业的信贷违约风险；在较高的负债水平下，低折旧企业相对于高折旧企业具有更低的信贷违约风险，折旧率会提高企业的信贷违约风险。为了检验这一结论，我们将直接通过组间均值和中值比较，并通过相应的检验方法进行检测。首先，我们将总体样本按照负债水平高低排序，取最低三分之一为低负债样本，取最高三分之一为高负债样本；然后，我们分别将高负债样本和低负债样本按照折旧高低排序，取折旧最高的三分之一样本为高折旧样本，取折旧最低三分之一的样本为低折旧样本。最后，我们得到低负债低折旧样本、低负债高折旧样本、高负债低折旧样本和高负债高折旧样本，并对这些样本之间的信贷违约风险水平进行比较。表 7.13 中表明，在较低的负债水平下，无论均值还是中值，低折旧企业的信贷违约风险都低于高折旧企业，并分别在10%和5%的水平上通过了显著性检验，假设 7.2a 没有得到证实。之所以如此，其中原因也许正是因为我国上市公司普遍存在的过度投资问题所致。在过度投资的情形下，企业投资临界值下降的幅度有可能会大于破产临界值，因此出现了信贷违约风险上升的现象。对于高负债情形下高、低折旧样本信贷违约风险的比较结果，表 7.13 显示，高负债高折旧企业的信贷违约风险显著高于高负债低折旧企业，从而表明在资本折旧产生的税盾效应作用下，投资临界值会较大幅度地下降，企业为提前享受折旧税盾，投资动力变得更强，从而导致信贷违约风险出现上升的现象。

表 7.13　　　　　　　　　　**考虑折旧因素的信贷违约风险比较**

Panel A 低负债情形下高、低折旧样本信贷违约风险比较

	组 1（低负债低折旧组）	组 2（低负债高折旧组）	组 1 vs 组 2
信贷违约风险均值（t 值）	-0.0882	-0.0831	(1.3216*)
信贷违约风险中位数（z 值）	-0.0611	-0.0504	(2.169**)
观测值数量	4737	4737	—

Panel B 高负债情形下高、低折旧样本信贷违约风险比较

	组 1（高负债低折旧组）	组 2（高负债高折旧组）	组 1 vs 组 2
信贷违约风险均值（t 值）	0.1134	0.1881	(-8.1713***)
信贷违约风险中位数（z 值）	0.1103	0.1519	(-12.332***)
观测值数量	4737	4737	—

Panel C 高低折旧下信贷违约风险比较

	组 1（高折旧组）	组 2（低折旧组）	组 1 vs 组 2
信贷违约风险均值（t 值）	0.0419	0.0320	(2.3647***)
信贷违约风险中位数（z 值）	0.0407	0.0381	(3.911***)
观测值数量	21318	21318	—

注：（1）表中组间均值比较采用的是 t 检验，中位数采用的是 Mann – Whitney U 检验；（2）表中 *，**，*** 分别表示系数在 10%，5%，1% 的水平下显著。

　　根据第四章理论结果，折旧水平会对企业最优负债水平产生影响，并在企业投融资决策互动优化的基础上对信贷违约风险水平产生作用。表 7.13 中 Panel C 中的结果表明，高折旧组的信贷违约风险显著高于低折旧组，从而表明折旧水平并没有按照理论预期对信贷违约风险发挥抑制作用。这一结果表明，我国上市公司在高折旧的影响下，最后产生了更高的信贷违约风险。其原因也许在于，我国上市公司普遍存在过度投资的问题，从而并未实现投融资决策的互动优化下信贷违约风险的减少。

　　4）期限结构影响下的信贷违约风险。

　　上述研究并未考虑融资过程中的期限结构问题，而在现实的融资决策过程中，通常涉及不同期限的负债资金筹措问题。所以，我们在接下来的论述中着重分析期限结构问题下的信贷违约风险问题。

　　根据基本财务理论，企业资金来源中短期资金比例较高，那么在近期需要偿还的资金会比较多，因此企业会具有较高的偿还压力，此时企业会面临较高的信贷违约风险。为了检验这一现象，我们在模型（7.1）中引入一个新的变量，即短期负债融资比例 *Shortdebt*。然后，利用固定效应模型对新的回归模型进行了检验，结果见表 7.14。结果显示，短期负债融资的回归系数为 0.1605，也就是说短期负债融资对信贷违约风险存在显著的正向关系。所以，研究假设 7.3a 得以证实。

表 7.14　　短期负债融资影响信贷违约风险的检验结果：固定效应模型

变量名称	参数估计	t 值	Prob. >	t		VIF 值
常数项	0.7435 ***	15.39	0.000	
I_t	0.4016 ***	148.02	0.000	3.34
ND_t	− 0.0459 ***	− 21.76	0.000	3.67
TI_{t-1}	0.0076 ***	5.22	0.000	1.01
L_{t-1}	0.0560 ***	29.80	0.000	1.96
$Szzl_t$	0.0003 ***	7.06	0.000	1.18
ROA_t	− 0.0276 ***	− 6.17	0.000	1.06
Z_t	− 0.0060 ***	− 33.31	0.000	1.41
$TurnA_t$	0.0024 **	2.06	0.039	1.05
Q_t	− 0.0065 ***	− 20.82	0.000	1.65
$Size_t$	− 0.0373 ***	− 17.91	0.000	1.19
Shortdebt	0.1605 ***	15.99	0.000	1.12
F 值	5490.91 ***			
Prob > F	0.000			
Adj R-squared	0.5375			
Number of obs	42636			

注：*，**，*** 分别表示系数在 10%，5%，1% 的水平下显著。

　　另一方面，在考虑负债期限结构的情形下，企业同样存在负债代理冲突，从而影响投融资互动决策下的信贷违约风险。第四章理论结果认为，如果企业在短期负债偿还时不存在破产风险，那么企业短期负债的增加只会增加企业的资金量水平而不会导致企业破产，此时股东会表现出过度投资，相反若短期负债减少则意味着企业资金减少，甚至破产风险下降都有可能是短期负债减少的结果，因此股东认为其承担过多资金，从而会产生投资不足的现象。由于在现实中企业不可能没有破产风险，因此我们将在检验过程中以较低破产风险予以替代。为此，我们将分别用 Z 分值大于 5、6、7 对低破产风险予以替代。此外，为了检测短期负债增加对信贷违约风险的影响，我们将对模型（7.1）予以调整，将新增负债变量 ND 剔除，并用新增短期负债 NSD 予以替换，如果企业新增短期负债为正，那么 NSD 为 1，否则为 0。具体回归结果见表 7.15。表 7.15 显示，当 Z 分值达到 5 时，企业新增短期负债会对信贷违约风险产生负向作用，但是系数并不显著；当 Z 分值达到 6 时，企业新增短期负债会对信贷违约风险产生显著的负向作用；当 Z 分值达到 7 时，同样会存在显著的负的回归系数。结果说明，在破产风险很低的时候，短期负债增加会减少企业的信贷违约风险。相反，从变量 NSD 的特性知，$-NSD$ 则表明企业短期负债融资减少。如果将 $-NSD$ 变量替代 NSD 变量，则可得到短期负债减少对信贷违约风险的影响。结果表明短期负债减少会导致信贷违约风险增加。这些结论表明，低破产风险企业并没有因为短期负债增加而产生过度投资，进而对信贷违约风险产生促进作用，也没有因为短期负债融资减少而产生投资不足，进而对信贷违约风险产生抑制。进一步考察投资支出的回归系数发现，在 Z 分值大于 5、6、7 时其系数都显著为负，并且在短期负债减少时该结论依然保持不变。所以说，无论低破产风险企业增加短期负债融资还是减少短期负债融资，企业都没有出现典型的过度投资问题。但是，是否存在投资不足，表 7.15 并未提供明确支持。所以，研究假设 7.13b 并未得到支持。

表 7.15 　　　较低破产风险下短期负债融资对信贷违约风险的影响：固定效应模型

变量名称	Z 分值大于 5		Z 分值大于 6		Z 分值大于 7	
	参数估计	t 值	参数估计	t 值	参数估计	t 值
常数项	0.7029 ***	7.62	0.6549 ***	6.18	0.7038 ***	5.88
I_t	-0.2007 ***	-10.48	-0.1834 ***	-9.25	-0.1851 ***	-9.17
NSD_t	-0.0056	-1.55	-0.0117 ***	-2.88	-0.0109 **	-2.49
TI_{t-1}	0.1676 ***	13.02	0.1702 ***	11.62	0.1515 ***	9.90

续表

变量名称	Z 分值大于 5		Z 分值大于 6		Z 分值大于 7	
	参数估计	t 值	参数估计	t 值	参数估计	t 值
L_{t-1}	0.0927 ***	7.52	0.0538 ***	4.27	0.0275 **	2.16
$Szzl_t$	-0.0001 ***	-1.57	-0.0003 ***	-3.23	-0.0003 ***	-3.45
ROA_t	-0.0160	-1.58	0.0069	0.69	0.0253 **	2.52
Z_t	-0.0008 ***	-6.59	-0.0008 ***	-6.29	-0.0007 ***	-5.85
$TurnA_t$	0.0013 **	2.13	0.0013 **	2.10	0.0011 *	1.86
Q_t	0.0015	1.63	0.0009 ***	3.51	0.0045 ***	4.46
$Size_t$	-0.0441 ***	-10.22	-0.0427 **	-8.61	-0.0454 ***	-8.07
F 值	68.53 ***		54.71 ***		45.17 ***	
Adj R-squared	0.0723		0.0611		0.0501	
Number of obs	5915		4563		3685	

注：*，**，*** 分别表示系数在 10%，5%，1% 的水平上显著。

如果企业在短期负债偿还时存在较高的破产风险，那么增加短期负债融资比例将意味着总体负债增加，在这种情形下，企业一旦发生破产股东将无法得到应有的回报，而债权人通常会在投资中获得好处，所以企业会表现出投资不足的现象；相反，如果短期负债比例下降，那么短期负债到期时企业破产的概率会下降，企业投资不足问题会缓解甚至有可能出现过度投资。为了检验这些问题，与前文相似，我们取 Z 分值小于 1.5、1 和 0 为破产风险较高情形，并对上述模型进行了重新检验，结果见表 7.16。表 7.16 表明，无论是采用哪种 Z 分值作为高破产风险的标准，短期负债增加对信贷违约风险都会产生正向的促进作用，从而表明高破产风险情形下短期负债的增加只会增加企业的信贷偿还压力，而并没有表现出投资不足问题以及由此带来的信贷违约风险下降；同样，将短期负债减少变量替代 NSD 变量进行回归，企业信贷违约风险会因短期负债融资减少而减少，从而没有表现出信贷违约风险随短期负债融资减少而增加的现象，假设 7.3c 没有得到印证。

表7.16 　　　　　较高破产风险下短期负债融资对信贷违约风险的
影响：固定效应模型

变量名称	Z分值小于1.5		Z分值小于1		Z分值小于0	
	参数估计	t值	参数估计	t值	参数估计	t值
常数项	1.2391 ***	16.26	1.2143 ***	12.49	1.4632 ***	6.31
I_t	0.3541 ***	195.87	0.3550 ***	182.24	0.2865 ***	34.15
NSD_t	0.0089 **	2.00	0.0115 **	2.06	0.0470 ***	3.77
TI_{t-1}	0.0036 **	2.12	0.0034 *	1.77	0.0034	1.45
L_{t-1}	0.0161 ***	5.82	0.0174 ***	5.77	0.0280 **	7.90
$Szzl_t$	-7.58e-06	-0.09	-0.0000	-0.49	-0.0008 ***	-6.73
ROA_t	0.0519	-1.58	0.0486 ***	6.30	0.0387 ***	4.19
Z_t	-0.0149 ***	-16.23	-0.0140 ***	-13.75	-0.0118 ***	-9.19
$TurnA_t$	-0.0106	-1.22	-0.0129	-1.04	-0.0446 *	-1.92
Q_t	-0.0155 ***	-21.92	-0.0149 ***	-18.85	-0.0150 ***	-14.65
$Size_t$	-0.0508 ***	-14.70	-0.0489 ***	-11.10	-0.0582 ***	-5.42
F 值	4191.44 ***		3626.27 ***		156.55 ***	
Adj R-squared	0.6335		0.6534		0.2992	
Number of obs	20858		15358		4159	

注：*，**，*** 分别表示系数在10%，5%，1%的水平上显著。

三　跨期投融资互动决策影响信贷违约风险的实证检验

1）整体样本分析。

对于一个动态成长的企业，其历史投融资背景显然会对当期投融资决策以及信贷违约风险产生影响。根据第四章的理论分析结果，存量负债水平会增加当期债务本息偿还的压力，从而会对信贷违约风险形成正向的促进作用。从表7.6的回归结果看，在整体样本上，在随机效应模型和固定效应模型下，存量负债融资水平对信贷违约风险的作用系数分别为0.0564和0.0548。也就是说，无论是随机效应模型还是固定效应模型，企业滞后期存量负债都会促进信贷违约风险的提高，假设7.4a得以证实。

第四章结果也认为，历史投资会通过收入效应对企业信贷违约风险产生负向作用。另一方面，结合第三章理论结果，历史投资水平也会降低企业新增负债融资的顾虑,同时也会降低企业的投资门槛,新增负债的增加和投资门槛的降低都会导致信贷违约风险上升。在两种效果的作用下,第四章结果表明,企业历史投资水平最终会对信贷违约风险产生负向作用。然而,分析表 7.6 的结果不难发现,历史投资对信贷违约风险的作用系数都显著大于零,从而表明历史投资的收入效应并没有超过历史投资带来的负债增加和新增投资门槛降低引起的信贷违约风险上升推动力。当然,这也许是因为我国上市公司普遍存在过度投资问题引起的,具体情况需在后续的研究中进一步分析。假设 7.4b 没有得到证实。

2)委托代理问题下存量负债对信贷违约风险的影响。

考虑到委托代理问题下股东有可能会采取有损于债权人利益的投融资决策,在此背景下,企业投融资决策的差异有可能致使信贷违约风险出现不一样的变化特征。根据第四章理论结果,如果企业新增负债水平比较低,较低存量负债会使企业投资前不存在破产风险,而新增负债有可能致使投资后出现破产风险,所以股东会认为存量负债为其投资承担了额外的风险,但他们并没有因此得到额外的回报,所以企业会表现出过度投资的问题,在此背景下存量负债导致企业信贷违约风险上升的幅度会变得更大;相反,在较高的存量负债水平下,企业投资前便存在破产风险,但是因为新增负债比较低,此时投资后企业不仅不会出现破产风险上升的现象,反而会下降,因此股东会认为原有债权人从投资中获益,所以股东会表现出投资不足,最终存量负债导致信贷违约风险上升的幅度会变小。为了检验这样的现象,我们首先将总体样本按照新增负债进行高低排序,取最低三分之一为较低新增负债融资样本,最高三分之一为较高新增负债融资样本。然后,将较低新增负债样本又按照滞后期存量负债进行高低排序,将最低三分之一的样本定义为较低滞后期存量负债子样本,最高三分之一的样本定义为较高滞后期存量负债子样本。接下来,我们利用较低新增负债样本下按滞后期存量负债分类的三个子样本对实证模型 7.1 进行回归检验,结果见表 7.17。表 7.17 显示,在较低滞后期存量负债子样本下,滞后期存量负债 L_{t-1} 的回归系数为 0.6291。对比表 7.6 中整体样本下的回归结果发现,在这个子样本下 L_{t-1} 的作用系数要远大于整体样本的 0.0564,从而表明这类样本下企业也许确实出现了过度投资现象,并导致了信贷违约风险随存量负债上升的幅度更大。事实上,从表 7.17 看,较低滞后期存量负债子样本下 L_{t-1} 的作用系数也要大于中等滞后期存量负债和较高滞后期存量负债子样本的回归结果，所以进一步证明较低滞后期存量负债样本应该存在过度投资问题。此外，对于低、中、高三个滞后期存量负债子样本回归结果中新增投资的作用系数看，只有较低滞后期存量负债下的投资支出会对信贷违约风险形成显著的正向影响，而其他样本并不存在显著性，表明这类企业确实会比其他企业表现出更强的投资动力，从而出现投资对信贷违约风险更显著的正向作用。另一方面，表 7.17 中较高滞后期存量负债样本下 L_{t-1} 的作用系数要比其他情形下都小，所以说明这类企业有可能确实出现了投资不足问题，并促使滞后期存量负债对信贷违约风险产生更小的正向作用。研究假设 7.5a 得以证实。

表 7.17　　较低新增负债下不同存量负债水平对信贷违约风险的影响：固定效应模型

变量名称	较低滞后期存量负债		中等滞后期存量负债		较高滞后期存量负债	
	参数估计	t 值	参数估计	t 值	参数估计	t 值
常数项	0.4951 ***	6.11	1.2679 ***	15.82	1.4471 ***	7.84
I_t	0.0955 ***	2.80	0.0258	0.76	− 0.0633	− 1.33
ND_t	0.4103 ***	8.83	0.3926 ***	10.43	0.1483 ***	9.38
TI_{t-1}	0.1351 ***	12.48	0.0075 ***	4.30	0.1563 ***	4.69
L_{t-1}	0.6291 ***	25.47	0.4544 ***	11.98	0.0194 ***	4.19
$Szzl_t$	− 0.00005	− 0.22	− 0.0001	− 0.29	0.0006	0.71
ROA_t	− 0.3328 ***	− 9.12	− 0.1936 ***	− 7.37	0.0202 *	1.71
Z_t	0.0002 *	1.84	0.0006	0.53	− 0.0104 ***	− 9.55
$TurnA_t$	− 0.0006	− 0.69	− 0.0244 ***	− 4.85	− 0.0271 ***	− 2.64
Q_t	− 0.0060 ***	− 5.16	− 0.0180 ***	− 7.48	− 0.0120 ***	− 13.06
$Size_t$	− 0.0368 ***	− 9.70	− 0.0651 ***	− 17.46	− 0.0615 ***	− 7.32
F 值	117.34 ***		69.03 ***		40.29 ***	
Adj R-squared	0.2672		0.1121		0.1068	
Number of obs	4770		4766		4676	

注：*，**，*** 分别表示系数在 10%，5%，1% 的水平上显著。

与上述情况相反，如果企业新增负债比较高，根据第三章和第四章的结果我们可以知道，在较低存量负债水平下企业会表现出投资不足，而在较高的存量负债下会表现出过度投资。为检验这种情况，我们进一步将上述高新增负债样本按照滞后期存量负债进行高低排序，同样将最低三分之一定义为较低存量负债子样本，较高三分之一定义为较高存量负债子样本，剩余的为中等存量负债子样本。接下来，利用这三个子样本，分别对实证模型（7.1）进行再次检验，结果见表7.18。表7.18表明，三个子样本下 L_{t-1} 的作用系数并没有与表7.17中较低新增负债情形的回归结果产生本质区别，较低存量负债子样本的 L_{t-1} 的回归系数依然最大，而较低存量负债 L_{t-1} 的回归系数依然最小，甚至为负。从而说明，在较低存量负债背景下，如果企业融入较多的新增负债，股东并不会表现出投资不足，依然会因为原有债权人为股东承担投资风险而变为过度投资，所以存量负债对信贷违约风险的作用系数更大；如果在较高存量负债背景下企业融入较多的新增负债，股东并不会感觉到原有债权人从其投资行为中获益从而表现出过度投资，相反依然会因为企业整体负债水平高，从而使其投资行为有可能变得并没有太多意义，因为有可能股东在投资后就会破产，所以股东依然会投资不足。由此看来，企业新增负债水平并未达到第三章和第四章中所提及的"较高"状态，从而没有按照理论所述表现出相应的投资行为扭曲，进而对信贷违约风险产生相应的作用，假设7.5b没有得到印证。

表7.18　　　较高新增负债下不同存量负债水平对信贷违约风险的影响：固定效应模型

变量名称	较低滞后期存量负债		中等滞后期存量负债		较高滞后期存量负债	
	参数估计	t 值	参数估计	t 值	参数估计	t 值
常数项	0.6019 ***	5.31	0.8333 ***	8.44	2.6578 ***	9.39
I_t	0.1136 ***	9.88	0.8367 ***	87.78	0.4393 ***	64.29
ND_t	0.0430 ***	7.47	-0.6531 ***	-58.61	-0.0682 ***	-12.00
TI_{t-1}	0.2062 ***	10.92	0.0022	0.83	0.0014	0.41
L_{t-1}	0.6092 ***	17.91	0.0488	0.88	-0.0210 ***	-2.63
$Szzl_t$	-0.0003 ***	-3.05	0.00009	1.25	0.0014 ***	6.75
ROA_t	0.0124	1.38	0.3142 ***	5.69	0.2263 ***	3.71

续表

变量名称	较低滞后期存量负债		中等滞后期存量负债		较高滞后期存量负债	
	参数估计	t 值	参数估计	t 值	参数估计	t 值
Z_t	− 0.0017	− 1.50	− 0.0992 ***	− 14.19	− 0.0287 ***	− 10.02
$TurnA_t$	0.0025 *	1.90	0.0660 ***	6.75	0.0091	0.69
Q_t	− 0.0035	− 1.24	0.0833 ***	10.84	− 0.0181 ***	− 10.02
$Size_t$	− 0.0436 ***	− 8.34	− 0.0349 ***	− 7.52	− 0.1123 ***	− 8.83
F 值	92.95 ***		1920.42 ***		1232.52 ***	
Adj R-squared	0.2493		0.7016		0.7091	
Number of obs	4737		4737		4738	

注：*，**，*** 分别表示系数在10%，5%，1%的水平上显著。

3）委托代理问题下历史投资对信贷违约风险的影响。

与上述分析相似，在委托代理冲突下历史投资对企业信贷违约风险应该存在不一样的影响。根据第四章理论结果我们可以分析，如果给定企业历史负债水平不变，同时投资水平处于较低的水平，在较少新增负债水平下企业投资可以降低企业投资后的整体风险水平，此时存量负债的风险状况会得以改善，之前的债权人因此从投资中得到好处。所以，股权财富最大化的决策者会出现投资不足的现象。相反，如果企业历史投资水平比较高，那么企业在投资前往往不存在高额破产风险，此时企业如果进行较少的新增负债融资，那么投资后企业有可能出现破产风险，原有债权人也因此被迫为新的投资承担风险，因为股东并未支付给原有债权人额外的报酬，所以股东能从债权人处获得相应的好处，股东应该会表现出过度投资的问题。为检验这种假设，我们依然按照前文所述的方法对新增负债融资进行高低排序，并对较低三分之一的样本按照历史投资水平进行高低排序，并将最高三分之一称作较高存量投资样本，最低三分之一称作较低存量投资样本，其余的为中等存量投资样本。按照这三个子样本，对实证模型（7.1）进行回归检验，结果见表7.19。从表7.19看，在较低存量投资子情况下，历史投资对信贷违约风险存在较强的作用系数，其系数为0.7522，中等存量子样本下，其系数为0.2084，且都通过了显著性检验。由此可以判断，较低存量负债样本历史投资对信贷违约风险的正向作用更

为明显。另外，对于较高存量投资的样本，历史投资对信贷违约风险作用
系数虽然为正，但并不显著。从这个现象看，较低历史投资样本并没有表
现出投资不足的现象。事实上，根据表 7.6 看，历史投资并没有通过收入
效应降低企业信贷违约风险，相反却产生了促进作用。在较低新增负债以
及较低存量投资情形下，历史投资对信贷违约风险正向作用变得更大，这
也许是因为企业过度投资带来了更高的信贷违约风险。另一方面，这也许
是因为我国企业普遍存在较高的存量负债水平，较低存量投资则意味着其
产生的收入更少，虽然整体上我国企业投资的收入效应并不高，但在较低
存量投资水平下，企业通过微薄的收入以抵消部分信贷违约风险的能力将
更弱。也正因如此，信贷违约风险随存量投资水平的提高而出现下降的现
象。所以，假设 7.6a 没有得到证实。

表 7.19　　　　较低新增负债下不同历史投资水平对信贷违约
风险的影响：固定效应模型

变量名称	较低存量投资		中等存量投资		较高存量投资	
	参数估计	t 值	参数估计	t 值	参数估计	t 值
常数项	-0.3064***	-3.28	0.2455**	2.35	0.2959***	2.92
I_t	-0.0916***	-3.55	-0.0263	-0.55	-0.0901***	-2.84
ND_t	0.0862***	6.29	0.3015***	15.37	0.1527***	12.76
TI_{t-1}	0.7522***	14.94	0.2084***	5.05	0.0004	0.18
L_{t-1}	0.0252***	9.97	0.2167***	34.37	0.1075***	19.17
$Szzl_t$	9.9701	1.09	-0.0077***	-5.10	0.0127***	5.04
ROA_t	-0.0165***	-2.95	-0.2703***	-9.31	-0.1596***	-8.19
Z_t	-0.0019***	-6.94	-0.0002	-1.07	-0.0033***	-6.88
$TurnA_t$	0.0017	1.20	-0.0122**	-2.02	-0.0059	-0.67
Q_t	-0.0052***	-13.06	-0.0079***	-5.53	-0.0092***	-4.84
$Size_t$	0.0091**	2.17	-0.0163***	-3.50	-0.0111**	-2.40
F 值	51.90***		179.18***		88.80***	
Adj R-squared	0.0232		0.3590		0.1654	
Number of obs	4737		4738		4737	

注：*，**，***分别表示系数在 10%，5%，1%的水平上显著。

　　与上述分析不一样，如果企业存在较高的新增负债融资，倘若历史投资水平比较低，企业往往能够借助较高新增负债融资承担较少的投资资金，并且在投资成功时得到较多的收益，而在投资失败后由于有限责任机制的庇护，只会承担有限的责任，此时企业应该会产生过度投资的问题。然而，如果企业存在较高的存量投资，那么企业投资会变得更为谨慎，所以有可能表现出投资不足的问题。在过度投资下，历史投资对信贷违约风险的抑制作用应该会变得不再那么显著；而在投资不足情形下，历史投资对信贷违约风险的抑制作用将变得更为明显。为验证这一问题，我们将前文所述的较高新增负债样本按照存量负债水平进行了进一步细分，并分为较低存量投资样本、中等存量投资样本和较高存量投资样本。利用这三个子样本，对模型（7.1）进行了进一步回归检验，结果见7.20。表7.20显示，在较低存量投资样本下历史投资水平确实没有对信贷违约风险产生显著的抑制效应。然而，进一步考察较高存量投资下历史投资对信贷违约风险的影响，其系数虽然为负，但并不显著。结果表明，较高存量投资企业的历史投资水平并没有因为投资不足对信贷违约风险形成更强的抑制效应。假设7.6b没有得到证实。

表 7.20　　　较高新增负债下不同历史投资水平对信贷违约风险的
影响：固定效应模型

变量名称	较低存量投资		中等存量投资		较高存量投资	
	参数估计	t 值	参数估计	t 值	参数估计	t 值
常数项	0.4835 ***	5.24	0.1649	1.13	1.8223 ***	5.81
I_t	0.3985 ***	55.07	0.5465	27.00	0.4444 ***	63.75
ND_t	− 0.1377 ***	− 15.72	− 0.4436 ***	− 39.36	− 0.0638 ***	− 12.03
TI_{t-1}	− 0.0001	− 0.12	0.3963 ***	6.80	− 0.0313	− 0.16
L_{t-1}	0.3171 ***	40.21	0.0764 ***	6.44	− 0.0183 ***	− 2.36
$Szzl_t$	0.0018	8.66	0.0127 ***	7.45	0.0006 ***	3.41
ROA_t	− 0.0147	− 0.51	− 0.0582	− 1.56	0.0349 **	2.14
Z_t	− 0.0052 ***	− 3.78	− 0.0225	− 10.77	− 0.0096 ***	− 4.15
$TurnA_t$	− 0.0317	− 3.21	− 0.0331 ***	− 3.40	0.0121 ***	2.84
Q_t	− 0.0243 ***	− 8.13	0.0189 ***	5.86	− 0.0020	− 1.11

变量名称	较低存量投资		中等存量投资		较高存量投资	
	参数估计	t 值	参数估计	t 值	参数估计	t 值
$Size_t$	− 0.0236 **	− 5.69	− 0.0110 ***	− 1.73	− 0.0825 ***	− 6.01
F 值	1750.74 ***		214.40 ***		1382.56 ***	
Adj R-squared	0.5268		0.2690		0.7203	
Number of obs	4737		4738		4737	

注：＊，＊＊，＊＊＊分别表示系数在10％，5％，1％的水平上显著。

四　上市公司信贷违约风险的溢出效应分析

前文的分析表明，企业投融资互动机制下企业信贷违约风险会发生相应的变化。那么，作为宏观经济发展中的基本经济主体，企业微观层面的发展会对区域经济状况产生相应的影响，一个地区宏观经济发展也应是诸多微观经济主体发展的合力使然。所以，企业投融资互动机制对信贷违约风险的影响会通过某种经济传导机制形成一个宏观的经济效应，从而对区域乃至全国经济风险产生影响。事实上，企业信贷违约风险的高低会影响区域商业银行的贷款风险水平，同时也会通过上下游供应链传递风险压力，并最终对商业银行的不良贷款率形成合力，对区域金融风险产生不良影响。为了检验这种传递机制是否存在，我们将简单检验一下上市公司信贷违约风险变化是否会对区域商业银行不良贷款率产生显著作用。具体而言，我们将上市公司按照所属省份进行归类，并将同一省市同一时期上市公司的信贷违约风险取平均值，从而得到上市公司平均信贷违约风险水平。然后，我们采集了 WIND 资讯披露的各省市商业银行不良贷款率。由于 WIND 资讯只披露了 2005 年以来各省市的商业银行年度不良贷款率，所以我们最终得到了 31 个省市 10 年共 310 个样本。接下来，我们将区域商业银行不良贷款率作为被解释变量，将上市公司平均信贷违约风险作为解释变量，并对此做简单线性回归，结果见表 7.21。表 7.21 显示，上市公司平均信贷违约风险与所在省市商业银行不良贷款率存在显著的正向关系。也就是说，单个企业信贷违约风险会通过金融传导机制影响区域金融水平，从而对区域金融发展状况形成溢出效应。以此而言，我们如果能够找到影响企业信贷违约风险的方法，那么必然会对区域商业银行不良贷款率形成一定的促进作用，所以企业投融资互动机制下对信贷违约风险的抑制作用会通过溢出效应对区域商业银行不良贷款率产生积极的影响，从而形成社会效益的宏观外溢。

表 7.21　企业信贷违约风险对地区商业银行不良贷款率的影响

变量名称	混合面板模型		随机效应模型		固定效应模型	
	参数估计	t 值	参数估计	t 值	参数估计	t 值
常数项	4.1683 ***	14.23	4.1664 ***	12.79	4.1592 ***	14.48
CDR	9.5218 ***	4.45	9.8037 ***	4.61	10.9162 ***	5.01
F 值	19.78 ***				25.12 ***	
Wald chi^2			21.25 ***			
Adj R-squared	0.0573		0.0603		0.0603	
Number of obs	310		310		310	
LM 检验	1.73 *					
Hausman 检验	5.62 **					

注：*，**，*** 分别表示系数在 10%，5%，1% 的水平上显著。

第五节　本章小结

在第三、第四章理论分析的基础上，本章建立了有关于投融资决策影响企业信贷违约风险的实证模型，并以中国上市公司为样本进行了检验，从而探究企业投融资互动决策对信贷违约风险的影响机理。实证分析发现：①在整体样本下，新增投资和历史投资都会对信贷违约风险产生促进作用，新增负债对信贷违约风险具有抑制作用，但存量负债对信贷违约风险具有促进作用；②受股权集中型企业过度投资问题的影响，企业投资支出对信贷违约风险的促进作用会变得更强，但是反过来过度投资可能性更高的企业会表现出更低的信贷违约风险，从而表明在市场理性预测过度投资后，企业最优负债会减少，从而最优信贷违约风险会下降，与理论预期不一致，高负债企业并没有出现投资不足，从而没有表现出投资支出对信贷违约风险更小的促进作用的现象；③在较低的负债水平下，资本折旧与信贷违约风险正相关，在较高的负债水平下，资本折旧与信贷违约风险正相关，折旧水平并不会降低企业的信贷违约风险；④在整体上，短期负债比例与信贷违约风险正相关，在企业破产风险很低时，短期负债融资增加并不会导致过度投资行为下更高的信贷违约风险，短期负债融资减少也不会导致投资不足行为下更低的信贷违约风险，在企业破产风险很高时，短期负债融资增加并不会导致投资不足行为下更低的信贷违约风险，反而会导致信贷违约风险上升，短期负债融资减少也不会导致过度投资下的更高的信贷违约风险；⑤如果企业新增负债比较少，那么在较低存量负债下，企业会因为过度投资而表现出更高的信贷违约风险，在较高存量负债下，企业会因为投资不足而出现较低的信贷违约风险，如果企业新增负债比较多，在较低存量负债下企业并不会表现出投资不足情形下的更低信贷违约风险，也不会在较高存量负债下表现出过度投资情形下的更高信贷违约风险；⑥如果企业新增负债比较少，那么在较低历史投资下，企业并不会表现出投资不足下更低的信贷违约风险，在较高历史投资下，企业也不会表现出过度投资下的更高信贷违约风险，如果企业新增负债比较高，那么在较低历史投资下，企业并没有表现出过度投资下更高的信贷违约风险，在较高历史投资下，企业也没有表现出投资不足下更低的信贷违约风险；⑦上市公司信贷违约风险与区域商业银行不良贷款率正相关，说明通过适当的投融资互动决策并降低企业信贷违约风险能对区域金融发展产生溢出效应。

第 八 章

企业投融资互动机制下的
就业效应实证检验

第一节 前 言

　　一直以来，充分就业是所有国家经济发展过程中一个永恒的目标。作为具有二元经济结构特点的人口大国，我国也一直将劳动力充分就业作为宏观经济调控的重要目标。然而，我国长期以来都存在劳动力就业市场供求不平衡的问题，2008年金融危机的爆发使这种矛盾变得更为突出，如何有效地解决或缓解就业压力成为了摆在政府面前的一个核心问题。根据中国劳动保障科学研究院主办的《中国劳动保障发展报告（2016）》（即2016中国劳动保障蓝皮书），2015年年末全国就业人员总数为77451万人，城镇登记失业率为4.05%。在中央及各级政府的努力下，我国失业率指标有少量的改善，成功阻止了我国就业形势的进一步恶化。然而，长期以来困扰我国的劳动力就业问题并没有得到根本改善，我国在劳动力就业总量和就业结构上依然存在突出的问题，这种在就业总量和就业结构上存在的问题也严重地制约着我国经济恢复的进程。众所周知，人作为一个独立的经济主体不仅在生产环节而且在消费环节影响着整个经济的发展。在生产过程中，人需要通过就业参与生产活动，制造商品和提供劳务，影响着生产效率的释放，同时也影响着其个人的收入水平；在消费过程中，人需要利用生产过程中得到的收入购买商品和劳务，从而实现个人效用的提升，同时也对商品和劳务的需求形成促进，带动商品和劳务的生产，促进其就业概率的提高。所以说，劳动力就业问题成为关系到社会稳定、经济发展的关键环节。基于此，就业问题成为学者和政策制定者持续关注和关心的核心议题，学者们也从诸多方面对就业问题进行过深入的研究。

经济学的理论告诉我们，投资和就业是影响产出的两个关键变量，同时就业又依附于企业生产和企业投资。在技术水平不变的情况下，企业投资增加和规模扩张会带来就业水平的提升。因此，大量的学者将劳动力就业与投资支出联系起来，并期望通过检测投资支出与劳动力就业的关系寻找能够促进劳动力就业提高的投资思路。对于从投资角度分析就业增长的文献总体而言可以分为几个方面：第一，从 FDI 视角研究劳动力就业的增长。其中，部分学者认为 FDI 能够增加新的生产能力，从而增加劳动力就业水平，或者通过供应链中上下游企业之间的联动，产生间接的就业增长效应。所以，Hawkins（1972）通过研究发现跨国企业的对外直接投资会通过在目标国新建子公司而催生出对母国资本设备、中间产品和其他辅助设施的大量需求，从而对母国产生就业促进的作用。同时，跨国投资增加的国外产能需要母国增加更多服务于总公司的研发和监督方面的人员，从而对母国产生就业效应（Lipsey，1994）。彭绍辉和王建（2016）分析了中国企业对外投资对母国就业的影响，结果发现中国技术获取型对外投资既存在促进效应的"规模"效应，也存在抑制就业的"迁移"效应，在资本供给弹性足够大的行业"规模"效应会超过"迁移"效应。毛日昇（2009）分析了出口和外商直接投资对不同要素密集型制造业和不同所有制类型制造业劳动力就业的影响，结果发现外商直接投资会通过产出、生产效率、劳动力需求弹性对制造业就业产生显著的影响，从而说明外商直接投资存在显著的就业效应。邱晓明（2004）则分析了外商直接投资就业效应的变迁，我国外商直接投资自 20 世纪 90 年代开始，经历了由劳动密集型加工行业向资本和技术密集行业发展的变化，并因此发生了外商直接投资就业效应弱化的变迁。也就是说，劳动力密集型向技术密集型投资特征的转变会降低企业投资的就业效应。第二，从公共投资视角研究劳动力就业的增长。Aschauer（1997a）通过对美国 1970—1990 年 48 个州的数据进行回归分析发现，公共投资水平与就业量之间存在一个二次型非线性关系。在长期范围内，公共投资稳定增长能够对就业产生非常大的积累效应，如果公共投资水平从 0.445 提高到 0.5，社会就业将在 40 年内保持在 0.0015 到 0.005 的年增长率水平（Aschauer，1997b）。国内学者徐旭川和杨丽琳（2006）通过研究发现，中国公共投资会通过劳动工资弹性影响就业水平。他们指出，公共投资增加会增加劳动需求的工资弹性，公共投资会通过溢出效应并促进企业实际工资支出水平降低，在两者共同作用下最终导致社会就业水平的增加。尹庆双和奉莹（2010）则在金融危机背景下研究了我国政府"4万亿"投资的就业效应，并在就业结构和就业质量两个方面对之进行了研究，提出了相关问题及对策建议。然而，上述研究集中分析的是区域投资、行业投资或者宏观投资类型对就业的影响，并没有将研究的视角聚焦到单个企业投资行为对就业水平的影响。Thomas（2006）在有关公司治理和商业周期关系的研究中发现，总体情形下，如果经济情况偏好时，企业内部人会尽情享受公司决策带来的乐趣，并促进其投资支出和劳动雇佣。深入分析发现，他们内含了一种关系就是企业投资支出与劳动雇佣是相生相随的，也就是说投资支出增加，劳动雇佣也会增加，反之亦然。王元京（2002）认为如果没有必要的投资作保障，劳动者与生产资料相结合是难以实现的，所以就业困难的问题实质上是投资不足问题。万解秋和徐涛（2004）在通过分析汇率对企业就业水平的影响分析发现，汇率的变化会对未来企业的出口产生影响并对企业投资水平产生作用，进而会对企业劳动力就业水平施加影响，从而表明企业投资会对就业水平产生影响。方明月等（2008）在对中国工业企业就业弹性研究中将销售额的变化量引致的就业水平的变化量被描述成就业弹性，并将资本量的变化描述成销售额变化量的原因，也就是说就业弹性实际上也是资本投资对就业的影响，结果发现不同所有制企业就业弹性存在较大的差异，从而表明资本投资对就业的影响会受到所有制关系的影响。

除了投资对就业的影响，另一部分学者认为融资或金融方面的因素也会对就业产生影响。Ignacio（2008）通过西班牙公司的数据分析发现投资和劳动力雇佣决策是公司在财务状况变化情形下进行调整的两个重要方面，面临较高财务压力的公司将会有比较明显的低投资率和低劳动雇佣率。当然，文章也发现，财务压力与投资就业决策之间的关系并不是线性的，这种关系在超过一定门槛后会变得更加严重。Chugh（2013）在建立代理成本模型的基础上，分析了代理问题以及由此产生的高成本外部融资对劳动市场的影响。结果发现，由于企业融资需求，反周期的金融溢价在经济繁荣阶段会降低企业投入成本，但在经济衰退阶段会增加企业的投入成本，从而对企业的员工招募产生影响。也就是说，金融溢价会改变企业员工招募的能力和意愿。刘克崮（2009）认为我国现行金融体系结构失衡导致了草根经济融资难问题，为了提高草根经济发展和城乡就业，我们应尽力完善和发展面向草根经济的金融体系。李巍和张志超（2013）通过分析外部融资如何影响企业就业状况发现，就国内整体制造业而言，外部融资规模的扩大会直接引致就业状况的改善，对于技术密集型制造业来说，外部融资规模的扩大不但明显改善了相关行业的就业状况，而且企业家对经济前景预期的改善显著提高了外部融资的边际影响程度。然而，至今并无学者对企业融资行为本身如何影响企业的就业能力和就业水平进行研究。

本书希望在前文的基础上，进一步利用中国上市公司为样本，检验企业投融资行为以及投融资互动决策对就业能力和就业水平的影响，从而研究投融资互动模式是否会形成就业效应，以此探索投融资互动决策模式下的社会效益。本章以下部分的结构安排如下：第二节是研究假设，第三节是研究设计，第四节是研究结果，第五节是本章小结。

第二节 研究假设

一 同期投融资互动决策影响企业就业水平的相关假设

根据第四章投融资同期互动下企业劳动力雇佣水平变化的理论分析，企业投资临界值与劳动力雇佣水平负相关，或者说企业投资意愿与劳动力雇佣水平正相关。对于负债融资与劳动力雇佣水平之间的关系，因为在较低负债水平上，负债融资会降低企业的投资临界值，所以劳动力雇佣水平会更高；而在较高的负债水平上，负债融资会提高企业的投资临界值，从而导致劳动力雇佣水平下降。

假设 8.1a 在总体上，投资支出与企业劳动力雇佣水平正相关。

假设 8.1b 在较低负债水平下，新增负债会促进企业劳动力雇佣水平的提高，在较高的负债水平上，新增负债融资会促进企业劳动力雇佣水平的下降。

根据委托代理理论，企业投融资决策也许并不会与企业价值最大化决策标准相符，从而在股东与债权人利益冲突下产生投融资决策扭曲。根据前面章节的分析，一旦存在股东债权人利益冲突，企业有可能出现资产替代问题或者过度投资问题（Jensen 和 Meckling，1976）。而第四章理论结果认为，在过度投资问题下，企业劳动力雇佣水平会超过企业价值最大化情形，从而表现出如 Anderson 和 Prezas（1998）提及的过度投资情形下的劳动力过度雇佣问题。根据前文的分析以及 Inderst 和 Müller（1999）的结论，在股权相对集中的企业里，企业决策层能够在更高程度上代表股东的利益，从而使决策行为体现出股东自身的特征，因此相对于股权分散企业，股权相对集中的企业存在更强的股东债权人利益冲突。因此，股权相对集中的企业更有可能表现出过度投资问题，从而出现所谓的劳动力过度雇佣问题。另一方面，如果企业存在过度投资问题，此时若债权人能有效掌握股东进行过度投资的信息，或者虽然无法掌握全部过度投资的信息但是根据公司的股权和财务信息能够理性预测其过度投资问题，那么债权人会向股东索要更高的资金成本，从而有更低的最优负债水平。然而，第四章分析结果发现虽然股东利益最大化情形会对应更低的最优负债水平，但是最终企业仍然会对应较低的投资临界值，或者说更强的投资动力，从而使企业产生更高的劳动力雇佣水平。因为股权相对集中的企业更有可能表现出股东债权人利益冲突，所以相对于股权分散型企业，股权集中的企业通常会有更高的最优劳动力雇佣水平，也就是说这类企业劳动力雇佣水平会相对偏高。

假设 8.2　由于股权相对集中企业存在更强的过度投资问题，股权相对集中的企业存在更高的劳动力雇佣水平。

根据现代公司财务理论，企业投融资决策会与税收利益和破产成本产生紧密的联系。企业投资项目的价值因为税收利益的增加而增加，从而影响决策者对投资方案的判断并因此影响投资行为。根据公司财务的实际操作，负债利息是企业税收利益的一个重要源泉，负债水平的高低会影响企业利息税盾的多寡，税收利益也成为企业负债融资决策中不可忽视的一个因素。因此，税收利益也影响着企业的融资决策。然而，DeAngelo 和 Masulis（1980）的研究告诉我们，企业资本支出在资本化后会产生折旧，并且这些折旧会为企业提供额外的税收利益。因此，资本折旧产生的税收利益也会对企业投融资决策产生影响，从而对企业劳动力雇佣水平产生作用。回顾第四章的理论分析结果，随着折旧率的提高，企业投资临界值会降低或者投资动力会变强，所以在更强投资动力即更高投资支出的情形下，企业会雇佣更多的劳动力。与前文相似，一般情况下股东通常存在自利行为从而有可能产生过度投资问题。根据第四章分析可知，虽然折旧有可能对企业的过度投资产生抑制作用，但是企业随过度投资形成的劳动力过度雇佣问题并没有受到抑制，反而这种劳动力过度雇佣问题会随折旧率的提高而得以强化。

假设 8.3a 考虑到企业资本折旧因素的影响，折旧率会提高企业投资动力从而对劳动力雇佣产生促进作用。

假设 8.3b 因为股东债权人利益冲突，折旧水平越高，股东劳动力过度问题会变得更加严重。

考虑到企业负债融资过程中通常存在期限结构的搭配，本书第四章进一步分析了负债期限结构下投融资决策及劳动力雇佣决策问题。如果不考虑股东债权人利益冲突，从企业价值最大化视角看，无论长期负债比例的高低，企业劳动力雇佣水平都会随投资临界值的高低呈现出反向变化，并随长期负债水平的上升表现出先上升后下降的趋势，这一结果与前文相似。但是，如果给定长期负债利息水平不变，企业临界值会随长期负债比例的下降而下降，或者随短期负债比例的上升而下降，此时劳动力雇佣水平将会出现上升的势头。也就是说，劳动力雇佣水平会随长期负债比例下降而上升，或者说随短期负债比例上升而上升。另外，第四章分析表明，如果给定企业总的负债量不变，提高短期负债融资的比例会导致劳动力雇佣水平上升。然而，如果企业存在股东债权人利益冲突，那么其投融资决策会出现扭曲现象，此时劳动力雇佣会表现出不一样的特征。第四章结果表明，如果企业在投资后没有任何破产风险，随着长期负债比例的增加或者短期负债比例的减少，企业会由过度投资转为投资不足，与企业价值最大化情形相比，企业会随长期负债比例上升或者短期负债比例减少从劳动力过度雇佣转为雇佣不足。相反，如果企业在投资后出现很高的破产风险，企业在短期负债比例较高或者长期负债比例较低时会表现出投资不足，而在短期负债比例较低或者长期负债比例较高时表现出过度投资的问题。如前文所述，过度投资会导致劳动力过度雇佣，投资不足会导致劳动力雇佣不足，所以在较高短期负债比例时企业会劳动力雇佣不足，在较低短期负债比例时企业会劳动力过度雇佣。

假设 8.4a 从总体情形看，劳动力雇佣水平会随长期负债比例下降而上升，或者说随短期负债比例上升而上升。

假设 8.4b 如果投资后企业破产风险很低，在较低长期负债水平下或者较高短期负债比例下，企业会存在劳动力过度雇佣，在较高长期负债水平下或者较低短期负债比例下，企业会存在劳动力雇佣不足。

假设 8.4c 如果投资后企业破产风险很高，在较低长期负债水平下或者较高短期负债比例下，企业会存在劳动力雇佣不足，在较高长期负债水平下或者较低短期负债比例下，企业会存在劳动力过度雇佣。

二 跨期投融资互动决策影响就业水平的相关假设

由前文的分析可知，企业投融资决策会受到历史投融资决策的影响，在历史投融资决策的作用下企业经由投融资相互影响的关系作用于劳动力雇佣水平的情形会发生相应的变化。根据第四章的分析可知，如果企业在投资之前不存在破产风险，那么随着存量负债的增加企业投资临界值会上升，从而表现出劳动力雇佣随存量负债水平上升而下降的现象。如果投资前企业便存在破产风险，那么如果新增负债比较低，企业在新项目投资后破产风险会发生下降，此时企业存在更强的投资动力，企业投资临界值随存量负债水平增加而下降，劳动力雇佣水平会相应增加；如果在较高的新增负债融资下，新项目的投资会导致企业破产风险上升，所以企业投资动力会下降，劳动力雇佣水平会因此发生下降。所以，可以提出如下研究假设：

假设 8.5a 倘若企业投资前没有破产风险，存量负债水平的增加会降低企业的劳动力雇佣水平。

假设 8.5b 倘若企业投资前存在破产风险，在较低新增负债水平下，劳动力雇佣水平会随存量负债水平上升，在较高新增负债水平下，劳动力雇佣水平会随存量负债水平上升而下降。

与上述分析逻辑相似，如果企业历史投资水平比较低以至于在投资之前企业便存在破产风险，那么在较低的新增负债水平下，企业会因为投资而改善财务破产风险的状况。但是，由于随着历史投资水平增加企业新增投资带来的破产风险下降程度会出现下降的情形，或者企业新增投资改善破产风险状况的能力会随历史投资上升而下降，此时投资动力会随着历史投资水平上升而下降，因而劳动力雇佣水平会随历史投资水平上升而下降。相反，如果新增负债比较高，企业有可能因为投资而出现财务破产风险更差的现象。但是，如果企业历史投资水平越高，那么投资前破产风险相对较低，投资后破产风险变得更差的现象也会相对较弱。因此，投资临界值会随历史投资的增加而下降，并因此导致企业出现劳动力雇佣水平上升的现象。另一方面，如果企业历史投资水平相对较高以至于在投资之前便不存在破产风险，那么如果投资后企业有可能出现破产风险，此时历史投资水平越高企业投资后破产风险将会越低，所以历史投资水平的上升会降低企业的破产风险，从而提高其投资动力，企业劳动力雇佣也会因此上升。

假设8.6a 如果企业历史投资水平比较低以至于投资前企业存在较高的破产风险，此时如果新增负债比较低，历史投资水平越高，企业劳动力雇佣水平会下降；如果新增水平比较高，历史投资水平会提高企业劳动力雇佣水平。

假设8.6b 如果企业历史投资水平比较高以至于投资前企业存在较低的破产风险，此时历史投资水平越高，企业劳动力雇佣水平越高。

如果考虑股东债权人利益冲突，第四章结果表明，倘若企业在投资前没有负债，那么企业会表现出投资不足的问题，从而表现出劳动力雇佣不足。然而，考察我国上市公司的现实情形看，企业在投资前不存在负债的情形非常罕见。因此，对这种情形的关注缺乏足够的现实意义，在后文的实证研究中我们将忽略这种情形的检验。倘若企业投资前的存量负债水平比较低以至于投资前不存在破产风险，或者很低的破产风险，那么在较低的新增负债水平下企业会表现出过度投资的问题从而出现劳动力过度雇佣的现象，并且存量负债水平越高企业劳动力过度雇佣的情形越明显；而如果新增负债水平比较高时，企业会表现出投资不足的问题从而出现劳动力雇佣不足问题，但是这种劳动力雇佣不足现象会随存量负债增加而减弱。倘若存量负债水平比较高以至于投资前便存在破产风险，此时企业在较低新增负债下便会存在投资不足问题，从而表现出劳动力雇佣不足现象，而在较高的新增负债下企业会出现过度投资问题，从而表现出劳动力过度雇佣现象。

假设8.7a 如果存量负债水平比较低，以至于投资前企业存在很低的破产风险，那么在较低的新增负债下企业会表现出劳动力过度雇佣，在较高的新增负债下企业会表现出劳动力雇佣不足。

假设 8.7b 如果存量负债水平比较高，以至于投资前企业便存在破产风险，在较低新增负债下企业会表现出劳动力雇佣不足，而在较高的新增负债下会表现出劳动力过度雇佣。

另一方面，如果给定存量负债不变，历史投资水平的高低也会影响股东劳动力雇佣的水平。如果历史投资水平比较低以至于投资前便存在破产风险，那么在较低新增负债水平下企业会投资不足，并因此导致劳动力雇佣不足问题，如果新增负债水平比较高，企业会过度投资，从而使股东表现出劳动力过度雇佣问题。相反，倘若企业历史投资水平比较高，那么如果新增负债水平较低，企业会存在过度投资问题，从而表现出劳动力过度雇佣现象，而如果新增负债水平比较高，企业会存在投资不足问题，从而表现出劳动力雇佣不足现象。

假设 8.8a 如果历史投资水平比较低，那么在较低的新增负债下企业会表现出劳动力雇佣不足，在较高的新增负债下企业会表现出劳动力过度雇佣。

假设 8.8b 如果历史投资水平比较高，那么在较低的新增负债下企业会表现出劳动力过度雇佣，在较高的新增负债下企业会表现出劳动力雇佣不足。

第三节　实证研究设计

一　研究样本与数据来源

本章研究样本仍然来自国泰安信息技术有限公司开发的 CSMAR 数据库。与前文一致，我们将继续选取来自 2001 年 12 月 31 日以前在沪深股市上市的公司，样本公司选择的标准与第五章一致，所以最后共选择了 836 家样本公司从 2001 年 12 月 31 日到 2014 年 12 月 31 日的样本数据。与前文不相同的是，本书需要考察劳动力雇佣问题，因此需要获得上市公司在职员工数量。然而，CSMAR 数据库仅仅披露了上市公司在职员工数量的年度数据，通过查阅每家上市公司年报发现，大部分公司都没有披露有关在职员工的季度数据。因此，本书只能采用在职员工的年度数据，从而对于其他指标的选择均得改成年度数据。此外，考虑到实证分析过程中部分指标需采用滞后期变量，因此最后本书的研究窗口为 2003 年到 2014 年，共 10032 个样本观测值。

二 研究模型与变量说明

本章主要希望研究投融资互动决策机制对企业劳动力雇佣的影响，以此诠释投融资互动决策机制的就业效应。为此，首先我们需要对劳动力雇佣或者说就业水平予以界定。对于劳动力雇佣水平，大部分学者都是采用在职员工予以替代。对此，我们将借鉴徐旭川和杨丽琳（2006）、毛日昇（2009）、彭绍辉和王建（2016）等人的思路，利用企业在职员工的自然对数对企业劳动力雇佣水平予以替代。在本章的分析中，由于就业水平是我们需要解释的关键指标，因此本章实证分析模型的被解释变量即为就业水平。

由于本书希望研究企业投资支出和负债融资对就业水平的影响，因此我们将第七章分析中投资支出 I_t 和新增负债 ND_t 作为回归方程的解释变量。此外，我们在回归方程中引入了 TI_{t-1} 和 L_{t-1} 分别表示历史投资和存量负债的影响。其中，TI_{t-1} 是经资产标准化后的滞后期企业固定资产净值、长期投资和在建工程之和。显然，一个会计期间末期固定资产净值、长期投资和在建工程的总量可以用作表示企业往期资本投资的累积性指标，其值越高说明企业往期资本投资越多，反之亦然。L_{t-1} 是滞后期负债总额经资产总额标准化后的指标，它表示企业截至上期末负债融资的总额，即存量负债水平，同时该指标也可以反映滞后期企业的资产负债率。

王峰和王博（2007）认为工资水平会对企业就业水平产生影响，但是因为他们主要是从宏观角度进行研究，所以并没有从单个企业角度考察工资水平，而是采用了制造业人均工资水平予以描述，显然这样的处理忽视了企业间的个体差异，从而无法涵盖企业因投融资行为影响下的劳动力雇佣特征。与之相似，徐旭川和杨丽琳（2006）、毛日昇（2009）、彭绍辉和王建（2016）也将不同所有制企业人均应付工资作为变量从宏观角度研究过企业的劳动力雇佣问题，但并未从单个企业角度进行研究。所以，与他们相同的是，我们也将在实证分析过程中考虑企业工资发放情况对劳动力雇佣的影响。与彭绍辉和王建（2016）的思路相同，我们将采用实际工资发放的自然对数表示企业的工资发放水平，这样处理则从更加全面的意义上考虑了企业对员工发放的工资或福利。另外，考虑到企业规模大小对在职职工人数的影响，给定同一行业及行业技术特征，企业规模越大应该具有更多的劳动力需求。基于上述认识，我们将实证模型（8.1），其中 ε_{it} 是方程的误差项。

$$Empl_t = \alpha_1 + \beta_1 I_t + \beta_2 ND_t + \beta_3 TI_{t-1} + \beta_4 L_{t-1} + \beta_5 Wage_t + \beta_6 Size_t + \varepsilon_{it}$$

(8.1)

表 8.1 中描述了本节新增变量的定义和计算方法。

表 8.1 新增变量定义表

变量代码	变量名称	变量计算
$Empl$	劳动力雇佣水平或者说就业人数	本期末在职职工人数的自然对数
$Wage$	工资水平	支付给职工以及为职工支付的现金的自然对数

三 研究方法的选择

本书将利用上述样本，采用 Stata12.0 软件进行回归检验。由于本书采用的实证样本为面板数据，而目前研究投融资决策以及公司信贷违约风险的相关文献之中大都假设不可观测的公司个体效应为零，并因此使用混合样本回归方法进行实证检验，而没有使用其他方法进行稳定性检验。事实上，对于样本中不可观测的个体效应为零的假设是一个太强的假设。因为对于不同行业之间以及相同行业中不同企业通常会存在较大的异质性，所以企业实际上可能存在明显的个体效应。为了控制这种样本公司中存在的个体效应，我们将同时使用随机效应模型和固定效应模型进行估计，并利用相关统计检验判断相关回归方法对模型估计的适用性。

第四节 实证研究结果

一 描述性统计

表 8.2 列出了本章新增变量的描述性统计结果。结果显示，样本企业

在 2003 年到 2014 年劳动力雇佣水平或者就业水平自然对数的平均值为 7.4677，而中值为 7.5835，也就是说大部分企业就业人数的自然对数都低于 7.5835，即大部分企业就业人数低于 1965 人。从劳动力雇佣人数标准差看，标准差是均值的 0.2 倍，也就是说样本观测值之间劳动力雇佣人数的差别并不大，从而表明企业之间、年度之间以及行业之间企业劳动力雇佣人数并没有太大的差别。进一步观测工资水平变量 *Wage* 看，均值和中位数分别为 18.4667 和 18.4367，说明样本企业年工资支付水平均值和中值都为 18 左右。而从工资变量标准差来看，标准差是均值的 0.08 倍，同样表示工资变量在样本观测值之间存在较小的差异，从而说明工资变量在企业间、年度间以及行业间可能不存在太大的差异。

表 8.2 新增变量描述性统计结果

变量代码	均值	中位数	标准差
Empl	7.4677	7.5835	1.4822
Wage	18.4667	18.4367	1.4720

为了进一步了解上市公司劳动力雇佣人数的基本特征，表 8.3 进一步按照年度和行业对劳动力雇佣人数进行了描述性统计。结果发现，在各年度企业劳动力雇佣人数标准差和均值之比处于 0.18～0.21，说明各年度内企业之间的劳动力雇佣人数并没有太大的差别。观测各年度之间的劳动力雇佣人数差别发现，从 2003 年到 2014 年样本公司劳动力雇佣人数的均值呈现出逐年攀升的特征，中值虽然在部分年度有少量下降，但在总体上呈现不断上升的趋势，从而初步表明上市公司在观测期间起到了促进社会就业的作用。表 8.3 继续诠释了劳动力雇佣在行业间的差别。首先，从单个行业看，行业内企业之间的劳动力雇佣人数差别并不大，各行业劳动力雇佣变量的标准差都没超过均值，标准差与均值之比处于 0.08～0.56；其次，所有行业中，采矿业的劳动力雇佣人数最大，制造业的劳动力雇佣人数则处于第二的位置，其他行业包括电力、热力、燃气及水生产和供应业、建筑业、批发和零售业、交通运输、仓储和邮政业、信息传输、软件和信息技术服务业、租赁和商务服务业、水利、环境和公共设施管理业的

劳动力雇佣数量基本相似，而住宿和餐饮业、房地产业、科学研究和技术服务业、教育业、文化、体育和娱乐业和综合业的劳动力雇佣水平处于大致相同的位置，卫生和社会工作业的劳动力雇佣水平则明显低于其他行业。结果初步表明，行业之间劳动力雇佣水平可能存在一定的差异，在后续的分析中应对之予以关注。

表 8.3　　　　　　　劳动力雇佣变量随时间和行业的变化特征

Panel A：不同年度劳动力雇佣变量的统计特征							
年份	均值	中位数	标准差	年份	均值	中位数	标准差
2003	7.3243	7.4636	1.3145	2009	7.4196	7.5621	1.5499
2004	7.3293	7.4767	1.3507	2010	7.4585	7.6046	1.5884
2005	7.3417	7.4902	1.3859	2011	7.5196	7.6529	1.5917
2006	7.3622	7.5424	1.4225	2012	7.6677	7.7211	1.4880
2007	7.3840	7.5650	1.4944	2013	7.6887	7.7206	1.4931
2008	7.4081	7.5503	1.5081	2014	7.7090	7.7486	1.5019
Panel B：不同行业劳动力雇佣变量的统计特征							
行业	均值	中位数	标准差	行业	均值	中位数	标准差
A	7.0193	7.2185	1.3442	K	6.0948	6.2245	1.4434
B	8.0065	7.9920	2.2016	L	7.1987	7.2391	1.2663
C	7.8931	7.8982	1.2216	M	6.4379	6.8869	1.2305
D	7.2841	7.3313	1.3375	N	7.0311	7.3171	1.2667
E	7.5808	7.3814	1.4233	P	6.7903	6.8090	0.5157
F	7.0124	7.0121	1.3524	Q	4.4032	2.9944	2.4443
G	7.3978	7.4544	1.6756	R	6.9528	6.8751	1.2923
H	6.1092	5.5777	2.1122	S	6.5575	7.0744	1.6357
I	7.5913	7.7339	1.2511				

注：根据《上市公司行业分类指引（2012年修订）》，表中行业代码代表行业分别为：A为农、林、牧、渔业；B为采矿业；C为制造业；D为电力、热力、燃气及水生产和供应业；E为建筑业；F为批发和零售业；G为交通运输、仓储和邮政业；H为住宿和餐饮业；I为信息传输、软件和信息技术服务业；K为房地产业；L为租赁和商务服务业；M为科学研究和技术服务业；N为水利、环境和公共设施管理业；P为教育；Q为卫生和社会工作；R为文化、体育和娱乐业；S为综合。

表 8.4 描述了各变量之间的相关性系数。结果表明，投资支出与劳动力雇佣人数显著正相关，新增负债与劳动力雇佣人数在 10% 的显著水平上正相关，历史投资总量与劳动力雇佣人数显著正相关，存量负债与劳动力雇佣人数显著负相关，工资水平与劳动力雇佣显著正相关，企业规模与劳动力水平虽然具有正向关系，但是并没有通过显著性检验。从这些变量与劳动力雇佣水平之间的关系可以初步看出，企业就业人数与这些变量之间存在一定的统计关系。此外，从自变量之间的相关性看，除新增负债与投资支出，其他变量之间的相关系数都比较小，从而初步表明回归模型应该不存在严重的多重共线性。

表 8.4   各变量间的 Pearson 相关系数

变量	$Empl_t$	I_t	ND_t	TI_{t-1}	L_{t-1}	$Wage_t$	$Size_t$
$Empl_t$	1						
I_t	0.0317 ***	1					
ND_t	0.0165 *	0.8375 ***	1				
TI_{t-1}	0.0553 ***	− 0.0002	− 0.0031	1			
L_{t-1}	− 0.1017 ***	0.0506 ***	0.0537 ***	− 0.0043	1		
$Wage_t$	0.8048 ***	0.0258 ***	0.0182 *	0.0392 ***	− 0.0959 ***	1	
$Size_t$	0.0051	0.3447 ***	0.2632 ***	− 0.0015	0.0622 ***	− 0.0104	1

注：* ，** ，*** 分别表示系数在 10% ，5% ，1% 的水平上显著。

二　同期投融资互动决策影响企业就业人数的实证检验

1）总体样本检验。

利用总体样本，表 8.5 对回归模型（8.1）进行了普通最小二乘法回归。表中数据显示，投资支出与企业就业人数具有显著的正相关关系，每个单位的投资支出能够带来 0.0243 个单位的就业变量的变化，或者能够带来 1.02 个就业人数的增加（e 的 0.0243 次方），从而初步验证了投资支出与企业就业人数正相关的关系，研究假设 8.1a 得以验证。另一方面，新增负债与企业就业人数的相关系数为 − 0.0146，且在 5% 的水平上显著，说明新增负债融资对就业人数具有抑制作用，从而与李巍和张志超

（2013）有关外部融资对企业就业人数具有显著促进作用的结论不一致。这也许是因为，企业在较高的负债水平下会导致投资临界值上升，从而降低投资支出水平，最终导致就业人数的下降。这个结论初步表明，企业负债融资水平处于较高的层次，从而表现出与就业人数的负向关系，研究假设8.1b在一定程度得到印证。进一步考察历史投资水平的作用系数发现，其作用系数为0.0212，且在1%水平上显著。这个结果说明，总体上历史投资支出能够促进企业生产规模，从而对就业人数形成促进作用。滞后期存量负债水平对企业就业人数的作用系数为 -0.0429，且在1%的水平上通过了显著性检验，从而表明负债越高企业的就业人数将越少。之所以如此，这也许是因为企业负债水平总体上处于较高的水平，从而会出现如研究假设8.1b所述的在较高负债水平上，负债融资与企业就业人数负相关的关系的论点。此外，表中结果显示，企业工资支付水平与劳动力就业水平显著正相关，而企业规模会在较低的显著性水平上与劳动力就业水平正相关。

表 8.5 混合面板 OLS 回归结果

变量名称	参数估计	t 值	Prob. > | t |	VIF 值
常数项	-7.4150 ***	-66.43	0.000	
I_t	0.0243 **	2.42	0.016	3.55
ND_t	-0.0146 **	-2.05	0.040	3.36
TI_{t-1}	0.0212 ***	4.00	0.000	1.00
L_{t-1}	-0.0429 ***	-4.31	0.000	1.01
$Wage_t$	0.8067 ***	134.66	0.000	1.01
$Size_t$	0.00001 *	1.84	0.066	1.14
F 值	3093.48			
Prob > F	0.000			
Adj R-squared	0.6491			
Number of obs	10032			

注：*，**，*** 分别表示系数在10%，5%，1%的水平上显著。

正如前文所述，本书采用的样本属于面板数据，其间有可能存在公司个体效应的差异，因此混合样本回归方法有可能不能得到有效的回归结果。为此，我们采用了固定效应模型进行了进一步检验（见表8.6），结果发现 F 值为20.45，在1%的水平上显著，从而拒绝了混合效应模型，并认为固定效应模型的检验结果更为可取。另一方面，我们采用了 LM 检验的方法进行了进一步检验（见表8.6），发现 chibar2 值为18121.70，在1%的水平上显著，从而说明个体效应显著不为零，随机效应模型也要优于混合效应模型。至此，我们认为上述利用混合面板进行的普通最小二乘法回归不是最好的检验方法，而应采用随机效应模型或固定效应模型。为了确定随机效应模型和固定效应模型中哪种方法更为恰当，我们进行了 Hausman 检验（见表8.6），结果发现 chi2 值等于490.63，在1%的水平上显著，从而说明个体效应和自变量之间存在显著的相关性，表明固定效应模型要比随机效应模型更优。在三种模型选择之后，我们认为固定效应模型的回归结果更为可取。然而，从回归结果看，除了新增负债的回归系数显著性出现了降低的现象，企业规模的回归系数的显著性出现了上升的现象，其他变量对企业就业人数的作用方向和显著性水平都没有发生根本的变化。而新增负债回归系数之所以发生变化，也许是受不同企业总体负债水平高低差异的影响，这需要在后面的分析中进一步进行检验。企业规模的作用系数显著性提高说明，作为反映企业个体差异的企业规模对企业就业人数的影响确实具有显著的作用，即便在同一行业中，企业规模等个体差异特征都会显著地影响企业的就业人数。

表8.6　　　基于整体样本的随机效应和固定效应模型结果

变量名称	随机效应模型		固定效应模型	
	参数估计	z 值	参数估计	t 值
常数项	− 3.6461 ***	− 26.50	− 2.6455 ***	− 18.11
I_t	0.0161 **	2.45	0.0160 **	2.47
ND_t	− 0.0072	− 1.56	− 0.0062	− 1.36
TI_{t-1}	0.0129 ***	3.67	0.0129 ***	3.72
L_{t-1}	− 0.0412 ***	− 5.33	− 0.0386 ***	− 5.00
$Wage_t$	0.6028 ***	82.16	0.5485 ***	69.41
$Size_t$	0.00001 ***	3.69	0.00001 ***	3.75
Wald chi2 (10)	6910.20 ***			

续表

变量名称	随机效应模型		固定效应模型	
	参数估计	z 值	参数估计	t 值
F 值		826.00 ***		
Adj R-squared	0.6491	0.6490		
Number of obs	10032	10032		
LM 检验	chibar2（01）= 18121.70 ***			
Hausman 检验	chi2（10）= 490.63 ***			

注：*，**，*** 分别表示系数在 10%，5%，1% 的水平下显著。

为了确保模型回归结果的稳健性，我们进一步利用方差膨胀因子检验了模型是否存在多重共线性，见表 8.5。结果发现，新增投资和新增负债的 VIF 值分别为 3.55 和 3.36，其余变量的方差膨胀因子都低于 2。所以，可以肯定的是，回归方程并不存在严重的多重共线性。另一方面，考虑到前文分析中发现了行业因素可能对企业就业人数产生显著的影响，我们应对行业因素进行控制。然而，因为在固定效应模型检验过程中已经涵盖了行业因素对企业就业人数的影响，而混合面板模型又无法有效地考虑样本的个体效应，因此在对模型加入行业变量进行稳健性检验时，我们只利用随机效应模型进行了分析，以此验证行业因素的加入是否会对上述回归结果产生显著影响，结果见表 8.7。表 8.7 显示，在加入行业变量后原有变量的回归系数及其显著性没有发生根本性改变，是否加入行业虚拟变量对整个回归结果没有产生显著的影响。与此同时，表中数据显示各行业中只有采矿业、制造业就业人数比平均水平显著增加，卫生和社会工作行业的就业人数比平均水平显著减少，其他行业与平均水平并不存在显著的差异。然而，在加入行业虚拟变量后，我们发现模型出现了较高的多重共线性，方差膨胀因子最高达到了 11.27。也就是说，加入虚拟变量会影响回归结果的有效性。综合这些结论看，加入行业变量一方面不会导致自变量和控制变量回归系数及其显著性发生明显的变化，另一方面却会导致模型出现多重共线性，因此我们认为不加入行业虚拟变量不会降低回归结果的有效性，在后文的研究中，我们将不再考虑行业虚拟变量。

表 8.7　　　　　　　　加入行业变量的随机效应模型回归结果

变量名称	参数估计	t 值	Prob. > | t |	VIF 值
常数项	− 3.8114 ***	− 20.14	0.000	
I_t	0.0149 **	2.28	0.022	3.57
ND_t	− 0.0063	− 1.36	0.174	3.38
TI_{t-1}	0.0126 ***	3.62	0.000	1.01
L_{t-1}	− 0.0403 ***	− 5.25	0.000	1.04
$Wage_t$	0.5962 ***	81.84	0.000	1.11
$Size_t$	0.00001 ***	3.73	0.000	1.15
$Dummya$	0.3208	1.37	0.170	1.54
$Dummyb$	0.5748 ***	3.07	0.002	2.24
$Dummyc$	0.5655 ***	3.96	0.000	11.27
$Dummyd$	− 0.0141	− 0.08	0.933	3.21
$Dummye$	0.2417	1.16	0.248	1.79
$Dummyf$	− 0.0433	− 0.28	0.779	5.03
$Dummyg$	0.0489	0.29	0.774	2.99
$Dummyh$	− 0.0994	− 0.26	0.797	1.15
$Dummyi$	0.1202	0.57	0.566	1.81
$Dummyk$	− 0.4777	− 3.08	0.002	4.77
$Dummyl$	0.1853	0.74	0.459	1.45
$Dummym$	− 0.3949	− 0.62	0.536	1.05
$Dummyn$	0.1755	0.77	0.441	1.60
$Dummyp$	− 0.0816	− 0.13	0.898	1.05
$dummyq$	− 1.9158 ***	− 3.00	0.003	1.05
$Dummyr$	− 0.0867	− 0.30	0.765	1.30
Wald chi2 值	7645.53			
Prob > F	0.000			
Adj R-squared	0.6822			
Number of obs	10032			

注：*，**，*** 分别表示系数在10%，5%，1%的水平上显著。

2）不同负债水平下新增负债对企业就业人数的影响。

前文分析表明，如果企业处于较低的负债水平下，那么负债融资会降低企业的投资临界值从而对企业就业人数产生促进作用，而如果企业处于较高的负债水平，那么负债融资会对投资支出产生抑制作用，从而对企业就业人数形成控制效应。为此，我们将企业的负债融资水平进行高低排序，取负债水平最低的三分之一为较低负债企业，取负债水平最高的三分之一为较高负债企业。然后，我们利用这两个样本对回归模型（8.1）进行重新检验，检验结果见表8.8。表8.8显示，在较低负债水平下，新增负债融资对企业就业人数的影响为负，且仍不显著；在较高负债水平下，新增负债融资对企业就业人数的影响为负，但通过了显著性检验。结果说明，在较高负债水平下企业负债融资确实会对投资支出产生抑制作用，从而对劳动力雇佣水平产生显著的负向影响，然而在较低的负债水平下，新增负债并没有对就业人数产生显著影响。这也许是因为，企业在较低负债融资水平下并没有将负债融资用于投资支出从而无法形成就业促进效应的缘故。研究假设8.1b有关于低负债水平下负债融资会促进企业就业人数增加的观点并没有得到证实。

表 8.8   **不同负债水平下的固定效应模型回归结果**

变量名称	较低负债水平样本		较高负债水平样本	
	参数估计	t 值	参数估计	t 值
常数项	−2.6086 ***	−10.05	−2.9517 ***	−10.18
I_t	0.2296 ***	5.42	0.2370 ***	4.37
ND_t	−0.0336	−1.50	−0.0221 ***	−2.60
TI_{t-1}	0.2602 ***	5.39	0.2077 ***	5.55
L_{t-1}	−0.0431 **	−2.28	−0.0668 ***	−3.67
$Wage_t$	0.5411 ***	39.17	0.5596 ***	35.99
$Size_t$	−0.00008 ***	−4.22	0.00001	0.45
F 值	269.29 ***		227.88 ***	
Adj R-squared	0.6429		0.6798	
Number of obs	3344		3344	

注：*，**，*** 分别表示系数在10%，5%，1%的水平上显著。

3）委托代理冲突下投融资互动机制对企业就业人数的影响。

根据前文的分析，股东在负债代理冲突下通常存在投资行为扭曲，并且在不考虑存量负债和历史投资情形下，新增负债通常会导致企业过度投资问题。而根据 Inderst 和 Müller（1999）的观点，企业在股权集中度相对偏高时会存在更大的可能性存在负债代理冲突。那么如果企业存在过度投资，那些股权集中度高的企业会表现得更加明显。第七章的分析结果表明，确实在股权集中度高的企业其投资支出水平会显著高于股权集中度低的企业。由于本章分析中采用了年度数据进行分析，所以有可能结论存在一定的差异，为了谨慎性考虑，我们同样对比了股权集中度高（第一大股东持股比例大于等于百分之三十）的企业和股权分散型企业（第一大股东持股比例小于百分之三十）的投资情况，见表 8.9。结果表明，股权集中度高的企业确实存在更强的投资动力，从而印证股权集中企业应该具有更强的过度投资问题。

表 8.9　　　　　　　　　　股权集中型企业过度投资行为验证

	组 1（股权分散样本）	组 2（股权集中样本）	组 1 vs 组 2
投资支出均值（t 值）	0.0169	0.0889	（ - 2.1635 ** ）
投资支出中位数（z 值）	0.0002	0.0169	（ - 11.211 *** ）
观测值数量	4110	5922	—

注：（1）表中组间均值比较采用的是 t 检验，中位数采用的是 Mann – Whitney U 检验；（2）表中 *，**，*** 分别表示系数在 10%、5%、1% 的水平上显著。

为了检验股权集中型企业过度投资导致的就业效应，我们将在实证模型（8.1）中加入一个虚拟变量 Control，当企业第一大股东持股比例大于或等于 30% 时，虚拟变量取值为 1，当企业第一大股东持股比例小于 30% 时，虚拟变量取值为 0。在模型经过调整后，我们利用整体样本进行回归检验，检验结果见表 8.10。表 8.10 显示，在加入虚拟变量 Control 后，模型其他变量的回归系数及其显著度并没有发生根本性变化，同时方差膨胀因子也没有发生根本改变，所以前文的模型结论仍然有效。所不同的是，虚拟变量 Control 揭示了额外的有关于股权集中度较高企业的就业人数信息。虚拟变量 Control 的系数为 0.1222，且在 1% 的水平上通过了显著性检验，说明对于股权集中的企业而言，其就业水平要比其他企业高 0.1222。结合前文的分析，这个结果的出现应该正是股权集中度高的企业存在过度投资从而存在劳动力过度雇佣所致，研究假设 8.2 得以证实。

表 8.10　　　　　过度投资情形下的企业就业人数检验：固定效应模型

变量名称	参数估计	t 值	Prob. > | t |	VIF 值
常数项	-2.7363^{***}	-18.67	0.000	
I_t	0.0163^{**}	2.51	0.012	3.55
ND_t	-0.0074	-1.62	0.106	3.36
TI_{t-1}	0.0119^{***}	3.43	0.001	1.00
L_{t-1}	-0.0356^{***}	-4.61	0.000	1.02
$Wage_t$	0.5494^{***}	69.65	0.000	1.06
$Size_t$	0.00001^{***}	3.65	0.000	1.14
$Control$	0.1222^{***}	6.04	0.000	1.06
F 值	715.94			
Prob > F	0.000			
Adj R-squared	0.6455			
Number of obs	10032			

注：*，**，*** 分别表示系数在 10%，5%，1% 的水平上显著。

4）资本折旧对企业就业人数的影响。

根据 DeAngelo 和 Masulis（1980）的观点，除了负债税盾，企业还能从资本折旧中享受利息税盾的好处。因此，在资本折旧税收利益的作用下，企业投融资决策会发生改变，从而对企业就业水平的高低产生影响。根据前文的分析，随着企业折旧率的提高，企业投资动力会增加，从而会雇佣更多的劳动力。为了验证这一结论，我们在模型（8.1）的基础上加入了折旧变量，即第五章所提及的 Dep 变量。随后，我们将调整后的模型对总体样本进行回归，回归结果见表 8.11。表 8.11 显示，在加入资本折旧后，回归模型原有变量的回归系数及其显著性并没有发生根本性的变化，也就是说模型的调整并不会影响前文的分析结果，在后续研究中如果不涉及资本折旧问题，我们将不会继续在模型中加入折旧变量。从表8.11 看，资本折旧变量对就业人数的作用系数为 0.0183，且在 10% 的显著性水平上显著。也就是说，资本折旧确实会改变企业的劳动力就业人数，这也许正是因为资本折旧提高了企业投资动力，从而提高了企业对劳动力的依附能力，资本折旧对企业就业人数存在促进效应，研究假设8.3a 得以验证。

表 8.11 资本折旧对企业就业人数的影响：固定效应模型

变量名称	参数估计	t 值	Prob. > | t |	VIF 值
常数项	−2.6501 ***	−18.14	0.000	
I_t	0.0160 **	2.47	0.014	3.55
ND_t	−0.0062	−1.36	0.173	3.36
TI_{t-1}	0.0129 ***	3.73	0.001	1.00
L_{t-1}	−0.0386 ***	−4.99	0.000	1.01
$Wage_t$	0.5487 ***	69.44	0.000	1.01
$Size_t$	0.00001 ***	3.75	0.000	1.14
Dep	0.0183 *	1.93	0.054	1.00
F 值	708.74			
Prob > F	0.000			
Adj R-squared	0.6491			
Number of obs	10032			

注：*，**，*** 分别表示系数在10%，5%，1%的水平上显著。

根据前文的分析，在负债代理冲突下股东通常会存在过度投资问题，并因此导致劳动力的过度雇佣。根据第四章的理论结果，虽然随着折旧率的提高，企业过度投资问题会受到抑制，但是企业形成的劳动力过度雇佣问题不仅不会受到抑制反而会得到强化。按照前文的分析，股权集中型企业会比非股权集中企业雇佣更多的劳动力，从而表现出过度投资企业会雇佣更多的劳动力。那么，如果资本折旧会强化过度投资下的劳动力过度雇佣，则意味着随着折旧的增加，股权集中型企业会有更高的劳动力雇佣水平。为此，我们将借用表8.10 中的回归模型，并将样本按照高低折旧进行排序，最高三分之一为高折旧样本，最低三分之一为低折旧样本，其余为中等折旧样本，并对三个样本进行分别检验，结果见表8.12。表8.12表明，在低折旧下股权控制型企业的劳动力雇佣水平会比平均水平高，其系数为0.1610，在中等折旧下股权控制型企业虚拟变量的系数下降为0.1255，而在低折旧企业该系数下降为0.0647，说明随着折旧增加，股

权控制性企业劳动力就业增加的程度没有上升反而下降。说明折旧不仅抑
制了过度投资，而且对劳动力过度雇佣产生了抑制效应，研究假设 8.3b
没有得到验证。

表 8.12　　　　　不同折旧水平下过度投资对企业就业人数的影响：
固定效应模型

变量名称	低折旧样本		中等折旧样本		高折旧样本	
	参数估计	t 值	参数估计	t 值	参数估计	t 值
常数项	− 2.2055 ***	− 8.55	− 2.9063 ***	− 10.23	− 3.0099 ***	− 10.24
I_t	0.1593 ***	3.65	0.0248	1.56	0.1059 **	2.12
ND_t	− 0.0128 *	− 1.84	− 0.0198	− 1.55	0.0428 **	2.48
TI_{t-1}	0.0056	1.33	0.0480 ***	5.27	0.1913 ***	4.64
L_{t-1}	− 0.0369 *	− 1.80	− 0.0208 **	− 2.05	− 0.0848 ***	− 4.55
$Wage_t$	0.5205 ***	37.53	0.5552 ***	36.23	0.5640 ***	35.94
$Size_t$	0.00002 ***	4.09	0.0007 *	1.94	− 0.00005 *	− 1.84
Control	0.1610 ***	4.30	0.1255 ***	3.33	0.0647 *	1.67
F 值	212.69		200.38		201.04	
Prob > F	0.000		0.000		0.000	
Adj R-squared	0.6442		0.6422		0.6474	
Number of obs	3344		3344		3344	

注：*，**，*** 分别表示系数在 10%，5%，1% 的水平上显著。

5）期限结构对企业就业人数的影响。

（1）基于总体样本的分析。

考虑到负债融资中的期限结构，第四章的理论结果认为，随着企业负
债融资结构中长期负债比例的下降或者随短期负债比例的上升，企业劳动
力雇佣水平会上升。为了检验这一结果，我们将在模型 8.1 的基础上加入
一个描述短期负债融资比例的变量 Shortdebt。该变量的计算方法为，本期
短期负债融资量除以总的负债融资量。在总体样本下，利用新的回归模型
进行了回归，结果发现 Shortdebt 变量的回归系数为正，但是并不显著
（结果见表 8.13），从而说明短期负债融资比率虽然对劳动力雇佣具有正
向的关系，但并不显著。

表 8.13　　　　　负债期限结构对企业就业人数的影响：固定效应模型

变量名称	参数估计	t 值	参数估计	t 值
常数项	-2.6455 ***	-18.11	-2.6822 ***	-18.24
I_t	0.0160 **	2.47	0.0157 **	2.43
ND_t	-0.0062	-1.36	-0.0059	-1.28
TI_{t-1}	0.0129 ***	3.72	0.0128 ***	3.71
L_{t-1}	-0.0386 ***	-5.00	-0.0385 ***	-4.98
$Wage_t$	0.5485 ***	69.40	0.5494 ***	69.40
$Size_t$	0.00001 ***	3.75	0.00001 ***	3.76
$Shortdebt$	0.00001	0.03		
$DummyLoshortdet$			0.0170	1.09
$DummyHishortdet$			0.0316 **	2.17
F 值	707.92		620.28	
$Prob > F$	0.000		0.000	
$Adj\ R\text{-}squared$	0.6490		0.6493	
$Number\ of\ obs$	10032		10032	

注：*，**，*** 分别表示系数在 10%，5%，1% 的水平上显著。

　　然而，虽然回归结果表明就业人数不随短期负债融资比率上升而上升，但是是否较高水平的短期负债融资比率会有更高的就业人数呢？我们进一步将样本公司短期负债融资比率进行高低排序，处于较低的三分之一为低短期负债融资比率样本，较高的三分之一为高短期负债融资比率样本。接下来，我们在回顾模型（8.1）中新增两个虚拟变量，$DummyLoshortdet$ 和 $DummyHishortdet$，当样本公司属于低短期负债融资比率情形时，$DummyLoshortdet$ 变量则为 1，否则为 0，当样本公司属于高短期负债融资比率情形时，$DummyHishortdet$ 变量赋值为 1，否则为 0。利用总体样本，对调整后的模型进行回归（结果见表 8.13），结果发现当企业属于低短期负债融资情形时，虚拟变量 $DummyLoshortdet$ 的回归系数虽然为正，但并不显著，也就是说低短期负债融资的公司就业人数并不存在显著的差异；当企业属于高短期负债融资情形时，虚拟变量 $DummyHishortdet$ 的回归系数虽然为正，且在 5% 的水平上通过了显著性检验，说明高短期负债融资比率的企业存在更高的就业人数。这个结果证实了短期负债比率高，企业就业人数则高的结论，研究假设 8.4a 得以证实。

（2）考虑负债期限结构下负债代理冲突的情形。

根据第四章的理论分析，如果企业在投资后破产风险水平很高或者很低，那么企业投融资决策会存在一定的差异，从而导致劳动力雇佣水平存在不一样的特征。为此，我们将进一步根据投资后破产风险情形进行分析。

首先，投资后无破产风险或者破产风险很低。第四章理论分析表明，如果投资后企业破产风险很低，在较低长期负债水平下或者较高短期负债比例下，企业会因为过度投资问题产生劳动力过度雇佣的问题，在较高长期负债水平下或者较低短期负债比例下，企业会因为投资不足产生劳动力雇佣不足的问题。为了对之进行检验，首先我们根据第七章的思路，将 Z 分值大于 5、6、7 的情形定义为无破产风险或破产风险很低的情形。然而，与第七章不一样，本章使用年度数据，因此样本数据大量减少，而如果将 Z 分值大于等于 6 和 7 的样本将更少，所以出于样本数量考虑，本章仅将 Z 分值大于 5 定义为低破产风险样本。事实上，按照 Altman（1968）的理论，Z 分值大于 2.99 则企业出现财务困境的可能性就会比较小，所以将 Z 分值大于或等于 5 定义为低破产风险情形并不会与相关理论冲突。接下来，我们将样本按照短期负债融资比率进行高低排序，将最低三分之一定义为低短期负债融资比率样本，将最高三分之一定义为高短期负债融资比率样本，并与前文相似，分别用虚拟变量 *DummyLoshortdet* 表示低短期负债融资样本，将 *DummyHishortdet* 表示高短期负债融资样本，并分别进行回归，结果见表 8.14。从表中结果看，虚拟变量 *DummyHishortdet* 的回归系数为 0.1153，且通过了显著性检验。该结果说明，如果企业在投资后具有较低的破产风险，此时那些具有较高短期负债比率的企业将会进行更多的劳动力雇佣，从而印证了这类企业可能存在的劳动力过度雇佣问题。另一方面，表中结果也表明，虚拟变量 *DummyLoshortdet* 的回归系数为 -0.0831，且通过了显著性检验。这个结果证实，如果企业在投资后具有较低的破产风险，那些具有较低短期负债比例的企业将会进行更少的劳动力雇佣，从而表明这些企业可能存在的劳动力雇佣不足问题。研究假设 8.4b 得以印证。

表 8.14　　　　投资后低破产风险情形下负债期限结构对企业就业
人数的影响：固定效应模型

变量名称	参数估计	t 值	参数估计	t 值
常数项	-8.6857^{***}	-29.85	-4.1177^{***}	-8.72
I_t	0.2485^{**}	2.21	0.1908^{**}	2.28
ND_t	0.0297	0.36	0.0656	0.78
TI_{t-1}	0.2635^{***}	3.31	0.1444^{**}	2.05
L_{t-1}	0.0048	0.07	0.0403	0.41
$Wage_t$	0.8556^{***}	53.91	0.6087^{***}	23.17
$Size_t$	0.00006	-0.44	0.0003	0.58
$DummyLoshortdet$			-0.0831^{**}	-2.03
$DummyHishortdet$	0.1153^{**}	2.46		
F 值	85.43		85.31	
$Prob > F$	0.000		0.000	
$Adj\ R\text{-}squared$	0.6415		0.6418	
$Number\ of\ obs$	1428		1428	

注：*，**，*** 分别表示系数在 10%，5%，1% 的水平上显著；此处低破产风险的标准是 Z 分值大于等于 5。

其次，投资后企业存在很高的破产风险。根据第四章理论结果，如果投资后企业破产风险很高，在较低长期负债水平下或者较高短期负债比例下，企业会存在劳动力雇佣不足，在较高长期负债水平下或者较低短期负债比例下，企业会存在劳动力过度雇佣。与上述分析一致，我们首先需要对高破产风险情形进行定义，当然我们也可以用第七章思路，分别采用 Z 分值小于 1.5、1 和 0 来进行描述。但是，同样出于样本充足考虑，我们仅分析 Z 分值小于 1 的情形。Altman（1968）认为，如果 Z 分值小于 1.81 则企业有可能会在一年之内出现破产危机，那么我们将 Z 分值小于 1 定义为高破产风险企业将与 Altman（1968）高度吻合。与前文相似，我们将 Z 分值小于 1 的样本按照短期负债融资比率高低排序，将最低三分之一定义为低短期负债融资比率样本，将最高三分之一定义为高短期负债融资比率样本。接下来，分别用虚拟变量 $DummyLoshortdet$ 表示低短期负债融资样本，将 $DummyHishortdet$ 表示高短期负债融资样本，并分别进行回归，结果见表 8.15。通过表中结果不难发现，*DummyLoshortdet* 的回归系数为 0.0209，但没通过显著性检验，说明低短期负债融资比率企业确实有可能会雇佣更多的劳动力，但是显著性水平并不高；同样，*DummyHishortdet* 的回归系数为 −0.0100，说明高短期负债融资比率企业确实有可能会雇佣更少的劳动力，但是显著性水平并不高。结果说明，在投资后破产风险很高的企业，那些具有较低短期负债融资比率的企业存在较弱的劳动力过度雇佣，而那些具有较高短期负债融资比率的企业存在较弱的劳动力雇佣不足，假设 8.4c 没有得到完全印证。

表 8.15 **投资后高破产风险情形下负债期限结构对企业**
就业人数的影响：固定效应模型

变量名称	参数估计	t 值	参数估计	t 值
常数项	−1.3081 ***	−3.97	−1.3223 ***	−4.01
I_t	0.0137	1.25	0.0136	1.24
ND_t	−0.0058	−0.68	−0.0056	−0.66
TI_{t-1}	0.0054	1.33	0.0053	1.31
L_{t-1}	−0.0464 ***	−5.01	−0.0463 ***	−5.01
$Wage_t$	0.4805 ***	26.87	0.4807 ***	26.88
$Size_t$	5.55e−06	0.80	5.41e−06	0.78
DummyLoshortdet			0.0209	0.82
DummyHishortdet	−0.0100	−0.41		
F 值	112.98		113.07	
$Prob > F$	0.000		0.000	
Adj R-squared	0.6087		0.6082	
Number of obs	3047		3047	

注：*，**，*** 分别表示系数在 10%，5%，1% 的水平上显著；此处高破产风险的标准是 Z 分值小于 1。

三　跨期投融资互动决策影响信贷违约风险的实证检验

1）存量负债对企业就业人数的影响。

（1）不考虑负债代理冲突的情形。

与第七章分析相似，企业除了存在投融资决策的同期互动，并因此对企业就业人数产生影响，同时也存在投融资跨期互动作用。在这种跨期互动机制下，企业就业人数会表现出不一样的特征。根据表 8.6 中的结果可知，企业历史投资水平会对劳动力雇佣数量产生正向影响，而存量负债水平会对劳动力雇佣水平产生抑制效应。然而，根据第四章理论分析可知，历史投资和存量负债水平在不同的情形下会对劳动力雇佣人数产生不一样的影响。首先，如果企业在投资之前不存在破产风险，那么随着存量负债的增加，企业投资临界值会上升，从而表现出劳动力雇佣随存量负债水平上升而下降的现象。为了描述投资前企业不存在破产风险的特征，与前文分析相似，我们选择投资前 Z 分值大于 5 作为其标准，并对模型（8.1）进行回归（结果见表 8.16）。表中结果表明，存量负债 L_{t-1} 的系数为 -0.0142，也就是说存量负债与企业就业人数负相关，存量负债越高就业人数越少。然而，实证结果表明存量负债与就业人数的统计关系并未通过显著性检验。所以，研究假设 8.5a 并没有完全得到验证。之所以如此，也许是企业投资支出并未随着存量负债上升而显著下降从而没有导致就业人数显著上升的缘故。

表 8.16　　　　　存量负债对企业就业人数的影响：固定效应模型

变量名称	投资前无破产风险（滞后期 Z 值大于 5）		投资前有破产风险（滞后期 Z 值小于 1.81）			
			投资后破产风险下降		投资后破产风险上升	
	参数估计	t 值	参数估计	t 值	参数估计	t 值
常数项	-4.0953^{***}	-9.30	-2.6656^{***}	-7.26	-1.0374^{***}	-2.69
I_t	0.1742^{***}	3.55	0.0063	0.80	0.4513^{***}	4.93
ND_t	0.0159	0.78	-0.0017	-0.32	-0.0837	-1.56
TI_{t-1}	0.1868^{***}	2.77	0.0285^{***}	3.05	0.0047	1.12
L_{t-1}	-0.0142	-0.08	-0.0265^{***}	-2.66	-0.1257^{***}	-5.15
$Wage_t$	0.6083^{***}	24.68	0.5492^{***}	27.68	0.4715^{***}	22.72
$Size_t$	0.0004	0.57	0.00001^{***}	2.96	-0.0073	-1.64
F 值	129.09		138.20		97.53	
$Prob > F$	0.000		0.000		0.000	
$Adj\ R\text{-}squared$	0.7091		0.6296		0.5887	
$Number\ of\ obs$	1448		2770		2268	

注：*，**，*** 分别表示系数在 10%，5%，1% 的水平上显著。

与上述分析不同，如果企业在投资前便存在破产风险，前文的分析表明，如果新增负债比较低，企业在新项目投资后破产风险会发生下降，此时企业存在更强的投资动力，企业投资临界值随存量负债水平增加而下降，劳动力雇佣水平会相应增加；而若在较高的新增负债融资下，新项目的投资会导致企业破产风险上升，所以企业投资动力会下降，劳动力雇佣水平会因此发生下降。Altman（1968）认为，如果 Z 分值小于 1.81 则企业有可能会在一年之内出现破产危机。所以，我们将滞后期 Z 分值小于1.81 定义为企业投资前存在破产风险的情形。此外，我们认为本期 Z 分值小于滞后期 Z 分值，那么企业的破产风险出现了上升的迹象；而若本期 Z 分值大于滞后期 Z 分值，那么企业的破产风险出现了下降的迹象。表 8.16 表明，如果在投资前企业有破产风险，而投资后破产风险发生下降，此时滞后期存量负债对劳动力就业人数的作用系数为 -0.0265，且通过了显著性检验。结果说明，此时劳动力就业并不会随存量负债融资的上升而上升，从而与研究假设 8.5b 不一致。这个结果的出现，也许是因为在我国上市公司存在一定的过度投资等非理性行为，而存量负债通常会对之产生治理作用，所以企业并没有随存量负债而增加投资，从而不存在存量负债与就业人数正向关系的现象。这一论点从投资支出与劳动力就业的作用系数可以判断，虽然此时投资支出的回归系数为 0.0063，但是没有通过显著性检验，从而说明在存量负债的作用下，投资支出发生了减少以至于无法显著地促进企业的就业人数增加。进一步考察投资后破产风险上升的情形，此时滞后期存量负债的作用系数为 -0.1257，且通过了显著性检验。结果说明，此时企业出现了投资动力大幅下降的现象，并最终导致了企业就业人数的显著减少，从而与研究假设 8.5b 相吻合。

（2）考虑负债代理冲突的情形。

上述分析表明，存量负债对企业就业人数的影响并不一定遵循企业价值最大化的情形，而有可能对过度投资行为产生治理作用，从而表现出与就业人数负相关的关系。所以，我们将进一步考察委托代理冲突下存量负债与企业就业人数之间的关系。根据第四章的分析，如果存量负债水平比较低，以至于投资前企业存在很低的破产风险，那么在较低的新增负债下企业会表现出劳动力过度雇佣，在较高的新增负债下企业会表现出劳动力雇佣不足。为了对这些现象进行检验，我们首先将样本按照滞后期存量负债进行高低排序，并取最低三分之一为较低存量负债样本，然后在其中取 Z 分值大于 5 的样本作为投资前企业存在很低的破产风险的标准。随后，我们将样本按照新增负债水平进行高低排序，对最低三分之一的样本称作低负债样本，最高三分之一的样本称作高负债样本，同时用虚拟变量 *DummyLodebt* 和 *DummyHidebt* 分别表示低负债样本和高负债样本。

表 8.17 呈现了加入上述虚拟变量的回归结果。结果表明，变量 *DummyLodebt* 的回归系数为 - 0.0527，并在 10% 的显著性水平上通过了显著性检验，从而说明在这类企业里并没有发现如假设 8.7a 所述的劳动力过度雇佣的问题，反而存在一定的劳动力雇佣不足的现象。这也许是因为我国企业投资支出资金主要源泉为负债资金，而在低负债融资下，企业有可能并没有表现出过度投资问题，相反投资相对偏少，从而导致劳动力雇佣减少。另一方面，*DummyHidebt* 的回归系数为 0.0357，虽然没有通过显著性检验，但是在一定程度上展现了高负债企业有更高的劳动力雇佣的现象。也就是说，在这类企业里并没有展现出如 8.7a 所述的劳动力雇佣不足问题，反而在一定程度上出现了更强的劳动力雇佣。这也再一次说明，在负债融资获取能力强的情形下，企业并不会出现投资不足从而劳动力雇佣不足，反而会出现更强的投资动力从而就业人数增加的现象。

表 8.17 低存量负债即投资前低破产风险下委托代理问题
对企业就业人数的影响：固定效应模型

变量名称	参数估计	t 值	参数估计	t 值
常数项	- 4.1569 ***	- 11.10	- 4.2123 ***	- 11.30
I_t	0.1886 ***	4.07	0.1856 ***	3.98
ND_t	0.0011	0.06	0.0007	0.04
TI_{t-1}	0.2305 ***	4.10	0.2243 ***	3.99
L_{t-1}	0.1194	0.77	0.0705	0.47
$Wage_t$	0.6128 ***	29.36	0.6152 ***	29.55
$Size_t$	0.0004	0.57	0.0004	0.63

续表

变量名称	参数估计	t 值	参数估计	t 值
DummyLodebt	− 0.0527 *	− 1.78		
DummyHidebt			0.0357	1.10
F 值	152.15		151.67	
Prob > F	0.000		0.000	
Adj R-squared	0.6978		0.6977	
Number of obs	2011		2011	

注：*，**，*** 分别表示系数在 10%，5%，1% 的水平上显著；此处低破产风险的标准是 Z 分值大于等于 5。

与上述分析不一样，如果企业存量负债水平比较高，以至于投资前企业便存在破产风险，第四章分析认为，在较低新增负债下企业会表现出劳动力雇佣不足，而在较高的新增负债下会表现出劳动力过度雇佣。为此，我们在滞后期存量负债较高三分之一的样本中选择 Z 分值小于 1.81 的样本作为存量负债水平比较高且投资前便存在破产风险的情形。同样，我们将该样本按照新增负债进行高低排序，取最低三分之一为低负债样本，取最高三分之一为高负债样本，同时用虚拟变量 DummyLodebt1 和 DummyHidebt1 分别表示低负债样本和高负债样本。表 8.18 表明，虚拟变量 DummyLodebt1 的系数为 − 0.1146，且通过了显著性检验。该结果表明，在较低新增负债融资的企业里，劳动力就业人数要显著减少。从而表明在这类企业里确实有可能存在投资不足，从而展现出劳动力雇佣不足的问题，这与研究假设 8.7b 的观点一致。另外，虚拟变量 DummyHidebt1 的系数为 − 0.0217，但是没有通过显著性检验，说明在较高新增负债的企业里劳动力雇佣人数并没有显著地增加，甚至存在微弱的负相关关系，从而并没有印证研究假设 8.7b 有关于较高新增负债企业会出现过度投资从而劳动力过度雇佣的观点。与前文分析相似，这也许是因为在较高存量负债，同时较高新增负债融资的情形下，负债融资对企业普遍存在的过度投资产生了一定的治理作用的缘故。

表 8.18　　高存量负债即投资前有破产风险时委托代理问题
对企业就业人数的影响：固定效应模型

变量名称	参数估计	t 值	参数估计	t 值
常数项	−1.8593 ***	−7.64	−1.9129 ***	−7.81
I_t	0.0126 *	1.71	0.0092	1.24
ND_t	−0.0050	−0.93	−0.0014	−0.27
TI_{t-1}	0.0104 ***	2.85	0.0108 ***	2.94
L_{t-1}	−0.0422 ***	−4.82	−0.0455 ***	−5.20
$Wage_t$	0.5106 ***	38.91	0.5127 ***	38.76
$Size_t$	0.00001 ***	3.32	0.00001 ***	3.33
$DummyLodebt1$	−0.1146 ***	−4.83		
$DummyHidebt1$			−0.0217	−0.88
F 值	237.54		233.09	
$Prob > F$	0.000		0.000	
$Adj\ R\text{-}squared$	0.6118		0.6112	
$Number\ of\ obs$	5038		5038	

注：*，**，*** 分别表示系数在 10%，5%，1% 的水平上显著；此处有破产风险的判别标准是 Z 分值小于 1.81。

2）历史投资对企业就业人数的影响。

（1）不考虑负债代理冲突的情形。

根据第四章理论结果，历史投资水平对企业就业人数的影响也会在不同的情形下表现出不一样的特征。如果企业历史投资水平比较高以至于投资前企业存在较低的破产风险，此时历史投资水平越高，企业劳动力雇佣水平越高。为了验证这一观点，我们将总样本按照历史投资水平进行高低排序，取最高三分之一的样本为高投资样本，最低三分之一的样本为低投资样本。然后，对高投资样本中选择滞后期 Z 分值低于 5 的样本作为低破产风险样本。然而，通过初步观察发现，大量的样本都处于 Z 分值较低的水平。出于足够样本数量考虑，我们直接采用了 Altman（1968）的标准，即 Z 分值高于 2.99 为低破产风险的标准。表 8.19 呈现了历史投资对企业就业人数的影响，结果发现如果企业存在较高的历史投资从而投资前具有较低的破产风险，那么历史投资对企业就业人数的作用系数为

0.0082，且通过了显著性检验。结果证实了研究假设 8.6b 有关高历史投资且投资前具有较低破产风险的企业，历史投资会促进就业增加的结论。

表 8.19　　　　历史投资对企业就业人数的影响：固定效应模型

变量名称	高历史投资低破产风险样本（滞后期 Z 分值大于 2.99）		低历史投资且有破产风险样本（滞后期 Z 分值小于 1.81）			
			较低新增负债		较高新增负债	
	参数估计	t 值	参数估计	t 值	参数估计	t 值
常数项	− 1. 7938 ***	− 7. 82	− 4. 2533 ** *	− 2. 67	− 4. 9106 ***	− 5. 35
I_t	0. 2652 ***	3. 28	0. 3732 **	2. 45	0. 0125	0. 86
ND_t	− 0. 0790	− 0. 79	0. 0330	0. 43	− 0. 0101	− 0. 86
TI_{t-1}	0. 0082 **	2. 41	2. 4685 ***	2. 91	2. 2719 ***	5. 03
L_{t-1}	0. 1372	0. 90	− 0. 0468	− 1. 03	− 0. 0164	− 1. 47
$Wage_t$	0. 4998 ***	21. 68	0. 6009 ***	6. 86	0. 6479 ***	13. 66
$Size_t$	− 0. 0422	− 1. 52	− 0. 0079	− 1. 04	7. 10e − 0	0. 16
F 值	89. 17		11. 62		41. 89	
$Prob > F$	0. 000		0. 000		0. 000	
$Adj\ R\text{-}squared$	0. 7145		0. 6709		0. 7450	
$Number\ of\ obs$	1227		512		512	

注：*，**，*** 分别表示系数在 10%，5%，1% 的水平上显著。

根据第四章的分析，如果企业历史投资水平比较低以至于投资前企业存在较高的破产风险，此时如果新增负债比较低，历史投资水平越高，企业劳动力雇佣水平会下降；如果新增水平比较高，历史投资水平会提高企业劳动力雇佣水平。对此，我们在较低历史投资样本中取滞后期 Z 分值低于 1.81 为高破产风险的标准。然后，将样本按照新增负债高低排序，取最低三分之一为低负债样本，最高三分之一为高负债样本。表 8.19 显示，在较低负债融资和较高负债融资情形下，历史投资对企业就业人数都具有正向的作用系数，且通过了显著性检验。结果显示，在低负债融资样本下历史投资并不会降低企业就业人数，从而与假设 8.6a 的观点相左。结合前文分析的结论，这也许是上市公司普遍存在的过度投资问题所致，从而并没有表现出历史投资与企业就业人数负相关的关系。

（2）考虑负债代理冲突的情形。

前文的分析表明，企业在过度投资等问题下有可能会对劳动力雇佣表现出不一样的作用特征。根据第四章理论分析，如果历史投资水平比较低，那么在较低的新增负债下企业会表现出劳动力雇佣不足，在较高的新增负债下企业会表现出劳动力过度雇佣；如果历史投资水平比较高，那么在较低的新增负债下企业会表现出劳动力过度雇佣，在较高的新增负债下企业会表现出劳动力雇佣不足。为了对此进行检验，我们首先将总体样本按照历史投资高低排序，取最低三分之一为低投资样本，取最高三分之一为高投资样本。然后，对高、低投资样本再按照新增负债融资水平进行高低排序，分别取新增负债最低三分之一为低负债情形，最高三分之一为高负债情形，并分别利用虚拟变量 *DummyLodebt2* 和 *DummyHidebt2* 表示低负债和高负债情形。最后，将虚拟变量加入回归模型（8.1）中进行检验，检验结果见表 8.20。首先，表 8.20 显示，如果历史投资水平相对偏低，那么 *DummyLodebt2* 的回归系数显著为负，从而在一定程度上说明这类企业可能存在劳动力雇佣不足的问题，而 *DummyHidebt2* 的回归系数显著为正，从而表明此时企业确实有可能存在劳动力过度雇佣问题。然而，继续查看低历史投资且高负债融资情形，投资支出对劳动力雇佣的作用系数为 0.0112，但不显著，说明投资支出的就业促进效应已不再显著。这个现象表明，企业也许并没有产生过度投资从而劳动力过度雇佣问题，因为如果存在过度投资以及劳动力过度雇佣问题，投资支出应该对就业人数呈现出更加明显的促进效应，但是此时并不显著。所以，低历史投资且高新增负债企业并不一定产生劳动力过度雇佣问题，*DummyHidebt2* 的系数为正也许只是反映了高新增负债下投资支出增加从而就业增加而已。为了进一步明确这一点，我们又选择股权集中型企业进行了回归，结果发现 *DummyLodebt2* 和 *DummyHidebt2* 的系数虽然方向未变，但是变得不再显著。另一方面，在较高历史投资情形下，那么 *DummyLodebt2* 和 *DummyHidebt2* 的回归系数依然分别为负和正，从而与研究假设 8.8b 的观点不一致。这进一步说明，企业并没有表现出劳动力过度雇佣或者雇佣不足，在较低新增负债情形下劳动力雇佣较少，而较高新增负债下劳动力雇佣较多也许只是因为负债资金融入量多寡导致投资支出变化从而劳动力雇佣水平的变化而已。研究假设 8.8a 和假设

8.8b 都没有得到证实。

表 8.20 委托代理问题下历史投资对企业就业人数的
影响：固定效应模型

变量名称	低历史投资样本		高历史投资样本	
	参数估计（t 值）	参数估计（t 值）	参数估计（t 值）	参数估计（t 值）
常数项	−5.1673 ***	−5.2213 ***	−1.7692 ***	−1.8284 ***
	（−15.56）	（−15.81）	（−7.72）	（−7.95）
I_t	0.0107	0.0112	0.3057 ***	0.3049 ***
	（1.16）	（1.21）	（7.52）	（7.46）
ND_t	−0.0081	−0.0086	−0.0982 ***	−0.0954 ***
	（−1.16）	（−1.22）	（−3.18）	（−3.04）
TI_{t-1}	1.8236 ***	1.8294 ***	0.0080 **	0.0082 **
	（8.89）	（8.91）	（2.36）	（2.40）
L_{t-1}	−0.0194 *	−0.0198 *	−0.1227 ***	−0.1235 ***
	（−1.94）	（−1.98）	（−3.67）	（−3.68）
$Wage_t$	0.6532 ***	0.6544 ***	0.5159 ***	0.5175 ***
	（36.96）	（37.11）	（41.68）	（41.69）
$Size_t$	0.00001 ***	0.00001 ***	0.00002 ***	0.00002 ***
	（3.41）	（3.37）	（4.38）	（4.34）
$DummyLodebt2$	−0.0488 **		−0.0514 ***	
	（−2.03）		（−2.80）	
$DummyHidebt2$		0.0480 **		0.0358 *
		（1.96）		（1.86）
F 值	211.38	211.33	254.41	253.39
$Prob > F$	0.000	0.000	0.000	0.000
$Adj\ R\text{-}squared$	0.7251	0.7256	0.6378	0.6361
$Number\ of\ obs$	3344	3344	3344	3344

注：*，**，*** 分别表示系数在 10%，5%，1% 的水平上显著。

四　上市公司劳动力雇佣的溢出效应分析

前文分析了企业投融资行为互动背景下劳动力雇佣水平的变化情况。与前文分析相似，作为宏观经济发展过程中的基本经济单位，单个企业的发展会对所在地区的经济状况产生相应的影响，一个地区宏观经济发展状况也是众多单个企业经济发展的合力使然。基于这种认识，前文对于企业投融资互动机制对劳动力雇佣的影响，通过宏观经济的运行会影响区域经济发展，从而对地区就业水平产生相应的影响。事实上，单个企业的行为特征通常会对其他经济个体产生直接或间接的效应。一方面，单个企业规模扩张并形成就业增长，通常会对上下游企业构成直接的带动效应，从而从正向关系角度对其他企业形成拉动，最终推动区域就业水平的上升。反之亦然。另一方面，单个企业就业水平的上升会增加就业人口的收入水平，从而对社会需求形成向上的拉力，并因此带动相关消费产业的发展，促进其就业水平的上升，最终对区域就业水平形成向上的合力。当然，一个企业的规模增长从而就业增加也会对同行业企业形成示范作用，从而在榜样的作用下产生区域规模扩张，从而区域就业增长的势头。与第七章相似，我们将简单地检验一下上市公司就业水平的变化是否会对区域就业水平产生显著的影响。具体而言，我们将上市公司按照所属省市进行归类，并将同一省市同时期的就业人数取平均值，从而得到上市公司平均劳动力雇佣水平。然后，我们从《中国统计年鉴》收集各年度各省市的就业人口数量。最终，我们获得了 31 个省市 12 年共 372 个样本。然后，将地区就业人数取对数作为被解释变量并将上市公司平均劳动力雇佣水平取对数作为解释变量，然后通过简单线性回归以此检验两者之间的关系，回归结果见表 8.21。结果显示，上市公司平均劳动力雇佣水平与所在省市就业人口数量存在显著的正向关系。也就是说，单个企业劳动力雇佣会通过一定的机制传导到地区就业水平上，从而对区域就业水平形成溢出效应。以此而言，我们如果能够找到影响企业劳动力雇佣决策的方法，那么必然会对区域就业人数形成一定促进作用，所以企业投融资互动机制下对劳动力雇佣形成的促进作用应该会通过溢出效应对区域就业人数产生积极的影响，从而形成社会效益的宏观外溢。

表 8.21　　　　　　　　企业平均劳动力雇佣对地区就业水平的影响

变量名称	混合面板模型		随机效应模型		固定效应模型	
	参数估计	t 值	参数估计	z 值	参数估计	t 值
常数项	3.3721 ***	4.95	6.0951 ***	29.69	6.1034 ***	48.00
$AvEmpl_t$	0.4987 ***	6.00	0.1656 ***	10.66	0.1646 ***	10.59
F 值	36.01 ***				112.18 ***	
Wald chi^2			113.60 ***			
Adj R-squared	0.0934		0.0960		0.0960	
Number of obs	372		372		372	
LM 检验	1648.46 ***					
Hausman 检验	14.40 ***					

注：*，**，*** 分别表示系数在 10%，5%，1% 的水平上显著。

第五节　本章小结

本章以第三、四章理论结果为基础，建立了有关于投融资决策影响企业就业水平的实证检验模型，并利用上市公司相关数据进行了实证检验，以此分析企业投融资互动决策机制的就业效应。实证结果发现：①在整体样本下，新增投资支出会对企业就业人数产生促进作用，新增负债融资对企业就业人数没有显著影响，但如果新增负债融资处于较高水平，负债融资会对就业人数产生抑制作用，历史投资会对企业就业产生促进作用，存量负债会对就业人数形成抑制；②考虑到股权集中型企业更强的过度投资问题，股权集中型企业劳动力就业会显著增加，从而证明存在劳动力过度雇佣的可能；③资本折旧会提高企业劳动力就业水平，即资本折旧会对就业人数产生促进效应，同时资本折旧会对股权集中型企业劳动力过度雇佣问题产生抑制；④从整体上看，虽然短期负债比例与劳动力就业不存在显著的促进作用，但是短期负债比例高的企业会比短期负债比例低的企业雇佣更多的劳动力，从而说明较高短期负债融资对企业就业存在促进作用；⑤如果企业在投资后存在较低的破产风险，具有较高短期负债比例的企业有可能存在劳动力过度雇佣，而具有较低短期负债比例的企业有可能出现劳动力雇佣不足，如果投资后企业存在很高的破产风险，较低负债融资比例的企业会雇佣更多劳动力，但并不显著，较高负债融资比例的企业会雇佣更少的劳动力，但并不显著；⑥如果投资前企业不存在破产风险，存量负债并不会显著地抑制企业就业人数的增加，如果投资前企业便存在破产风险，无论投资后破产风险下降或是上升，存量负债都会显著地降低企业的就业水平；⑦如果考虑负债代理问题，在投资前存量负债水平比较低的企业里，较低的新增负债会导致企业就业人数显著减少，而较高的新增负债在较低的显著性上会促进就业增加，在投资前存量负债比较高的企业里，较低的新增负债会导致就业人数显著减少，而较高新增负债会在较弱的显著性上抑制就业增加；⑧在高历史投资且投资前具有较低破产风险的企业，历史投资会促进就业增加，如果历史投资比较低以至于投资前破产风险比较高，无论在较低新增负债还是较高新增负债情形下，历史投资水平都会促进就业人数的增加；⑨如果考虑负债代理冲突，在历史投资比较低的情形下，较低新增负债企业会具有较少的劳动力雇佣，从而表明企业有可能存在劳动力雇佣不足，而在较高的新增负债下企业会具有更多的劳动力雇佣，但并不一定表现为劳动力过度雇佣，如果历史投资比较高，较高和较低新增负债的企业都会存在更高的劳动力雇佣水平，但并不意味着企业存在劳动力过度雇佣或雇佣不足；⑩上市公司劳动力雇佣与区域就业水平正相关，说明通过适当的投融资互动决策并提高企业就业人数对区域社会就业产生溢出效应。

第 九 章

相关政策建议

本书第三、四章借助实物期权分析框架分析了企业投融资决策之间存在的互动机制，以及由互动机制引起的有关信贷违约风险和劳动力雇佣水平的变化，同时在第五、六、七、八章以中国上市公司为样本，实证检验了投融资决策存在的同期和跨期互动机制，以及互动机制下产生的信贷违约风险抑制效应和就业效应。研究结果表明，我国上市公司投融资决策在一定条件下会表现出相互割裂的现象，并因此导致投融资决策之间的低效率或非理性，并在股权集中型企业会表现出更为严重的负债代理冲突，从而表现出投资不足或者过度投资。对于这些投融资决策低效率或非理性，一方面有可能归因于上市公司决策过程中因有限认知而产生的决策技术误差，另一方面有可能归因于代理冲突下决策主体朝非最优化途径"有蓄谋"的偏离。而在投融资决策非效率或非理性条件下，企业产生的信贷违约风险和就业效应会存在不一样的特征，甚至不利于企业信贷违约风险的改善或就业效应的提高。为了改善企业投融资决策效率，降低企业信贷违约风险或提高企业就业效应，我们应强化对上市公司治理机制（包括内部治理和外部治理）的反思，并且认为可以通过"引进"与"改进"两个途径对上市公司的治理机制进行完善。

第一节　打造人格化的投资主体，完善资本市场公司治理机制

前文实证结果表明，我国上市公司在整体上缺乏高效的投资决策，企业投资支出不仅没有改善其破产风险，反而会产生明显的促进作用，同时上市公司的投资非效率问题并没有完全影响债权人的授信行为，企业存在

投融资双重低效的现象，这样的投融资行为相应地影响着企业的信贷违约风险和就业水平。研究表明，这样的投融资问题与我国上市公司特殊股权结构和债权结构密切相关。普遍认为，虽然经过几年的改革，我国上市公司依然存在较为严重的"一股独大"现象，特别是国有股权的"一股独大"现象依然对中国上市公司的经营行为产生较大的影响。在国有股权产权主体虚置的情形下，公司高管缺乏一个人格化的委托人对其进行有效的监管，从而可能导致企业出现私利性投资或盲目投资（刘星、陈刚，2002）。另一方面，我国上市公司债务资金主要来自以国有股权为主体的国有商业银行，这样的产权特征导致上市公司同银行之间产生了产权同质现象，从而导致银行在对债务人监管时受到政府部门的影响或干扰，从而导致银行出现有违本意的低质量贷款。事实上，即便剔除银企之间产权同质性特征，由于上市公司通常被当作地方经济发展中的稀缺资源，为了确保上市公司的经营和发展，地方政府也有可能通过直接或间接的手段对银行借贷行为施加影响，从而对银行治理作用的发挥产生不利影响。由此可见，我们应不断完善资本市场，通过发展机构投资者和促进债券市场发展，为上市公司引入人格化的投资主体，从而对上市公司国有股东和银行的治理作用进行高效补位。

一　大力发展机构投资者，引入人格化股权主体

当前，我国上市公司还存在较为明显的"一股独大"现象，尤其是国有股为主的国有上市公司在实行内部监督和控制中缺乏基本的人格化特征。这样的股权特征通常会导致企业的控制权被委托给一些并不具备风险承担能力的代理方代理，而那些个人投资者通常会在搭便车的机制下影响其对经营者的主动监管动力。这样的股权特征通常会为内部经营者代理问题的产生提供便利，从而导致企业有可能出现包括过度规模扩张在内的非效率投资行为（刘星、曾宏，2002）。相应地，企业也会因此陷入愈演愈烈的财务亏空状态，从而最终迫使企业融资行为偏离企业价值最大化目标。因此，我们应以资本市场为基础，引入产权清晰的多元化投资主体，通过引入多元产权特征的主体对国有股权进行"补位"。其中，发展机构投资者应是切实可行的有效方案之一。

机构投资者作为个人投资者的自主形式，其目的在于广泛集中分散的个人投资者资金，通过专业化的理财队伍进行组合投资和管理，从而实现财富的增值。但是对于个人投资者而言，这不仅体现了一种集合的投资方式，更是一种用以确认和主张自身特定利益的权益形式。在这种权益诉求的集合下，机构投资者不再会表现出搭便车现象，并会对大股东形成权利制衡，对管理者形成外部监督和约束，有效提升企业的治理水平。这种治理效应的发挥会随机构投资者持股比例的增加而增强，随着机构投资者持股份额的增加其退出成本也会加大，从而会促使机构投资者延长持股期限，从而扮演一个长期的战略投资者角色，并提升对上市公司业绩的关注度，强化其治理动力。

然而，我国至今机构投资者发展还相对滞后，所以我们应加大力度发展机构投资者队伍，具体可以从以下几个方面入手：第一，深化市场改革，为机构投资者的进一步发展和持股比例的提高创造更加坚实的市场基础和广阔的市场空间。第二，大力发展证券投资基金，推动基金的做大做优做强。第三，积极促进 QFII 的发展，促进 QDII 的规模和实力。第四，配合养老金改革，为长期资金入市创造良好的政策环境。

二　加快建设债券市场，引入人格化债权主体

股票市场和债券市场发展不平衡是我国资本市场的重要弊病之一，企业直接融资的主要途径是股票市场，公司债券市场发展相当滞后。债券市场的滞后限制了债务融资契约治理效率的有效实现，同时不利于公司进行负债结构的合理选择，以此提升企业微观融资效率。前文的分析表明，在企业存在过度投资问题的时候，企业依然有可能筹集到大量债务资金，从而使社会资源出现配置扭曲的问题。我们认为这种现象的出现部分原因是因为特殊的银企产权特征导致了政府或多或少的行政干预所致，这种问题模糊了银行独立的人格化决策主体特征，并因此导致信贷资金出现错配的问题。普遍认为，借助公司债券市场，能够为企业引入对政府干预行为具有较强免疫能力的债权主体，从而为上述问题的解决提供有力支撑。然而，我国公司债券市场发展极为滞后，在很大程度上阻碍了公司以债券为投资形式的债权主体的引入。过去 23 年间，我国直接融资比重一直是 G20 国家中最低的。2012 年年底，我国直接融资比重为 42.3%，不仅低于美国这样市场主导型国家，也低于传统的银行主导型国家德国

（69.2%）和日本（74.4%），以及人均收入远低于我国的印度（66.7%）和印度尼西亚（66.3%）等国。扣除政府债务后，我国直接融资比重为37.0%，与世界平均水平的差距由26.1%缩小到22.2%，仍远低于高收入及中等收入国家水平。在直接融资中，我国债券市场尤其是企业债券市场的发展尤为滞后，截至2012年我国企业债券存量比重仅14%，远低于发达国家。为此，可以做好以下几个方面的工作：

第一，进一步完善公司债券市场结构体系。协同发展场内和场外、公募和私募多层次资本市场体系。一方面，改进一级市场公司债券的发行机制，降低债券发行和上市的标准，简化债券上市过程中的相关手续。可以对长期公司债券抵押融资问题进行适当考虑和尝试，从而提高较长期限债券品种的吸引力。另一方面，加快发展债券市场。我国直接融资与其他国家的差距在债券方面表现最为突出。考虑到我国公司债券市场的发展不足，投资者在投资公司债券市场过程中相对不便，同时企业通过债券市场筹措资金也不存在明显的成本优势，从而导致我国债券市场相对发展缓慢。债券融资与银行贷款都是债权融资，具有替代性。所以，如果我们能够进一步完善债券市场结构，加快二级市场的建设和发展，明确定位场内市场和场外市场的功能，根据发行方式和发行规模区分公司债券交易方式和交易市场，最终促进企业债券融资份额的增加，是目前我们可以努力的方向。

第二，减少政府干预，强化市场管理的法律依据。进一步强化企业债券市场法律法规的建设，突出审核的科学性，扮演好市场裁判的角色，加强市场监管，保护债券投资者的利益，打造一个公平有序的交易环境，是目前政府应该着手深化之处。我国公司债券发行曾经采用配额管理的方式，并对利率和债券发行公司所有制特征都进行了特殊的规定，政府干预的现象比较明显。后来，我国制定的新《公司法》取消了有关债券发行主体、发行条件、发行程序、债券资金使用用途以及债券利率等方面的限制，企业债券发行也由审批制转变为核准制，从而在公司债券市场化方面取得了较大的进步。然而，总体而言，我国公司债券市场发展过程中面临的法律环境仍不是很乐观，有关投资者的权利义务，融资资金使用监管，法律责任细化等方面仍有较大的完善空间。这些都充分表明转变政府职能，完善债券市场法制建设仍是目前紧迫和重要的任务。

第三，完善信用评级制度，突出信用评级机构建设。信用评级制度作为债券市场发展基石，信用等级的高低直接影响着公司债券利率、期限和还款方式，同时也会对发行可行性产生深远影响，对公司债券发行的成败以及发行成本起着决定性的作用。此外，国际经验表明，具有公信力的信用评级结果是投资者作出投资决策的重要依据。然而，我国公司债券信用评级机构长期都作为政府部门的附属机构，在公司债券发行主体具有国有产权的背景下，国家既是债券市场的参与者也是市场的管理者。在这样的背景下，公司债券信用评级在一定程度上会流于形式，其客观性也大打折扣。因此，我们应该进一步规范信用评价指标体系并丰富信用评级机构的产权属性。另外，我们也应该规范信用评级机构的评级行为，建立评级风险连带责任，促使信用评级机构更加科学、规范地进行信用评级，提高评级公司的公信力，增强评级公司风险航向标的作用。

第二节　完善高管遴选机制，打造 公司高效的决策主体

本书实证研究发现，我国企业在投融资决策过程中存在相互割裂的问题，这种投融资割裂的问题降低了企业决策效率，并因此对企业信贷违约风险和劳动力雇佣产生影响。毫无疑问，无论投资效率低下是归因于决策主体的有限认知还是归因于决策机制中内在的委托代理问题，这都是决策主体本身的问题。在通常情形下，公司决策程序可以概括如下，首先董事会委托经理人提出生产经营的具体方案，然后董事会对方案进行决议，倘若遇到重大经营决策则上报股东大会进行表决。由此来看，经理人和董事会通常对公司日常性的投融资决策具有绝对的控制权，而重大投融资决策需经股东大会集体表决，然而在信息不对称问题的作用下，经理人和董事会依然起着重要的主导作用，童盼（2004）甚至认为在现实中很少有股东大会否决董事会重大投资提案的现象，股东大会通常在投资决策中表现出"傀儡"的特性。因此，为了尽可能减少企业投融资决策过程中的效率损失，有必要提高经理人和董事会在内的高管人员的认知水平和理性程度，通过改善投融资决策效率，从而在最大化企业经济利益的同时，最大

限度实现其社会效益水平。针对我国现实情形，具体可以从完善高管遴选机制入手。

一　促进经理人市场建设，完善经理人才市场供给机制

文章实证分析认为，我国上市公司总体上存在投资行为扭曲问题，企业投资越多，破产风险有可能会越高，同时其收入效应也并不明显。这些问题的出现，拥有公司经营控制权的经理人具有不可推卸的责任。第一方面，西蒙的有限认知理论告诉我们，在现实中，人们通常介于完全理性和非理性之间的有限理性状态，在决策知识、决策信念以及处理包括复杂环境或不确定性的能力限制下，经理人决策的理性程度是比较有限的，而并不是无所不能或者完全充分的，他们的决策结果也会是一种基于非完美条件下的非理性结果。由此而言，经理人的素质高低严重地制约着企业投融资决策的效率水平。第二方面，考虑到公司治理中非常常见的委托代理问题，经理人作为股东的代理人往往可代表股东对债权人形成利益侵害，同时也在私利因素的催动下做出有悖于股东利益的决策。在这样的委托代理问题作用下，企业通常会产生较低的决策效率，从而不利于企业投资的风险抑制效应或收入效应的发挥，进而对投融资决策下包括信贷违约风险和劳动力雇佣等方面的社会效益的实现产生制约。因此，为了提高公司的决策效益，从而在企业经济利益基础上促进社会效益的实现，我们有必要提高经理人的自身素养，同时对经理人在委托代理框架下的败德行为予以控制。通常而言，完善的经理人市场会在这两个方面起到非常关键的作用。事实上，完善的经理人市场是提升资源配置效率的根本途径，并对优秀经营管理人才的产生和成长产生较大的促进作用。根据西方的经验，完善的经理人市场通常会有效地记录并展现出经理人能力素质和成长信息，并通过加剧经理人市场竞争的程度，保障企业在大浪淘沙式的市场竞争中遴选出禀赋高的经营管理人才。反过来，激烈的市场竞争同时会反过来促使经理人不断学习，不断完善和提升自我，促进其强化管理理念、技能以及职责的理解，提高其决策能力。当然，完善的经理人市场也是一个公开的监督体系，其内在的声誉评价机制能有效地约束经理人的代理问题，改善其决策效率。

然而，正如 2015 年 12 月 19 日厉以宁在第十七届北大光华新年论坛上作的"为什么要强调职业经理人制度"演讲指出的，我国现在最缺职业经理人市场。目前，我国职业经理人主要是靠猎头公司来运作"换会"，或者只是依靠报纸和网络等单向推介手段。所以，现阶段我们仍然要加大力度促进经理人市场的建设，具体可以从以下几个方面入手：

第一，尽快促使市场主体到位。加快现代企业制度的建设步伐，杜绝在经理人选拔任用过程中的行政干预，赋予上市公司尤其是国有上市公司真正意义上的市场主体地位。大力培养企业经营管理人才和后备人才，建设一支数量充足的管理队伍和储备队伍，加快促进市场主体的到位。同时，加快发展经理人市场中介服务机构，借助网络平台，建立实时的经理人供求信息分享平台，实现市场主体之间的快捷互动。

第二，充分发挥市场功能。第一方面要充分发挥市场的资源配置功能，由市场尤其是网络平台提供双向选择，赋予经理人市场充分的定价权。第二方面要建设专业化和社会化的经理人评价机构，同时加大对评价机构的监管力度，促使评价机构规范运行，并促使其建立一套运作规范、业务独立、方法科学、手段先进的社会中介评价体系。第三方面要充分发挥市场激励约束功能，建立一个描述经理人个人业绩和信用的档案体系，从而为企业在管理者选聘过程中提供参考依据。第四方面要发挥市场指导服务功能，不仅引导人才合理流动，同时通过教育促进经理人个人素质水平的提高。

二　创建独立董事统一供给机制，实现真正的"独立"与"懂事"

董事会作为股东对公司经营的代表，通常拥有对公司经理的任命权和薪酬的决定权，同时把控着代表公司经营方向的大政方针，由此可见董事会在公司治理机制中处于非常核心的地位。所以说，董事会职能的发挥关系着整个企业决策效率的高低。一般认为，在董事会的公司治理机制中，外部董事扮演者非常重要的角色。Fama 和 Jensen（1983）的研究认为，外部董事是公司管理者更为有效的监督者，因为他们往往来自另一组织，同时受到外部市场声誉的强力约束。与之不同，内部董事的职业安全和企业高级管理层密切相关，所以他们参与监督的成本相对更大。鉴于这样的原因，外部独立董事能够有效地优化董事会结构，改善公司内部治理，从而在实践中被赋予非常重要的意义。

然而，从国内外上市公司的实践状况看，独立董事制度的作用并没有得到有效地发挥。依照独立董事制度最初的设计理念，独立董事不仅应该了解上市公司内部情况，而且其利益相对独立于上市公司。然而，现有实践表明独立董事在"懂事"和"独立"两个方面的表现差强人意，他们更多地表现为人情董事、花瓶董事、关系董事。在这样的情形下，独立董事不但无法有效改善企业的治理结构，而且有可能被大股东"俘虏"和"同化"，最终沦为大股东进一步损害投资者和利益相关者的帮凶。之所以会有这样的现象出现，其根本原因在于独立董事是由上市公司自身聘用，也由上市公司支付报酬，所以在独立董事聘用和报酬支付方面并没有为独立董事的独立性提供应有的制度设计。在这样的制度框架下，独立董事很难在牺牲上市公司大股东利益情形下对其决策行为予以监督，从而无法对上市公司决策效率的提高产生积极作用。虽然，独立董事有可能会因为声誉机制的约束在一定程度上不会与上市公司的行为指向完全相同，但是在我国市场信誉以及社会声誉机制没有完全建立背景下，独立董事声誉约束机制的效果难以得到很好地保障。

鉴于上述认识，我们认为可以从独立董事选聘机制和报酬机理机制两方面入手，以此更好地发挥独立董事的功能。关键措施在于改变独立董事由上市公司选聘并支付报酬的方式，而由企业外部独立机构，如证券交易所统一承担。具体思路设计如下：由包括证券交易所在内的第三方机构组建全国性独立董事人才库，各上市公司根据自身需求向这个机构提出引进独立董事人数的申请，并根据申请人数缴纳固定费用。根据上市公司的申请，第三方机构从独立董事人才库抽取符合条件的专家委派至上市公司，最终通过考评支付相应报酬。依照这个思路，独立董事将实现真正意义上的独立，从而摆脱其在企业监管过程中受人情关系、利益关系的束缚，并提出更为专业的决策建议，促进公司决策效率的提高。在此基础上，外部独立机构对入库专家进行定期或不定期的几种培训，从而避免独立董事不"懂事"的现象，同时也有利于对独立董事进行监督和考评，促进独立董事不断完善其知识结构，提升其对上市公司信息的获取和分析能力，最终有效地促使企业决策朝理性和科学的行为回归。

第三节　改善银行经营环境,强化银行对上市公司治理效力

本书实证分析表明,在上市公司尤其股权集中型上市公司里,有可能存在过度投资或投资不足问题,并因此导致劳动力过度雇佣或雇佣不足以及信贷违约风险发生相应的变化。另一方面,在过度投资背景下,企业依然能够顺利地增加债务资金,从而表明作为企业最大的债权人,银行要么没有有效地洞悉企业存在的过度投资问题,要么即便有所洞察,但是在外部干预下并没有依照自身意愿开展信贷活动。显然,在利率市场化改革尚未完成的背景下,如果企业不得已必须进行贷款,那么银行将无法通过贷款成本的提高抑制其低效率信贷配置行为。所以,我国商业银行的经营环境,包括利率市场环境、自身治理环境以及政府环境都会对银行的公司治理效应产生影响,从而无法有效地约束公司非效率的投融资行为。基于这些认识,我们可以从以下几个方面入手进行改善。

一　深化银行体制改革,优化银行内部治理环境

信息经济学认为,受信息不对称的影响,企业往往会滋生道德风险和逆向选择,并因此侵害债权人的利益。基于此,商业银行在授信过程中应不断搜寻、甄别和验证信息,从而尽可能通过各种契约安排将借款人的败德行为扼杀在萌芽之中,或者直接通过拒绝贷款以规避相关风险。然而,这样的行为是否有效或科学取决于企业内部能力的高低。长期以来,我国银行,尤其是国有银行在一定程度上依循着政府的行政指令提供贷款资金,此时银行基本上不存在对债务人进行资质评价的必要。随着改革开放的深入,我国对国有银行进行了商业化改革,并以此建立了银行的现代企业制度,在一定程度上优化了银行的产权关系和产权结构,银行内部治理结构因此得到了优化,其信息搜寻、甄别和验证的能力不断强化,风险控制能力和风险管理能力也大为改善。然而,我国国有商业银行仍然存在产权虚伪的问题。由产权经济学可知,权利交易是市场交易的实质,而市场交易的前提又是交易主体必须拥有独立的产权,只有产权独立,市场主体才能获得独立地位的财产基础。所以,商业银行只有通过明确自身独立产

权，才有可能成为一个追求利益最大化的交易主体，其决策行为才能在公平、自主和互利的基础上受到市场机制的调节和法律规范的约束，并为自己的决策行为承担相应的责任和风险。由此而言，我们应该进一步深化商业银行的产权制度改革，为商业银行培育和引入更多具有独立决策能力的产权主体。通过这些产权主体的引入，强化市场约束，实现同时为商业银行引"智"和引"制"的双丰收，大力提升商业银行内在实力。通过优秀产权主体的引入，尤其是国际战略投资者的加盟，商业银行能够更新产品开发、风险管理和金融创新的相关理念，同时也能够完善商业银行的智力结构，提高银行信贷过程中的风险识别和控制能力。除此之外，我们还可以从以下几个方面入手进行努力：

第一，深入推进现代金融企业制度改革，狠抓转换经营机制、强化内部控制、防范风险这样的经营主线，密切防范不良资产反弹和整体效益的下降，发挥资本市场监督、促进和约束作用，确保商业银行稳健经营；第二，进一步深化人力资源改革，落实和完善包括员工持股高管层股票期权在内的激励机制，强化人力资源培训和管理；第三，强化与境外战略投资者合作，加快金融创新，稳步推进综合经营，支持大型商业银行实施积极、稳健的"走出去"战略，通过参与国际市场竞争提升综合经营能力。

二 完善内控机制，强化银行信贷风险防范能力

作为企业借贷资金来源的主要途径，强化银行内部监控机制，强化银行信贷风险防范能力一方面能够有效地规范企业融资行为，促进企业投资行为的规范化、科学化和高效性，最终对其信贷违约风险、就业水平产生积极的作用，促进企业社会效益与财务效益的完美结合和良性互动，同时对银行本身也产生非常积极的影响。具体而言，可以从以下几个方面入手进行努力：

第一，完善信贷制度，强化信贷责任人的奖惩措施。规范银行内部信贷制度，并加大对员工的宣传，促进员工的学习，强化制度的执行，并通过定期或不定期对银行信贷制度执行情况进行监管检查。进一步明确内部管理的关键环节和重要岗位的主要责任人，建立完善全过程责任管理制度，形成有权必有责、违规必追究的制约机制。对形成的风险问题，要加大责任追究力度，并与晋职、评先、评优挂钩，提升违规、失职成本，以

有效消除风险隐患。加大对工作完成出色、有突出贡献、管理的贷款未出现风险员工的奖励力度，形成奖罚分明的考核机制。

第二，强化信贷企业分类管理，有序实行信贷退出机制。强化对信贷企业的信息收集和分析，并对信贷企业进行分类管理，对优质企业给予一定的优惠政策，审慎支持财务质量一般的企业，通过信贷支持逐步加以培养，使其发展壮大，对风险较大的企业，实行有序的信贷退出。在信贷企业动态管理过程中，将信贷退出作为企业分类管理的重点，同时把握好"抓优汰劣，抓大放小"的原则，对风险较大、规模较小、对银行经营效益贡献甚微的企业，通过控制授信、压缩规模的方式逐步实现退出。

第三，把好贷款准入关，严格违约信贷制裁。在贷款调查、审查时，要特别注重企业法人代表和主要股东的"品行"，甚至日常生活细节，若诚信意识不强，曾出现过不良信用记录，或有黄、赌、毒等不良生活习惯的，坚决不予支持；要着重看企业的承贷能力和还款资金来源，若企业的承贷能力不足，第一还款来源难以保证，有再多的抵押资产，也不能给予支持。总之，要把好准入关，尽量使信贷风险止于贷前。对企业违反合同约定用途使用信贷资金、贷款到期不归还、拖欠贷款利息等违约行为，通过在信用评级、授信、用信、利率上加以限制和制裁，对情节特别严重的违约企业可以实行停贷制裁，甚至于主动退出。通过信贷制裁手段，对开户企业进行警示，以培育其诚信意识，并主动配合好银行的信贷监管。

第四，强化专业指导，杜绝风险于未然。一方面，加强与报表审计、资产评估机构的合作，时明确约定评估机构对审计过的报表真实性、评估过的资产的价值足值性负责，并承担相应责任，及时揭露审计和评估过程中的风险点；另一方面，建立检查辅导制度，通过从信贷业务部门抽调业务骨干组成检查辅导小组，定期到基层行进行内部检查辅导，对发现的问题现场予以整改解决，以规范信贷业务操作，防范操作风险。

三　规范政府行为，完善公司破产的制度环境

现代契约理论告诉我们，企业与商业银行之间的信贷合约属于固定收益契约，这种契约是否能得到有效落实取决于企业能否在约定时间依据债务契约事先约定的条款足额偿还本息。倘若无法满足上述条件，债务契约将自动终止，并启动企业的破产和清算程序，以此最大限度维护债权人的

利益。虽然从直观意义上来看，破产清算是借款企业在偿债努力失败后银行采取的一种利益保障机制。在破产后，企业的股东和高管都会丧失对企业的控制权，为了避免因破产而丧失控制权以及与此相关的利益，股东和高管层都会尽力优化经营决策以避免企业破产。在这个意义上，债务破产机制确实会对企业产生治理效应，并提高企业的决策效率。然而，破产程序的启动只是银行一种被动的不得已的选择，因为破产只是赋予了借款人追索企业剩余财产的权利，而无法有效地保护债务契约中规定的全部利益。为了避免将企业逼入启动破产程序的死角，从而使银行利益受损，商业银行存在较强的动力在授信之前对企业展开严格的风险评估，并在信贷发生之后对企业实施严密的监测，同时采取相应的措施对企业进行风险控制。所以，作为债权人，商业银行不仅可以通过最后的破产程序对企业产生治理作用，而且会在破产程序之前在破产压力促进下通过对企业进行事前预控、事中监管的方式对企业行为产生治理效应。也就是说，一个刚性的破产约束会通过事前、事中和事后多个环节对企业决策效率提供治理作用。

　　然而，在我国长期以来存在破产法规不完善的现象，行政干预色彩较为浓厚。虽然，我国破产法在 2006 年进行修订，比 1986 年的《中华人民共和国企业破产法（试行）》有了较大的改进，类似于政府干预的词条也已然不见。但是，实际操作的情况表明，政府干预的现象依然存在。新破产法小组成员李曙光教授曾表示，类似于银广夏等上市公司在破产条件方面已经远远超过了所规定的尺度，但是依然没有实施破产，是因为公司破产存在各种其他阻碍因素，其中地方政府便是重要的阻碍因素之一。对于地方政府而言，上市公司往往是体现地方经济利益的重要因素，所以通常被视作一种稀缺资源而被高规格对待。在经济、社会甚至部分政府官员政绩考核的影响下，地方政府通常比较忌讳对企业尤其是包括国有企业在内的重点企业实施破产，从而会采取各种手段救市或重组。另一方面，对于上市公司而言，尤其是那些国有股份比例较高，影响比较广泛的公司，相关部门对企业的破产通常会更为谨慎，因为对这些企业实施破产很有可能会对资本市场信心产生不利影响。所以，在各级政府的干预之下，即便上市公司达到了破产的条件也有可能不会实施破产。在此背景下，企业在破产紧箍咒下改善经营的压力会消除，从而无法达到对非效率决策行为进行治理的目的。此外，因为破产机制中可能存在的行政干预行为，债权人对破产预期变得不再那么强，从而会产生消极的治理行为，商业银行通过事前、事中参与公司经营管理的动力也会弱化，因为银行会形成企业在破产困境中政府会予以救助的预期。所以，商业银行会形成治理懈怠的心理，上市公司的低效率问题也不能得到改善，最终对市场的资源配置功能产生不利影响。有鉴于此，我们应采取措施改变政府角色，规范其行为，力促破产制度和破产程序不断得以完善。

第四节　本章小节

本章以前面的理论和实证研究为基础，就如何解决企业投融资决策非效率，从而从投融资互动优化角度实现企业社会效益的实现，提出了相关政策建议。总体而言，我们认为投融资决策低效率问题的改善或者说投融资决策互动优化需通过"引进"和"改进"两条途径改善公司治理机制，具体表现为以下几个方面：其一，大力发展机构投资者、加快债券市场建设，为上市公司引入人格化股权主体和债权主体；其二，促进经理人市场建设，完善经理人才市场供给机制，创建独立董事的统一供给机制，从而打造企业高效、高能的决策主体；其三，深化银行体制改革，优化银行内部治理环境，完善银行内部控制机制，强化银行信贷风险防范能力，规范政府行为，促进公司破产环境和破产程序的进一步完善，最终打造商业银行更强的治理效力。

第十章

研究结论、局限性及展望

第一节 主要研究结论

企业投融资行为一直以来是财务界广为关注的议题，其中对负债融资下企业存在的投资不足、资产替代、相机治理等问题更是吸引了大量学者的关注。然而，现有文献对负债从税收利益、破产成本、代理成本等多个方面影响投资支出的认识仍不够透彻，而投资对负债融资的作用更是处于研究的边缘地带。本书从税收、破产、委托代理以及信息不对称等因素入手，分析了企业投融资决策之间存在的互动关系，并分析了投融资决策互动机制对企业信贷违约风险、就业水平等的作用，从而在信贷违约风险和就业两个角度诠释了投融资互动机制下可能实现的社会效益。具体而言，本书的主要研究工作和研究结论如下：

第一，在实物期权的框架下，首先分析同期投融资决策的静态互动机制，并发现负债融资会对投资支出形成先增后减的作用关系，而投资支出会对负债融资形成促进。在负债代理冲突下股东会因负债税收利益产生过度投资，这种过度投资会反过来增加融资成本，并削弱投资对负债融资的促进作用。其次，折旧会因为税盾替代效应对负债融资产生抑制，并有助于股东过度投资问题的缓解。再次，历史投资和存量负债会改变企业的存量税收利益和破产风险水平，并因此会对当前投融资决策产生动态作用。结果发现，在收入效应的作用下，历史投资会减少企业破产风险，从而对负债融资产生促进，借由存量破产风险和税收利益的影响，存量负债会对投资支出分别产生负向和正向的作用。在负债代理冲突作用下，如果存量破产风险为零，股东会随着负债融资的增加由过度投资转为投资不足，若存量破产风险不为零，随着负债融资的增加，股东会由投资不足转为过度投资；投资不足会降低融资成本并对负债融资产生促进作用，而过度投资则会减少负债融资。最后，如果考虑负债期限结构，若短期负债偿还时无破产风险，短期负债会促进企业投资支出，若存在破产风险，那么短期负债会降低企业投资热情。在负债代理冲突下，在无短期负债时股东会过度投资，而随着短期负债的增加股东过度投资会得到抑制甚至会逐渐转为投资不足。

第二，在投融资互动机制理论研究的基础上，进一步以实物期权为工具，研究了投融资互动机制下企业信贷违约风险的变化。模型分析认为，新增负债融资会促进信贷违约风险的产生，而投资临界值与信贷违约风险负相关，股东过度投资会进一步刺激信贷违约风险，投资不足会降低信贷违约风险。在较低新增负债下，折旧会抑制信贷违约风险，而较高新增负债下则相反。在动态视角下，存量负债增加会提高信贷违约风险，但在较低新增负债下，随着存量负债增加股东会从过度投资转为投资不足，存量负债对信贷违约风险的促进作用会由强变弱，若新增负债相对较高，随着存量负债增加企业会由投资不足转为过度投资，存量负债对信贷违约风险的促进作用会由弱变强；历史投资会抑制信贷违约风险，但在较低新增负债水平下，随着历史投资增加股东会由投资不足转为过度投资，历史投资对信贷违约风险的抑制作用会由强转弱，若新增负债比较高，股东会由过度投资转为投资不足，历史投资对信贷违约风险的抑制作用会由弱转强。如果企业存在短期负债，长期负债比例增加会降低企业信贷违约风险，若在短期负债偿还时不存在破产风险，在较低长期负债区间，股东会随长期负债表现为过度投资到投资不足再到过度投资的现象，此时长期负债减少信贷违约风险的现象会表现出变弱、变强、再变弱的特征，在较高长期负债区间，股东会过度投资，长期负债降低企业信贷违约风险的现象会变弱；若在短期负债偿还时存在破产风险，随着长期负债比例增加，股东会由投资不足变为过度投资，长期负债减少企业信贷违约风险的作用会随长期负债比例的增加而由强变弱。

第三，在投融资互动机制理论研究的基础上，进一步以实物期权为工具，研究了投融资互动机制下企业劳动力雇佣水平的变化。模型分析认为，随着新增负债增加，劳动力雇佣会先增加后减少，投资支出会增加劳动力雇佣，股东过度投资会导致劳动力过度雇佣，投资不足会导致劳动力雇佣不足，折旧会刺激企业劳动力雇佣。在动态成长情形下，若投资后企业由无破产风险变为有破产风险，存量负债会降低企业劳动力雇佣，若投资前企业便存在破产风险，在较低新增负债下存量负债会促进劳动力雇佣水平增加，但在较高新增负债下存量负债会降低劳动力雇佣水平。若历史投资较低以至于投资前企业存在破产风险，在较低新增负债下劳动力雇佣会随历史投资上升而下降，在较高新增负债下则相反，如果历史投资水平较高以至于投资前无破产风险，此时若投资后出现破产风险，劳动力雇佣会随历史投资而增加。若企业存在部分短期负债，短期负债比例的提高会增加劳动力雇佣水平；若短期负债偿还时不存在破产风险，在较低长期负债区间，长期负债比例的增加会导致股东由劳动力过度雇佣转为雇佣不足，再转为过度雇佣，在较高长期负债区间，长期负债比例的提高会导致股东更强的劳动力过度雇佣；若短期负债偿还时存在一定的破产风险，在较低长期负债比例下，股东会表现为劳动力雇佣不足，在较高的长期负债比例下会表现为劳动力过度雇佣。

第四，以理论分析为基础，实证检验了投融资决策同期互动机制。结果发现：①受税收利益影响，无论负债水平如何，负债融资对投资支出具有正向作用，企业投资也会促进负债融资，但在高负债水平下这种促进作用会弱化，并且受折旧的税盾替代效应影响，高折旧水平下投资对负债融资的促进作用也会下降；考虑到负债期限结构，短期负债也会促进投资支出，但在较高破产风险下这种促进作用并未减弱。②考虑到负债代理冲突，在破产风险上升的企业里，负债融资对投资支出具有更大的促进作用，并在股权集中背景下这种促进作用更为强烈，也就是说股东会存在过度投资问题，但是折旧会抑制股东的过度投资热情，短期负债融资也会对过度投资产生抑制；破产风险上升企业的过度投资会降低企业的负债融资，但是在股权集中企业亦即过度投资更为严重的企业，过度投资降低企业负债融资的现象变得更弱；在破产风险下降的企业里，企业会表现出投资不足的现象，并且股权集中型企业投资不足更明显，在这种投资不足情形下，投资支出对负债融资正向关系并没有变强反而变得更弱，说明投资不足并不会促进企业负债融资。

第五，以理论分析为基础，实证检验了投融资决策跨期互动机制。结果发现：①投资支出能通过收入效应对有效税率产生促进作用，从而增加负债融资的税盾价值，但是负债税盾价值只会对财务约束较低的企业形成负债融资促进作用，对高财务约束企业里，有效税率反而会制约企业的负债融资。作为结果，滞后期投资支出会通过税收利益会对低财务约束企业负债融资形成促进作用，但对高财务约束企业产生抑制作用。②滞后期投资支出会对企业的破产风险形成促进作用，从而对负债融资产生约束。在高成长企业中，虽然投资支出可以通过收入效应降低其风险水平，但是受资本配置效率低下问题的影响，投资支出并没有显著降低其风险；对于低成长企业，由于企业存在的过度投资问题或者管理人员决策技术偏误等原因，企业投资支出在股权集中情形下反而会对风险形成促进作用，在其他情形下也没有形成显著的风险抑制。③滞后期负债水平会显著地降低企业有效税率，并产生负债税收利益，有效税率会对投资支出产生约束作用，最终滞后期负债融资会通过有效税率对投资支出形成正向的作用。④滞后期负债水平对企业破产风险具有显著的促进作用，而在总体上破产风险会对企业投资形成约束，所以滞后期负债水平会通过破产风险对企业投资产生抑制作用。然而，由于低成长企业会存在过度投资从而破产风险对投资支出的抑制作用会下降，高成长企业并没有表现出投资不足，所以破产风险不会对投资支持形成更强抑制，但在股权集中企业里有可能表现出投资不足问题，所以破产风险对企业的投资动力的抑制作用会相对减少，但破产风险对投资支出的总体作用效果依然为正。

第六，在理论分析的基础上，实证检验了企业投融资互动决策对信贷违约风险的影响机理。结果发现：①在整体样本下，新增投资和历史投资都会对信贷违约风险产生促进作用，新增负债对信贷违约风险具有抑制作用，但存量负债对信贷违约风险具有促进作用；②受股权集中型企业过度投资问题的影响，企业投资支出对信贷违约风险的促进作用会变得更强，但是反过来存在过度投资的企业存在较低的最优负债，与理论预期不一致，高负债企业并没有表现出投资不足情形下投资支出对信贷违约风险更小的促进作用；③在高、低负债水平下，资本折旧与信贷违约风险都呈现正相关现象，折旧并不会降低企业的信贷违约风险；④在整体上，短期负债比例与信贷违约风险正相关，在企业破产风险很低时，短期负债融资增加并不会导致过度投资行为下更高的信贷违约风险，短期负债融资减少也不会导致投资不足行为下更低的信贷违约风险，在企业破产风险很高时，短期负债融资增加并不会导致投资不足行为下更低的信贷违约风险，反而会导致信贷违约风险上升，短期负债融资减少也不会导致过度投资下的更高的信贷违约风险；⑤如果企业新增负债比较少，那么在较低存量负债下，企业会因为过度投资而表现出更高的信贷违约风险，在较高存量负债下，企业会因为投资不足而出现较低的信贷违约风险，如果企业新增负债比较多，在较低存量负债下企业并不会表现出投资不足情形下的更低信贷违约风险，也不会在较高存量负债下表现出过度投资情形下的更高信贷违约风险；⑥如果企业新增负债比较少，那么在较低历史投资下，企业并不会表现出投资不足下更低的信贷违约风险，在较高历史投资下，企业也不会表现出过度投资下的更高信贷违约风险，如果企业新增负债比较高，那么在较低历史投资下，企业并没有表现出过度投资下更高的信贷违约风险，在较高历史投资下，企业也没有表现出投资不足下更低的信贷违约风险。⑦上市公司信贷违约风险与区域商业银行不良贷款率正相关，说明通过适当的投融资互动决策并降低企业信贷违约风险能对区域金融发展产生溢出效应。

第七，以理论分析为基础，实证检验了投融资决策互动机制下企业就业水平的变化。结果发现：①总体样本下，历史投资和新增投资都会促进就业人数增加，存量负债会减少企业就业，新增负债不会对就业产生显著影响，但在较高新增负债下，负债融资会对就业产生抑制，考虑到股权集中型企业的过度投资，过度投资会导致劳动力过度雇佣；②资本折旧会提高企业就业人数，同时对股权集中劳动力过度雇佣产生抑制；③高短期负债比例企业会比低短期负债企业雇佣更多劳动力，说明较高短期负债融资对企业就业具有促进作用；④若投资后企业存在较低破产风险，较高短期负债比例的企业会存在劳动力过度雇佣，而较低短期负债比例的企业会劳动力雇佣不足，如果投资后破产风险很高，较低负债融资比例的企业会雇佣更多劳动力，但并不显著，较高负债融资比例的企业会雇佣更少的劳动力，但并不显著；⑤若投资前企业无破产风险，存量负债不会显著抑制企业就业人数，相反存量负债会显著地降低企业的就业水平；⑥在负债代理冲突下，若投资前存量负债比较低，较低新增负债会降低企业就业人数，较高新增负债会在较低显著性上促进企业就业，若投资前存量负债比较高，较低新增负债会减少企业就业人数，而较高新增负债又会在较低显著性上抑制企业就业；⑦在高历史投资且投资前破产风险较低的企业，历史投资会促进就业增加，若历史投资比较低且投资前破产风险比较高，无论新增负债水平高低，历史投资都会促进企业就业；⑧在负债代理冲突下，若历史投资比较低，较低新增负债企业可能产生劳动力雇佣不足，而在较高新增负债下企业会表现出劳动力过度雇佣，若历史投资比较高，无论新增负债高低企业都会进行更高的劳动力雇佣，但并无证件表明企业存在劳动力过度雇佣或雇佣不足。

第八，针对我国上市公司投融资决策扭曲以及产生的信贷风险和劳动力雇佣问题，本书提出了通过"引进"和"改进"两条途径进行治理机制完善的思路，以期通过治理机制的完善提高企业投融资决策效率，从而对信贷风险和劳动力雇佣产生持续积极的影响，促进社会效益的形成。

第二节　研究局限性及展望

公司金融理论博大精深，企业社会效益问题是广受学者们青睐的议题，本书有幸能够在这两个方面研究中寻找到泼墨之地，从投融资决策互动决策机制分析入手探寻企业社会效益的实现，以期在这两方面的研究上得到完善。然而，在篇幅、时间以及作者研究水平的限制下，尚存在许多问题没有展开充分论述，有的甚至没有进入本书的研究视野，但这并不意味着它们可以被忽视。因此，在我们有限的认知水平下，提出了今后继续努力的方向：

首先，企业负债融资种类繁多，债务契约内容和契约种类也有极大的弹性。本书在负债融资的研究中考虑了新增负债、存量负债的区别，也考虑了短期负债和长期负债的区别。已有的研究表明，除了这些问题，负债融资的布置结构、债务优先结构的差异在边际税收利益、期望破产成本以及由契约条款限定下的治理机制等方面都存在显著的差别，从而对投资决策以及由此产生的信贷违约风险和就业水平产生不一样的影响。有鉴于此，进一步从负债的来源结构等角度探索投融资决策互动机制及其社会效益问题能够对本书的研究形成重要的补充。

其次，在投融资决策理论分析过程中，为了减少其他因素的干扰，重点突出文章研究的主旨，在确保关键问题分析不受影响的前提下，文章对部分问题作了比较严格的假设，例如股东和经理人之间不存在代理问题。在未来的研究中，若进一步将这些因素纳入模型分析的框架之中，将会对模型的分析大有裨益。

再次，为了节约文章的篇幅，本书在企业社会效益实现问题上着重从信贷违约风险和劳动力雇佣两个视角进行了尝试。然而，企业社会效益是一个多维指标变量，它既可以从信贷违约风险、劳动力雇佣角度予以度量，同时也能在环境保护、技术进步、税收贡献等多方面予以论证。未来逐步从其他维度进行研究，将有助于勾勒一个全面的企业投融资互动决策下社会效益实现机理。

最后，本书以理论研究为基础，对中国上市公司进行了实证检验，得出了有益的结论。然而，在对于另一个公司主体，非上市公司投融资行为不会受资本市场以及证券管理机构的监管，其投融资决策非理性或非效率的可能性会更大，从而表现出不一样的互动机制，并对社会效益指标形成不一样的影响。所以，未来进一步将实证样本拓展到非上市公司，将具有非常重要的意义。

参考文献

中文部分

1. 曹书君、李娜、罗平：《边际融资成本对公司投资的影响研究：理论与实证》，《系统工程》2010年第6期。

2. 陈林、周宗放：《企业集团控制下的关联企业违约相关性度量研究》，《中国管理科学》2010年第5期。

3. 陈玉清、马丽丽：《我国上市公司社会责任会计信息市场反应实证分析》，《会计研究》2005年第11期。

4. 陈峥嵘、黄义志：《直面委托理财》，《资本市场》2001年第10期。

5. 仇荣国、张建华：《中国中小上市公司信用违约风险影响因素研究——基于273家深市中小上市公司5年面板数据的实证检验》，《求索》2010年第4期。

6. 方明月等：《中国工业企业就业弹性估计》，《世界经济》2010年第8期。

7. 冯巍：《内部现金流量和企业投资——来自我国股票市场上市公司财务报告的证据》，《经济科学》1999年第1期。

8. ［美］古扎拉蒂：《计量经济学（第三版）》，林少宫译，中国人民大学出版社2000年版。

9. 管七海：《建立我国贷款企业违约率测度的多维度分析体系研究》，《金融论坛》2008年第5期。

10. 管七海、冯宗宪：《我国制造业企业短期贷款信用违约判别研究》，《经济科学》2004年第5期。

11. 郭丽红：《日本制造业的内部融资与投资关系的研究》，《经济科学》

2004 年第 3 期。

12. 韩震、袁兆春：《基于融资方式的企业并购后违约风险问题研究》，《统计与决策》2015 年第 18 期。

13. 何金耿：《股权控制、现金流量与公司投资》，《经济管理》2001 年第 22 期。

14. 何金耿：《丁加华：上市公司投资决策行为的实证分析》，《证券市场导报》2001 年第 9 期。

15. 黄少安、张岗：《中国上市公司融资偏好分析》，《经济研究》2001 年第 11 期。

16. 黄志忠、白云霞：《上市公司举债、股东财富与股市效应关系的实证研究》，《经济研究》2002 年第 7 期。

17. 简志宏、李楚霖：《公司债务重组的实物期权方法研究》，《管理科学学报》2002 年第 5 期。

18. 江伟：《负债的两面性与公司价值》，《中国经济问题》2004 年第 6 期。

19. 姜秀珍、全林、陈俊芳：《现金流量与公司投资决策——从公司规模角度的实证研究》，《工业工程与管理》2003 年第 5 期。

20. 李强、曾勇：《不确定性环境下企业技术创新投融资决策研究》，《系统工程理论与实践》2005 年第 3 期。

21. 李洪江、曲晓飞、冯敬海：《阶段性投资最优比例问题的实物期权方法》，《管理科学学报》2003 年第 1 期。

22. 李胜楠、牛建波：《上市公司负债水平与投资支出关系的实证研究》，《证券市场导报》2005 年第 3 期。

23. 李巍、张志超：《外部融资对就业状况和工资报酬的影响——源自异质性制造行业的证据》，《经济与管理研究》2013 年第 10 期。

24. 李正：《企业社会责任与企业价值的相关性研究》，《中国工业经济》2006 年第 2 期。

25. 李志文、宋衍蘅：《影响中国上市公司配股决策的因素分析》，《经济科学》2003 年第 3 期。

26. 刘长翠、孔晓婷：《社会责任会计信息披露的实证研究——来自沪市2002—2004 年度的经验数据》，《会计研究》2006 年第 1 期。

27. 刘克崮：《建设中国草根金融体系促进草根经济发展和城乡就业——兼论我国小企业融资难的破解》，《管理世界》2009 年第 11 期。

28. 刘芍佳、丛树海：《创值论及其对企业绩效的评估》，《经济研究》2002 年第 7 期。

29. 刘星、陈刚：《中国上市公司的非理性投资分析》，《改革与战略》2002 年 Z1 期。

30. 刘星、彭程：《基于企业投融资决策协同互动的实物期权分析系》，《系统工程》2007 年第 4 期。

31. 刘星、彭程：《负债融资与企业投资决策：破产风险视角的互动关系研究》，《管理工程学报》2009 年第 1 期。

32. 刘星、曾宏：《我国上市公司非理性投资行为：表现、成因及治理》，《中国软科学》2002 年第 1 期。

33. 陆正飞、韩霞、常琦：《公司长期负债与投资行为关系研究——基于中国上市公司的实证分析》，《管理世界》2006 年第 1 期。

34. 马九杰、郭宇辉、朱勇：《县城中小企业贷款违约行为与信用风险实证分析》，《管理世界》2004 年第 5 期。

35. 马若微、唐春阳：《基于 Fisher 判别的企业短期贷款信用违约模型构建》，《系统工程》2005 年第 12 期。

36. 马宇：《微型企业信贷违约风险的影响因素——对安徽省亳州市农村信用社的调查》，《金融论坛》2010 年第 11 期。

37. 毛日昇：《出口、外商直接投资与中国制造业就业》，《经济研究》2009 年第 11 期。

38. 潘敏、金岩：《信息不对称、股权制度安排与上市企业过度投资》，《金融研究》2003 年第 1 期。

39. 彭程、刘星：《代理冲突下企业多元化投资行为的实物期权分析》，《中国管理科学》2006 年第 5 期。

40. 彭程、刘星：《负债融资与企业投资决策的互动关系：税收因素视角的实证研究》，《经济科学》2007 年第 4 期。

41. 彭程、刘怡、熊榆：《企业投融资决策内生机制的实证研究：税收利益与破产成本的视角》，《经济经纬》2011 年第 3 期。

42. 彭程、杨红、黄荣：《企业投资决策与财务风险的动态关系——基于外贸型上市公司的实证研究》，《云南财经大学学报》2012 年第 4 期。

43. 彭程、王榆、刘怡：《企业投资与融资决策的互动关系研究》，《统计与决策》2007 年第 19 期。

44. 彭程、周孟亮、刘怡：《负债融资对企业投资行为的影响——基于股权结构视角的实证研究》，《湖南农业大学学报》2008 年第 3 期。

45. 彭绍辉、王建：《中国制造业技术获取型对外直接投资的母国就业效应》，《北京理工大学学报（社会科学版）》2016 年第 4 期。

46. 齐寅峰、王曼舒等：《中国企业投融资行为研究——基于问卷调查结果的分析》，《管理世界》2005 年第 3 期。

47. 邱晓明：《外商直接投资的就业效应变迁分析》，《中国软科学》2004 年第 3 期。

48. 邵瑞庆：《项目投融资综合决策的分析研究》，《工业技术经济》2002 年第 4 期。

49. 沈坤荣、田源：《人力资本与外商直接投资的区位选择》，《管理世界》2002 年第 11 期。

50. 沈坤荣、张成：《中国企业的外源融资与企业成长——以上市公司为案例的研究》，《管理世界》2003 年第 7 期。

51. 石晓军、任若恩、肖远文：《边界 Logistic 违约率模型及实证研究》，《管理科学学报》2007 年第 3 期。

52. 宋献中、龚明晓：《社会责任信息的质量与决策价值评价：上市公司会计年报的分析内容》，《会计研究》2006 年第 2 期。

53. 谭英双、龙勇：《基于实物期权投融资互动的企业技术创新战略研究》，《经济纵横》2009 年第 7 期。

54. 谭跃、何佳：《实物期权与高科技战略投资》，《经济研究》2001 年第 4 期。

55. 唐春阳、冯宗宪：《基于多元线性回归的企业信用违约率测度模型的构建研究》，《经济科学》2005 年第 3 期。

56. 唐春阳、冯宗宪：《企业短期贷款违约预测 Bayes 模型构建》，《当代经济科学》2006 年第 1 期。

57. 唐奕：《对我国国有商业银行两次剥离不良贷款的反思》，《经济管理》2006 年第 7 期。

58. 田大洲：《我国个体经济就业的实证研究》，《统计教育》2009 年第 8 期。

59. 童恒庆：《经济回归模型及计算》，湖北科学技术出版社 1997 年版。

60. 童盼：《负债期限结构与企业投资规模——来自中国 A 股上市公司的经验研究》，《经济科学》2005 年第 5 期。

61. 童盼：《融资结构与企业投资——基于股东债权人冲突的研究》，博士学位论文，北京大学，2004。

62. 童盼、陆正飞：《负债融资、负债来源与企业投资行为——来自中国上市公司的经验证据》，《经济研究》2005 年第 5 期。

63. 王峰、王博：《台湾投资祖国大陆对岛内就业的影响——基于制造业的实证分析》，《世界经济研究》2007 年第 11 期。

64. 万解秋、徐涛：《汇率调整对中国就业的影响——基于理论与经验的研究》，《经济研究》2004 年第 2 期。

65. 汪辉：《上市公司债务融资、公司治理与市场价值》，《经济研究》2003 年第 8 期。

66. 王彦超：《融资约束、现金持有与过度投资》，《金融研究》2009 年第 7 期。

67. 王元京：《扩大民间企业投资能力与解决就业问题》，《改革与理论》2002 年第 12 期。

68. 魏锋、刘星：《融资约束、不确定性对公司投资行为的影响》，《经济科学》2004 年第 2 期。

69. 文宏：《融资偏好与融资效率：对我国上市公司的实证研究》，《当代经济科学》1999 年第 6 期。

70. 伍利娜、陆正飞：《企业投资行为与融资结构的关系——基于一项实验研究的发现》，《管理世界》2005 年第 4 期。

71. 夏晖、曾勇：《多代新技术的最优投资策略和扩散研究——一种实物期权方法》，《管理工程学报》2005 年第 3 期。

72. 向德伟：《运用"Z 记分法"评价上市公司经营风险的实证研究》，《会计研究》2002 年第 11 期。

73. 徐加胜：《进一步降低商业银行不良贷款的对策》，《上海会计》2003 年第 6 期。

74. 徐旭川、杨丽琳:《公共投资就业效应的一个解释——基于 CES 生产函数的分析及其检验》,《数量经济技术经济研究》2006 年第 11 期。

75. 杨蓬勃、张成虎、张湘:《基于 Logistic 回归分析的上市公司信贷违约概率预测模型研究》,《经济经纬》2009 年第 2 期。

76. 杨瑞龙、周业安:《企业共同治理的经济学分析》,经济科学出版社 2001 年版。

77. 杨文培、崔跃武:《企业筹资与投资》,《数量经济技术经济研究》1997 年第 12 期。

78. 尹庆双、奉莹:《金融危机背景下我国政府投资的就业效应分析》,《经济学动态》2010 年第 1 期。

79. 于东智:《资本结构、债权治理与公司绩效:一项经验分析》,《中国工业经济》2003 年第 1 期。

80. 俞乔、陈剑波等:《非国有企业投资行为研究》,《经济学(季刊)》2002 年第 3 期。

81. 温素彬、方苑:《企业社会责任与财务绩效关系的实证研究》,《中国工业经济》2008 年第 10 期。

82. 曾勇、邓光军、夏晖等:《不确定条件下的技术创新投资决策——实物期权模型及其应用》,科学出版社 2007 年版。

83. 张红军:《中国上市公司股权结构与公司绩效的理论及实证分析》,《经济科学》2000 年第 4 期。

84. 赵涛、郑玄祖:《上市公司的过度融资》,社会科学文献出版社 2005 年版。

85. 郑江淮、何旭强、王华:《上市公司投资的融资约束:从股权结构角度的实证分析》,《金融研究》2001 年第 11 期。

86. 朱雅琴、姚海鑫:《企业社会责任与企业价值关系的实证研究》,《财经问题研究》2010 年第 2 期。

87. 周梅:《关系型借贷对信贷违约的影响分析》,《经济问题》2012 年第 11 期。

88. 邹港永、宋敏、王杰邦:《中国上市公司投资决策与软预算约束》,《中国金融学》2003 年第 1 期。

英文部分

1. Abrigo and Love, "Estimation of Panel Vector Autoregression in Stata: a Package of Programs", *University of Hawaii working paper*, 2015.

2. Acemoglu, D, "Credit market imperfections and persistent unemployment", *European Economic Review*, Vol. 45, 2001.

3. Aghion, P. and P. Bolton, "An incomplete contracts approach to financial contracting", *Review of Economics Studies*, Vol. 59, 1992.

4. Agrawal, A. K. and D. A. Matsa, "Labor unemployment risk and corporate financing decisions", *Journal of Financial Economics*, No. 108, 2013.

5. Ahn, S., D. J. Denis and D. K. Denis, "Leverage and investment in diversified firms", *Journal Financial Economics*, Vol. 79, 2006.

6. Aivazian, A., Y. Ge, and J. Qiu, "The Impact of Leverage on Firm Investment: Canadian Evidence", *Journal of Corporate Finance*, Vol. 11, 2005.

7. Almeida, H., M. and Campello, M. S. Weisbach, "Corporate financial and investment policies when future financing is not frictionless", *Journal of Corporate Finance*, No. 17, 2011.

8. Altman, E. I., "Financial ratios, discriminant analysis and the prediction of corporate bankruptcy", *Journal of Finance*, Vol. 9, 1968.

9. Ameer, Rashid, "Financial constraints and corporate investment in Asian countries", *Journal of Asian Economics*, No. 33, 2014.

10. Anderson, M. H. and A. P. Prezas, "The interaction of investment and financing decisions under moral hazard", *International Review of Economics & Finance*, Vol. 7, No. 4, 1998.

11. Aschauer D. A, "Output and Employment Effects of Public Capital", *The Jerome Levy Economics Institute Working Paper*, No. 190, 1997a.

12. Aschauer D. A, "Dynamic Output and Employment Effects of Public Capital", *The Jerome Levy Economics Institute Working Paper*, No. 191, 1997b.

13. Ashton, D. J. and D. R. Atkins, "Interactions of corporate financing and investment decisions-implications for capital budgeting: a further com-

ment", *The Journal of Finance*, Vol. 33, No. 5, 1978.

14. Audretsch, D. B. and J. A. Elston, "Does firm size matter: evidence on the impacts of liquidity constraints on firm investment behavior in germany", *International Journal of Industrial organization*, Vol. 20, 2002.

15. Aupperle, K. E., A. B. Carroll, and J. D. Hatfield, "An empirical examination of the relationship between corporate social responsibility and profitability", *Academy of Management Journal*, Vol. 28, No. 2, 1985.

16. Barclay, M., and C. Smith, "The maturity structure of corporate debt", *Journal of Finance*, Vol. 50, 1995.

17. Bar-Yosef, S, "Interactions of corporate financing and investment decisions-implications for capital budgeting: comment", *The Journal of Finance*, Vol. 32, No. 1, 1977.

18. Baskin, J, "An empirical investigation of the pecking order hypothesis", *Financial Management*, Vol. 18, 1989.

19. Baxter, N. D, "Leverage, risk of ruin and the cost of capital", *Journal of Finance*, Vol. 22, 1967.

20. Beard, T. R., G. S. and Ford, H. Kim, "Capital investment and employment in the information sector", *Telecommunications Policy*, No. 38, 2014.

21. Berkovitch, E. and E. H. Kim, "Financial contracting and leverage induced over-and under investment incentives", *Journal of Finance*, Vol. 45, 1990.

22. Besanko D. and D. Thakor, "Collateral and rationing sorting equilibriums in monopolistic and competitive credit market", *International Economics Review*, Vol. 28, No. 3, 1987.

23. Bhagat, S., I. Obreja, "Employment, corporate investment and cash flow uncertainty", *SSRN Electronic Journal*, No. 4, 2013.

24. Black F., and J. C. Cox, "Valuing corporate securities: some effects of bond indenture provisions", *Journal of Finance*, Vol. 31, No. 2, 1976.

25. Black F., and M. Scholes, "The pricing of options and corporate liabilities", *Journal of Political Economy*, Vol. 81, No. 2, 1973.

26. Bond, S. , J. Elston, J. Mairesse, and B. Mulkay, "Financial factors and investment in Belgium, France, Germany, and the United Kingdom: a comparison using company panel data", *Review of Economics Arid Statistics*, Vol. 1, 2003.

27. Bowen, H. R, *Social Responsibilities of the Businessman*, New York: Harpor &Row, 1953.

28. Bradley, M. , G. A. Jarrell, and E. H. Kim, "On the existence of an optimal capital structure: theory and evidence", *Journal of Finance*, Vol. 39, 1984.

29. Bragdon. J, H. . & Marlin, J. T, "Is pollution profitable?", *Risk Management*, Vol. 19, No. 4, 1972.

30. Brander J. , and T. Lewis, "Oligopoly and financial structure: the limited liability effect", *American Economic Review*, Vol. 76, No. 5, 1986.

31. Brennan, M. , and E. Schwartz, "Optimal financial policy and firm valuation", *Journal of Finance*, Vol. 39, 1984.

32. Brennan, M. , and E. Schwartz, "Evaluating natural resource investment", *Journal of Business*, Vol. 58, No. 2, 1985.

33. Bhattacharya S, "An exploration of non-dissipative dividend-signaling structure", *Journal of Financial and quantitative analysis*, Vol. 4, No. 4, 1979a.

34. Bhattacharya S, "Imperfect information, dividend policy and 'the bird in the hand' fallacy", *Bell Journal of Economics*, Vol. 10, No. 1, 1979b.

35. Bolton, P. and D. Scharfstein, "A theory of predation based on agency problems in financial contracting", *American Economic Review*, Vol. 80, 1990.

36. Caggese, Andrea, "Testing financing constraints on firm investment using variable capital", *Journal of Financial Economics*, No. 86, 2007.

37. Caggese, A. , V. Cunat, "Financing constraints and fixed-term employment contracts", *The Economic Journal*, No. 118, 2008.

38. Cantor, Richard, "Effects of leverage on corporate investment and hiring decisions", *FRBNY Quarterly Review*, Vol. 15, No. 2, 1990.

39. Chiarella, C. , T. M. Pham, A. B. Sim and M. M. L. Tan, "The interaction of the financing and investment decisions: preliminary results in the Australian context", *Asia Pacific Journal of Management*, Vol. 9, No. 2, 1992.

40. Clausen, Saskia and C. R. Flor, "Dynamic Investment Decisions and Capital Structure under Asymmetric Information", *University of Southern Denmark, working paper*, 2011.

41. Campello, M. , D. Hackbarth, "Corporate financing and investment: the firm-level credit multiplier", *University of Illinois, working paper*, 2008.

42. Chapman, D. R. , C. W. Junor, and T. R. Stegman, "Cash flow constraints and firms' investment behavior", *Applied Economics*, Vol. 28, 1996.

43. Chava, S. , "Modeling loan commitments and liquidity crisis: Theory and estimation", *Cornell University, Working Paper*, 2003.

44. Chiarella, C. , T. Pham, and A. B. Sim, "The interaction of the financing and investment decisions: preliminary results in the Australian context", *University of technology Sydney, Working Paper*, 1991.

45. Childs, P. D. , et al, "Interactions of corporate financing and investment decisions: the effects of agency conflicts", *Journal of Financial Economics*, Vol. 76, 2005.

46. Chugh, S. K, "Costly external finance and labor market dynamics", *Journal of Economic Dynamics & Control*, No. 37, 2013.

47. Chung, K. , and S. Pruitt, "A simple approximation of Tobin's q", *Financial Management*, Vol. 23, 1994.

48. Cleary, S, "The relationship between firm investment, and financial status", *Journal of Finance*, Vol. 54, 1999.

49. Coase, R. H, "The Nature of the Firm", *Economica, New Series*, Vol. 4, No. 16, 1937.

50. Cooper, I. , and J. Franks, "The interaction of financing and investment decisions when the firm has unused tax credits", *Journal of Finance*, Vol. 38, 1983.

51. Dammon, R. M. and L. W. Senbet, "The effect of taxes and depreciation

on corporate investment and financial leverage", *Journal of Finance*, Vol. 43, No. 2, 1988.

52. DeAngelo, H. and R. W. Masulis, "Optimal capital structure under corporate and personal taxation", *Journal of Financial Economics*, Vol. 8, No. 1, 1980.

53. DeFusco, R. A., L. M. Dunham, and J. Geppert, "An empirical analysis of the dynamic relation among investment, earnings and dividends", *Managerial Finance*, Vol. 40, No. 2, 2014.

54. Devereux M. and Schiantarelli F, "Investment, financial factors, and cash flow: evidence from UK panel data", *Journal of Financial Economics*, Vol. 1, 1990.

55. Dhrymes, P. J., and M. Kurz., "Investment, dividend and external finance behavior of firms. In Determinant of Investment Behavior, edited by Ferber", *New York: National Bureau of Economic Research*, 1967.

56. Dixit, A, "Investment and employment dynamics in the short run and the long run", *Oxford Economic Papers*, Vol. 49, No. 1, 1997.

57. D'Mello, R., and M. Miranda, "Long-term debt and overinvestment agency problem", *Journal of Banking & Finance*, No. 34, 2010.

58. Dotan, A., and S. A. Ravid, "On the interaction of real and financial decisions of the firm under uncertainty", *The Journal of Finance*, Vol. 40, No. 2, 1985.

59. Elliott, W. B., K. E. Jackson, M. E. Peecher and B. J. White, "The Unintended Effect of Corporate Social Responsibility Performance on Investors' Estimates of Fundamental Value", *The Accounting Review*, No. 1, 2014.

60. Erhemjamts, O. and Q. Li, A. Venkateswaran, "Corporate Social Responsibility and Its Impact on Firms' Investment Policy, Organizational Structure, and Performance", *J Bus Ethics*, Vol. 118, 2013.

61. Faig, M., and P. Shum, "Irreversible investment and endogenous financing: An evaluation of the corporate tax effects", *Journal of Monetary Economics*, No. 43, 1999.

62. Fair, R. C, "A model of firm behavior encompassing price, production, investment, and employment decisions", *Econometric Research Program*, *Princeton University*, 1974.

63. Fama, E., and M. Jensen, "Separation of ownership and control", *Journal of Law and Economics*, Vol. 26, 1983.

64. Fama, Eugene F., and Merton H. Miller, *The theory of finance*, Holt: Rinehart and Winston, Inc, 1972.

65. Farrant, K., M. Inkinen, M. Rutkowska and K. Theodoridis, "What can company data tell us about financing and investment decisions?", *Quarterly Bulletin*, No. 4, 2013.

66. Fazzari, S. M., R. G. Hubbard and B. C. Petersen, "Financing constrains and corporate investment", *Brookings Papers on Economic Activity*, Vol. 1, 1988.

67. Freeman, R. E., *Strategic Management: A Stakeholder Approach*, Boston: Pitman, 1984.

68. Friedman, Milton, "The Social Responsibility of Business Is to Increase Its Profits", *The New York Times Magazine*, No. 13, 1970.

69. Fries, S., M. Miller and W. Perraudin, "Debt in industry equilibrium", *The review of Financial Studies*, Vol. 10, No. 1, 1997.

70. Garcia-Marco, T., C. Ocana, "The effect of bank monitoring on the investment behavior of Spanish firms", *Journal of Banking & Finance*, No. 23, 1999.

71. Gaver, J., and M. Gaver, "Additional evidence on the association between the investment opportunity set and corporate financing, dividend, and compensation policies", *Journal of Accounting and Economics*, Vol. 16, 1993.

72. Geanakoplos J, "An introduction to general equilibrium with incomplete asset markets", *Journal of Mathematical Economics*, Vol. 19, 1990.

73. Gertner, R. and D. Scharfstein, "A theory of workouts and the effects of reorganization law", *Journal of Finance*, Vol. 46, 1991.

74. Gilchrist, S., and C. P. Himmelberg, "Evidence on the role of cash flow for investment", *Journal of Monetary Economics*, Vol. 36, 1995.

75. Givoly, D. , C. Hahn, A. Ofer, and O. Sarig, "Taxes and capital structure: Evidence from firms' response to the tax reform act of 1986", *Review of Financial Studies*, Vol. 5, 1992.

76. Gomes, Joao, "Financing investment", *American Economic Review*, Vol. 5, 2001.

77. Graham, J. R, "Debt and the marginal tax rate", *Journal of Financial Economics*, Vol. 41, No. 1, 1996.

78. Grossman, S. J. , and O. D. Hart, "The costs and benefits of ownership: a theory of vertical and lateral integration", *Journal of Political Economy*, Vol. 94, 1986.

79. Guariglia, Alessandra, "Internal financial constraints, external financial constraints, and investment choice: Evidence from a panel of UK firms", *Journal of Banking & Finance*, No. 32, 2008.

80. Gupta, S. and K. Newberry, "Determinants of the variability of corporate effective tax rates: evidence from longitudinal data", *Journal of Accounting and Public Policy*, Vol. 16, No. 1, 1997.

81. Hart, O. , and J. Moore, "Debt and seniority: an analysis of the role of hard claims in constraining management", *American Economic Review*, Vol. 85, 1995.

82. Hart, O. , and J. Moore, "Default and renegotiation: a dynamic model of debt", *Quarterly Journal of Economics*, Vol. 113, 1998.

83. Heitor, A. , and Murillo C, "Corporate Demand for Liquidity", *NBER Working Papers*, *National Bureau of Economic Research*, *Inc.* No. 9253, 2002.

84. Hernando, I. , C. Martinez-Carrascal, "The impact of financial variables on firms' real decisions: Evidence from Spanish firm-level data", *Journal of Macroeconomics*, No. 30, 2008.

85. Higgins, R. C. and L. D. Schall, "Corporate bankruptcy and conglomerate merger", *Journal of Finance*, Vol. 30, No. 1, 1975.

86. Hite, G. L, "Leverage, output effect, and the M-M theorems", *Journal of Financial Economics*, Vol. 4, 1977.

87. Holmstrom, B. , and J. Tirole, "Financial intermediation, loanable funds, and the real sector", *Quarterly Journal of Economics*, Vol. 112, 1997.

88. Holmstrom, B. , and J. Tirole, "Private and public supply of liquidity", *The Journal of Political Economy*, Vol. 106, 1998.

89. Hong, H. and A. Rappaport, "Debt capacity, optimal capital structure, and capital budgeting analysis", *Financial Management*, No. 7, 1978.

90. Hoshi, T. , A. , K. Kashyap and D. Scharfstein, "Corporate structure, liquidity, and investment: evidence from Japanese industrial groups", *Quarterly Journal of Economics*, Vol. 106, 1991.

91. Hovakimian, G. , and S. Titman, "Corporate investment with financial constraints: sensitivity of investment to funds from voluntary asset", *NBER Working Papers*, No. 9432, 2003.

92. Ignacio Hernando and Carmen Mart' nez-Carrascal, "The impact of financial variables on firms' real decisions: Evidence from Spanish firm-level data", *Journal of Macroeconomics*, No. 30, 2008.

93. Inderst, R, and H. M. Müller, "Ownership concentration, monitoring, and the agency cost of debt", *Working paper*, *University of Mannheim*, 1999.

94. Inessa Love, Lea Zicchino, "Financial development and dynamic investment behavior: Evidence from panel VAR", *The Quarterly Review of Economics and Finance*, Vol. 46, 2006.

95. Jaffee, D. M. , and T. Russell, "Imperfect Information, Uncertainty and Credit Rationing", *Quarterly Journal of Economics*, Vol. 90, 1976.

96. Jensen, M. C, "Agency costs of free cash flow, corporate finance, and take-overs", *American Economic Review*, Vol. 76, 1986.

97. Jensen, M. , and W. Meckling, "Theory of the Firm: Managerial Behavior, Agency Costs, and Ownership Structure", *Journal of Financial Economics*, Vol. 2, 1976.

98. Jou J B. Entry, "Financing, and Bankruptcy Decisions: The limited liability effect", *The Quarterly Review of Economics and Finance*, Vol. 41, No. 1, 2001.

99. Jou, J. , T. Lee, "Irreversible Investment, Financing, and Bankruptcy De-

cisions in an Oligopoly", *Journal of Financial and Quantitative Analysis*, Vol. 43, No. 3, 2008.

100. Kadapakkam, Palani-Rajan, P. C. Kumar and L. A. Riddick, "The impact of cash flow and firm size on investment: the international evidence", *Joumal of Banking & Finance*, Vol. 2, 1998.

101. Kamoto, Shinsuke, "Impacts of internal financing on investment decisions by optimistic and overconfident managers", *European Financial Management*, Vol. 20, No. 1, 2014.

102. Kang, J, "The relationship between corporate diversification and corporate social performance", *Strategic Management Journal*, No. 34, 2013.

103. Kaplan, S. N. , and L. Zingales, "Do investment-cash flow sensitivities provide useful measures of financing constraints?", *Quarterly Journal of Economics*, Vol. 112, 1997.

104. Klasa, S. W. F. Maxwell, and H. Ortiz-Molina, "The Strategic Use of Corporate Cash Holdings in Collective Bargaining with Labor Unions", *Journal of Financial Economics*, Vol. 92, No. 3, 2009.

105. Kovenock, D. , and G. M. , Phillips, "Capital structure and product market rivalry: how do we reconcile theory and practice?", *American Economic Review*, Vol. 85, 1996.

106. Kraus, A. , and R. Litzenberger, "A state-preference model of optimal financial leverage", *Journal of Finance*, Vol. 28, No. 4, 1973.

107. Lang, L. , and R. Litzenberger, "Dividend announcements: cash flow signaling vs. free cash flow hypotheses", *Journal of Financial Economics*, Vol. 24, 1989.

108. Lang, L. , E. Ofek, and R. M. Stulz, "Leverage, investment and firm growth", *Journal of Financial Economics*, Vol. 1, 1996.

109. Lasfer, M. A. , "Agency costs, taxes and debt: the UK evidence", *European Financial Management*, Vol. 1, No. 3, 1995.

110. Leland, H. E, "Agency costs, risk measurement, and capital structure", *Journal of Finance*, Vol. 53, 1998.

111. Leland, H. E. , and D. Pyle, "Information asymmetry, financial struc-

ture, and financial intermediation", *The Journal of Finance*, Vol. 32, No. 2, 1977.

112. Leland, H. E., "Corporate debt value, bond covenants, and optimal capital structure", *The Journal of Finance*, Vol. 49, No. 4, 1994.

113. Leland, H. E, "Optimal capital structure, endogenous bankruptcy, and the term structure of credit spreads", *The Journal of Finance*, Vol. 51, No. 3, 1996.

114. Lin, C., C. Lin, and Y. Wang, "The impacts of firm size on the interactions between investment, financing and hedging decisions", *Journal of Statistics and Management Systems*, Vol. 15, No. 6, 2012.

115. Lin, C., R. D, "Phillips, and S. D. Smith. Hedging, financing, and investment decisions: Theory and empirical tests", *Journal of Banking & Finance*, No. 32, 2008.

116. Lipsey, "Outward Direct Investment and the US Economy", *NBER Working Paper*, 1994.

117. MacKie-Mason, J. K, "Do taxes affect corporate financing decisions?", *The Journal of Finance*, Vol. 45, No. 5, 1990.

118. Makni, R., C. Francoeur and F. Bellavance, "Causality Between Corporate Social Performance and Financial Performance: Evidence from Canadian Firms", *Journal of Business Ethics*, No. 89, 2009.

119. Martin, J. D. and D. F. Scott, Jr, "Debt capacity and the capital budgeting decision", *Financial Management*, Vol. 5, No. 2, 1976.

120. Martinez-Carrascal, C., and Annalisa Ferrando, "The impact of financial position on investment: an analysis for non-financial corporations in the EURO area", *Euro Central Bank*, *working paper*, 2008.

121. Matsa D. A, "Capital Structure as Strategic Variable: Evidence from Collective Bargaining", *Journal of Finance*, Vol. 65, No. 3, 2010.

122. Mauer, D. C., and S. Sarkar, "Real option, agency conflicts, and optimal capital structure", *Journal of Banking and Finance*, Vol. 29, 2005.

123. Mauer, D. C. and A. J. Triantis, "Interaction of corporate financing and investment decisions: a dynamic framework", *Journal of Finance*,

Vol. 49, 1994.

124. McCabe, G. M, "The empirical relationship between investment and financing: a new look", *Journal of Financial and Quantitative Analysis*, Vol. 14, No. 1, 1979.

125. McConnell, J. J., and H. Servaes, "Equity ownership and the two faces of debt", *Journal Financial Economics*, Vol. 39, 1995.

126. McDonald, J. G., B. Jacquillat, and M. Mussenbaum, "Dividend, investment and financing decisions: empirical evidence on French firms", *Journal of Financial and Quantitative Analysis*, Vol. 10, No. 5, 1975.

127. McGuire, J. B., A. Sundgren and T. Schneeweis, "Corporate social responsibility and firm financial performance", *Academy of Management Journal*, Vol. 31, No. 4, 1988.

128. Mello, A. S. and J. E. Parsons, "Measuring the agency cost of debt", *Journal of Finance*, Vol. 47, 1992.

129. Merton R. C, "The pricing of corporate debt: the risk structure of interest rates", *Journal of Finance*, Vol. 29, No. 2, 1974.

130. Miao J. J, "Optimal structure and industry dynamics", *Working Paper, Boston University*, 2003.

131. Miller, H., "Debt and Taxes", *Journal of Finance*, Vol. 32, 1977.

132. Miller M. H. and K. Rock, "Dividend policy under asymmetric information", *Journal of Finance*, Vol. 40, No. 4, 1985.

133. Mills K., S. Morling and W. Tease, "Influence of financial factors on corporate investment", *The Austrian. Economic Review*, Vol. 2, 1995.

134. Moawia Alghalith, "The interaction among production, hedging and investment decisions", *Economic Modelling*, No. 30, 2013.

135. Modigliani, F., and Merton H. M., "The cost of capital corporation finance, and the theory of investment", *American Economic Review*, Vol. 48, 1958.

136. Modigliani, F., and Merton H. M., "Corporate income taxes and cost of capital: a correction", *American Economic Review*, Vol. 53, 1963.

137. Moreland, P. W, "Alternative disciplinary mechanisms in different corpo-

rate systems", *Journal of Economic Behavior and Organization*, Vol. 26, 1995.

138. Moskowilz, M, "Ghoosing socially responsible stocks", *Business and Society Review*, No. 1, 1972.

139. Mougoué, M. and T. K. Mukherjee, "An investigation into the causality among firms' dividend, investment, and financing decisions", *The Journal of Financial Research*, Vol. 17, No. 4, 1994.

140. Myers, S. C, "Interactions of corporate financing and investment decisions-Implications for capital budgeting", *The Journal of Finance*, Vol. 29, No. 1, 1974.

141. Myers, S. , "Determinants of Corporate Borrowing", *Journal of Financial Economics*, Vol. 5, 1977.

142. Myers, S. C. , and N. S. Majluf, "Corporate financing and investment decisions when firms have information that investors do not have", *Journal of Financial Economics*, Vol. 13, No. 2, 1984.

143. Nickell, S. and D. Nicolitsas, "How does financial pressure affect firms", *European Economic Review*, No. 43, 1999.

144. Oliver Sheldon, *The philosophy of Management*, Sir Isaac Pitman And Sons Ltd, No. 24, 1924.

145. Paglia, J. K. and M. A. Harjoto, "The effects of private equity and venture capital on sales and employment growth in small and medium-sized businesses", *Journal of Banking & Finance*, No. 47, 2014.

146. Parrino, R. , and M. S. Weisbach, "Measuring investment distortions arising from stockholder-bondholder conflicts", *Journal of Financial Economics*, Vol. 53, 1999.

147. Peterson, P. P, "A re-examination of seemingly unrelated regressions methodology applied to estimation of financial relationships", *Journal of Finance Research*, Vol. 3, No. 3, 1980.

148. Peterson, P. P. and G. A. Benesh, "A reexamination of the empirical relationship between investment and financing decisions", *Journal of Financial and Quantitative Analysis*, Vol. 18, No. 4, 1983.

149. Pindyck, R. S, "Irreversibility, uncertainty, and investment", *Journal of Economic Literature*, Vol. 29, No. 3, 1991.

150. Philippon, Thomas, "Corporate governance over the business cycle", *Journal of Economic Dynamics & Control*, No. 30, 2006.

151. Pinheiro, Marcelo, "Overinvestment and fraud", *Journal of Mathematical Economics*, No. 44, 2008.

152. Pittman, J. A., "The influence of firm maturation on tax-induced financing and investment decisions", *The Journal of the American Taxation Association*, Vol. 24, No. 2, 2002.

153. Porcano, T, "Corporate tax rates: Progressive, proportional, or regressive", *The Journal of Accounting and Public Policy*, Vol. 7, No. 2, 1986.

154. Prahalad, C. K. and Gary Hamel, "The core competence of the corporation", *Harvard Business Review*, Vol. 68, No. 3, 1990.

155. Preston, L. E. and D. P. O'Bannon, "The Corporate social-financial performance relationship: A typology and analysis", *Business and Society*, Vol. 36, 1997.

156. Prezas, A. P, "On the separability of the real and the financial decisions of a firm: a review", *Journal of Applied Business Research*, 1986.

157. Pruitt, S. W., and L. J. Gitman, "The interactions between the investment, financing, and dividend decisions of major U. S. firms", *The Financial Review*, Vol. 26, No. 3, 1991.

158. Quadrini, V., Q. Sun, "Financial Structure and the Hiring Decisions of Firms", *Working paper*, *University of Southern California*, 2013.

159. Rajan, R., and L. Zingales, "What do we know about capital structure: some evidence from international data", *Journal of Finance*, Vol. 50, 1995.

160. Rhee, S. G. and F. L. McCarthy, "Corporate debt capacity and the capital budgeting analysis", *Financial Management*, Vol. 11, 1982.

161. Ross S. A, "The determination of financial structure: the incentive-signaling approach", *Bell Journal of Economics*, Vol. 8, No. 1, 1977.

162. Sanjai Bhagat, Ivo Welch, "Corporate research and development investments international comparisons", *Journal of Accounting and Economics*, No. 19, 1995.

163. Scott, J. H, "A theory of optimal capital structure", *The Bell Journal of Economics*, Vol. 7, No. 1, 1976.

164. Shibata, T., M. Nishihara, "Investment timing, debt structure, and financing constraints", *European Journal of Operational Research*, No. 241, 2015.

165. Smirlock, M., and W. Marshall, "An Examination of the Empirical Relationship between the Dividend and Investment Decisions: A Note", *The Journal of Finance*, No. 6, 1983.

166. Smith, C., and R. Watts, "The investment opportunity set and corporate financing, dividend, and compensation policies", *Journal of Financial Economics*, Vol. 32, 1992.

167. Spaliara, Marina-Eliza, "Do financial factors affect the capital-labour ratio? Evidence from UK firm-level data", *Journal of Banking & Finance*, No. 33, 2009.

168. Stickney, C. and V. McGee, "Effective corporate tax rates: the effect of size, capital intensity, leverage, and other factors", *Journal of Accounting and Public Policy*, Vol. 1, No. 2, 1982.

169. Stigliz, J. E, "A re-examination of the Modigliani-Miller theorem", *American Economic Review*, Vol. 53, No. 3, 1969.

170. Stiglitz, J. E, "Some aspects of the pure theory of corporate finance: bankruptcies and takeovers", *Bell Journal of Economics and Management Science*, Vol. 2, 1972.

171. Stiglitz, J. E., and A. Weiss, "Credit Rationing and Markets with Imperfect Information", *American Economic Review*, Vol. 71, No. 3, 1981.

172. Stulz, R. M, "Managerial discretion and optimal financing policies", *Journal of Financial Economics*, Vol. 26, 1990.

173. Stulz, R. M. and H. Johnson, "An analysis of secured debt", *Journal of Financial Economics*, Vol. 14, 1985.

174. Sung C. Bae, "On the interactions of financing and investment decisions: Evidence from Chinese industrial companies", *Managerial Finance*, Vol. 35, No. 8, 2009.

175. Theil, H, "Estimation and simultaneous correlation in complete equation systems", *The Hague: Central Planning Bureau*, 1953.

176. Titman S. and Tsyplakov S, "A dynamic model of optimal capital structure", *Review of Finance*, Vol. 11, No. 3, 2007.

177. Titman, S., and R. Wessels, "The The Determinants of capital structure choice", *Journal of Finance*, Vol. 43, 1988.

178. Trigeorgis, L, "Real options and interactions with financial flexibility", *Financial Management*, Vol. 22, No. 3, 1993.

179. Trigeorgis, L, *Real Options*, Cambridge: The MIT Press, 1996, pp. 203 – 226.

180. Tsoutsoura, M, "Corporate Social Responsibility and Financial Performance", *Working paper*, *University of California at Berkeley*, 2004.

181. Vance, S. C, "Are socially responsible corporations good investment risks?" *Management Review*, Vol. 64, No. 8, 1975.

182. Vandell, K. D, "Imperfect Information, Uncertainty, and Credit Rationing: Comment and Extension", *The Quarterly Journal of Economics*, Vol. 99, No. 4, 1984.

183. Vanden, J. M, "Asset Substitution and Structured Financing", *Journal of Financial and Quantitative Analysis*, Vol. 44, No. 4, 2009.

184. Vilasuso, J. R, "The relationship between cash flow and investment in the United States at business cycle frequencies", *Applied Economics*, Vol. 29, 1997.

185. Waddock, S. A. and S. M. Graves, "The corporate social performance-financial performance link", *Strategic Management Journal*, Vol. 18, No. 4, 1997.

186. Wang, D. H, "Corporate investment, financing, and dividend policies in the high-tech industry", *Journal of Business Research*, No. 63, 2010.

187. Weidenbaum, M. and V. Sheldon, "Takeovers and Stockholders: Win-

ners and Losers", *California Management Review*, Vol. 29, No. 4, 1987.

188. Wernerfelt, Birger, "A resource-based view of the firm", *Strategic Management Journal*, Vol. 5, 1984.

189. Williamson, Oliver, "Corporate finance and corporate governance", *Journal of Finance*, Vol. 43, 1988.

190. Williamson, O. E, *The Economics of Discretionary Behaviour: Managerial Objectives in a Theory of the Firm*, Chicago, 1967.

191. Williamson, O. E. , *The Economic Institutions of Capitalism*, New York: Free Press, 1985.

192. Wood, J. S. , and G. Leitch, "Interactions of corporate financing and investment decisions: the financing present value approach to evaluating investment projects that change capital structure", *Managerial Finance*, Vol. 30, No. 2, 2004.

193. Wu, Shih-wei, Fengyi Lin, and Chia-ming Wu, "Corporate Social Responsibility and Cost of Capital: An Empirical Study of the Taiwan Stock Market", *Emerging Markets Finance & Trade*, Supplement 1, No. 50, 2014.

194. Xia, Yidan, "Effects of financing factors on investment behavior of Chinese cultural industry listed company: an empirical study based on unbalanced dynamic panel data", *Journal of Chemical and Pharmaceutical Research*, Vol. 6, No. 6, 2014.

195. Zellner, A, "An efficient method of estimating Seemingly Unrelated Regressions and tests for aggregation bias", *Journal of the American Statistical Association*, 1962.

196. Zellner, A. , and H. Theil, "Three stage least squares: simultaneous estimation of simultaneous equations", Econometrica, Vol. 30, 1962.

197. Zimmerman, J, "Taxes and firm size", *Journal of Accounting and Economics*, Vol. 5, 1983.

后　记

　　这部专著由我的国家社会科学基金研究报告修改而成。在整部专著撰写过程中，我邀请了众多学者对我的文稿进行了多次讨论和修改。整篇文稿从提纲的构思，到研究方法的选用以及定稿前的文字修改，都得到了包括重庆大学经济与工商管理学院刘星教授、北京师范大学郝颖教授、重庆理工大学陈丽蓉教授、重庆工商大学李敬教授和杨柏教授、四川外国语大学李训教授的指导和帮助。他们渊博的知识、严谨的治学态度以及上善若水的学者品行深深地影响着我。在文稿的撰写过程中，他们的鞭策和鼓励化解了我曾经的彷徨，他们睿智的指引开导了我原本愚钝的心，让我顿时对学术上的困惑略有感悟；杨柏教授和李训教授在工作上的关心和支持，让我无比温暖，他们为我创造的学术环境，让我充满了无限的动力。在此，谨向他们致以诚挚的感谢和崇高的敬意！

　　在对该议题展开研究的过程中，正直我遭遇研究方法瓶颈之际，有幸远赴美国肯特州立大学进行学术访问。在为期一年的访学期间，我有幸得到了工商管理学院多位教授的指点，其中导师 Steven Dennis 教授在实证研究方法上的指导让我受益匪浅，让本书实证研究样本选取和方法完善都有了很大的改善。其中更为值得一提的是，在工商管理学院学术研讨会上有幸一见的实物期权大师 Dave Mauer 教授让我在实物期权方法上有了更好的领悟，使我研究过程中部分"技术瓶颈"得以迎刃而解。感谢这几位教授对本书的贡献，感谢工商管理学院多位博士研究生的宝贵建议。

　　感谢四川外国语大学国际商学院以及重庆市重点人文社科基地国别经济与国际商务研究中心诸位学者的关心和帮助，感谢徐磊教授、党文娟教授、杨红教授、陈伟教授、代彬教授在教学科研中给予的支持，特别感谢林川博士、陈银忠博士、郝怡非博士等的热心支持和指点，你们的帮助为我文稿的顺利完成奠定了扎实的基础，在此谨向你们表示诚挚的谢意！

感谢这几年在日常行政工作中与我并肩作战的领导和同事，你们的宽容让我成长，你们的支持让我进步，没有你们，本书的完稿会变得更为困难。

最后，感谢父母日日夜夜的牵挂！感谢我的爱人刘怡长期的陪伴、担当以及默默的支持！感谢姐姐彭永、姐夫李文辉长期的支持以及对父母的照顾！感谢所有关心过和鼓励过我的亲人、朋友！

彭程
二〇一六年秋于四川外国语大学